新型工业化·人工智能高质量人才培养系列

工信知识赋能工程

General Introduction to Artificial Intelligence

计算与人工智能通识
微课版

刘卫国　主编

新形态·立体化
双色印刷

电子工业出版社
Publishing House of Electronics Industry
北京·BEIJING

内 容 简 介

本书为满足人工智能通识教育的现实需求而编写,力争用通俗易懂的语言阐明人工智能的复杂概念和算法逻辑,同时按照应用导向、案例驱动的思路,引导读者应用人工智能方法与技术解决实际问题。

本书共 8 章,分别是计算与人工智能概论、人工智能开发工具与平台、计算系统、人工智能的数据基础、机器学习基础与应用、深度学习基础与应用、大模型技术与应用、人工智能伦理与安全。全书采用 Python 技术路线,以应用案例说明概念、算法和基本原理。通过丰富的案例分析和程序实践,引导读者将人工智能知识应用于实际场景,培养读者解决复杂问题的能力以及学科交叉融合与应用能力。

本书可以作为高等学校"人工智能通识"课程或"大学计算机"课程的教材,也可供计算机科学或人工智能爱好者和专业技术人员阅读参考。

未经许可,不得以任何方式复制或抄袭本书之部分或全部内容。
版权所有,侵权必究。

图书在版编目(CIP)数据

计算与人工智能通识:微课版 / 刘卫国主编.
北京:电子工业出版社,2025. 9. -- ISBN 978-7-121-51248-3
Ⅰ. TP3;TP18
中国国家版本馆 CIP 数据核字第 20251MS182 号

责任编辑:戴晨辰
印　　刷:天津千鹤文化传播有限公司
装　　订:天津千鹤文化传播有限公司
出版发行:电子工业出版社
　　　　　北京市海淀区万寿路 173 信箱　邮编:100036
开　　本:787×1092　1/16　印张:17.75　字数:489 千字
版　　次:2025 年 9 月第 1 版
印　　次:2025 年 9 月第 1 次印刷
定　　价:69.80 元

凡所购买电子工业出版社图书有缺损问题,请向购买书店调换。若书店售缺,请与本社发行部联系,联系及邮购电话:(010)88254888,88258888。
质量投诉请发邮件至 zlts@phei.com.cn,盗版侵权举报请发邮件至 dbqq@phei.com.cn。
本书咨询联系方式:dcc@phei.com.cn。

前言 Preface

党的二十大报告指出:"推动战略性新兴产业融合集群发展,构建新一代信息技术、人工智能、生物技术、新能源、新材料、高端装备、绿色环保等一批新的增长引擎。"作为新一轮科技革命和产业变革的核心驱动力,人工智能技术正以颠覆性创新重构产业生态,其强大的赋能效应已突破单一领域限制,形成"技术突破-场景应用-产业升级"的良性循环。从图灵机的理论奠基到深度学习的实践突破,从专家系统的规则驱动到具身智能的感知交互,从连接主义的网络架构到大模型的生成式智能,技术演进的每一步都在拓展人类能力的极限。这场革命的终极价值,不在于机器能否超越人类,而在于人类能否驾驭人工智能,共同探索未知世界的奥秘。

人工智能作为一种变革性的技术,正在深刻地改变着社会的各个方面,对大学生进行人工智能通识教育势在必行。2019年以来,作者提出问题导向、应用驱动的大学计算机通识课程改革思路,构建了深度融合人工智能等新一代信息技术、适应人工智能通识教育要求的"大学计算机"课程内容体系,并在中南大学开展了系列课程实践,取得了良好的效果。本书是这一工作的延续和拓展。在"人工智能通识"课程建设中,作者强调应用落地,注重应用人工智能方法与技术去解决实际问题,以满足"人工智能+"时代背景下人才培养的现实需求。

本书分为8章,各章的具体内容如下。

第1章是计算与人工智能概论,介绍计算的概念、图灵机模型和冯·诺依曼体系结构的基本思想、计算思维的本质与方法、人工智能的起源与定义、人工智能的发展历程与趋势、人工智能的研究内容与主要技术等。

第2章是人工智能开发工具与平台,介绍Python的基本语法、程序流程控制、函数定义与调用、文件操作等内容,帮助读者运用Python语言来构建算法模型、处理数据,为人工智能系统开发奠定坚实基础。

第3章是计算系统——从单机到智能生态,从人工智能应用生态视角来理解计算系统的技术演进,介绍计算机系统的组成与工作原理、微型计算机的总线结构和组成部件、计算机中数据的表示方法、计算机网络的基础知识、局域网的基础知识、Internet的基础知识以及云计算和物联网的概念与应用等。

第4章是人工智能的数据基础,介绍数据分析的流程与方法、数据可视化、网络数据的提取与处理方法、大数据处理关键技术及框架平台、大数据与人工智能的关系以及数据安全等,并结合实际案例说明数据分析方法的具体应用。

第5章是机器学习基础与应用,以应用为出发点,立足传统机器学习的理论基础与实践应用,介绍机器学习的概念与分类、机器学习基本流程与性能评估、常见机器学习算法的基本思想与实现方法、机器学习的应用案例等。

第6章是深度学习基础与应用,介绍深度学习的概念与基本特征、神经元模型与神经网络的基本结构、反向传播算法、多层感知机的应用等,并通过CIFAR-10图像分类应用案例演示深度学习模型的实现方法。

第 7 章是大模型技术与应用，介绍大模型的基本概念与关键特点、大模型的架构与技术及优化方法等，还介绍了两个大模型的应用，一个是 DeepSeek 大模型的技术原理与应用，另一个是内嵌在 WPS Office 中的 WPS AI 大模型的智能办公应用。

第 8 章是人工智能伦理与安全，介绍人工智能伦理的基本概念、隐私泄露和算法偏见的成因及治理方案、人工智能安全的概念、对抗攻击的原理及人工智能在安全系统中的应用方式等，最后分析面部识别、自动驾驶和深度伪造技术的伦理问题。

在内容设计上，本书遵照应用导向、案例驱动的编写思路，注重应用人工智能方法与技术来解决实际问题。全书采用 Python 技术路线，以应用案例说明概念、算法和基本原理，通过应用案例体现算法和原理的实际应用。本书力求通过丰富的案例分析和程序实践，引导读者将所学知识应用于实际场景中，培养读者解决复杂问题的能力和学科交叉融合与应用能力。具体来说，本书有以下特点。

（1）注重理论与实践结合，知识与应用并重，帮助读者理解人工智能的概念和算法原理，真正实现从知识认知到应用能力的跃升，为人工智能领域的应用与学科交叉融合奠定坚实基础。

（2）采用由浅入深讲透理论、由易到难落实实践的渐进式内容体系设计，提供丰富的程序示例与典型场景的实战项目，帮助读者通过应用案例理解和掌握算法实现方法。

（3）避开复杂的数学推导，而从应用需求出发理解算法思想。在介绍算法原理时，尽量避免烦琐的数学推导，强调算法在实际问题中的应用场景及其基本思路，降低学习门槛，提升学习兴趣。

本书包含配套教学资源，读者可登录华信教育资源网（www.hxedu.com.cn）下载。

本书由刘卫国任主编，吕格莉任副主编，参编人员有龙慧、刘强、漆华妹、刘丽敏、康松林、何小贤、曹岳辉、严晖等。本书是工信知识赋能工程建设的成果。在本书编写过程中，我们得到了许多教师的大力支持和协助。在此，我们一并表示诚挚的感谢！

本书既源自课程建设实践，又将服务于未来的课程建设，我们期待本书能对读者有所帮助。同时，对书中的不足之处，我们恳请广大读者批评指正。

刘卫国
2025 年 5 月于中南大学

目录 Contents

- 第 1 章　计算与人工智能概论 ················ 1
  - 1.1　计算与计算自动化 ···················· 1
    - 1.1.1　计算的概念 ······················· 1
    - 1.1.2　图灵机模型 ······················· 3
    - 1.1.3　冯·诺依曼体系结构 ··············· 5
  - 1.2　计算思维 ···························· 6
    - 1.2.1　计算思维的概念 ··················· 7
    - 1.2.2　计算思维的本质与方法 ············· 8
  - 1.3　人工智能的起源与定义 ··············· 10
    - 1.3.1　人工智能的起源 ··················· 10
    - 1.3.2　人工智能的三大学派 ··············· 11
    - 1.3.3　人工智能的定义 ··················· 13
  - 1.4　人工智能的发展历程与趋势 ··········· 14
    - 1.4.1　人工智能的发展阶段 ··············· 14
    - 1.4.2　人工智能的发展趋势 ··············· 16
  - 1.5　人工智能的研究内容与主要技术 ······· 18
    - 1.5.1　人工智能的研究内容 ··············· 18
    - 1.5.2　人工智能主要技术 ················· 19
  - 习题与实验 ···························· 20

- 第 2 章　人工智能开发工具与平台 ········ 21
  - 2.1　Python 与人工智能应用 ·············· 21
    - 2.1.1　Python 语言的特点 ················ 21
    - 2.1.2　Python 在人工智能中的应用 ········ 22
    - 2.1.3　Python 编程的基本规则 ············ 23
  - 2.2　Python 的数据描述 ·················· 24
    - 2.2.1　变量与赋值 ······················· 24
    - 2.2.2　Python 数据类型 ·················· 25
    - 2.2.3　常用系统函数 ····················· 28
    - 2.2.4　基本运算与表达式 ················· 30
  - 2.3　Python 程序流程控制 ················ 32
    - 2.3.1　简单的 Python 程序 ················ 32
    - 2.3.2　实现选择判断 ····················· 36
    - 2.3.3　控制重复操作 ····················· 41
  - 2.4　函数 ······························· 47
    - 2.4.1　函数的定义与调用 ················· 47
    - 2.4.2　两类特殊函数 ····················· 48
  - 2.5　文件操作 ··························· 49
    - 2.5.1　文件的打开与关闭 ················· 50
    - 2.5.2　文本文件的操作 ··················· 51
  - 2.6　Python 人工智能应用生态 ············ 52
    - 2.6.1　NumPy 库的应用 ··················· 53
    - 2.6.2　Matplotlib 绘图 ·················· 55
    - 2.6.3　SciPy 库的应用 ··················· 61
  - 习题与实验 ···························· 64

- 第 3 章　计算系统——从单机到智能生态 ········ 67
  - 3.1　单机系统 ··························· 67
    - 3.1.1　计算机系统的组成 ················· 67
    - 3.1.2　计算机的工作原理 ················· 72
    - 3.1.3　微型计算机体系结构 ··············· 74
    - 3.1.4　人工智能计算架构 ················· 77
  - 3.2　计算机中数据的表示 ················· 78
    - 3.2.1　数制与二进制运算 ················· 78
    - 3.2.2　数值数据的表示 ··················· 81
    - 3.2.3　字符编码 ························· 85
    - 3.2.4　声音和图像编码 ··················· 87
  - 3.3　网络系统 ··························· 91
    - 3.3.1　计算机网络概述 ··················· 91
    - 3.3.2　局域网基础 ······················· 96
    - 3.3.3　Internet 基础 ···················· 102
  - 3.4　云计算服务 ························ 109
    - 3.4.1　云计算的概念 ···················· 109
    - 3.4.2　云计算服务模式 ·················· 109
    - 3.4.3　典型的云计算平台 ················ 111

V

3.5 物联网技术 ……………………………… 112
  3.5.1 物联网的概念 …………… 113
  3.5.2 物联网体系架构 ………… 113
  3.5.3 物联网关键技术 ………… 114
习题与实验 ………………………………… 117

第 4 章 人工智能的数据基础 ………… 119

4.1 数据分析基础 …………………………… 119
  4.1.1 数据分析的基本流程 …… 119
  4.1.2 常用数据分析方法 ……… 120
  4.1.3 数据可视化 ……………… 125
  4.1.4 应用案例——《三国演义》词
     频统计与词云图创建 …… 129
4.2 网络爬虫与信息提取 …………………… 131
  4.2.1 网络爬虫 ………………… 132
  4.2.2 信息提取 ………………… 133
  4.2.3 应用案例——新闻热词分析 … 137
4.3 大数据处理 ……………………………… 140
  4.3.1 大数据关键技术 ………… 140
  4.3.2 常用大数据框架 ………… 141
  4.3.3 大数据与人工智能的关系 … 142
  4.3.4 应用案例——地铁运营大数据
     系统 ……………………… 144
4.4 数据安全 ………………………………… 145
  4.4.1 数据加密技术 …………… 145
  4.4.2 区块链技术 ……………… 148
  4.4.3 应用案例——课堂行为管理
     系统 ……………………… 152
习题与实验 ………………………………… 154

第 5 章 机器学习基础与应用 ………… 156

5.1 机器学习概述 …………………………… 156
  5.1.1 机器学习的概念 ………… 156
  5.1.2 机器学习的分类 ………… 158
  5.1.3 机器学习的应用领域 …… 160
5.2 机器学习流程与评估 …………………… 160
  5.2.1 机器学习的基本流程 …… 161
  5.2.2 机器学习的性能评估指标 … 162
5.3 机器学习算法 …………………………… 164
  5.3.1 监督学习算法：分类问题 … 164
  5.3.2 监督学习算法：回归问题 … 175
  5.3.3 无监督学习算法：聚类问题 … 182

  5.3.4 应用案例——二维数据集的
     聚类 ……………………… 186
5.4 强化学习 ………………………………… 187
  5.4.1 强化学习原理 …………… 187
  5.4.2 Q 学习算法 ……………… 188
  5.4.3 应用案例——机器人路径规划 … 189
习题与实验 ………………………………… 193

第 6 章 深度学习基础与应用 ………… 195

6.1 深度学习概述 …………………………… 195
  6.1.1 深度学习的概念与基本特征 … 195
  6.1.2 深度学习的发展历程 …… 196
  6.1.3 深度学习与传统机器学习的
     区别 ……………………… 197
6.2 神经元与神经网络 ……………………… 198
  6.2.1 人工神经元 ……………… 199
  6.2.2 人工神经网络 …………… 202
  6.2.3 神经网络的学习算法——反向
     传播算法 ………………… 203
  6.2.4 应用案例——使用神经网络实
     现鸢尾花分类 …………… 208
6.3 深度学习模型 …………………………… 211
  6.3.1 卷积神经网络 …………… 211
  6.3.2 循环神经网络 …………… 216
  6.3.3 生成对抗网络 …………… 219
6.4 应用案例——用 Keras 实现 CIFAR-10 图
   像分类 …………………………………… 221
  6.4.1 常用深度学习框架 ……… 221
  6.4.2 Keras 框架的应用 ……… 222
  6.4.3 CIFAR-10 图像分类的实现 … 224
习题与实验 ………………………………… 227

第 7 章 大模型技术与应用 …………… 230

7.1 大模型概述 ……………………………… 230
  7.1.1 大模型的特点 …………… 230
  7.1.2 大语言模型 ……………… 231
  7.1.3 主流大模型 ……………… 233
7.2 大模型的架构与技术 …………………… 235
  7.2.1 Transformer 架构 ……… 235
  7.2.2 自注意力机制 …………… 236
  7.2.3 编码器和解码器的作用原理 … 237
7.3 模型优化与压缩技术 ……………………238

7.3.1 知识蒸馏 …………………… 239
7.3.2 模型剪枝与量化 …………… 240
7.3.3 稀疏化与低秩分解 ………… 241
7.4 DeepSeek 的技术原理与应用 …… 242
7.4.1 DeepSeek 的技术原理 ……… 242
7.4.2 DeepSeek 的应用 …………… 243
7.5 WPS AI 智能办公应用 …………… 245
7.5.1 智能文档处理 ……………… 245
7.5.2 智能数据分析 ……………… 248
7.5.3 智能演示文稿制作 ………… 251
习题与实验 ……………………………… 253

第 8 章 人工智能伦理与安全 …………… 255

8.1 人工智能伦理概述 ……………… 255
    8.1.1 人工智能伦理的概念和发展 …… 255
    8.1.2 数据隐私与伦理问题 ……… 257
    8.1.3 算法偏见与公平 …………… 259
8.2 人工智能的安全挑战 …………… 261
    8.2.1 对抗攻击与模型的鲁棒性 …… 261
    8.2.2 人工智能在安全系统中的应用
        与风险 ……………………… 264
    8.2.3 人工智能失控的可能性 …… 266
8.3 典型案例分析 …………………… 267
    8.3.1 面部识别技术与伦理问题 …… 267
    8.3.2 自动驾驶技术与伦理问题 …… 269
    8.3.3 深度伪造技术与伦理问题 …… 271
习题与实验 ……………………………… 273

参考文献 ………………………………… 275

第1章 计算与人工智能概论

人类文明的每一次跃迁，都伴随着计算工具的革新与思维方式的突破。从结绳计数到电子计算机，从机械自动化到智能决策，计算能力的进化不仅重塑了人类解决问题的能力，更催生了新的认知维度——人工智能（Artificial Intelligence，AI）。在这一进程中，1946年诞生的首台电子计算机 ENIAC 具有里程碑意义，标志着人类正式迈入电子计算时代，为人工智能的诞生埋下伏笔。当图灵奖得主约翰·麦卡锡（John McCarthy）于1956年提出"人工智能"概念时，ENIAC 所奠基的计算范式已悄然改变着人类对智能本质的认知路径。

计算与人工智能不仅是工具，更是推动现代社会各领域变革的核心驱动力。它们突破了各个领域的传统框架，以模型分析取代经验判断，以跨界融合重构规则：智能工厂自主优化生产流程，个性化学习平台为每个学生定制学习路径，人工智能系统能快速标记 CT 影像中的可疑病灶，人工智能工具能创作出震撼人心的音乐与绘画作品。理解这些全新的解决问题的方法，学会用计算思维理解世界，是适应智能时代的必备技能。

本章介绍计算的概念、图灵机模型和冯·诺依曼体系结构的基本思想、计算思维的本质与方法、人工智能的起源与定义、人工智能的发展历程与趋势、人工智能的研究内容与主要技术等。

1.1 计算与计算自动化

电子计算机区别于其他计算工具的一个重要特征是计算的自动化。由于采用存储程序的工作方法，一旦输入编制好的程序，只要给定运行程序的条件，计算机从开始工作至得到计算处理结果，整个工作过程都可以在程序控制下自动进行，不需要人的直接干预。

电子计算机是基于艾伦·图灵（Alan Turing）的计算理论和冯·诺依曼（Von Neumann）的体系结构设计的。图灵提出了图灵机的概念，从理论上证明了计算机是可以做出来的，奠定了可计算理论的基础。冯·诺依曼则提出了计算机的体系结构，这一结构被后来的所有电子计算机使用。

1.1.1 计算的概念

计算，既是一种数学技能，也是推动科技进步的重要手段。"计算"一词有各种含义，在汉语词意中有"谋划""考虑"之意，还有"算计"的意思，但通常的理解是"核算数目""运算"，即根据已知量算出未知量。随着电子计算机的出现以及电子计算机应用的普及，人们对计算的理解发生了很大变化。

1. 计算是指数学运算

算术运算是指数据在运算符的作用下按照一定的计算规则进行的数学运算。例如，5×3-7=8

是一种简单的数学运算。这里,"计算"体现的是一种基本的数学技能,且是人类必须具备的基本技能。这是对计算最简单、最直接的理解。

2. 计算是指较复杂的运算

例如,求 $y=\sin x$,这里给定自变量 x,按照正弦函数计算得到函数值 y,由 x 得到 y 是一次计算。又如,求定积分 $\int_a^b \frac{1}{x}dx = \ln b - \ln a$,这也是计算。再如,求一元函数 $f(x)=0$ 的根,当 $f(x)=ax^2+bx+c$ 时可以直接用求根公式。这里,"计算"体现的是问题求解的方法和手段。

问题是,当待求解的问题变得复杂而用传统数学方法无法求出精确解时,如求定积分时无法求得原函数,当一元函数 $f(x)=0$ 的 $f(x)$ 是高次多项式或包含其他函数时,如何计算?这时只能利用一种先进的计算工具来取代人工计算,这种计算工具就是电子计算机。

3. 计算是指符号变换

先看下面的例子。

① 将 12+4 变换成 16,这是做加法运算。
② 将 x^2 变换成 $2x$,这是求导数的计算。
③ 将 apple 变换成"苹果"或将"苹果"变换成 apple,这种机器翻译也是计算。
④ 将数据序列 98、65、56、89、75 变换成数据序列 56、65、75、89、98,显然原来的数据序列是无序的,变换后的序列是有序的,这里进行了排序操作,排序是计算机科学中一种经典的计算。

通过这些例子可以更广义地理解计算:计算是一种符号变换,即从一个符号串按照一定的规则变换成另一个符号串的过程。符号变换的规则由程序决定。从这个意义上讲,电子计算机是一个具有程序执行能力的符号变换工具,如图 1-1 所示。

在图 1-1 所示的模型中,符号变换所得到的输出结果,除了取决于输入的数据,还取决于程序,即程序不同,数据处理方法不同,得到的结果也不同。图 1-2 展示了同样的数据因程序不同而得到的结果也不同的情形。对于数据序列 12、3、10、5、6,由于处理数据的程序不同,结果可能是 36(求和)、3(求最小值)等。

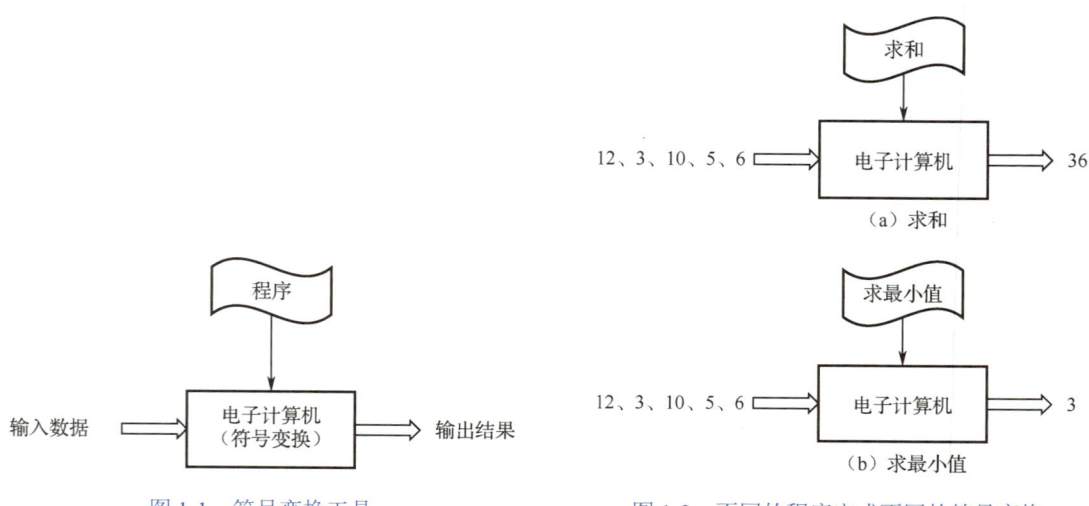

图 1-1　符号变换工具　　　　　图 1-2　不同的程序完成不同的符号变换

"计算"一词的英文表示通常是 Computing,以计算机为工具实现符号变换的过程都可以称为计算。

1.1.2　图灵机模型

图灵机（Turing Machine）是由英国数学家艾伦·图灵于1936年提出的一种抽象的计算模型，即将人们使用纸和笔进行数学运算的过程进行抽象，由一个虚拟的机器替代人们进行数学运算。1936年，图灵在其《论可计算数及其在判定问题中的应用》（*On Computable Numbers, with an Application to the Entscheidungsproblem*）一文中，构造出一台完全属于想象中的计算机——图灵机。图灵机不是一种具体的机器，但是通过这种模型可以制造一种十分简单却具有极强运算能力的计算装置，用来计算所有能想象得到的可计算函数。

1. 图灵机的组成

图灵机的基本思想是用虚拟的机器来模拟人们用纸和笔进行数学运算的过程，这样的过程被看作下列两种简单的动作：一是在纸上写上或擦除某个符号；二是把注意力从纸的一个位置移动到另一个位置。在每个阶段，人要决定的下一步动作，依赖于此人当前所关注的纸上某个位置的符号和此人当前思维的状态。图灵机的结构如图1-3所示。

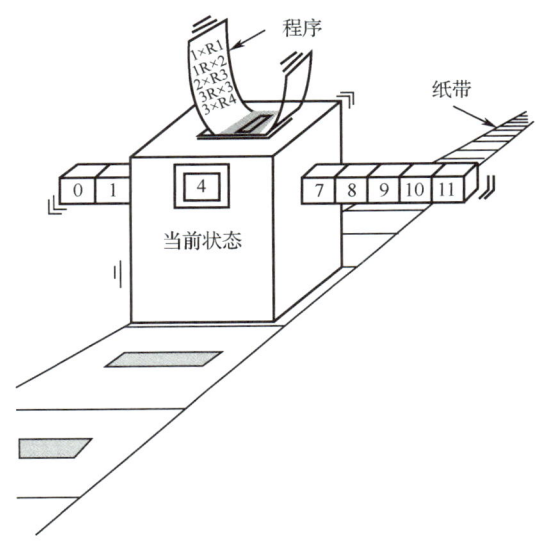

图1-3　图灵机的结构

图灵机由以下4个部分组成。

（1）一条无限长的纸带（Tape）

纸带被划分为一个接一个的方格，每个方格上包含一个来自有限字母表的符号，字母表中有一个特殊的符号表示空格。纸带上的方格从左到右依次被编号为0、1、2、…，纸带的右端可以无限伸展。

（2）一个读写头（Head）

该读写头可以在纸带上左右移动，它能读出当前所指的方格上的符号，并能改变当前方格上的符号。

（3）一套控制规则表（Table）

它根据当前机器所处的状态及当前读写头所指的方格上的符号来确定读写头下一步的动作，并改变状态寄存器的值，令机器进入一个新的状态。

（4）一个状态寄存器

它用来保存图灵机当前所处的状态。图灵机的所有可能状态的数目是有限的，并且有一个特殊的状态，称为停机状态。

图灵机就是根据程序的命令以及它的内部状态进行纸带的读写和移动的。

2. 图灵机的工作过程

图灵机工作时，将输入写在一条无限长的纸带上，读写头从指定的开始状态出发，读出纸带方格上的符号，根据控制规则表得出一个输出动作，即是往纸带上写信息，还是移动读写头到下一个方格，如此一步一步地执行动作，直到进入某个停机状态而停机，这时纸带上的内容就是输出结果。

图灵机的动作完全由 3 个因素确定：机器所处的当前状态、读写头所在方格上的符号、转换规则。每个转换规则由以下 4 元组说明。

（current_state, symbol, action, next_state）

其含义是当图灵机处于 current_state 状态时，若读写头扫描到纸带方格里的符号为 symbol，则执行动作 action，并转换到 next_state 状态。

下面以计算 $x+1$ 的图灵机为例，分析图灵机的工作过程。图灵机的控制规则如表 1-1 所示，表中 S 表示图灵机的起始状态，P 表示中间状态，G 表示结束状态。

表 1-1　$x+1$ 图灵机的控制规则

状态	当前符号（读）	输出符号（写）	动作	下一个状态
S	0 或空格	1		G
S	1	0	左移一位	P
P	0 或空格	1		G
P	1	0	左移一位	P
G			停机	

设 $x=37$，计算过程如下。

① 将原始数据 x 以二进制数的形式写在无限长的纸带上，并假定读写头开始位于右边第一个方格，图灵机处于 S 状态，如图 1-4（a）所示。

② 读到的方格符号为 1，所以在该方格中写入 0，读写头左移一位，同时图灵机进入 P 状态，如图 1-4（b）所示。

③ 处于 P 状态时，读写头读到 0，所以将该方格符号改写为 1，同时图灵机进入 G 状态，立即停机，如图 1-4（c）所示。此时记录在无限长的纸带上的结果为 100110，即 $x=38$，完成 $x+1$ 运算。

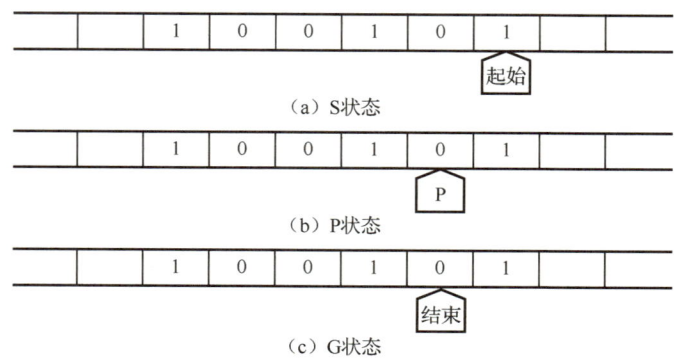

图 1-4　$x+1$ 图灵机的工作过程

可以看出，只要改变图灵机的控制规则表，它就可以完成其他的任务。

注意：图灵机的每一部分都是有限的，但它有一个潜在的无限长的纸带，因此这种机器只是一个理想的设备。图灵认为这样的一台机器就能模拟人类所能进行的任何计算过程。

图灵机是一类离散的有限状态自动机。它虽然简单，但是具有充分的一般性，反映了计算的本质。电子计算机是图灵机的物理实现形式，其计算能力与图灵机等价。

图灵机证明了通用电子数字计算机是可以制造出来的，对电子计算机的逻辑结构和可实现性产生了深远影响，为可计算性理论奠定了基础。图灵机是关于计算机的抽象模型，通过抽象，可以剔除事物的细枝末节而体现其实质内容，呈现事物的一般规律，是一种重要的分析方法，在计算机科学中广泛运用，也是计算思维的重要体现。

图灵在数理逻辑和计算机科学方面的贡献，构成了现代计算机技术的基础。为了纪念图灵对计算机科学的卓越贡献，国际计算机学会（Association for Computing Machinery，ACM）于1966年设立了图灵奖，每年颁发一次，以表彰在计算机科学领域取得突出成就的科学家。该奖一直是世界计算机科学领域的最高奖项，与物理、化学、生理学或医学、经济学等领域的诺贝尔奖齐名。

1.1.3 冯·诺依曼体系结构

1. 基本思想

1944年，美籍匈牙利数学家冯·诺依曼以技术顾问的身份参加了ENIAC计算机研制小组，并认识到现有计算机设计在存储程序和程序控制方面的不足。1945年，他在共同讨论的基础上起草了存储程序通用电子计算机方案——《关于EDVAC的第一份报告草案》（*First Draft of a Report on the EDVAC*），其基本思想有以下3点。

① 方案具体地介绍了制造电子计算机的新思想，指出了电子计算机应由运算器、控制器、存储器、输入设备和输出设备5个部分组成，并描述了这5个部分的功能和相互关系。

② 方案建议计算机采用二进制数而不是十进制数，分析了二进制数的优点，并预言二进制数的采用将极大简化机器的逻辑线路。

③ 方案提出了计算机的基本工作原理应该是存储程序和程序控制，即计算机可以按照程序规定的顺序，自动地从执行一条程序指令转向执行下一条程序指令。

2. 在现代计算机中的应用与影响

长达101页的《关于EDVAC的第一份报告草案》是计算机发展史上的一份划时代的文献。这一方案提出了电子计算机的基本体系结构，使得计算机在硬件组成、数据处理方式等方面都具有了高度的统一性和规范性，从而奠定了现代计算机的发展基础。

现代计算机在硬件和软件技术方面取得了巨大进步，如引入流水线技术、并行处理技术、多核处理器、高速缓存等，以缓解冯·诺依曼瓶颈和存储访问延迟问题。然而，这些进步都是在冯·诺依曼体系结构的基础上进行的，人们普遍使用的计算机仍是冯·诺依曼体系结构的计算机。

此外，冯·诺依曼体系结构还深刻影响了计算机科学的各个领域，如操作系统、编译原理、算法设计等。它为我们提供了一种理解和设计计算机系统的基本框架，使我们能够更好地掌握计算机技术的核心原理和应用方法。作为计算机科学与技术的学习者，我们应该深入理解并掌握这一体系结构的基本原理和应用方法，为未来的学习和工作打下坚实的基础。

3. 优点与局限性

冯·诺依曼体系结构作为现代计算机设计的基础框架,具有一系列显著的优点,同时也存在一些局限性。

（1）优点

① 通用性强。冯·诺依曼体系结构的计算机能够执行各种类型的程序,包括数值计算、数据处理、实时控制等,具有广泛的适用性。

② 灵活性高。程序和数据都存储在内存中,冯·诺依曼体系结构的计算机可以根据存储的程序自动执行,具有很高的灵活性。这种灵活性使得计算机能够适应不同的应用场景,并根据需要进行调整和扩展。

③ 可扩展性好。冯·诺依曼体系结构的计算机可以通过增加存储器和外部设备来扩展其功能和性能。随着技术的发展,其可以轻松地升级硬件以满足更高的计算需求。

④ 易于实现。冯·诺依曼体系结构的设计相对简单明了,易于实现。这使得计算机制造商能够按照这一体系结构生产出可靠、稳定的计算机产品。

⑤ 支持高级语言。虽然冯·诺依曼体系结构本身是基于机器语言的,但它为高级语言的发展提供了基础。高级语言编写的程序可以通过编译器或解释器转换成机器语言,在冯·诺依曼体系结构的计算机上执行。

（2）局限性

① 冯·诺依曼瓶颈。冯·诺依曼体系结构中的中央处理器（Central Processing Unit，CPU）与存储器是分离的,且CPU执行指令的速度远快于从存储器中读取数据的速度。这导致存储器成为制约计算机性能的关键因素之一,即所谓的"冯·诺依曼瓶颈"。为了提高性能,现代计算机中广泛采用了缓存（Cache）等高速存储技术。

② 串行执行。冯·诺依曼体系结构的计算机采用串行执行方式,即按照指令的顺序逐一执行。这种方式限制了计算机并行处理的能力,影响了计算速度的提升。尽管现代计算机采用了多核处理器等并行处理技术来缓解这一问题,但并行处理仍然是计算机领域的一个重要研究方向。

③ 非数值处理能力有限。冯·诺依曼体系结构最初是为数值计算而设计的,因此在非数值处理领域（如图像处理、语音识别等）的发展相对缓慢。虽然现代计算机通过增加专门的硬件和算法支持提高了非数值处理能力,但仍需要进一步优化和改进。

④ 功耗问题。随着处理器集成度的增加,冯·诺依曼体系结构的功耗问题日益突出,对散热和能源效率提出了更高要求。

（3）未来的发展趋势

为了克服冯·诺依曼体系结构的局限性,研究人员正在探索非冯·诺依曼体系结构,如量子计算、光子计算等。新型存储技术,如非易失性内存（NVM）和三维堆叠存储器的出现,有望缓解"冯·诺依曼瓶颈"。随着多核处理器和分布式计算技术的发展,计算机系统的并行处理能力将得到进一步提升。

1.2 计算思维

思维无处不在,人们做什么事情都需要有正确思维的指导。人类在认识世界、改造世界过程中表现出了三种基本的思维方式：一是以数学学科为代表，以推理和演绎为特征的逻辑思维；二是以物理学科为代表，以实验、观察和归纳总结为特征的实证思维；三是以计算机学科为代表，以设计和构造为特征的计算思维。随着信息技术的飞速发展和广泛应用，计算思维已与实证思维、逻辑思维并重，成为每个大学生应该具备的基本科学思维能力。

1.2.1 计算思维的概念

从古代的算筹、算盘到近代的机械计算机、机电计算机，计算思维古已有之。古代的"结绳计数"就可以看作是早期朴素计算思维的体现。正如 1972 年图灵奖得主艾兹格·迪杰斯特拉（Edsger W. Dijkstra）所言："我们所使用的工具影响着我们的思维方式和思维习惯，从而也将深刻地影响着我们的思维能力。"计算思维本身并非计算机科学的专属概念，但电子计算机的出现和广泛应用，使得计算思维的意义和作用进一步凸显出来，带来了根本性的变化。随着计算机逐步成为人们日常生活和工作中无法离开的工具，特别是近年来，云计算、物联网、大数据、区块链等新一代信息技术的发展和应用，在社会经济、人文科学、自然科学的许多领域引发了一系列革命性的突破，极大改变了人们对于计算和计算机的认识，无处不在、无事不用的计算思维成为人们认识和解决问题的基本能力之一，人们开始从科学思维模式的角度研究计算思维。

2006 年，美国卡内基·梅隆大学周以真（Jeannette M. Wing）教授在前人研究的基础上，对计算思维进行了清晰的阐述，这一概念得到人们的极大关注。周以真教授认为，计算思维（Computational Thinking）是运用计算机科学的基础概念进行问题求解、系统设计以及人类行为理解等涵盖计算机科学之广度的一系列思维活动。计算思维吸取了问题求解所采用的一般数学思维方法、现实世界中复杂系统设计与评估的一般工程思维方法，以及复杂性、智能、心理、人类行为理解的一般科学思维方法。因此，它涵盖了包括计算机科学在内的一系列思维活动。

下面通过两个简单的例子，说明什么是计算思维。

先看求定积分的问题：

$$I = \int_b^b f(x)\mathrm{d}x$$

为了求函数 $f(x)$ 在 $[a,b]$ 区间内的定积分，数学上的求解思路和利用计算机的求解思路是不同的，反映出不同的思维方式。

数学上关心的是找到被积函数的原函数，然后利用牛顿-莱布尼兹公式来求定积分，但当被积函数的原函数无法用初等函数表示或被积函数为仅知离散点处函数值的离散函数时，应用牛顿-莱布尼兹公式就有困难，所以，在许多实际问题中要采用数值方法利用计算机来求函数的定积分。这时基本求解思路是：将整个积分区间 $[a,b]$ 分成 n 个子区间 $[x_i,x_{i+1}]$，$i=1,2,\cdots,n$，其中 $x_1=a$，$x_{n+1}=b$。这样求定积分问题就分解为下面的求和问题：

$$I = \int_b^b f(x)\mathrm{d}x = \sum_{i=1}^n \int_{x_i}^{x_{i+1}} f(x)\mathrm{d}x$$

而在每一个小的子区间内定积分的值可以近似求得。例如，可以用矩形面积代替曲边梯形的面积，也可以用梯形面积代替曲边梯形的面积，还可以用抛物线代替曲边，从而得到不同的数值积分方法。这样，求定积分的问题转化为求 n 个数（曲边梯形的面积）之和的问题，这对计算机来说是很容易的。

再看一个问题：验证哥德巴赫猜想，即任何大于 2 的偶数，都可表示为两个素数之和。哥德巴赫猜想是一个古老而著名的数学难题，迄今未得出最后的理论证明。数学家要做的事情是证明一般性的结论，利用计算机只能对有限范围内的数加以验证，不能算严格的证明。

1.2.2 计算思维的本质与方法

1. 计算思维的本质

计算思维的本质是抽象（Abstraction）和自动化（Automation）。在解决实际问题时，首先对求解的问题进行形式化的描述，将实际需求抽象为问题空间的求解模型，再用程序设计语言加以实现，最后由计算机按照程序的指令自动执行，完成问题求解。

（1）抽象

抽象是指将具体事物或现象的共同特征、属性抽取出来，并用概念、模型、符号等方式表示出来的思维方式。在计算机科学中，抽象是一种重要的思维方式，它通过将现实世界中的问题转化为计算机可以理解和处理的抽象形式，使问题变得更易于处理。抽象是计算思维的核心概念，它可以使人们更好地理解和分析问题，从而更有效地解决问题。

数学家莱昂哈德·欧拉（Leonhard Euler）解决哥尼斯堡七桥问题就是问题抽象的典型例子。18世纪初，普鲁士的哥尼斯堡有一条河穿过城区，河上有两个小岛，有七座桥把两个岛与河岸联系起来。有人提出一个问题：一个步行者怎样才能不重复、不遗漏地一次走完七座桥，最后回到出发点呢？

在相当长的时间里，这个问题未能得到解决。利用普通数学知识可以知道，若每座桥均走一次，那这七座桥所有的走法一共有 5040 种。怎样才能找到成功走过每座桥而不重复的路线呢？因而形成了著名的"哥尼斯堡七桥问题"，如图 1-5（a）所示。

为了求解这一问题，欧拉对问题进行了抽象，把每一块陆地视为一个点，连接两块陆地的桥以线表示，由此得到抽象后的几何图形，如图 1-5（b）所示。欧拉证明了遍历七座桥并回到原点的路径是不存在的，并创立了一个新的数学分支——图论与几何拓扑。

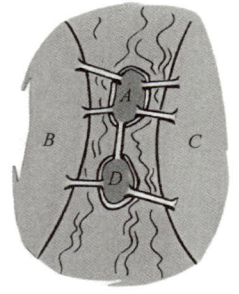
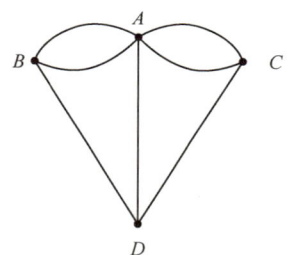

（a）哥尼斯堡七桥问题　　　　（b）抽象后的几何图形

图 1-5　哥尼斯堡七桥问题及其抽象图形

（2）自动化

自动化是指利用计算机技术实现任务的自动执行和处理。在计算机科学中，自动化是一种重要的思维方式，它通过将任务的执行过程自动化，大大提高了任务的执行效率和质量。

利用计算机自动求解问题需要结合人类的思维和计算机的能力。人类思维在这里起着至关重要的作用，因为它能够将问题抽象化，并选择适当的数学模型来表示问题。而计算机则可以用来自动执行程序，实现问题求解。这些计算思维的方法要素正是本书在后续各章中要介绍的内容。

2. 计算思维的方法

周以真教授提出的计算思维概念，强调了运用计算机科学的基础概念进行问题求解、系统设计以及人类行为理解等一系列思维活动。人们在利用计算机解决实际问题的过程中，常常会用到以下 6 种计算思维方法。

（1）约简、嵌入、转化与仿真

约简是将问题简化为更容易处理的形式，去除不必要的细节，降低问题的复杂性。

嵌入是将问题嵌入一个更大的系统中，以便利用系统的资源和功能来解决问题。

转化是将问题转化为另一种形式或领域，以便利用该领域的知识和方法来解决问题。例如，将数学问题转化为计算机程序进行求解。

仿真是通过构建仿真模型来模拟实际问题的行为，从而预测和评估不同解决方案的效果。仿真方法有助于在不破坏实际系统的情况下进行测试和优化。

（2）递归与迭代

递归是计算思维中常用的一种方法，它通过函数调用自身来解决问题，特别适用于那些可以分解为相似子问题的问题。递归方法能够简化问题的求解过程，但需要注意递归深度和效率问题。

迭代是通过重复执行某个过程来逐步逼近问题的解。迭代方法常用于优化问题、求解方程等场景。

（3）并行处理、分布式处理与多维分析

并行处理利用多个处理器或计算资源同时处理问题的不同部分，以提高计算效率。这种方法特别适用于大规模数据处理和复杂系统计算等场景。

分布式处理将计算任务分布在多个计算机或节点上执行，以实现更高效的资源利用和更快的计算速度。分布式处理有助于解决大规模计算问题和跨地域数据共享问题。

多维分析从多个角度和维度对问题进行分析，以便更全面地理解问题的本质和特征。多维分析方法有助于发现问题的隐藏规律和关联，从而提出更有效的解决方案。

（4）抽象与分解

计算思维的核心之一是抽象，即将复杂的问题或系统简化为更易于理解和处理的形式。这涉及对问题或系统的关键特征进行提炼，忽略不必要的细节，从而构建一个清晰、简洁的模型。

分解是将复杂的问题分解为一系列更小、更具体的子问题。这种方法有助于降低问题的复杂性，使每个子问题都更容易被解决。同时，通过解决子问题，可以逐步构建出完整的解决方案。

（5）算法设计与分析

算法设计是根据问题的特点和要求，设计合适的算法来解决问题。算法是计算思维的核心组成部分之一，它规定了问题求解的步骤和规则。

算法分析是对设计的算法进行评估和优化，以提高其效率和准确性。优化方法包括改进算法结构、减少计算量、利用启发式搜索等。

（6）自动化与容错机制

自动化是指利用计算机技术和工具实现问题求解和系统设计的自动化。自动化方法能够显著提高工作效率和准确性，减少人为错误和重复性劳动。

容错机制是指在系统设计中考虑可能出现的错误和异常情况，并采取相应的容错措施来确保系统的稳定性和可靠性。容错机制包括冗余设计、错误检测与恢复等。

需要注意的是，计算思维的方法并不是孤立的，它们在实际应用中相互关联、相互补充，共同构成了计算思维的核心内容。通过灵活运用这些方法，人们可以更有效地解决复杂问题、设计高效系统并理解人类行为。

1.3 人工智能的起源与定义

人工智能可以从"能力"和"学科"两个方面进行定义。从能力的角度看,人工智能是相对人的自然智能而言的,人工智能是指用人工的方法在计算机上实现的智能;从学科的角度看,人工智能是一门研究如何构造智能机器或智能系统,从而模拟、延伸和扩展人类智能的学科。

1.3.1 人工智能的起源

人工智能作为一个独立的研究领域,最初目的是研究并深入理解人类的智能本质,试图赋予机器以类人智慧。经过数十年的发展,这一领域已经实现了从理论探索到实际应用的重大飞跃。从英国数学家艾伦·图灵的理论奠基到达特茅斯会议的学科诞生,早期探索为人工智能奠定了理论基础。这些开创性工作至今仍影响着人工智能技术发展的方向。

1. 理论奠基:图灵与智能的判据

人工智能的起源可以追溯到艾伦·图灵的图灵测试。1950年,图灵在其论文《计算机器与智能》(Computing Machinery and Intelligence)中探讨了计算机是否能够表现出智能,并提出了著名的图灵测试。图灵测试由3个参与者完成,分别是询问者A、人类回答者B和AI回答者C,如图1-6所示。他们分别在3个互相隔离的房间中完成测试。询问者A可以通过远程终端向参与回答的B和C提出任何问题,B和C作答并传回到询问者A的终端,对于每个问题,询问者A均不知道答案的主人,并从两者中选出他认为是人类做出的答案。进行多轮测试后,如果在超过30%的问答中,AI的答案被认为是人类的答案,则该AI通过测试,并被认为具有人类智能。图灵测试成为人工智能领域的重要评估标准,同时也引发了科学界对机器是否能够拥有智能和思维的关注和研究,为人工智能的发展奠定了基础。

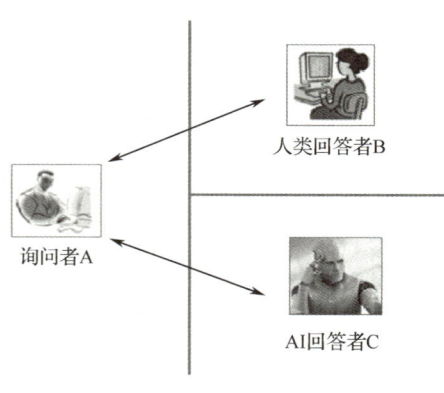

图1-6 图灵测试示意图

2. 学科诞生:达特茅斯会议与人工智能元年

图灵测试提出后,人工智能研究进入了蓬勃发展的阶段。1956年夏天,一场为期两个月的研讨会在美国达特茅斯学院(Dartmouth College)召开,这次会议被认为是人工智能学科的正式起点。在会议上,约翰·麦卡锡(John McCarthy)、马文·明斯基(Marvin Minsky)、克劳德·香农(Claude Shannon)等学者共同探讨了如何利用计算机模仿人类智能行为,并讨论了人工智能的未来发展。其间,约翰·麦卡锡把机器的这种模仿能力总结为"人工智能","人工智能"一词就此诞生,标志着人工智能作为一个独立研究领域的正式建立。

达特茅斯会议是历史上第一次关于人工智能的研讨会,会议虽然没有达成普遍的共识,但为人工智能的后续发展奠定了基础。因此1956年被称为人工智能元年。

1.3.2 人工智能的三大学派

人工智能的目的就是让机器能够像人一样思考，让机器拥有智能。由于人们对人工智能本质的不同理解和认识，形成了人工智能研究的不同途径。在不同的研究途径中，研究方法、学术观点和研究重点有所不同，进而形成符号主义（Symbolism）、连接主义（Connectionism）、行为主义（Behaviorism）三大学派，分别从对人的逻辑思维模拟、大脑结构模拟和智能行为模拟 3 个方面对智能进行研究。符号主义以基于知识工程的专家系统研究为代表，连接主义以人工神经网络研究为代表，行为主义以行为动作的感知与控制研究为代表。

1. 三大学派的基本思想

（1）符号主义

符号主义是人工智能领域最早的一个学派，其代表人物是艾伦·纽厄尔（Allen Newell）、赫伯特·西蒙（Herbert Simon）等。符号主义认为智能可以通过符号和规则来定义和实现，主张用计算机模拟人类的符号处理过程，通过逻辑推理、规则匹配等方法来实现人工智能。人是一个物理符号系统，计算机也是一个物理符号系统，因此，能用计算机来模拟人的逻辑思维。人类认知的基本单元是符号，认知过程是符号表示的一种运算，或者一种符号操作过程，智能行为是符号操作的结果。知识表示、知识推理、知识运用是人工智能的核心。符号主义基于用符号表示的知识和概念以及推理，并采用启发式知识及启发式搜索实现对相关问题的求解，其代表性成果包括机器证明、专家系统、知识工程等。

符号主义起源于逻辑学和哲学，其基本思想是，人类的认知过程是对各种符号进行推理运算的过程，落脚点为符号推理。然而，符号主义也面临着诸多理论局限。随着问题复杂度的增加，组合爆炸问题日益凸显；非结构化知识的形式化转换效率低下形成知识获取瓶颈；将人类智能简单等同于符号运算的认知简化倾向也受到质疑。

基于符号主义逻辑推理的人工智能发展的标志性事件有 IBM 公司的"深蓝"（Deep Blue）超级计算机战胜国际象棋冠军加里·卡斯帕罗夫（Garry Kasparov），这是人工智能的里程碑事件，也是符号主义人工智能的巨大成就之一。符号主义追求的是如同数学定理般的算法规则，试图将人的思想、行为活动及其结果，抽象化为简洁深入而又包罗万象的规则定理，就像牛顿（Newton）将世间万物的运动蕴含于 3 条定理之中。但是，人的大脑是宇宙中最为复杂的组织结构，人的思想无比复杂而又广阔无垠，人类智能也远非逻辑和推理。

（2）连接主义

连接主义的代表人物是沃伦·麦卡洛克（Warren McCulloch）与沃尔特·皮茨（Walter Pitts）等。连接主义主张通过模拟人脑神经元的连接方式来实现人工智能，它强调从大量的数据中学习并优化网络连接，以实现智能行为。连接主义的核心方法是构建人工神经网络（Artificial Neural Network，ANN）及人工神经网络间连接机制的学习算法，实现对大脑功能的模拟。人工神经网络是大脑的简化模型，该模型认为大脑由大量带有权重的单元（神经元）组成，这些权重度量了单元之间连接的强度。对模型的试验解释了诸如图像识别、语音识别、文本识别等的学习能力。其代表性成果包括 MP 神经元模型、感知机模型、BP 神经网络、深度神经网络等。

连接主义起源于神经科学，其基本思想是通过模拟人脑的神经网络结构和学习机制来实现智能，落脚点为神经网络与深度学习。得益于人工智能的算法、算力和数据三要素的齐备，连接主义学派近年来取得了长足进展，发展迅速。2009 年，多层神经网络在语音识别方面取得了重要突破；2011 年，苹果公司将 Siri 整合到 iPhone 4 中；2012 年，谷歌公司研发了无人驾驶汽车；2016 年，谷歌公司开发的具有"深度思维"的人工智能围棋程序 AlphaGo 击败围棋世界冠军、韩国棋手李世石，之后其又于 2017 年战胜了围棋世界冠军、中国棋手柯洁；2018 年，DeepMind 公司的 Alphafold 人工智能程序破解了困扰生物学界 50 年之久的蛋白质分子折叠问题；应用深度神经网络模型的图像识别、手写体识别和语音识别取得了显著进展。但是，以仿生学为基础的连接主义的发展受到了脑科学发展的制约，因人们对大脑的认知依旧停留在神经元这一层次，目前并不知道什么样的神经网络能够产生预期的智能水准。

（3）行为主义

行为主义的代表人物是罗德尼·布鲁克斯（Rodney Brooks）。行为主义认为，人工智能源于行为动作的感知和行动，人的智能活动是通过在现实世界中与周围环境进行交互（感知和行为）来体现的，从而实现自寻优、自适应、自组织和自学习。行为主义还认为，智能行为不是通过符号、规则或神经网络来定义的，而是通过生物在与环境交互过程中所表现出的适应性行为来体现的，人工智能只需要关注复杂环境下对行为的控制，让机器像人类智能一样逐步进化。行为主义观点推动了机器人的进步和发展，其代表性成果包括"感知-动作"模型、强化学习（Reinforcement Learning）、类脑计算、生物智能算法等。

行为主义起源于进化生物学和控制论，其基本思想是智能取决于感知和行动，提出智能行为的"感知-动作"模式，落脚点为行为控制、自适应与进化计算。行为主义代表性成果是谷歌的机器狗，其目标是实现人或动物能去的地方机器都能去。它能够完成恶劣环境中的特定运输任务；在未知的恶劣环境（如丛林、雪地、冰面或河床）中行走时，它能够识别并避开或越过树木、乱石堆等障碍；在遇到外界环境的突发性冲击时，它能够迅速调整自身姿势，保持站立并继续前进。行为主义学派在诞生之初就具有很强的目的性，这也导致它的优势和不足都很明显。其主要优势在于行为主义重视结果，或者说机器自身的表现，实用性很强。不过也许正是因为过于重视表现形式，行为主义侧重于应用技术的发展，无法同其他两个学派一样，在某个重要理论获得突破后，迎来爆发式增长。

人工智能三大学派的起源、基本思想和落脚点是不同的，它们之间的区别如表 1-2 所示。这三大学派不断地探究和争议，促成人工智能雏形的建立，并孕育着新的发展。

表 1-2 人工智能三大学派的区别

三大学派	起源	基本思想	落脚点
符号主义	逻辑学、哲学	认知过程是对各种符号进行推理运算的过程	符号推理
连接主义	神经科学	模拟人脑的神经网络结构和学习机制	神经网络与深度学习
行为主义	进化生物学、控制论	智能取决于感知和行动	行为控制、自适应与进化计算

2. 生成式人工智能——三大学派共塑的智能革命

生成式人工智能（Artificial Intelligence Generated Content，AIGC）的崛起，不仅是技术的飞跃，更是人工智能三大学派思想融合的产物。它以连接主义为基础，吸收符号主义的逻辑框架，融入行为主义的动态反馈，共同推动智能技术迈向新高度。

连接主义主张通过模拟神经网络实现智能，这一理念为生成式人工智能提供了底层架构。无论是文本生成，还是图像创作，其核心均依赖深度神经网络。模型通过海量数据自动学习特征分布，利用反向传播算法优化参数，体现了连接主义"数据驱动"的本质。Transformer 架构的突破，更让生成式人工智能跨越文本、图像、视频的多模态生成成为可能，验证了连接主义对分布式表征的强大能力。

尽管生成式人工智能以连接主义为主导，但符号主义的逻辑推理与知识表示方法仍在其中发挥辅助作用。生成式人工智能在文本生成、知识推理等任务中需依赖符号逻辑。例如，GPT模型通过处理符号序列（如文本）生成内容，其输出需符合语法、语义规则，这体现了符号主义对符号操作的重视。但生成式人工智能的深度学习模型超越了传统符号主义的静态规则，通过动态模式学习实现更灵活的符号处理。

行为主义关注智能体与环境的互动反馈，这一机制被深度整合至生成式人工智能的训练中。强化学习与人类反馈技术让 ChatGPT 等模型通过用户评价持续优化输出，模拟了"试错学习"的适应性。在机器人领域，生成式人工智能规划动作时需实时响应物理环境变化，这正是行为主义"感知-行动"循环的体现。动态交互使生成式人工智能摆脱静态输出，迈向更灵活的智能形态。

生成式人工智能的实践揭示，单一学派无法应对复杂挑战，融合成为必然趋势。连接主义提供强大的学习能力，符号主义注入逻辑可控性，行为主义引入环境适应性。例如，AlphaGo融合了符号主义的搜索算法与连接主义的策略网络，而 GPT-4 的多模态生成则需联合符号化表征与神经网络推理。未来，这种协同将持续深化：符号知识增强模型可解释性，行为反馈约束伦理风险，连接架构支撑跨模态创造力。

生成式人工智能的诞生与发展，是三大学派跨越理论鸿沟、走向协同创新的缩影。三大学派的深度融合揭示了智能的本质并非学派优劣之争，而是对人类"学习、推理与适应"能力的系统性整合。生成式人工智能通过突破传统学派壁垒，正推动人工智能向通用智能（Artificial General Intelligence，AGI）的终极目标迈进。

1.3.3 人工智能的定义

自 1956 年达特茅斯会议正式提出人工智能的概念后，许多科学家对人工智能的定义做出过解释。但目前最常见的人工智能定义有两个：一个是马文·明斯基提出的，即"人工智能是一门科学，是使机器做那些人需要通过智能来做的事情，是能够和人一样进行感知、认知、决策、执行的人工程序或系统"；另一个更专业一些的定义是尼尔斯·约翰·尼尔森（Nils John Nilsson）提出的，即"人工智能是关于知识的科学，是研究知识的表示、知识的获取和知识的应用的一般规律、算法和实现方法的一门科学"。

如今，人们很容易相信人工智能已经变得像人类一样聪明了。例如，2018 年 5 月，得益于神经语音识别与合成技术的进步，谷歌发布了 Duplex AI，借助 Duplex 的自然语言对话，谷歌智能助理可帮助用户完成如餐厅预订、约定日程、商务活动等诸多任务。由于它的声音几乎与人类一模一样，所以在整个过程中可以瞒过其对话伙伴，使之认为自己是人类。尽管如此，人类不是机器，机器也不是人类，人工智能和人类智能有着本质的区别。

（1）非生物与生物的区别。人类智能是自主智能系统，除了理性智能，人类还具有难以评定的感性思维。通俗来说，人类会通过情绪爆发出不同层级的不同方向的能量，人类对事物的研究、看法和判定从来都不是以理性为唯一标准的。人工智能在现阶段还只处于理性智能状态，它们能处理大部分可用数学逻辑判断的事物，然后按照最优化处理逻辑去思考做事。

（2）人类采用现实思维，有主观能动性，机器采用固定思维，无法开发出自主情绪，即使现在有一些机器会表达情绪，那也只不过是人类写入的场景应对系统而已，并不是真正的主动情绪。

（3）从功能上看，人类具有对未来可能的重构能力。人类通过不断对外部信息的感知和思维表征、重构，不断地提出新的假设并反复验证，慢慢地接近事情的真相。而机器只能简单地读取过往的记忆，如果这个记忆和眼前碰到的事情不一致，它只能不断地读取，直到找到完全一样的记忆，否则只能"报错"。

人工智能发展至今，其内涵已经大大扩展，它已发展为一门综合性的交叉学科，如图 1-7 所示，它不仅是计算机科学的一条分支，而且涉及脑科学、认知科学、心理学、语言学、逻辑学、哲学等许多学科领域。

随着云计算、物联网、大数据和深度学习方法的不断成熟，人工智能在感知和识别等方面取得了标志性成果，它们在语音识别、文本识别以及图像和视频识别等方面已经接近或者超越了人类。从宏观来看，人工智能从理论到实际应用，呈现出"人工智能+"的多元化发展方向。

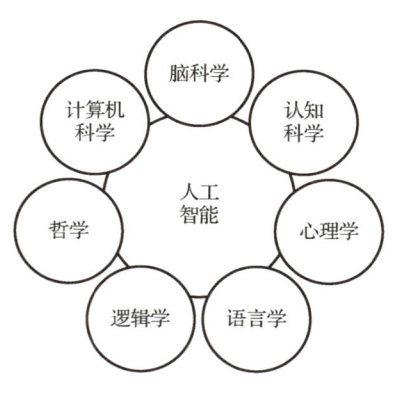

图 1-7 人工智能已发展为一门交叉学科

1.4 人工智能的发展历程与趋势

人工智能的发展历程反映了人类对智能本质的持续追问与实践。从早期理论模型的奠基到当代通用人工智能的探索，这一历程不仅重塑了计算机科学的能力边界，更推动了人类社会向智能时代的跨越。

1.4.1 人工智能的发展阶段

从 1956 年至今，人工智能的发展已历经数十年，大致可以划分为以下 6 个阶段。

1. 起步发展期（1956—1960 年）

1956 年达特茅斯会议后的几年间，掀起了人工智能发展的第一次高潮，取得了一批研究成果。例如，1957 年，艾伦·纽厄尔等开发出了逻辑理论机（Logic Theorist），首次实现数学定理的自动证明。1960 年，阿瑟·塞缪尔（Arthur Samuel）的智能跳棋程序问世，首次实现了计算机通过"学习"提升博弈能力。这些成果让人们看到了人工智能的巨大潜力，仿佛一个全新的时代已经到来。然而，当时的计算机性能有限，处理速度慢，存储容量小，极大地限制了人工智能的发展。

2. 反思发展期（1961—1970 年）

人工智能发展初期的突破性进展，让人们对它充满了无限的期望。人们开始尝试更具挑战性的任务，如试图让机器证明一些复杂的定理，结果机器无能为力。接二连三的失败和预期目标的落空，使人工智能的发展走入了低谷。科学家们开始反思，人工智能的发展并非一帆风顺，还需要更多的研究和探索。

3. 应用发展期（1971—1985 年）

20 世纪 70 年代，人工智能迎来了一个新的发展机遇——专家系统的出现，为人工智能的发展注入了新的活力。专家系统是一种模拟人类专家的知识和经验，解决特定领域问题的计算机程序。它能够根据输入的信息，运用专家的知识和经验，进行推理和判断，给出解决方案。例如，医疗诊断系统可以根据病人的症状和检查结果，辅助医生进行诊断，提供治疗建议；化学分析专家系统可以用于化学反应的预测和分析；地质专家系统能够帮助地质工作者进行矿产勘探。

专家系统的成功应用，实现了人工智能从理论研究走向实际应用、从一般推理策略探讨转向运用专门知识的重大突破，推动人工智能走入了应用发展的新高潮。虽然在这一时期，专家系统的出现让人们看到了人工智能在实际应用中的巨大价值，但是也暗藏危机：专家系统严重依赖人工录入大量规则，导致系统的维护与更新十分困难。

4. 低迷发展期（1986—1995 年）

随着人工智能应用规模的不断扩大，专家系统存在的问题逐渐暴露出来。首先，专家系统的应用领域狭窄，只能在特定的领域内发挥作用，对于其他领域的问题则无能为力。其次，专家系统缺乏常识性知识，只能根据专家提供的知识进行推理，而无法像人类一样运用常识来解决问题。此外，专家系统的知识获取困难，需要耗费大量的时间和精力来收集和整理专家的知识；推理方法单一，难以适应复杂多变的实际情况；缺乏分布式功能，难以与其他系统进行协同工作；难以与现有数据库兼容，数据共享困难。

这些问题使得专家系统的应用受到了限制，人工智能的发展再次陷入了低谷。许多公司和研究机构减少了对人工智能的投入，人工智能的发展面临着严峻的挑战。

5. 稳步发展期（1996—2010 年）

20 世纪 90 年代中期，互联网的兴起为人工智能的发展带来了新的机遇。网络技术的快速发展，使得信息的获取和传播变得更加便捷，加速了人工智能的创新研究，促使人工智能技术进一步走向实用化。

这个时期，三股重要力量正在逐渐形成人工智能发展的合力：互联网的飞速发展为人工智能提供海量训练数据；计算机性能持续改善，图形处理器（Graphics Processing Unit，GPU）开始用于加速计算；统计学习崛起，让机器从数据中自主发现规律。

2006 年，杰弗里·辛顿（Geoffrey Hinton）提出深度学习（Deep Learning）的概念，成为点燃人工智能革命的导火索。2008 年，IBM 提出了"智慧地球"的概念，实现万物互联和智能化的管理，推动了人工智能在物联网、智能交通、智能电网等领域的应用。

在这一时期，人工智能技术在语音识别、图像识别、自然语言处理（Natural Language Processing，NLP）等方面也取得了显著的进展。语音识别技术逐渐成熟，开始应用于语音助手、语音导航等领域；图像识别技术在安防监控、医疗影像诊断等方面得到了广泛应用；自然语言处理技术使得机器能够更好地理解和生成人类语言，为机器翻译、智能客服等应用提供了支持。

6. 蓬勃发展期（2011 年至今）

随着大数据、云计算、互联网、物联网等信息技术的快速发展，泛在感知数据和 GPU 等计算平台为人工智能的发展提供了强大的支持。以深度神经网络为代表的人工智能技术飞速发展，大幅跨越了科学与应用之间的技术鸿沟，迎来了爆发式增长的新高潮。

大数据为人工智能提供了丰富的"养料"。大量的数据使得机器能够更好地学习和理解世界的规律，从而提高人工智能系统的性能。例如，在图像识别领域，通过大量的图像数据训练，深度神经网络能够准确地识别出各种物体；在语音识别领域，通过对海量语音数据的学习，机器能够更加准确地识别和理解人类的语音。

云计算和 GPU 等计算平台为人工智能的发展提供了强大的计算能力。深度神经网络的训练需要大量的计算资源，而云计算和 GPU 的出现，使得这些计算变得更加高效和可行。这使得人工智能技术能够更快地发展和应用。

这一时期，人工智能技术取得突破性发展。2017 年，谷歌研究人员在论文 *Attention Is All You Need* 中首次提出 Transformer 架构，该架构摒弃了顺序处理方式，采用自注意力机制（Self-Attention），能够并行处理序列中的所有元素，彻底改变了自然语言处理的技术路径。Transformer 架构的出现为后续的大语言模型（如 GPT、BERT）以及多模态模型奠定了基础，成为现代人工智能技术的核心。

2018 年以来，美国 OpenAI 公司发布的 GPT 系列模型不断刷新人们对人工智能的认知。从最初的 GPT-1 到后来的系列版本，在参数规模、任务处理能力、多模态支持和应用场景上不断实现突破，推动了大模型技术的快速发展。

2024 年 12 月，中国人工智能企业深度求索（DeepSeek）公司发布了大语言模型 DeepSeek-V3。2025 年 1 月，深度求索公司又发布了 DeepSeek-R1 推理模型。DeepSeek 以其多模态支持、中文优化、轻量化部署和开放生态等特点，赢得了广大用户的喜爱和认可，为大模型的普惠化发展做出了积极贡献。

1.4.2 人工智能的发展趋势

人工智能正从单一技术工具演进为支撑各行业发展的新型基础设施，推动产业流程重构与效率跃升。人工智能的发展趋势主要体现在以下 4 个方面。

1. 可信人工智能

可信人工智能（Trustworthy AI）指的是一种在设计、开发和应用过程中，能够确保其可靠性、安全性、公正性、透明性和可解释性的人工智能系统。它强调人工智能系统应遵循道德规范，确保不会造成偏见、歧视或其他不良后果，同时保护用户隐私和数据安全。可信人工智能的核心目标是建立公众对人工智能技术的信任，使其在各个领域（如医疗、金融、交通等）能够发挥积极作用，避免风险和负面影响。目前可信人工智能存在算法偏见、数据隐私泄露、系统鲁棒性不足、模型不可解释性等技术问题，未来的可信人工智能研究将着眼于改进算法设计、加强安全措施、采用隐私保护技术、消除数据偏见以及提高模型的可解释性等方面，以逐步实现可信人工智能更高的目标。

2. 多模态大模型

人类智能天然是多模态的，人拥有眼、耳、鼻、舌、身、嘴，具有多感官交互的需求。多模态大模型能够处理和理解多种不同类型的数据，如文本、图像、声音和视频等，以实现更加自然的人机交互。多模态大模型代表着人工智能从单一模态智能向多模态融合的通用智能发展的进程，其目标是将来自不同模态的信息映射到一个共享的表示空间，利用大规模标注的多模态数据进行预训练，将训练好的模型迁移到下游任务（如图像生成、文本翻译、视频描述等）中，并且能够表现出强大的适应能力。目前多模态大模型已取得较好的成果，未来的多模态大模型研究将着眼于探索更轻量化、高效的模型结构，以降低计算和存储成本，以及提升模型的透明性和可解释性，帮助用户理解多模态信息的关联和决策过程，同时进一步探索模型在各个领域的实际应用。

3. 人机协作与交互

人机协作通过引入增强学习和自适应算法，使人工智能系统能够动态学习并优化行为，从而更好地理解和适应人类需求。在这一过程中，机器依赖人类的反馈和指导，不断调整其策略，实现更个性化的服务和更高效的用户体验。这种协作方式不仅提升了系统对不同用户需求的适应性，还促进了人工智能与人类之间的信任与互补性。目前人机协作与交互存在任务分工常缺乏明确的边界、在动态环境下的适应性有限、敏感数据共享等问题，未来的人机协作与交互研究将致力于提升机器对人类意图和行为的理解能力，推动系统通过自适应学习不断优化与用户的互动。同时，研究将更加注重人机协作过程的透明性和可解释性，以增强用户的信任感，并解决数据隐私和伦理问题，以确保协作系统的安全性和社会可接受性。

4. 具身机器人

具身机器人（Embodied Robotics）是人工智能与机器人学深度融合的前沿方向，其核心是通过物理实体（机器人）在真实环境中的感知、行动与交互，实现智能的具身化。与传统工业机器人（依赖预设程序完成重复任务）不同，具身机器人强调通过自主学习适应动态环境，具备"感知-决策-执行"的闭环能力，是人工智能从虚拟模型走向现实世界的关键载体。

（1）核心技术

① 具身智能（Embodied Intelligence）：具身智能是指具有身体并支持与物理世界进行交互的智能体，如机器人、无人车等。具身智能基于具身认知理论（智能源于身体与环境的互动），机器人通过摄像头、力传感器、惯性测量单元等获取多模态环境数据，结合强化学习、模仿学习等算法，在真实或虚拟场景中学习行走、抓取、协作等技能。

② 大模型赋能：通过多模态大模型处理传感数据，由大模型生成运动指令，并对机器人进行驱动，替代传统基于规则或数学公式的运动驱动方式，实现虚拟和现实的深度融合。

③ 物理交互能力：突破传统机器人"刚性控制"局限，融合软体机器人、自适应抓取算法（如基于视觉的多指灵巧操作），实现对易碎物体（如鸡蛋）、非规则物体（如衣物）的安全操作，推动家庭服务、医疗护理等应用场景落地。

（2）关键应用场景

① 家庭与服务机器人：具备自主导航、物体识别、人机协作能力的家用机器人（如扫地机器人升级为"全能管家"），可完成清洁、烹饪、陪伴等任务，尤其关注老年人照护场景。

② 工业与物流自动化：在柔性制造生产线中，具身机器人通过视觉感知实时调整抓取策略，适应多品种小批量生产需求；仓储机器人可以升级为具备环境理解能力的智能体，优化货物分拣效率。

③ 灾难救援与极端环境检测：如机器人可以在核泄漏区执行辐射检测，通过地形自适应算法穿越复杂废墟，依赖实时环境建模与路径规划技术降低人工风险。

（3）挑战与未来方向

① 感知与决策的鲁棒性：动态光照、遮挡、未知障碍物等现实因素易导致感知误差，需研发更鲁棒的多模态融合算法，结合监督学习提升模型泛化能力。

② 能耗与机动性平衡：现有移动机器人续航普遍不足（如人形机器人仅能行走数十分钟），需在电池技术、运动控制算法（如能量优化步态规划）上有所突破。

③ 伦理与安全性：人机共融场景中，机器人需具备"安全停机""故障透明"等机制，避免物理交互中的意外伤害，同时解决自主决策的责任归属问题。

④ 从"任务专用"到"通用智能"：当前具身机器人多针对单一任务（如抓取、行走），未来需构建跨任务迁移能力，借鉴人类"少样本学习"机制，通过元学习（Meta-Learning）让机器人快速掌握新技能（如从"叠毛巾"迁移至"整理背包"）。

具身机器人的发展不仅代表硬件与算法的进步，更标志着人工智能从"符号推理""感知理解"迈向"物理干预"的关键跨越。随着大模型、传感器、新能源技术的协同突破，具身智能有望成为连接数字世界与物理世界的桥梁，推动智能体从虚拟助手进化为真实环境中的协作伙伴，在制造业、服务业、公共安全等领域开启人机共融的新纪元。

1.5 人工智能的研究内容与主要技术

人工智能研究旨在模拟人类意识和思维的信息处理过程，涉及的领域极为广泛，它既需要揭示人脑的结构、人类智能的奥妙以及大脑处理信息的过程，还需要理解人类智能原理，应用计算机模拟人类的智能活动，开发智能机器或智能系统。因此，人工智能研究领域可以从人工智能的研究内容和人工智能主要技术两个方面来阐述。

1.5.1 人工智能的研究内容

人工智能需要让机器像人类一样具有思考和学习的能力，这种能力包括推理、解释、对话、理解，甚至还包含伦理、道德等层面，因此，人工智能的研究内容包括认知建模、知识表示、智能感知、智能推理、智能行动等。

1. 认知建模

认知建模是一种将人类的认知过程转化为数学模型的方法。它通过构建不同层次的模型来模拟人类对现实世界进行认知的过程，包括感知与注意、知识表示、记忆与学习、语言、问题求解和推理等方面。目的是探索和研究人的思维机制，特别是人的信息处理机制，为设计相应的人工智能系统提供新的体系结构和技术方法。

2. 知识表示

知识表示是对知识的一种描述。它把知识客体中的知识因子与知识关联起来，便于人们识别和理解知识。它可以是一组规则，也可以是一种计算机能接受的用于描述知识的数据结构，并且能够根据存储在计算机中的知识按照某种规则推理演绎得到新的知识。

3. 智能感知

智能感知是指使计算机具备类似于人类使用其感官与外界交互的能力，从而能够理解和解释环境中的信息。智能感知研究如何用机器模拟、延伸和扩展人的感知或认知能力，包括机器视觉、机器听觉、机器触觉等，其中以视觉和听觉为主。机器视觉用于让计算机能够识别并理解文字、图像等，机器听觉用于让计算机理解语言、声音等。智能感知的最终目标是使机器能够像人类一样观察和感知世界，能够以人类易于理解的方式解释其决策的依据，并在失败时向人类发出警告或者分析产生失败的原因。

4. 智能推理

智能推理是指计算机利用感知获得的信息，通过一系列逻辑推理和智能算法的处理，以求解问题并做出决策。在这个过程中，计算机能够理解和分析信息，并根据知识库和经验进行推导，最终得出合理的结论。通过智能推理技术，计算机能够更好地模拟人类的思维过程，从而在复杂的问题求解和决策制定中发挥重要的作用。

5. 智能行动

智能行动是指计算机在智能感知和智能推理的基础上，利用分析结果主动或被动地采取行动。在智能行动中，人工智能系统可以根据不同的情境和需求，自主地制定和执行任务，以实现智能化、自动化的操作。智能行动可以应用于各种场景，如机器人、自动驾驶、智能家居、安防监控、智能交通等，为人们的生活和工作带来便利。

1.5.2 人工智能主要技术

人工智能为实现认知建模、知识表示、智能感知、智能推理、智能行动，使机器能够像人类一样具有思考和学习的能力，目前主要采用计算机视觉、语音处理、自然语言处理、机器学习、智能机器人等技术。这些技术取得的成效和应用促进了社会的发展。

1. 计算机视觉

计算机视觉（Computer Vision，CV）是使用计算机及相关设备对生物视觉的一种模拟。它的主要任务是通过对采集的图片或视频进行处理以获得相应场景的三维信息，就像人类和许多其他类生物每天所做的那样。计算机视觉的发展经历了文字识别、数字图像处理与识别、物体识别 3 个阶段。计算机视觉技术为人们的生活带来了很多便捷应用，如遥感图像识别，印章、人像、指纹、手迹、虹膜等的处理和辨识，以及历史文字和图片档案的修复和管理、生物医学图像识别、3D 图像的识别等。

2. 语音处理

语音处理是以语音信号为主要研究对象，涵盖语音识别、语音合成以及语音理解等技术的总称。通俗地讲，语音识别技术就是将输入的语音信号自动转换成书面文字，并对其进行识别和处理。语音识别包括对语音信号的音素、音节、声学特征或词以及说话人身份的识别，该技术的应用主要包括语音拨号、语音导航、室内设备控制、语音文档检索等。语音合成是将书面文本自动转换成对应的语音特征。语音理解是利用知识表达和组织等人工智能技术进行语句自动识别和语义理解。

3. 自然语言处理

自然语言处理是机器通过对字、词、句、篇章的输入、输出、识别、分析、理解、生成等的操作和加工，实现人机信息交流。向机器输入一段自然语言文本，如果机器能够正确回答输入文本中的有关问题、产生输入文本的摘要、用不同的词语和句式复述输入文本以及把一种语言（源语言）翻译为另一种语言（目标语言），则认为机器理解了这段自然语言文本。自然语言处理的应用主要包括机器翻译、信息检索、自动问答、文本分类和信息提取等。

4. 机器学习

机器学习（Machine Learning）是将训练数据输入学习算法，由学习算法根据输入的数据生成计算模型，再将另一组测试数据输入计算模型，由该计算模型输出判断结果的过程。人工智能的研究从以"推理"为重点到以"知识"为重点，再到以"学习"为重点，形成了一条自然、清晰的发展脉络。近年来，随着机器学习技术的兴起，人工智能研究进入了以"学习"为重点的新阶段。这一阶段的特点是利用大量的数据和强大的计算能力来训练模型，使计算机能够通过学习自动提取和利用知识，而不仅仅依赖于人工制定的规则和知识库。本书也主要介绍基于机器学习的现代人工智能技术。

5. 智能机器人

智能机器人是一种能够感知环境、理解语言、处理信息、做出决策并执行操作，从而完成各种复杂任务的机器人。智能机器人是一种先进的自动化系统，它能够理解人类语言，能够与操作者进行自然对话，可以根据环境变化和突发情况做出相应的反应，并在信息不充分和环境迅速变化的条件下完成操作者定义的所有动作。智能机器人的应用范围非常广泛，不仅为人类带来了巨大的便利，也为不同的领域提供了智能化解决方案。

习题与实验

一、选择题

1. 图灵机由 4 个部分组成,分别是一条无限长的纸带、一个读写头、(　　)和一个状态寄存器。
   A．一个控制器　　　　　　　　　B．一套控制规则表
   C．一个读写器　　　　　　　　　D．一个纸带机
2. 计算机的自动化操作是由它的(　　)决定的。
   A．二进制运算原理　　　　　　　B．通用分析机原理
   C．实时控制原理　　　　　　　　D．存储程序工作原理
3. 计算机史上著名的"101 页报告"是指(　　)。
   A．ENIAC　　　B．EDSAC　　　C．EDVAC　　　D．UNIVAC
4. 人工智能的目的是让机器能够(　　)。
   A．具有完全的智能　　　　　　　B．和人脑一样考虑问题
   C．完全代替人　　　　　　　　　D．模拟、延伸和扩展人的智能
5. 人工智能的正式提出是在(　　)年。
   A．1956　　　B．1946　　　C．1950　　　D．2011
6. 对人工智能学科的发展具有里程碑意义的研讨会是(　　)。
   A．人工智能圆桌会议　　　　　　B．达特茅斯会议
   C．人工智能云会议　　　　　　　D．人工智能伦理峰会

二、问答题

1. 设计计算 $f(n)=2n$ 的图灵机并分析其工作过程。
2. 什么叫冯·诺依曼体系结构?
3. 人工智能有哪三大学派?它们各自的基本思想和落脚点分别是什么?
4. 2011 年至今,人工智能进入蓬勃发展期,简述这一时期的主要特点。
5. 什么叫具身智能?它有哪些应用场景?

三、实验题

人工智能初体验——与 AI 对话。登录任意 AI 对话平台(如 DeepSeek、文心一言等),输入以下问题并记录答案。

(1) 请用 50 字解释什么是人工智能。
(2) 列举三个 AI 在某个领域的应用场景,提问时根据自己的专业来确定是哪个领域。
(3) 你认为 AI 会取代人类工作吗?为什么?

对同一问题连续提问 3 次,观察其回答的一致性,并分析 AI 回答的合理性与局限性。

第 2 章　人工智能开发工具与平台

随着技术的发展，人工智能开发呈现双重路径：一方面，低代码/无代码平台（如飞桨 EasyDL、Google AutoML、Microsoft Power Platform）通过可视化界面和预置模块，让非专业人员也能快速搭建人工智能应用，通过封装复杂算法，将人工智能开发简化为拖曳组件和参数调整，显著降低技术门槛；另一方面，通用编程工具（如 Python、PyTorch、TensorFlow）仍主导着高精度模型研发，开发者通过编写代码实现模型架构设计、参数优化等深度定制，满足个性化需求。这两种路径分别对应着人工智能技术的普惠化与专业化发展方向，共同推动着人工智能从实验室走向千行百业。

编程工具的重要性体现在三个方面：其一，突破平台功能局限，支持前沿算法实验；其二，实现计算资源的精细化调配，提升 GPU 利用率；其三，保障技术迭代的可控性，使开发者可自主优化模型配置或适配特殊业务场景。在众多的编程语言中，Python 以其简洁、优雅的语法，丰富的功能库和开放的应用生态，成为人工智能领域的热门工具。

作为课程学习的基础，本章概要性地介绍 Python 的基本语法、程序控制结构、函数定义与调用、文件操作等重点内容，帮助读者运用 Python 语言来构建算法模型、处理数据，为人工智能系统开发奠定坚实基础。

2.1　Python 与人工智能应用

在构建人工智能系统时，从数据的采集、整理、预处理，到模型的设计、训练、优化，再到最终的应用部署，每一个环节都离不开编程语言的应用。例如，在训练一个深度学习模型时，需要使用编程语言来定义神经网络的结构、设置训练参数、编写数据加载和预处理的代码等。只有通过编程语言将各种人工智能算法和技术转化为实际可运行的代码，才能让人工智能从理论走向实践，实现各种智能应用的落地。

Python 语言是由荷兰计算机工程师吉多·范罗苏姆（Guido van Rossum）设计的面向对象、解释型的高级程序设计语言，目前的主流版本可以分为 Python 3.x 和 Python 2.x，通常选择 Python 3.x 版本作为程序实现环境。Python 以其自身的优势，为人工智能领域的研究与开发提供高效、便捷的工具支持。

2.1.1　Python 语言的特点

随着人工智能技术的飞速发展，人们对编程语言的要求也日益提高。Python 之所以能够脱颖而出，主要得益于以下 4 个方面的特点。

1. 简洁、优雅的语法

编写一个 Python 程序没有太多的语法细节和规则要求，"信手拈来"就可以编写一个程序，使得初学者可以从语法细节中摆脱出来，而专注于解决问题的方法、分析程序本身的逻辑和算法。

2. 丰富的库资源

Python 拥有庞大的第三方库生态系统，涵盖了数据科学、机器学习、深度学习等领域。在人工智能领域，TensorFlow、PyTorch、Scikit-learn 等深度学习框架和机器学习库，为开发者提供了强大的工具支持，极大地简化了模型构建、训练和部署的过程。

3. 强大的数据处理能力

Python 的数据处理能力尤为突出。NumPy、Pandas 等库为数值计算和数据分析提供了高效的支持，使得处理大规模数据集变得轻松快捷。这对于人工智能领域的数据预处理、特征工程等关键环节至关重要。

4. 活跃的社区支持

Python 拥有庞大的开发者社区，这些社区成员积极参与技术交流、分享经验和解决问题。无论开发者是遇到了编程难题还是寻求最佳实践，Python 社区都能提供丰富的资源和宝贵的帮助。

当然 Python 语言也有它的局限性。相比其他一些语言（如 C、C++语言）来说，Python 程序的运行速度比较慢，对于速度有着较高的要求的应用，就要考虑 Python 是否能满足需要。不过这一点可以通过使用 C 编写关键模块，然后由 Python 调用的方式加以解决。而且现在计算机的硬件配置在不断提高，对于一般的项目开发来说，运算速度已经不成问题。

2.1.2　Python 在人工智能中的应用

Python 在人工智能领域发挥着重要作用，具体体现在以下 4 个方面。

1. 机器学习模型的开发与训练

Python 的机器学习库（如 Scikit-learn）提供了丰富的算法实现，使得开发者能够轻松构建和训练各种机器学习模型。无论是分类、回归还是聚类任务，Python 都能提供高效的解决方案。

2. 深度学习模型的构建与部署

Python 的深度学习框架（如 TensorFlow、PyTorch）为开发者提供了强大的工具支持，使得构建和训练深度神经网络变得简单、直观。同时，这些框架还支持模型的部署和优化，使得深度学习能够更广泛地应用于实际场景中。

3. 数据处理与分析

在人工智能项目中，数据处理与分析是至关重要的一环。Python 的数据处理库（如 NumPy、Pandas）为开发者提供了高效的数据处理和分析工具，使得处理大规模数据集变得轻松快捷。这对于提高模型的准确性和效率至关重要。

4. 数据可视化与交互

Python 的可视化库（如 Matplotlib、Seaborn）为开发者提供了丰富的图表和图形展示功能，使得数据分析和模型评估的结果更加直观易懂。同时，Python 还支持交互式编程环境（如 Jupyter Notebook），使得开发者能够更加方便地进行实验和调试。

2.1.3 Python 编程的基本规则

1. 语句行和缩进对齐

在 Python 中，语句行从解释器提示符后的第一列开始，前面不能有任何空格，否则会产生语法错误。每个语句行以回车符结束。可以在同一行中使用多条语句，语句之间使用分号（;）分隔。例如：

```
>>> x='f='; f=100; print(x,f)
f=100
```

Python 通过缩进对齐反映语句的逻辑关系，从而区分不同的语句块。缩进可以由任意的空格或制表符组成，缩进的长度不受限制，一般为四个空格或一个制表符，但在同一程序中不建议混合使用空格和制表符。就一个语句块来讲，需要保持一致的缩进量。这是 Python 语言区别于其他语言的重要特点。例如，下面两段程序的含义是截然不同的。

程序段一：

```
for i in range(50):
    s+=b
    a,b=b,a+b
```

程序段二：

```
for i in range(0,50):
    s+=b
a,b=b,a+b
```

在程序段一中，for 语句后面的两条语句都是重复执行的语句，它们组成一个语句块。在程序段二中，重复执行的语句只有"s+=b"，语句"a,b=b,a+b"是与 for 循环并列的语句，它在执行 for 循环之后再执行。

2. 多行语句

如果语句行太长，可以使用反斜杠（\）将一行语句分为多行显示，例如：

```
>>> total=1+1/2+1/3+1/4+1/5+1/6+\
        1/7+1/8+1/9+1/10
```

如果语句中包含圆括号（()）、方括号（[]）或花括号（{}），则不需要使用多行续行符。例如：

```
>>> def f(
        ):return 120
>>> f()
120
```

3. Python 注释

注释对程序的执行没有任何影响，目的是对程序进行补充解释，以增强程序的可读性。此外，在程序调试阶段，有时需要某些语句暂时不执行，这时可以给这些语句加上注释符号，相当于对这些语句进行逻辑删除，需要执行时，再去掉注释符号即可。

程序中的单行注释采用#开头，注释可以从任意位置开始，可以在语句行末尾，也可以独立成行。Python 没有块注释，所以当前推荐的多行注释也是采用#开头。

4. Python 引号

Python 用单引号（'），双引号（"）和三引号（'''或"""）来表示字符串，引号的开始与结束必须使用相同的引号类型。其中，三引号可以用于多行字符串。例如：

```
>>> str1='AAAAA'
>>> str2="BBBBB"
>>> str3="""XXXXX
YYYYY"""
>>> str3        #输出 str3 的值
'XXXXX\nYYYYY'
```

str3 所在语句中，三引号定义的字符串虽然放在多行中，但不用使用续行符（\），而可以直接按 Enter 键转移到下一行继续输入。输出结果中的"\n"代表回车换行符。

5. Python 帮助信息

在 Python 解释器提示符后输入"help()"即可进入帮助模式，此时在"help>"后输入要查看的函数名、模块名或其他主题信息便可看到相关文档，直接按 Enter 键则退出帮助模式。如果需要查看某个内容的帮助信息，可以直接使用 help()函数。例如，help(abs)会显示 abs 函数的帮助信息。

2.2 Python 的数据描述

根据数据描述信息的逻辑含义，可将数据分为不同的种类，对数据种类的区分规定，称为数据类型。数据类型明显或隐含地规定了程序执行期间变量或表达式所有可能取值的范围以及在这些值上允许的操作。因此，数据类型是一个值的集合和定义在这个值集上的一组操作的总称。

Python 提供了一些内置的数据类型，它们由系统预定义，程序中可以直接使用。

2.2.1 变量与赋值

1. 变量的概念

变量（Variable）是程序设计语言中普遍使用的概念。通常，可以将程序中的变量看作是一种命名的内存单元。对于程序员而言，变量所对应内存单元的物理地址并不重要，而只需要使用变量名来访问相应内存单元即可。编写程序时，可以在内存单元中放入一个值（对变量而言称为赋值），当变量的值发生改变时，新的值将代替原来的值。图 2-1 展示了赋值语句 x=x+1 的执行过程，开始时 x 所对应内存单元的值是 10，执行语句 x=x+1 后 x 所对应内存单元的值变为 11，这正是大多高级语言的工作方式。

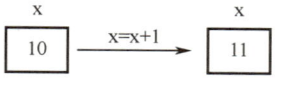

图 2-1　语句 x=x+1 的一种执行过程

在 Python 中，把每个数据都抽象为一个对象，不管是数值还是文本，是简单数据还是复合数据，任何类型的数据都是一个对象。Python 对象存储在计算机的内存中，不同的对象被分配不同的内存单元。为了引用对象就需要给对象附加一个名字。有了名字后，就可以在程序中通过这个名字来引用该对象。这个名字与常规的变量作用相似，Python 中也称其为变量，当然两者含义截然不同。

2．Python 变量的赋值

Python 通过给变量赋值的方法来给已创建的对象附加名字。当给变量赋值时，Python 解释器首先为该值分配一个内存单元（创建一个对象），然后把该对象关联到该变量，也可以称该变量指向这个内存单元。当变量的值被改变时，改变的并不是该内存单元的内容，而是变量的指向关系，使变量指向另一个内存单元。

假设 x 的值是 10，执行语句 x=x+1 时，先在内存中创建数据对象 11，即 x+1 的值，然后使 x 指向 11。

注意：原值 10 并不会被新值 11 覆盖，它仍然存在，只是让变量 x 引用新的值，如图 2-2 所示。

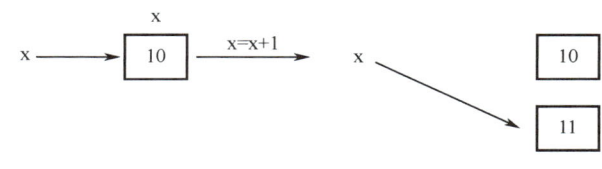

图 2-2　Python 中语句 x=x+1 的执行过程

Python 的 id() 函数可以返回数据对象的内存地址，如下面的语句执行结果所示。

```
>>> x=10
>>> id(x)
1978167040
>>> x=x+1
>>> id(x)
1978167072
```

x 先指向数据对象 10，然后指向数据对象 11，先后的 id 不同，说明两个数据对象存放在不同的内存单元中。

Python 具有自动内存管理功能，对于没有任何变量指向的值（称为垃圾数据），Python 系统自动将其删除。例如，当 x 指向 11 后，数据 10 就变成了没有被变量引用的垃圾数据，Python 会回收垃圾数据的内存单元，以便提供给别的数据使用，这称为垃圾回收（Garbage Collection）。

3．Python 标识符

标识符（Identifier）主要用来表示变量、函数、类型等程序要素的名字，是只起标识作用的一类符号。在 Python 中使用标识符时要记住以下规则。

① 标识符由字母、数字和下画线（_）组成，且必须以字母或下画线开头，不能以数字开头。例如，e2 是一个标识符，2e2 是一个实数（代表 2×10^2）。标识符中也可以使用汉字，但不提倡。

② 标识符中的字母是区分大小写的，也就是说 Score 和 score 代表不同的标识符。

③ 不要使用具有特殊用途的 Python 关键字作为标识符，也不要用 Python 的内置数据类型、函数名作为标识符。例如，for、input 等都不适合作为标识符。

2.2.2　Python 数据类型

在 Python 中，所有对象都有一个数据类型。数据类型规定了程序执行期间数据对象所有可能取值的范围以及在这些值上允许的操作。Python 数据类型包括数值型、字符串型、布尔型等基本数据类型，以及列表、元组、字典和集合等复合数据类型。

1. 基本数据类型

(1) 数值数据类型

Python 支持 3 种不同的数值数据类型，包括整型（int）、浮点型（float）和复数型（complex）。

整型数据即整数，Python 整数的取值范围没有限制，这为大数据的计算带来便利。Python 的整型常量有 4 种表示形式：十进制整数、二进制整数（以数字 0 加字母 b 或 B 开头）、八进制整数（以数字 0 加字母 o 或 O 开头）、十六进制整数（以数字 0 加字母 x 或 X 开头）。

浮点型数据表示一个实数，有两种表示形式：十进制小数形式、指数形式（用字母 e 或 E 表示以 10 为底的指数，e 之前为数字部分，之后为指数部分，且两部分必须同时出现，指数必须为整数）。

复数型数据的形式为 a+bJ，其中 a 是复数的实部，b 是复数的虚部，J 也可以是 j（注意不是数学上的 i）。

(2) 字符串数据类型

字符串数据类型可以表示文本信息，由一个个字符组成。

在 Python 中，可以使用单引号、双引号和三引号（3 个单引号或 3 个双引号）三种分界符来表示字符串。当字符串本身包含某种分界符时，则可以使用其他的分界符。例如：

```
>>> s="I'm a Python program."
>>> print(s)
I'm a Python program.
```

字符串中的字符有一个编号，最左边字符的编号为 0，最右边字符的编号比字符串的长度小 1。字符串变量名后接用方括号括起来的编号即可实现字符串的索引。例如：

```
>>> s="Hello"
>>> s[0]
'H'
```

除了常见的正向索引，Python 字符串还支持反向索引，即负数索引，可以从最后一个元素开始计数，最后一个元素的索引是-1，倒数第二个元素的索引是-2，以此类推。例如，引用前面 s 字符串的最后一个字符。

```
>>> s[-1]
'o'
```

与字符串有关的一个重要函数是 eval()函数，其调用格式为

eval(字符串)

eval()函数的作用是将字符串的内容作为对应的 Python 语句来执行。例如：

```
>>> c='23+45'
>>> eval(c)         #等价于 23+45
68
```

(3) 布尔数据类型

布尔数据类型（bool）用于描述逻辑判断的结果，具有真和假两个值。在 Python 中，布尔型数据有 True 和 False，分别代表真和假。

在 Python 中，逻辑值 True 和 False 实际上是分别用整型值 1 和 0 参与运算。例如：

```
>>> x=False
>>> x+(5>4)
1
```

2. 复合数据类型

数值类型、布尔类型数据不可以再分解为其他类型，而列表、元组、字典和集合等类型的数据包含多个相互关联的数据元素，所以称它们为复合数据类型。字符串其实也是一种复合数据类型（但因为它是常用内置类型之一，本书将其归为基本数据类型介绍），其元素是单个字符。字符串、列表和元组是有序的对象集合，称为序列。序列中的每个元素被分配一个代表元素位置的序号，称为索引（index），可以通过索引来访问序列的元素。

注意：第一个元素的索引为 0，第二个元素的索引为 1，以此类推。

（1）列表

列表（list）是写在方括号之间、用逗号分隔的元素序列。元素的类型可以不相同，可以是数字、单个字符、字符串甚至列表（嵌套）。例如：

```
>>> mlist = ['brenden', 591, 'kevin', 632]   #创建列表 mlist
>>> print(mlist)                              #输出完整列表
['brenden', 591, 'kevin', 632]
>>> print(mlist[0])                           #输出列表的第 1 个元素
brenden
```

与 Python 字符串不同的是，列表中的元素是可以改变的。例如：

```
>>> mlist[1] = 621                            #修改列表 mlist 的第 2 个元素
>>> mlist                                     #输出列表 mlist 的全部元素
['brenden', 621, 'kevin', 632]
```

可以使用 append() 方法在列表末尾添加元素。例如：

```
>>> mlist.append('tom')                       #给列表 mlist 添加一个元素
>>> mlist
['brenden', 621, 'kevin', 632, 'tom']
```

（2）元组

元组（tuple）是写在圆括号之间、用逗号隔开的元素序列。元组中的元素类型也可以不相同。元组与列表类似，不同之处在于元组中的元素不能修改，相当于只读列表。例如：

```
>>> mtuple = ('brenden', 591, 'kevin', 632)
>>> print(mtuple)                             #输出完整元组
('brenden', 591, 'kevin', 632)
>>> print(mtuple[-1])                         #输出元组的最后一个元素
632
```

需要注意一些特殊元组的表示方法。空的圆括号表示空元组。当元组中只有一个元素时，必须以逗号结尾。例如：

```
>>> ()            #空元组
()
>>> (9,)          #含有一个元素的元组
```

```
(9,)
>>> (9)              #整数 9
9
```

任何一组以逗号分隔的对象,当省略标识序列的括号时,默认为元组。例如:

```
>>> 2,3,4
(2, 3, 4)
>>> s=2,3,4
>>> s
(2, 3, 4)
```

元组与字符串类似,元素不能被二次赋值。其实,可以把字符串看作一种特殊的元组。

注意: 元组和列表有一个重要的区别。列表元素用方括号([])括起来,且元素的个数及元素的值可以改变。元组元素用圆括号(())括起来,且元素不可以更改。元组可以看成是只读的列表。

(3)字典

字典(dictionary)是写在花括号之间、用逗号分隔的元素集合,其元素由"关键字:值"对组成,通过关键字来存取字典中的元素。

列表和元组是有序的对象集合,字典是无序的对象集合。字典是一种映射类型(Mapping),它是一个无序的"关键字:值"对集合。关键字必须使用不可变类型,也就是说,列表和包含可变类型的元组不能作为索引关键字。在同一个字典中,关键字还必须互不相同。例如:

```
>>> mdict = {'name':'brenden', 'score':591}
>>> print(mdict)              #输出完整的字典
{'name': 'brenden', 'score': 591}
>>> print(mdict['score'])     #输出关键字为"score"的值
591
>>> mdict['major'] = 'big data'  #在字典中添加一个"关键字:值"对
>>> mdict
{'name': 'brenden', 'score': 591, 'major': 'big data'}
```

(4)集合

集合(set)是一个无序且包含不重复元素的数据类型。其基本功能是进行成员关系测试和消除重复元素。可以使用花括号或者set()函数创建集合。

注意: 创建一个空集合必须用set()而不是{},因为{}用于创建一个空字典。

```
>>> mset = {'apple', 'banana', 'pear', 'strawberry', 'peach', 'banana'}
>>> print(mset)          #重复的元素被自动去掉
{'peach', 'banana', 'strawberry', 'apple', 'pear'}
```

2.2.3 常用系统函数

Python 的函数有 4 类,分别是内置函数、模块库函数、第三方库函数和用户自定义函数,其中内置函数和模块库函数是 Python 系统自带的,称为系统函数。内置函数可以直接调用,模块库函数需要先导入模块再调用。第三方库函数是 Python 系统之外的函数,需要先安装,再导入模块,然后才能调用;用户自定义函数就是程序员自己编写的函数。

1. 模块的导入

在调用模块库函数之前,要先使用 import 语句导入相应的模块,格式为

import 模块名

该语句将模块中定义的函数代码复制到当前程序中,然后程序员就可以访问模块中的任何函数,其方法是在函数名前面加上"模块名."。例如,调用数学模块 math 中的平方根函数 sqrt(),语句如下。

```
>>> import math          #导入 math 模块
>>> math.sqrt(2)         #调用 sqrt()函数
1.4142135623730951
```

另外还有一种导入模块的方法,格式为

from 模块名 import 函数名

该语句从指定模块中导入指定函数的定义,这样调用模块中的函数时,不需要在前面加上"模块名."。例如:

```
>>> from math import sqrt
>>> sqrt(2)
1.4142135623730951
```

如果希望导入模块中的所有函数定义,则函数名用"*",格式为

from 模块名 import *

这样调用指定模块中的任意函数时,都不需要在前面加"模块名."。使用这种方法固然方便,但当多个模块有同名的函数时,会引起混乱,使用时要注意。

2. 常用内置函数

(1) range()函数

range()函数产生一个整数序列,常用于 for 循环语句中,一般调用格式为

range([start,]end[,step])

其中,start、end、step 都要求为整数。产生的整数序列从 start 开始,默认从 0 开始;序列到 end 结束,但不包含 end;如果指定了可选的步长 step,则序列按步长增加,默认为 1。step 为正且 start 大于 end,或 step 为负且 start 小于 end,都将生成空序列。step 不能为 0;否则会产生异常。

range()函数返回的是一个可迭代对象(range 对象),迭代时不需要计算整个迭代过程中的所有元素,而是用到某个元素时才产生该元素,节省了内存空间。在输出时,不能直接查看 range 对象的具体数据,但可以用 list()函数或 tuple()函数将其转换成列表或元组的形式,再查看其生成的具体数据。例如:

```
>>> list(range(2, 15, 3))          #利用 list()函数转换成列表
[2, 5, 8, 11, 14]
```

(2) 常用的数值运算函数

常用的数值运算内置函数如下。

① abs(x)函数：返回 x 的绝对值，x 为复数时返回复数的模。

② pow(x, y[, z])函数：在省略 z 时，返回 x 的 y 次幂。如果使用了参数 z，其结果是 x 的 y 次幂再对 z 求余数。

③ round(x[, n])函数：用于对浮点数进行四舍五入运算。如果不提供小数位参数 n，它返回与第一个参数最接近的整数，但仍然是浮点类型。第二个参数告诉 round()函数将结果精确到小数点后几位。

3. math 模块函数

math 模块提供了常用的数学常量和很多数学运算函数。例如：

① e：返回自然对数的底。
② pi：返回圆周率 π 的值。
③ fabs(x)函数：返回 x 的绝对值（返回值为浮点数）。
④ sqrt(x)函数：返回 x 的平方根（x>0）。
⑤ pow(x, y)函数：返回 x 的 y 次幂。
⑥ exp(x)函数：返回 e（自然对数的底）的 x 次幂。
⑦ log(x[, base])函数：返回 x 的自然对数，可以使用 base 参数来改变对数的底。
⑧ sin(x)函数：返回 x 的正弦值（x 为弧度）。
⑨ asin(x)函数：返回 x 的反正弦值（返回值为弧度）。

2.2.4 基本运算与表达式

Python 中的数据运算主要是通过对表达式的计算完成的。表达式（Expression）是将运算量用运算符连接起来组成的式子，其中的运算量可以是常量、变量或函数。

1. 算术运算

Python 的算术运算符有：

+（加）、-（减）、*（乘）、/（除）、//（整除）、%（求余）、**（乘方）

其中，+、-和*运算符的运算规则与平常使用的习惯基本一致。/、//和%三种运算符都用于进行除法运算。"/"运算符做一般意义上的除法运算，其运算结果是一个浮点数，即使被除数和除数都是整数，它也返回一个浮点数；"//"运算符做除法运算后返回商的整数部分，如果分子或者分母是浮点数，它返回的值将会是浮点数；"%"运算符做除法运算后返回余数。例如：

```
>>> 1 / 2 + 1 // 2 + 1 % 2      #就是 0.5+0+1 的结果
1.5
>>> 546 % 10                     #得到个位数字 6
6
>>> 546 // 10 % 10               #得到十位数字 4
4
>>> 45 % 5                       #45 能被 5 整除，余数为 0
0
```

使用取整、求余等运算可以进行整除的判断、分离整数的各位数字，这些技巧在程序设计过程中是很有用的。

"**"运算符用于实现乘方运算。乘方运算优先级高于乘除运算，而乘除运算优先级高于加减运算。例如，表达式 5 + 4 / 2 ** 3 先计算 2**3，结果为 8；再计算 4/8，结果为 0.5；最后计算 5+0.5，结果为 5.5。书写表达式时，要根据运算符的优先顺序，合理地加括号，以保证运算顺序的正确性。

例 2-1　在 Python 环境下计算并比较下列两个式子的值，从中体会"1% 的力量"。

$(1+1\%)^{365}$

$(1-1\%)^{365}$

分析：式子中涉及乘方运算，在 Python 中可以有不同的实现方法，包括使用乘方运算符、内置函数 pow()、math 模块的函数 pow()。

注意：内置函数可以直接调用，而模块库函数要先导入模块再调用。

语句如下。

```
>>> (1 + 1 / 100) ** 365
37.78343433288728
>>> (1 - 1 / 100) ** 365
0.025517964452291125
>>> pow(1 + 1 / 100, 365)
37.78343433288728
>>> pow(1 - 1 / 100, 365)
0.025517964452291125
>>> import math
>>> math.pow(1 + 1 / 100, 365)
37.78343433288728
>>> math.pow(1 - 1 / 100, 365)
0.025517964452291125
```

在进行程序实现时，解决同一问题往往有不同的实现方法，要注意对比分析，举一反三，选择合适的实现方法。看到两个式子的结果，读者有何感想？每天进步一点点和每天退步一点点，经过一年的积累，差距是巨大的。勤学如春起之苗，不见其增，日有所长；辍学如磨刀之石，不见其损，日有所亏。坚持不懈，久久为功，方能到达成功的彼岸。

2. 关系运算

Python 的关系运算符有：

<（小于）、<=（小于或等于）、>（大于）、>=（大于或等于）、==（等于）、!=（不等于）。

关系运算符用于两个量的比较，可以对数值进行比较，也可以对字符串进行比较。数值比较时按照值的大小进行比较，而字符串比较时则按照字符编码的大小（西文字符按照 ASCII 大小）从左到右逐个进行比较，直到出现不同的字符为止。例如：

```
>>> 2 != 5 - 3
False
>>> 'Web' > 'Python'
True
>>> '教授' <= '讲师'
True
```

关系运算符的优先级相同，但关系运算符的优先级低于算术运算符的优先级。

要注意"=="与"="的区别，前者是"等于"判断，后者是赋值。由于 Python 中能表示浮点数的有效数字是有限的，这势必带来计算时的微小误差，所以对浮点数要慎用"=="运算符，恰当的办法是判断它们是否"约等于"，即判断两个浮点数的差是否足够小（具体误差可以根据实际情况进行调整）。如例 2-2 所示。

例 2-2 两个浮点数的"约等于"判断。

在 Python 解释器提示符后输入以下语句，注意查看执行结果。

```
>>> x = 2.2
>>> x - 1.2
1.0000000000000002
>>> x - 1.2 == 1              #结果为 False，慎用"=="
False
>>> abs((x - 1.2) - 1) <= 1e-6    #结果为 True，提倡的用法
True
```

也可以使用 math.isclose() 函数来判断两数是否相近，语句如下。

```
>>> import math
>>> x = 2.2
>>> math.isclose((x - 1.2), 1)          #默认 rel_tol=1e-9
True
>>> math.isclose((x - 1.2), 1, rel_tol = 1e-6)
True
```

3. 逻辑运算

Python 的逻辑运算符有：

and（逻辑与）、or（逻辑或）、not（逻辑非）。

其中，and 和 or 是双目运算符，要求有两个运算分量，用于连接多个条件，构成更复杂的条件。not 是单目运算符，用于对给定条件取反。逻辑运算的结果为 True 或 False。

在逻辑运算符中，not 的优先级最高，其次是 and，or 的优先级最低。

例如，判断 m 能否被 n 整除，条件表达式为

m % n == 0 或 m - m // n * n == 0 或 m - int(m / n) * n == 0

其中，int() 是取整函数。

2.3 Python 程序流程控制

程序除了要对数据进行描述，还要对数据的处理过程进行描述，即实现程序的流程控制。Python 提供了顺序结构、选择结构和循环结构的各种实现方法，利用这些方法可以编写解决实际问题的程序。

2.3.1 简单的 Python 程序

1. 示例程序——温度转换器

安娜是一位留学生，想每天早上通过电视了解当天的温度，从而知道当天该穿什么衣服。但电视中天气预报用的是摄氏温度，而安娜习惯了华氏温度。安娜决定自己写一个程序，先输

入一个摄氏温度，再将摄氏温度转换为华氏温度，最后显示转换后的华氏温度。现在需要确定输出与输入的关系。

安娜知道 0 摄氏度（冰点）等于 32 华氏度，100 摄氏度（沸点）等于 212 华氏度。这样，可以计算出华氏温度与摄氏温度的比率为(212−32)/(100−0)=180/100=9/5。使用 F 表示华氏温度，C 表示摄氏温度，转换公式为

$$F = \frac{9}{5}C + 32$$

先设计出算法，这里用伪代码描述如下。

输入摄氏温度 C
计算华氏温度 F=(9/5)C+32
输出华氏温度 F

接着根据算法编写 Python 程序。这里很简单，因为算法的每一步都可以用 Python 语句来实现，程序如下。

```
C = float(input('输入摄氏温度: '))
F = 9 / 5 * C + 32
print('华氏温度为', F)
```

程序运行结果如下。

输入摄氏温度: 35✓ （✓表示 Enter 键）
华氏温度为 95.0

再次运行程序，结果如下。

输入摄氏温度: 100✓
华氏温度为 212.0

这是一个很简单的算法，实现起来并不难，但从中可以体会问题求解的一般过程，那就是先弄清楚要做什么、如何做，而不是一开始就急于编写程序。总而言之，不管问题是简单的还是复杂的，通常的编程思路是"输入—处理—输出"，即首先输入（input）原始数据，再对原始数据进行处理（process），最后输出（output）处理结果，这种思路也称作 IPO 模式。显然，输入和输出是比较容易实现的，算法设计的重点是第二步，也就是如何对原始数据进行处理。

同样的问题，针对不同的应用场景，需要设计不同的算法并进行不同的实现。前面只是温度转换器的一种实现方法。如果安娜有人工智能知识背景，她可能会考虑编写这样一个程序：对于输入，用语音识别算法收听电视播音员的信息，从而获得当天的温度；对于输出，她可以让计算机控制机器人进入她的衣柜，根据温度选择合适的服装，并播报转换后的温度。这当然是一个更有挑战性的设计思路。

2. 赋值语句

一个变量通过赋值可以指向不同类型的对象。Python 赋值语句有多种形式，能彰显出 Python 简洁、优雅的特点。

（1）赋值语句的基本格式

赋值语句的基本格式为

变量 = 表达式

赋值号左边必须是变量，右边则是表达式。赋值的意义是先计算表达式的值，然后使该变量指向该数据对象，该变量可以理解为该数据对象的别名，被赋值变量的值即表达式的值。

（2）复合赋值

Python 还提供了复合赋值方式，例如：

```
x += 5.0            等价于 x = x + 5.0
x *= u + v          等价于 x = x * (u + v)
```

注意：使用复合赋值语句连接两个运算量时，要将右边的运算量视为一个整体，x *= u + v 等价于 x = x * (u + v)，而不是 x = x * u + v。

从 Python 3.8 开始，还增加了赋值运算符":="，可以实现先赋值再参与表达式的运算。例如：

```
>>> (x := 45) + 6
51
```

（3）链式赋值

链式赋值是指将同一个值赋给多个变量，一般格式为

变量1 = 变量2 = … = 变量n = 表达式

例如：

```
>>> a = b = c = 10
```

赋值语句执行时，创建一个值为 10 的整型对象，将对象的同一个引用赋值给 a、b、c，即 a、b、c 均指向数据对象 10。

（4）同步赋值

同步赋值是指用一个赋值号给多个变量分别赋值，一般格式为

变量1, 变量2, …, 变量n = 表达式1, 表达式2, …, 表达式n

其中，赋值号左边变量的个数与右边表达式的个数要一致。用逗号连接的多个数据对象等同于一个未加括号的元组。同步赋值首先计算右侧所有的表达式的值，创建一个元组对象（称为元组打包），然后将元组中的元素分别关联到赋值号左侧的变量（称为序列解包）。例如：

```
>>> a, b, c = 10, 20, 30        #a, b, c 依次指向 10, 20, 30
```

要交换 a、b 两个变量的值，一般需要一个中间变量，执行 3 条语句：t=a, a=b, b=t，如果采用同步赋值，只需一条语句即可完成，即 a, b = b, a。

使用同步赋值实现两个变量的值互换，无须中间变量，由此可以看出 Python 的简洁、优雅特性。

3. 键盘输入

Python 用内置函数 input() 实现标准输入，其调用格式为

input([提示字符串])

其中，方括号中的"提示字符串"是可选项。如果有"提示字符串"，则原样显示，提示用户输入数据。input() 函数从标准输入设备（键盘）读取一行数据，并返回一个字符串（去掉结尾的换行符）。例如：

```
>>> name = input("Please input your name:")
Please input your name:jasmine✓
```

input()函数把输入的内容当作字符串，如果要输入数值数据，可以使用类型转换函数将字符串转换为数值。例如：

```
>>> x = int(input())
12✓
>>> x
12
```

input()函数接收的是字符串"12"，通过 int()函数可以将字符串转换为整型数据，再赋给 x。使用 input()函数可以给多个变量赋值。例如：

```
>>> x, y = eval(input())
```

语句执行时从键盘输入"3,4"，input()函数返回一个字符串"3,4"，经过 eval()函数处理，其变成由 3 和 4 组成的元组。

4．屏幕输出

（1）基本输出方法

基本输出方法是用 print()函数输出，其调用格式为

```
print([输出项 1, 输出项 2, …, 输出项 n][, sep = 分隔符][, end = 结束符])
```

其中，输出项之间以逗号分隔，没有输出项时输出一个空行。sep 表示输出时各输出项之间的分隔符（默认以空格分隔），end 表示结束符（默认以回车换行结束）。print()函数从左至右求每一个输出项的值，并将各输出项的值依次显示在屏幕的同一行上。例如：

```
>>> print(10, 20, sep = ',', end = '*')
10,20*
```

调用 print()函数时，以逗号作为输出项之间的分隔符，以"*"作为结束符，并且不换行。

（2）格式输出方法

一种常见的格式输出方法是利用格式化字符串常量（Formatted String Literals，f-string）输出。f-string 以 f 或 F 开头，并将各个输出项直接放入字符串中的花括号（{}）中，在程序执行时，直接在相应位置输出。例如：

```
>>> a=100
>>> b=3.145
>>> print(f'a={a:5d},b={b:5.2f}')
a=  100,b= 3.15
```

a 的值是 100，输出时占 5 格，100 左边补两个空格。b 的值是 3.145，输出时占 5 格，其中小数部分占 2 格（四舍五入保留两位小数），3.15 左边补一个空格（小数点也要占一位）。

例 2-3　从键盘输入一个 3 位整数 n，输出其逆序数 m。例如，输入 $n=127$，则 $m=721$。

分析：程序分为以下 3 步。

① 输入一个 3 位整数 n。
② 求逆序数 m。
③ 输出逆序数 m。

关键在第②步。先假设 3 位整数的各位数字已取出，分别存入不同的变量中，设个位数存入 a，十位数存入 b，百位数存入 c，则 $m=a\times100+b\times10+c$。关键是如何取出这个 3 位整数的各位数字。取出各位数字的方法，可用取余运算符%和整除运算符//实现。例如，用 n%10 可取出 n 的个位数；用 $n=n$//10 可去掉 n 的个位数，再用 n%10 取出原来 n 的十位数，以此类推。

程序如下。

```
n = int(input("n="))
a = n % 10                    #求 n 的个位数字
b = n // 10 % 10              #求 n 的十位数字
c = n // 100                  #求 n 的百位数字
m = a * 100 + b * 10 + c
print(f"{n} reversed is {m}.")
```

程序运行结果如下。

```
n=906↙
906 reversed is 609.
```

2.3.2 实现选择判断

1. 示例程序——温度警告

对 2.3.1 节的温度转换器程序进行改进，使其能在极端温度时，打印出适当的警告信息。极端温度是指相当高或相当低的温度，设定在超过 90 华氏度的温度时发出"炎热天气"警告，而在低于 30 华氏度的温度时则发出"寒冷天气"警告。设计的算法流程图如图 2-3 所示。

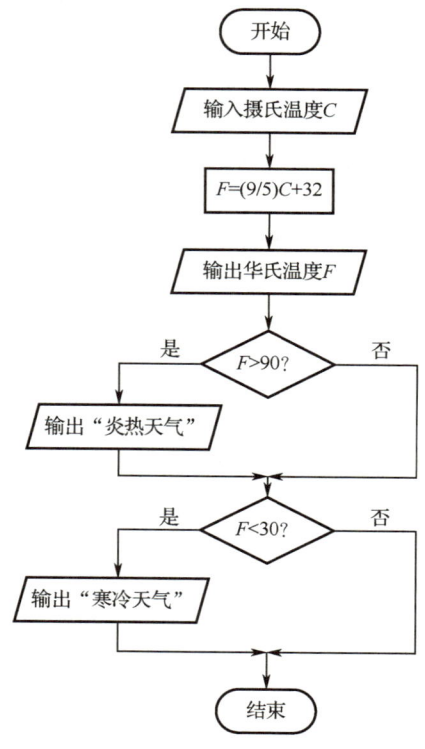

图 2-3　带有警告提示的温度转换器算法流程图

算法中有两个简单的选择结构,用于发出温度警告提示。根据流程图写出程序如下。

```
C = float(input('输入摄氏温度: '))
F = 9/5 * C + 32
print('华氏温度为', F)
if F > 90:
    print("炎热天气")
if F < 30:
    print("寒冷天气")
```

程序用单分支 if 语句实现选择判断。如果条件为 True,则执行条件下面的语句,然后转移到 if 语句的下一条语句继续执行。如果条件为 False,则跳过条件下面的语句而直接执行 if 语句的下一条语句。程序运行结果如下。

```
输入摄氏温度: -2↙
华氏温度为 28.4
寒冷天气
```

再次运行程序,结果如下。

```
输入摄氏温度: 33↙
华氏温度为 91.4
炎热天气
```

2. 实现选择判断的 if 语句

Python 提供了实现选择判断的 if 语句,可分为单分支、双分支和多分支三种情况。

(1) 单分支 if 语句

一般格式为

if 条件表达式:
    语句块

单分支 if 语句的执行过程是:计算条件表达式的值。若值为 True,则执行语句块,然后执行 if 语句的后续语句。若值为 False,则直接执行 if 语句的后续语句。其执行过程如图 2-4 所示。

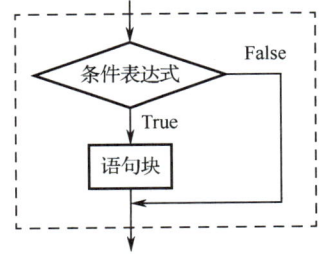

图 2-4　单分支 if 语句的执行过程

注意:

① if 语句的条件表达式后面必须加冒号(:)。

② 因为 Python 把非 0 当作 True,0 当作 False,所以条件表达式不一定必须是结果为 True 或 False 的关系表达式或逻辑表达式,可以是任意表达式。例如:

```
if 'B':
    print('BBBBB')
```

语句是合法的,将输出字符串"BBBBB"。

if 语句中条件表达式的多样性,使得程序的描述灵活多变,但从提高程序可读性的要求讲,还是直接用逻辑判断为好,因为这样更能表达程序员的思想意图,有利于日后对程序的维护。

③ 条件表达式后面的语句块必须向右缩进,语句块可以是一条简单语句,也可以包括多

条简单语句。当包含两条或两条以上的简单语句时，语句必须缩进一致，即语句块中的简单语句必须上下对齐。例如：

```
if x > y:
    x = 10
    y = 20
```

（2）双分支 if 语句

一般格式为

```
if 条件表达式:
    语句块 1
else:
    语句块 2
```

双分支 if 语句的执行过程是：计算条件表达式的值，若为 True，则执行语句块 1；否则执行 else 后面的语句块 2；语句块 1 或语句块 2 执行后再执行 if 语句的后续语句。其执行过程如图 2-5 所示。

注意：与单分支 if 语句一样，对于条件表达式后面或 else 后面的语句块，应将它们缩进对齐。

例 2-4 输入三角形的三个边长，求三角形的面积。

分析：构成三角形的充分必要条件是任意两边之和大于第三边，即 a+b>c，a+c>b，b+c>a，其中 a、b、c 是三角形的三个边长。

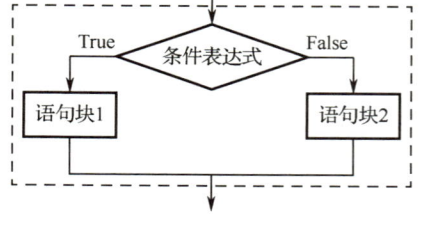

图 2-5 双分支 if 语句的执行过程

如果上述条件成立，则可按照海伦公式计算三角形的面积：

$$s=\sqrt{p(p-a)(p-b)(p-c)}$$

其中，$p=(a+b+c)/2$。

程序如下。

```
import math
a, b, c = eval(input("a, b, c="))
if a + b > c and a + c > b and b + c > a:
    p = (a + b + c) / 2
    s = math.sqrt(p * (p - a) * (p - b) * (p - c))
    print(f"三角形的面积为{s}")
else:
    print("输入的边长无法构成三角形！")
```

第 1 次运行程序，结果如下。

```
a, b, c=3,4,5↵
三角形的面积为 6.0
```

第 2 次运行程序，结果如下。

```
a, b, c=3,2,5↵
输入的边长无法构成三角形！
```

程序运行时，选择结构的各条分支不可能同时被执行，每次只能执行一条分支。所以在检查选择结构程序的正确性时，设计的原始数据应包括每一种情况，保证每一条分支都检查到。第1次运行程序时，输入的三个边长能构成一个三角形，求出其面积。第2次运行程序时，输入的三个边长不能构成一个三角形，提示用户输入数据有误。

例 2-5 输入 x，求对应的函数值。

$$y = \begin{cases} \ln\left(\sqrt{x^2+1}\right), x \leq 0 \\ \sin x^3 + |x|, x > 0 \end{cases}$$

分析：可以看出，这是一个具有两条分支的分段函数，为了求函数值，可以采用双分支结构来实现。

程序如下。

```
import math
x = eval(input("x="))
if x <= 0:
    y = math.log(math.sqrt(x * x + 1))
else:
    y = math.sin(x * x * x) + math.fabs(x)
print("y=", y)
```

还可以采用单分支结构来实现，程序如下。

```
import math
x = eval(input("x="))
if x <= 0:
    y = math.log(math.sqrt(x * x + 1))
if x > 0:
    y = math.sin(x * x * x) + math.fabs(x)
print("y=", y)
```

第1条 if 语句可以不用，直接求函数值即可，程序可以改写成如下形式。

```
import math
    x = eval(input("x="))
y = math.log(math.sqrt(x * x + 1))
    if x > 0:
    y = math.sin(x * x * x) + math.fabs(x)
print("y=", y)
```

请思考，第2条 if 语句能否不用，即程序能否改写成如下形式，并分析原因。

```
import math
    x = eval(input("x="))
    if x <= 0:
    y = math.log(math.sqrt(x * x + 1))
    y = math.sin(x * x * x) + math.fabs(x)
print("y=", y)
```

（3）多分支 if 语句

一般格式为

```
if 条件表达式 1:
    语句块 1
elif 条件表达式 2:
    语句块 2
elif 条件表达式 3:
    语句块 3
    …
elif 条件表达式 m:
    语句块 m
[else:
    语句块 n]
```

多分支 if 语句的执行过程是：当条件表达式 1 的值为 True 时，执行语句块 1；否则求条件表达式 2 的值，为 True 时，执行语句块 2；否则处理条件表达式 3，以此类推。若条件表达式的值都为 False，则执行 else 后面的语句块 n。其执行过程如图 2-6 所示。

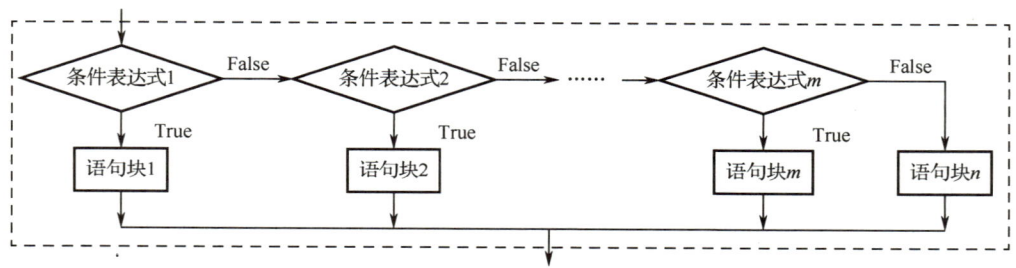

图 2-6　多分支 if 语句的执行过程

注意：不管有几条分支，程序执行完一条分支后，其余分支将不再执行。请思考，当条件表达式 1 和条件表达式 2 都为 True 时，语句的执行路线如何？

例 2-6　输入两个数，比较它们的大小并输出其中较大者。

分析：两个数的大小关系有 3 种情况：两数相等、第 1 个数大于第 2 个数、第 1 个数小于第 2 个数。程序有 3 条分支，可以用 3 个单分支结构实现，也可以用多分支结构实现。

程序如下。

```
x, y = eval(input("请输入两个整数:"))
if x == y:
    print("两数相等！")
elif x > y:
    print("较大数为:", x)
else:
    print("较大数为:", y)
```

程序运行结果如下。

请输入两个整数:3,4✓
较大数为: 4

再次运行程序,结果如下。

请输入两个整数:45,45↵
两数相等!

2.3.3 控制重复操作

1. 示例程序——摄氏温度与华氏温度对照表

对 2.3.1 节的温度转换器程序进行改进,计算并输出一个摄氏温度和华氏温度的对照表,使其从 0℃ 到 100℃,每隔 10℃ 输出一个值。表的第一列显示摄氏温度的值,第二列显示相应的华氏温度的值。

最直接的方法是直接重复书写转换公式并输出。为了使版面更紧凑,程序每行写了 3 条语句,程序如下。

```
C = 0; F = 9 / 5 * C + 32; print(C, F)
C = 10; F = 9 / 5 * C + 32; print(C, F)
C = 20; F = 9 / 5 * C + 32; print(C, F)
C = 30; F = 9 / 5 * C + 32; print(C, F)
C = 40; F = 9 / 5 * C + 32; print(C, F)
C = 50; F = 9 / 5 * C + 32; print(C, F)
C = 60; F = 9 / 5 * C + 32; print(C, F)
C = 70; F = 9 / 5 * C + 32; print(C, F)
C = 80; F = 9 / 5 * C + 32; print(C, F)
C = 90; F = 9 / 5 * C + 32; print(C, F)
C = 100; F = 9 / 5 * C + 32; print(C, F)
```

程序运行结果如下。

```
0 32.0
10 50.0
20 68.0
30 86.0
40 104.0
50 122.0
60 140.0
70 158.0
80 176.0
90 194.0
100 212.0
```

显然,上述程序大量重复书写语句,很烦琐,特别是要计算更多的 C 值和 F 值时,几乎是不可能实现的。计算机的优势在于能够自动完成重复性的工作,这也是利用计算机进行问题求解的重要特点。所有程序设计语言中都有实现重复性工作的语言成分,称为循环语句。Python 中有两种循环语句:while 语句和 for 语句。大多数求解实际问题的程序都需要使用循环,因此"循环"的概念非常重要。

下面通过循环来生成 C 值和 F 值的对照表。变量 C 在循环执行前的值为 0,只要满足条件 C≤100,就会根据 C 值,计算相应的 F 值,然后再将 C 值增加 10,相应的算法流程图如图 2-7 所示。

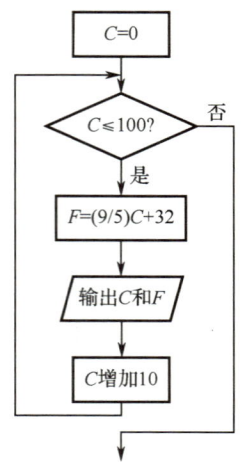

图 2-7 温度转换对照表算法流程图

有了描述详细的算法，用 Python 来实现并不难，其对应的程序如下。

```
C = 0
while C <= 100:
    F = 9 / 5 * C + 32
    print(C, F)
    C = C + 10
```

以上程序是用 while 语句来实现的，也可以用 for 语句来实现，程序如下。

```
for C in range(0, 101, 10):
    F = 9 / 5 * C + 32
    print(C, F)
```

以上程序的输出格式不太美观，C 和 F 两列没有对齐，可以进一步修改程序，比如加个表头，利用制表符转义字符"\t"实现对齐。改写后的程序如下。

```
print('摄氏度', '\t', '华氏度')
for C in range(0, 101, 10):
    F = 9 / 5 * C + 32
    print(C, '\t', F)
```

程序运行结果如下。

摄氏温度	华氏温度
0	32.0
10	50.0
20	68.0
30	86.0
40	104.0
50	122.0
60	140.0
70	158.0
80	176.0

```
90          194.0
100         212.0
```

2. while 语句

一般格式为

```
while 条件表达式:
    语句块
```

while 语句中的条件表达式表示循环条件,可以是结果能解释为 True 或 False 的任何表达式,常用的是关系表达式和逻辑表达式。条件表达式后面必须加冒号。语句块是重复执行的部分,称作循环体。

while 语句的执行过程是:先计算条件表达式的值,如果值为 True,则重复执行循环体语句块,直到条件表达式值为 False 时才结束循环,执行 while 语句的下一条语句。其执行过程如图 2-8 所示。

循环体语句块既可以是单条语句,也可以是多条语句。当循环体由多条语句构成时,必须用缩进对齐的方式组成一个语句块;否则会产生错误。例如,求 p=5!,用 while 语句描述如下。

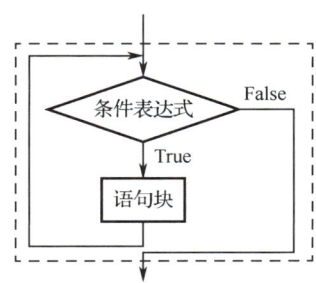

图 2-8 while 语句的执行过程

```
p = i = 1
while i <= 5:
    p *= i
    i += 1
```

循环体中的语句必须上下缩进对齐;否则重复执行的语句会出现逻辑混乱。

例 2-7 求两个正整数 m 和 n 的最大公约数。

分析:根据欧几里得算法,问题可以通过反复执行以下两步操作来求解。

第 1 步:m 除以 n,得到余数 r。

第 2 步:若 r 等于 0,则 n 就是最大公约数;否则将 n 赋值给 m,r 赋值给 n,返回到第 1 步。

程序如下。

```
m = int(input('输入第一个正整数: '))
n = int(input('输入第二个正整数: '))
r = m % n
while r != 0:
    m, n = n, r
    r = m % n
print('最大公约数为', n)
```

程序运行结果如下。

```
输入第一个正整数:896✓
输入第二个正整数:84✓
最大公约数为 28
```

也可以利用 math 模块的 gcd() 函数求最大公约数。语句如下。

```
>>> import math
>>> math.gcd(896, 84)
28
```

例2-8 输入一个正整数,输出其位数。

分析:输入的正整数存入变量 n 中,用变量 k 来统计 n 的位数,基本思路是通过循环和除法操作来计算位数,每循环一次就去掉 n 的最低位数字,直到 n 为0。

程序如下。

```
n = int(input('输入一个正整数:'))
k = 0
while n > 0:
    k += 1
    n //= 10
print(k, '位正整数')
```

程序运行结果如下。

```
输入一个正整数:123946↙
6 位正整数
```

也可以通过将整数转换为字符串,并计算其长度来确定位数。程序如下。

```
n = int(input('输入一个正整数:'))
k = len(str(n))
print(k, '位正整数')
```

第2种方法更简单且易于理解。在编写程序时,解决同样的问题,通常有不同的实现方法,要注意分析不同方法的特点。

3. for 语句

for 语句的首行定义了一个目标变量以及遍历的序列对象,后面是需要重复执行的语句块。语句块中的语句要向右缩进,且缩进量要一致。一般格式为

```
for 目标变量 in 序列对象:
    语句块
```

for 语句的执行过程是:将序列对象中的元素逐个赋给目标变量,对每一次赋值都执行一遍循环体语句块。当序列被遍历完,即每一个元素都用过了后,结束循环,执行 for 语句的下一条语句。其执行过程如图2-9所示。

说明:

(1) for 语句是通过遍历序列对象的元素来建立循环的,针对序列的每一个元素执行一次循环体。列表、字符串、元组都是序列,可以利用它们来建立循环。

(2) 如果需要遍历一个整数序列,可以使用 range() 函数。range() 函数返回的是一个可迭代对象,而不是列表或元组。因为使用列表或者元组需要一次性获取所有元素,占用的内存多,而可迭代对象并非一次性产生迭代过

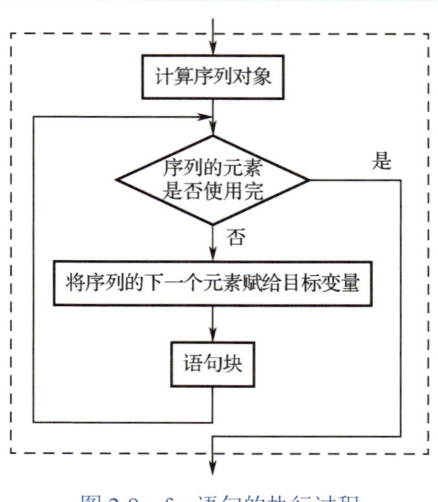

图2-9 for 语句的执行过程

程的所有元素,而是在迭代到某个元素时才计算该元素,占用的内存少。for 语句实现了自动迭代的功能,这是很优秀的处理机制,在数据量较大的应用场合可以显著提高程序的执行效率。

例 2-9 打印出一个列表中的所有元素。

分析:首先创建一个包含 4 种水果名称的列表,然后使用 for 语句遍历这个列表,并打印出每个元素。

程序如下。

```
fruits = ["苹果", "香蕉", "草莓", "葡萄", "猕猴桃"]
for fruit in fruits:    #使用 for 语句遍历列表并打印每个元素
    print(fruit)
```

程序运行结果如下。

```
苹果
香蕉
草莓
葡萄
猕猴桃
```

例 2-10 利用蒙特卡罗法求圆周率 π。

分析:蒙特卡罗(Monte Carlo)法是以概率统计理论为基础的一种模拟实验方法。在平面内画一个边长为 2 的正方形,且画一个单位圆内切于正方形,如图 2-10 所示。由于图形的对称性,考察正方形的四分之一部分,其中有一个四分之一的内切单位圆。设四分之一正方形的面积为 s_1,四分之一内切单位圆的面积为 s_2,假设均匀随机地往正方形中投点,如果投入四分之一正方形中的点数为 m,其中落入四分之一内切单位圆的点数为 n,这时有

$$\frac{s_2}{s_1} = \frac{n}{m}$$

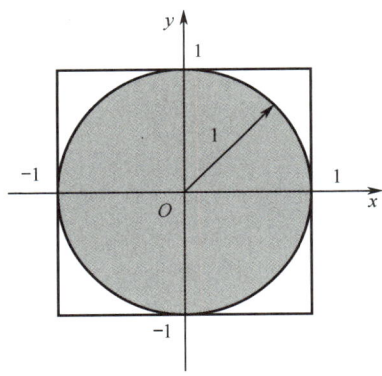

图 2-10 正方形的内切圆

所以,可求得 $s_2=ns_1/m$。将 $s_1=1$,$s_2=π/4$ 代入公式,得 $π=4n/m$。据此,就可以求出 π。随着投点次数的增加,实验结果会越接近于圆周率。所投的点落在圆内的条件是 $x^2+y^2 \leqslant 1$。

程序如下。

```
import random, math
m = int(input('请输入投点总数:'))
n = 0
for i in range(1, m + 1):
    x, y = random.random(), random.random()    #产生[0,1)区间内均匀分布的随机数
    if math.hypot(x,y) <= 1.0:                 #判断(x,y)到原点的距离是否小于或等于 1
        n += 1
my_pi = 4 * n / m
print('π 的值是', my_pi)
```

程序中 hypot(x,y)函数返回坐标(x,y)到原点(0,0)的距离,即 sqrt(x**2+y**2)的值。程序运行结果如下。

请输入投点总数：10000↙
π 的值是 3.1552

两种实现循环结构的语句各具特点，一般情况下，它们可以相互通用。但在不同情况下，选择不同的语句可能使编程更方便，程序更简洁，所以在编写程序时要根据实际情况进行选择。while 语句多用于循环次数不确定的情况，而对于循环次数确定的情况，使用 for 语句更方便。

4. 列表推导式

列表推导式也称列表解析式，其代码简洁、运行效率高。它的基本形式是一个方括号里面包含一个 for 语句对一个可迭代对象进行迭代。例如，计算从 1 到 10 每个数的平方，将其存放在列表中并输出，可以用以下列表推导式来实现。

```
>>> squares = [i ** 2 for i in range(1, 11)]
>>> print(squares)
[1, 4, 9, 16, 25, 36, 49, 64, 81, 100]
```

在列表推导式中，可以增加测试语句和嵌套 for 语句，其一般格式为

[表达式 for 目标变量 1 in 序列对象 1 [if 条件 1] … for 目标变量 n in 序列对象 n [if 条件 n]]

其中，表达式可以是任何运算表达式，目标变量是遍历序列对象获得的元素值。该语句的功能是计算每一个目标变量对应的表达式的值，生成一个列表对象。列表推导式可以嵌套任意数量的 for 语句，同时关联可选的 if 测试。例如：

```
>>> [x for x in range(11) if x%2==0]    #x 取 0~10 之间的偶数
[0, 2, 4, 6, 8, 10]
>>> [(x,y) for x in range(5) if x%2==0 for y in range(5) if y%2==1]
[(0, 1), (0, 3), (2, 1), (2, 3), (4, 1), (4, 3)]
```

例 2-11 所谓水仙花数，是指这样的一些 3 位整数：各位数字的立方和等于该数本身，例如，$153=1^3+5^3+3^3$，因此 153 是水仙花数。用列表推导式输出全部水仙花数。

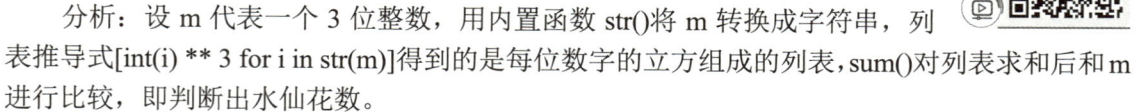

分析：设 m 代表一个 3 位整数，用内置函数 str() 将 m 转换成字符串，列表推导式 [int(i) ** 3 for i in str(m)] 得到的是每位数字的立方组成的列表，sum() 对列表求和后和 m 进行比较，即判断出水仙花数。

程序如下。

```
for m in range(100, 1000):
    if m == sum([int(i) ** 3 for i in str(m)]):
        print(m, end = ' ')
```

程序运行结果如下。

153   370   371   407

5. 循环结构的其他语句

循环结构中常用的其他语句如下。

① break 语句。从循环体内部跳出，即退出循环，执行循环结构的下一条语句。

② continue 语句。跳过本次循环体的余下语句，提前结束本次循环，继续下一次循环。

③ pass 语句。不执行任何操作,是空语句,其作用是满足语法上的要求。

④ 循环语句的 else 子句。while 语句或 for 语句正常结束后,执行 else 子句后面的语句块。

2.4 函数

对于反复要用到的某些程序段,如果在需要时每次都重复书写,将是十分烦琐的,若把这些程序段写成函数,则可以当需要时直接调用,而不需要重新书写。在 Python 程序中,也可以自己创建函数,这被称作用户自定义函数。

2.4.1 函数的定义与调用

1. 函数的定义

Python 函数的定义包括对函数名、函数的参数与函数功能的描述,一般形式为

```
def 函数名([形式参数表]):
    函数体
```

下面是一个简单的 Python 函数,该函数接收矩形的长和宽作为输入参数,返回矩形的面积。

```
def MyArea(x,y):
    s=x*y
    return s
```

2. 函数的调用

有了函数定义,凡是在要实现该函数功能的地方,就可调用该函数。函数调用的一般形式为

```
函数名(实际参数表)
```

调用函数时,和形式参数对应的参数因为有值的概念,所以称为实际参数(Actual Parameter),简称实参。当有多个实际参数时,实际参数之间用逗号分隔。

如果调用的是无参数函数,则调用形式为

```
函数名()
```

其中,函数名之后的一对圆括号不能省略。

函数调用时提供的实际参数应与被调用函数的形式参数按顺序一一对应,而且参数类型要兼容。

例如,程序文件 ftest.py 的内容如下。

```
def MyArea(x,y):
    s=x*y
    return s
print(MyArea(10,5))
```

程序运行后得到结果 50。

2.4.2 两类特殊函数

Python 有两类特殊函数：匿名函数和递归函数。匿名函数是指没有函数名的简单函数，只可以包含一个表达式，不允许包含其他复杂的语句，表达式的结果是函数的返回值。递归函数是指直接或间接调用函数本身的函数。递归函数反映了一种逻辑思想，用它来解决某些问题时语句显得很简洁，所以单独介绍。

1. 匿名函数的定义与调用

在 Python 中，可以使用 lambda 关键字来在同一行内定义函数，因为不用指定函数名，所以这个函数被称为匿名函数，也称为 lambda 函数，定义格式为

lambda [参数 1[,参数 2,…,参数 n]]:表达式

关键字 lambda 表示匿名函数，冒号前面是函数参数，可以有多个函数参数，但只能有一个返回值，所以只能有一个表达式，返回值就是该表达式的结果。匿名函数不能包含语句或多个表达式，不需要写 return 语句。例如：

lambda x,y:x+y

该函数定义语句定义一个函数，函数参数为"x,y"，函数返回值为表达式"x+y"的值。用匿名函数有个好处，因为函数没有名字，所以不必担心函数名冲突。

匿名函数也是一个函数对象，可以把匿名函数赋值给一个变量，再利用变量来调用该函数。例如：

```
>>> f=lambda x,y:x+y
>>> f(5,10)
15
```

2. 递归函数

（1）递归的基本概念

递归（Recursion）是指在连续执行某一处理过程时，该过程中的某一步要用到它自身的上一步或上几步的结果。在一个程序中，若存在程序自己调用自己的现象，则构成了递归。递归是一种常用的程序设计技术。在实际应用中，许多问题的求解方法具有递归特征，利用递归描述这种求解算法，思路清晰简洁。

Python 允许使用递归函数，递归函数是指一个函数的函数体中又直接或间接地调用该函数本身的函数。如果函数 a 中又调用函数 a 自己，则称函数 a 为直接递归。如果函数 a 中先调用函数 b，函数 b 中又调用函数 a，则称函数 a 为间接递归。程序设计中常用的是直接递归。

数学上递归定义的函数是非常多的。例如，当 n 为自然数时，求 n 的阶乘 $n!$。

$n!$ 的递归表示为

$$n! = \begin{cases} 1, & n \leq 1 \\ n(n-1)!, & n > 1 \end{cases}$$

从数学角度来说，如果要计算出 $f(n)$ 的值，就必须先算出 $f(n-1)$，而要求 $f(n-1)$ 就必须先求出 $f(n-2)$。这样递归下去，直到计算出 $f(0)$ 时为止。若已知 $f(0)$，就可以向回推，计算出 $f(1)$，再往回推计算出 $f(2)$，直到计算出 $f(n)$。

（2）递归函数的调用过程

用一个简单的递归程序来分析递归函数的调用过程。例如，$n!$ 的递归表示形式，用递归函

数描述如下。

```
def fac(n):
    if n<=1:
        return 1
    else:
        return n*fac(n-1)
m=fac(3)
print(m)
```

程序运行结果如下。

6

在函数中使用了 n*fac(n-1)的表达式形式，该表达式中调用了 fac()函数，这是一种函数自身调用，是典型的直接递归调用，fac()是递归函数。显然，就程序的简洁来说，函数用递归描述比用循环控制结构描述更自然、更简洁。但是，对初学者来说，递归函数的执行过程比较难以理解。以计算 3!为例，设有某函数以 m=fac(3)形式调用函数 fac()，它的计算流程如图 2-11 所示。

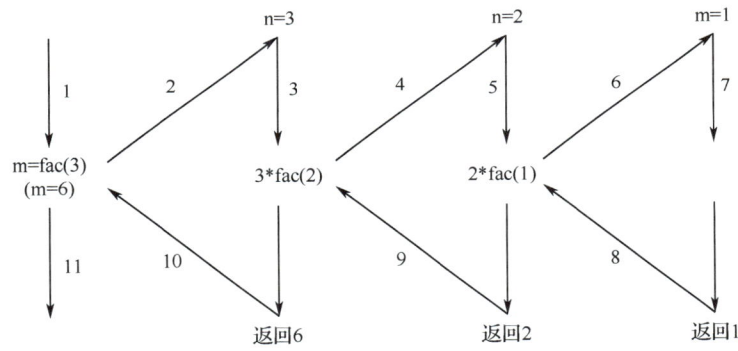

图 2-11　fac(3)的计算流程

函数调用 fac(3)的计算过程大致如下。

为计算 3!，用 fac(3)去调用函数 fac()；n=3 时，函数 fac()值为 3*2!，用 fac(2)去调用函数 fac()；n=2 时，函数 fac()值为 2*1!，用 fac(1)去调用函数 fac()；n=1 时，函数 fac()计算 1!，以结果 1 返回；返回到发出调用 fac(1)处，继续计算得到 2!的结果 2 返回；返回到发出调用 fac(2)处，继续计算得到 3!的结果 6 返回。

递归计算 n!有一个重要特征，将求 n 有关的解，化为求 n-1 的解，将求 n-1 的解又化为求 n-2 的解，以此类推。特别地，1 的解是可立即得到的。这是将大问题分解为小问题的递推过程。有了 1 的解以后，接着是一个回溯过程，逐步获得 2 的解，3 的解，……，直至 n 的解。

编写递归程序要注意两点：一要找出正确的递归算法，这是编写递归程序的基础；二要确定算法的递归结束条件，这是决定递归程序能否正常结束的关键。

2.5　文件操作

文件操作是一种基本的输入输出方式，在实际问题求解过程中经常碰到。数据以文件的形式进行存储，操作系统以文件为单位对数据进行管理，文件系统仍是一般高级语言普遍采用的数据管理方式。

2.5.1 文件的打开与关闭

在对文件进行读写操作之前首先要打开文件，操作结束后应该关闭文件。Python 提供了文件对象，通过 open()函数可以按指定方式打开指定文件并创建文件对象。

1. open()函数

Python 提供了基本的函数和对文件进行操作的方法。要读取或写入文件，必须使用内置的 open()函数来打开它。该函数创建一个文件对象，可以使用文件对象来完成各种文件操作。open()函数的一般调用格式为

文件对象=open(文件说明符[,打开方式][,缓冲区])

其中，文件说明符指定打开的文件名，可以包含盘符、路径和文件名，它是一个字符串。

注意：文件路径中的"\"要写成"\\"。例如，要打开 E:\MyPython 中的 test.dat 文件，文件说明符要写成 "E:\\MyPython\\test.dat"。

打开方式指定打开文件后的操作方式，该参数是字符串，必须小写。文件操作方式是可选参数，默认为 r（只读操作）。文件操作方式用具有特定含义的符号表示，如表 2-1 所示。缓冲区设置表示文件操作是否使用缓冲存储方式。如果缓冲区参数被设置为 0，表示不使用缓冲存储；如果该参数设置为 1，表示使用缓冲存储；如果指定的缓冲区参数为大于 1 的整数，则使用缓冲存储，并且该参数指定了缓冲区的大小；如果缓冲区参数指定为-1，则使用缓冲存储，并且使用系统默认缓冲区的大小，这也是缓冲区参数的默认设置。

表 2-1 文件操作方式

打开方式	含 义	打开方式	含 义
r（只读）	为输入打开一个文本文件	r+（读写）	为读/写打开一个文本文件
w（只写）	为输出打开一个文本文件	w+（读写）	为读/写建立一个新的文本文件
a（追加）	向文本文件末尾增加数据	a+（读写）	为读/写打开一个文本文件
rb（只读）	为输入打开一个二进制文件	rb+（读写）	为读/写打开一个二进制文件
wb（只写）	为输出打开一个二进制文件	wb+（读写）	为读/写建立一个新的二进制文件
ab（追加）	向二进制文件末尾增加数据	ab+（读写）	为读/写打开一个二进制文件

open()函数以指定的方式打开指定的文件，文件操作方式符的含义如下。

（1）用"r"方式打开文件时，只能从文件向内存输入数据，而不能从内存向该文件写数据。以"r"方式打开的文件应该已经存在，不能用"r"方式打开一个并不存在的文件（即输入文件），否则将出现 FileNotFoundError 错误。这是默认打开方式。

（2）用"w"方式打开文件时，只能从内存向该文件写数据，而不能从文件向内存输入数据。如果该文件原来不存在，则打开时建立一个以指定文件名命名的文件。如果原来的文件已经存在，则打开时将文件删空，然后重新建立一个新文件。

（3）如果希望向一个已经存在的文件的尾部添加新数据（保留原文件中已有的数据），则应用"a"方式打开。如果该文件不存在，则建立并写入新的文件。打开文件时，文件的位置指针在文件末尾。

（4）用"r+""w+""a+"方式打开的文件可以写入和读取数据。用"r+"方式打开文件时，

文件应该已经存在，这样才能对文件进行读/写操作。用"w+"方式打开文件时，如果文件存在，则覆盖现有的文件；如果文件不存在，则建立新的文件并可进行读取和写入操作。用"a+"方式打开文件时，如果文件存在，则保留文件中原有的数据，文件的位置指针在文件末尾，此时，可以进行追加或读取文件操作；如果文件不存在，则建立新文件并可进行读取和写入操作。

2. 关闭文件

文件使用完毕后，应当关闭，这意味着释放文件对象以供别的程序使用，同时也可以避免文件中数据的丢失。用文件对象的 close()方法关闭文件，其调用格式为

close()

close()方法用于关闭已打开的文件，将缓冲区中尚未存盘的数据写入磁盘，并释放文件对象。此后，如果再想使用刚才的文件，则必须重新打开。读者应该养成在访问完文件之后及时关闭文件的习惯，一方面是避免数据丢失，另一方面是及时释放内存，减少系统资源的占用。

2.5.2 文本文件的操作

1. 文本文件的读取

Python 对文件的操作都是通过调用文件对象的方法来实现的，文件对象提供了 read()、readline()和 readlines()方法用于读取文本文件的内容。

（1）read()方法

read()方法的用法如下。

变量=文件对象.read()

其功能是读取从当前位置直到文件末尾的内容，并作为字符串返回，赋给变量。如果是刚打开的文件对象，则读取整个文件。read()方法通常将读取的文件内容存放到一个字符串变量中。

read()方法也可以带有参数，其用法如下。

变量=文件对象.read(count)

其功能是读取从文件当前位置开始的 count 个字符，并作为字符串返回，赋给变量。如果文件结束，就读取到文件结束为止。如果 count 大于文件从当前位置到末尾的字符数，则仅返回这些字符。

用 Python 解释器或 Windows 记事本建立文本文件 data.txt，其内容如下。

Python is very useful.
Programming in Python is very easy.

查看下列语句的执行结果。

```
>>> fo=open("data.txt","r")
>>> fo.read()
'Python is very useful.\nProgramming in Python is very easy.\n'
>>> fo=open("data.txt","r")
>>> fo.read(6)
'Python'
```

（2）readline()方法

readline()方法的用法如下。

变量=文件对象.readline()

其功能是读取从当前位置到行末（即下一个换行符）的所有字符，并作为字符串返回，赋给变量。通常用此方法来读取文件的当前行，包括行结束符。如果当前处于文件末尾，则返回空串。

（3）readlines()方法

readlines()方法的用法如下。

变量=文件对象.readlines()

其功能是读取从当前位置直到文件末尾的所有行，并将这些行构成列表返回，赋给变量。列表中的元素即每一行构成的字符串。如果当前处于文件末尾，则返回空列表。

2. 文本文件的写入

当文件以写方式打开时，可以向文件写入文本内容。Python 文件对象提供两种写文件的方法：write()方法和 writelines()方法。

（1）write()方法

write()方法的用法如下。

文件对象.write(字符串)

其功能是在文件当前位置写入字符串，并返回字符的个数。例如：

```
>>> fo=open("file1.dat","w")
>>> fo.write("Python 语言")
8
>>> fo.write("Python 程序\n")
9
>>> fo.write("Python 程序设计")
10
>>> fo.close()
```

上面的语句执行后会创建 file1.dat 文件，会将给定的内容写在该文件中，并最终关闭该文件。用编辑器查看该文件内容如下。

Python 语言 Python 程序
Python 程序设计

从执行结果看出，每次 write()方法执行完后并不换行，如果需要换行则可在字符串的末端加换行符"\n"。

（2）writelines()方法

writelines()方法的用法如下。

文件对象.writelines(字符串元素的列表)

其功能是在文件当前位置处依次写入列表中的所有字符串。

2.6 Python 人工智能应用生态

在 Python 人工智能开发应用中，需要借助 Python 第三方库的支持。本节以 NumPy、SciPy、

Matplotlib 等常见的第三方库为例,说明第三方库的用法。本节不是罗列它们的全部功能,而是结合具体的实例介绍这些库的应用。

2.6.1 NumPy 库的应用

NumPy 是 Python 数值计算的基础程序库,提供了多维数组和各种可以对数组元素进行操作的通用函数,既方便又高效。NumPy 库还包括一些子模块,如线性代数子模块 linalg 支持矩阵求逆、特征值、行列式、范数、线性方程组求解等各种功能。

1. 第三方库的安装

第三方库是 Python 开发环境的一个独立模块,在使用之前必须单独安装。推荐使用 Python 安装包自带的工具 pip 来安装第三方库。先进入 Windows 命令提示符界面,再在网络连接状态下按以下格式输入命令。

pip install 第三方库的名字

以安装 NumPy 库为例,命令如下。

C:\>pip install numpy

注意:pip 命令相当于 Windows 命令提示符环境的一条外部命令,必须将 Python 安装路径添加到 Windows 搜索路径中(安装 Python 时选中"Add python.exe to PATH"复选框)才能在任何路径下执行 pip 命令。

第三方库安装好了以后,需要导入才能使用,导入方法和标准模块库导入方法一样。通常用以下方式导入 NumPy 库,其中 np 是 numpy 的别名,在后续命令中 np 就代表 numpy。

>>> import numpy as np

2. NumPy 数组的操作

NumPy 库中基础的数据类型是同类型元素构成的数组,称为 ndarray 多维数组对象。

(1)创建 NumPy 数组

创建 NumPy 数组的方法有很多。例如,可以使用 array()函数由 Python 的序列对象创建 NumPy 数组,NumPy 数组可以直接参与各种运算,运算结果也是数组,这为批量数据的计算和处理带来方便。

```
>>> import numpy as np
>>> x = np.array([1, 2, 3, 4])          #创建一个一维数组
>>> y = np.sin(x)                        #求 x 各个点的正弦函数值 y
>>> y                                    #y 也是一个一维数组
array([ 0.84147098,   0.90929743,   0.14112001, -0.7568025 ])
```

注意:Python 的 math 库也能实现各种函数运算,但和 NumPy 库函数不同,math 库函数的参数只能是单个数值,不能是列表或元组。

(2)创建一维数组的两个常用函数

NumPy 库中的 arange()函数和 linspace()函数可以创建一维数组,一般调用格式为

arange([start,]end[, step])
linspace(start, end[, num=50][, endpoint=True])

NumPy 的 arange()函数和 Python 的 range()函数类似，生成 start 到 end（不包括 end），步长为 step 的数组。start 默认为 0，step 默认为 1。

linspac()函数生成 start 到 end、元素个数为 num 的数组。endpoint 为 True 时包括 end，endpoint 为 False 时不包括 end，默认为 True；元素个数默认为 50。

例如：

```
>>> a = np.arange(0, 10, 2)      #生成的数组中不包括终值 10
>>> a
array([0, 2, 4, 6, 8])
>>> b = np.linspace(1, 20, 5)    #在[1,20]之间产生 5 个元素的数组
>>> b
array([ 1.  ,  5.75, 10.5 , 15.25, 20.  ])
```

（3）数据统计函数

NumPy 库还提供了许多数据统计函数，包括求和函数 sum()、求平均值函数 mean()、求积函数 prod()、求最大值函数 max()、求最小值函数 min()等。例如：

```
>>> a = np.array([3, -1, 0.5, 10])
>>> np.sum(a)               #求 a 的全部元素之和
12.5
>>> np.prod(a[-3:])         #求 a 的后 3 个元素之积
-5.0
```

3. 利用 NumPy 库求定积分

在科学研究和工程应用中经常会遇到求定积分的问题，数学上是找到被积函数的原函数，然后利用牛顿-莱布尼兹（Newton-Leibniz）公式来计算定积分，但大多数实际问题找不到原函数或找到的原函数比较复杂，这时就需要用数值计算方法求定积分的近似值。

求一个函数 $f(x)$ 在[a,b]内的定积分，其几何意义就是求曲线 $y=f(x)$ 与直线 $x=a$, $x=b$, $y=0$ 所围成的图形的面积。为了求得图形面积，先将区间[a,b]分成 n 等分，每个区间的宽度为 $h=(b-a)/n$，对应地将图形分成 n 等分，每个小部分近似一个小曲边梯形。近似求出每个小曲边梯形面积，然后将 n 个小曲边梯形的面积加起来，就得到总面积，即定积分的近似值。这就是函数的数值积分方法。

近似求每个小曲边梯形的面积，常用的方法有：

（1）用小矩形代替小曲边梯形，求出各个小矩形的面积，然后累加。此种方法称为矩形法。

（2）用小梯形代替小曲边梯形。此种方法称为梯形法。

（3）用抛物线代替该区间内的 $f(x)$，然后求出抛物线与 $x=a+(i-1)h$, $x=a+ih$, $y=0$ 围成的小曲边梯形面积。此种方法称为辛普生法。

以梯形法为例，求定积分的问题变成了求 n 个梯形面积之和的问题，如图 2-12 所示。

求定积分的问题就是求 n 个面积之和的问题，所以可以利用 NumPy 的数组计算功能来求定积分。此外，NumPy 还提供了 trapezoid()函数来求定积分。该函数对离散数据形式的函数关系用梯形法来求定积分，基本的

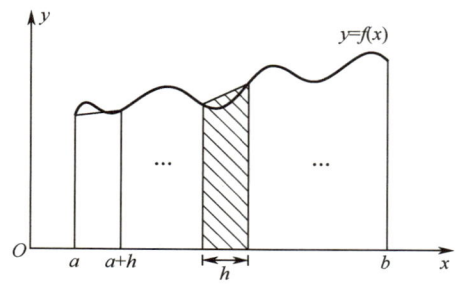

图 2-12　梯形法求定积分

调用格式为

```
trapezoid(y, x)
```

其中，x 为自变量向量，y 为对应的函数值向量。x 省略时，采用均匀间隔。例如：

```
>>> import numpy as np
>>> np.trapezoid([7, 9, 12])
18.5
```

trapezoid()函数中省略了 x 参数，x 间隔为 1，相当于两个梯形的面积之和，即表达式 (7+9)*1/2+(9+12)*1/2 的值。

例 2-12 求以下定积分。

$$I = \int_0^2 \frac{1}{1+x} dx$$

分析：采用梯形积分法，步骤如下。
① 产生积分区间内的一个具有 $n+1$ 个元素的一维数组，并求各点的被积函数值。
② 构造求 n 个梯形面积的表达式（这一步是关键）。
③ 求 n 个梯形面积之和。
程序如下。

```
import numpy as np
a, b = 0, 2
n = int(input())
h = (b - a) / n                    #将积分区间 n 等分
x = np.linspace(a, b, n + 1)
y = 1 / (1 + x)                    #求各个点的被积函数值
area = (y[0:n] + y[-n:]) * h / 2   #求 n 个梯形的面积
s1 = np.sum(area)                  #求梯形面积之和
s2 = np.trapezoid(y, x)            #调用 trapezoid()函数求定积分
print("I1=", s1)
print("I2=", s2)
```

程序运行结果如下。

```
10000✓
I1= 1.0986122916310728
I2= 1.0986122916310725
```

实际上被积函数 1/(1+x)的原函数是 ln(1+x)，所以定积分 I=ln3，在 Python 解释器提示符后输入命令进行验证。

```
>>> import math
>>> math.log(3)
1.0986122886681098
```

因为采用的计算方法不同，所以得到的结果不完全一致，但比较接近。

2.6.2 Matplotlib 绘图

Matplotlib 是最常用的 Python 绘图库，提供了丰富的绘图命令，使用很方便。

1. 示例程序——绘制函数曲线

绘图时需要用到 NumPy 和 Matplotlib 这两个第三方库。NumPy 库是 Matplotlib 库的基础，即 Matplotlib 是建立在 NumPy 基础之上的 Python 绘图库。绘制 $y=f(x)$ 函数曲线大致的步骤如下。

① 安装并导入 NumPy，以便利用 NumPy 的数组运算求自变量数组和函数值数组，为绘图准备数据。

② 安装并导入 Matplotlib，以便利用 Matplotlib 的绘图函数来绘图。

③ 调用 NumPy 的 arange()函数或 linspace()函数生成自变量数组 x（横坐标向量）。

④ 根据函数表达式求函数值数组 y（纵坐标向量）。

⑤ 调用 Matplotlib 的 pyplot 子库中的 plot 函数绘制函数曲线。

⑥ 调用 pyplot 子库中的 show 函数，显示图形。

当然，为了使图形更美观，可以设置一些图形属性、对图形对象进行各种修饰，但以上步骤是最基本的。绘制 $y=x^2\sin(2\pi x)$ 函数曲线的程序如下。

```
import numpy as np                          #导入 NumPy 模块并指定 np 为其别名
from matplotlib import pyplot as plt        #导入 Matplotlib 的 pyplot 子库
x = np.arange(0, 2 * np.pi, np.pi / 100)    #从 0 到 2π，步长为 π/100，生成一维数组 x
y = x ** 2 * np.sin(2 * np.pi * x)          #求 x 各点的函数值
plt.plot(x, y)                              #绘制曲线
plt.show()                                  #显示图形
```

程序运行结果如图 2-13 所示。

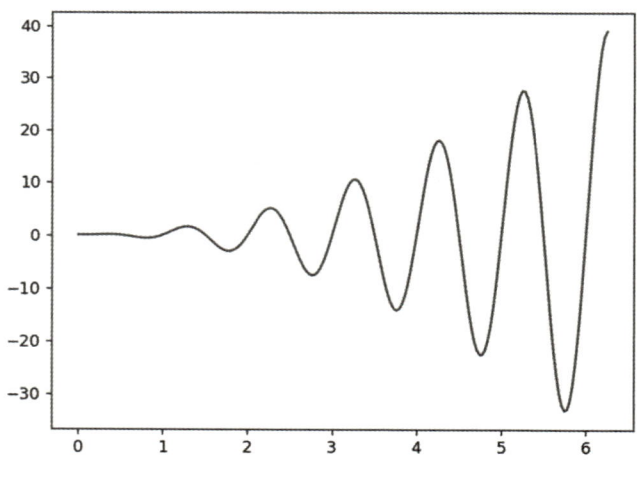

图 2-13 $y=x^2\sin(2\pi x)$ 函数曲线

2. Matplotlib 二维绘图

pyplot 是 Matplotlib 的子库，使用 pyplot 子库可快速地绘制二维图形。绘图之前要先导入 pyplot 子库，格式为

```
import matplotlib.pyplot as plt
```

（1）创建图形窗口对象（figure 对象）

由于 Matplotlib 的图形均位于图形窗口对象中，在绘图前，要先创建图形窗口对象。如果没有创建对象就直接调用绘图函数，Matplotlib 会自动创建一个图形窗口对象。

使用 pyplot 子库的 figure 函数创建图形窗口对象,基本调用格式为

figure([num, figsize])

其中,num 取整数或字符串,为数字时表示图形编号,为字符串时将窗口标题设置为此字符串;figsize 是两个元素的元组,指定图形窗口对象的宽度和高度,单位为英寸。

(2)绘制二维曲线

使用 pyplot 子库的 plot()函数可绘制二维曲线,调用格式为

plot(x,y,label,color,linewidth,linestyle)
plot(x,y,fmt,label)

其中,x、y 表示所绘制的图形中各点位置在 x 轴和 y 轴上的数据,用数组表示;label 给所绘制的曲线设置一个名字,此名字在图例(legend)中显示;color 指定曲线的颜色;linewidth 指定曲线的宽度;linestyle 指定曲线的样式;fmt 是曲线格式化参数,用于指定曲线的颜色和线型,如"b--*"表示蓝色虚线,数据点标记为五角星。

(3)图形标注与显示

在调用 plot 函数完成绘图后,还可能需要为图形添加各类标注、显示图形,使用 pyplot 子库中的相关函数来实现。

① xlabel()、ylabel()函数:在当前图形中指定 x 轴和 y 轴的名称
② title()函数:在当前图形中指定图形的标题名称。
③ xlim()、ylim()函数:指定当前图形 x 轴和 y 轴的范围。
④ legend():指定当前图形的图例,可以指定图例的大小、位置和标签
⑤ show():显示图形。

(4)创建子图

在 Matplotlib 中,可以将一个图形窗口对象分为几个绘图区域,在每个绘图区域中可以绘制不同的图形,这种绘图形式称为创建子图。创建子图可以使用 subplot()函数,调用格式为

subplot(n, m, k)

subplot()函数将整个图形窗口等分为 n 行 m 列个子区域,选择当前子绘图区域为 k。如果 n、m、k 都小于 10,可以把它们缩写为一个整数,例如,subplot(223)和 subplot(2,2,3)等价。

例 2-13 创建 4 个子图,前 3 个子图分别绘制单位圆、$y=-x$ 和正方形,第 4 个子图同时绘制单位圆和 $y=-x$,并用五角星标注交点。

程序如下。

```
import numpy as np
import matplotlib.pyplot as plt
t1 = np.linspace(0, 2 * np.pi, 1000)
t2 = np.arange(0, 3 * np.pi, np.pi / 2)
x = np.sin(t1)
y = np.cos(t1)
y1 = -x
x2 = np.sin(t2)
y2 = np.cos(t2)
plt.subplot(2, 2, 1)                    #第一行的左图
plt.plot(x, y, color = 'g')             #绿色单位圆
```

```
plt.axis('equal')                    #设置 x 轴、y 轴等刻度
plt.subplot(2, 2, 2)                 #第一行的右图
plt.plot(x, y1, linewidth = 2)       #设置 y=-x 曲线线宽
plt.subplot(2, 2, 3)                 #第二行的左图
plt.plot(x2, y2)                     #正方形
plt.axis('equal')
plt.subplot(2, 2, 4)                 #第二行的右图
plt.plot(x, y, 'b', x, y1, 'g--',linewidth=1)   #绘制两条曲线
for k in np.arange(len(t1)):         #len(t1)是 t1 的元素个数
    if np.abs(y[k] - y1[k]) < 0.01:  #判断交点(即两个函数值很接近)
        plt.plot(x[k], y[k], 'r*')   #标注交点
plt.axis('equal')
plt.show()
```

运行程序后，得到的图形如图 2-14 所示。程序中通过一个 for 语句逐点判断两曲线的交点并进行标注，也可以利用 NumPy 的 where()函数来求交点元素的下标，然后对交点进行标注。语句如下。

```
k = np.where(np.abs(y - y1) < 0.01)   #返回交点元素的位置索引
plt.plot(x[k], y[k], 'r*')            #标注交点
```

因为有多个交点，所以这里的 k 是一个一维数组。

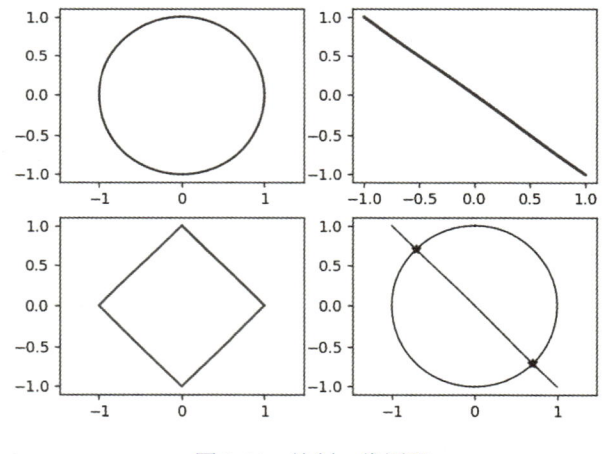

图 2-14　绘制二维图形

3. Matplotlib 三维绘图

Matplotlib 的三维绘图功能允许用户创建各种三维图形，包括三维曲线、三维曲面等。三维图形可以用来展示三维数据点的分布和关系，具有更强的数据表现能力。

（1）创建三维坐标轴对象

Matplotib 图形对象是分层次的，图形窗口对象（Figure）是其他图形对象的基础，在图形窗口对象之上可以建立坐标轴对象（Axes），在坐标轴对象之上可以绘制各种图形。绘制三维图形需要先创建一个三维坐标轴对象 Axes3D，命令如下。

```
from matplotlib import pyplot as plt
fig = plt.figure()                    #创建图形窗口对象
ax = plt.axes(projection='3d')        #创建三维坐标轴对象
```

创建三维坐标轴对象也可以使用以下命令。

```
ax = fig.add_subplot(111, projection='3d')    #这种方法也可以画多个子图
```

以上命令执行后，创建 Axes3D 对象 ax，接下来就可以调用绘图函数在 ax 对象上绘图了。

（2）绘制三维曲线

三维曲线是将空间中的数据点连接起来的图形。使用 Axes3D 对象的 plot 函数可以绘制三维曲线，基本调用格式为

```
plot(x, y, z)
```

其中，x、y、z 组成一组曲线的空间坐标，为长度相同的一维数组。

例 2-14　数学中有各式各样的曲线，螺旋线就是其中比较常见的一种，它是从一个固定点开始向外逐圈旋绕而形成的曲线。圆柱螺旋曲线就像一个圆柱螺旋弹簧，其参数方程为

$$\begin{cases} x = r\sin\theta \\ y = r\cos\theta, & 0 \leq \theta \leq 20\pi \\ z = a\theta \end{cases}$$

其中，r 为圆的半径；a 为常数，决定螺旋线两螺纹之间的距离；θ 为参数。
按照前面介绍的绘图操作步骤，写出程序如下。

```python
import numpy as np
from matplotlib import pyplot as plt
fig = plt.figure()                   #创建图形窗口对象
ax = plt.axes(projection='3d')       #创建三维坐标轴对象
r, a = 1.5, 4
theta = np.linspace(0, 20 * np.pi, 1000)
x = r * np.sin(theta);
y = r * np.cos(theta);
z = a * theta;
ax.plot(x, y, z)                     #绘制空间曲线
plt.show()
```

程序运行结果如图 2-15 所示。

（3）绘制三维曲面

通常，要先生成网格数据，再调用绘图函数绘制三维曲面图。

① 产生网格坐标矩阵。产生二维网格坐标矩阵的方法是：将 x 方向区间$[a, b]$分成 m 份，将 y 方向区间$[c, d]$分成 n 份，由各划分点分别作平行于两坐标轴的直线，将区域$[a, b]\times[c, d]$分成 $m\times n$ 个小网格，生成代表每一个小网格顶点坐标的网格坐标矩阵。例如，在 Oxy 平面内选定一个矩形区域，如图2-16所示，其左下角顶点的坐标为(2, 3)，右上角顶点的坐标为(6, 8)。然后在 x 方向分成 4 份，在 y 方向分成5份，由各划分点分别作平行于两坐标轴的直线，将区域分成5×4 个小矩形，总共有 6×5 个顶点。用矩阵 X、Y 分别存储每一个网格顶点的 x 坐标与 y 坐标，矩阵 X、Y 就是该矩形区域的 Oxy 平面网格坐标矩阵。

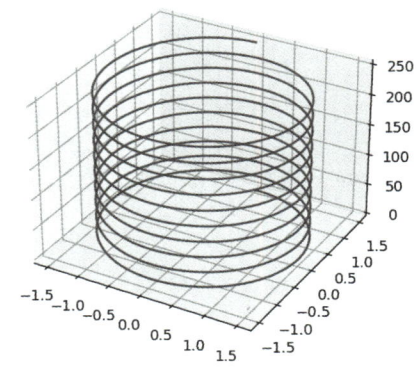

图 2-15　绘制三维曲线

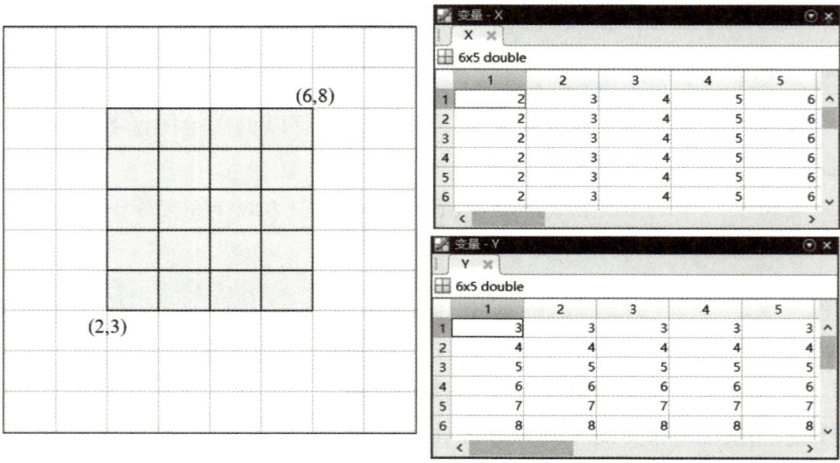

图 2-16 网格坐标示例

通常调用 NumPy 的 meshgrid() 函数生成二维网格坐标矩阵，函数的调用格式为

X, Y = meshgrid(x, y)

其中，x、y 为一维数组，X、Y 为二维数组。语句执行后，数组 X 的每一行都是数组 x，行数等于 y 的元素的个数；数组 Y 的每一列都是数组 y，列数等于 x 的元素的个数。数组 X 和 Y 相同位置上的元素（X_{ij}，Y_{ij}）存储二维空间网格顶点（i，j）的坐标。例如，生成图 2-16 中的网格坐标矩阵，可以使用以下命令。

```
>>> import numpy as np
>>> x = np.arange(2, 7)
>>> y = np.arange(3, 9)
>>> X, Y = np.meshgrid(x, y)
>>> X
array([[2, 3, 4, 5, 6],
       [2, 3, 4, 5, 6],
       [2, 3, 4, 5, 6],
       [2, 3, 4, 5, 6],
       [2, 3, 4, 5, 6],
       [2, 3, 4, 5, 6]])
>>> Y
array([[3, 3, 3, 3, 3],
       [4, 4, 4, 4, 4],
       [5, 5, 5, 5, 5],
       [6, 6, 6, 6, 6],
       [7, 7, 7, 7, 7],
       [8, 8, 8, 8, 8]])
```

② plot_surface 函数。使用 Axes3D 对象的 plot_surface 函数可以绘制三维曲面，基本调用格式为

plot_surface(X,Y,Z)

通常，X、Y、Z是同型二维数组，其中，X、Y定义网格顶点的平面坐标，Z定义网格顶点的高度。还可以在函数调用时设定曲面的各种属性，例如，通过 cmap 属性设置曲面的颜色映射方案（如'rainbow'、'viridis'、'jet'、'coolwarm'），从而控制填充颜色的渐变效果。

③ 绘制等高线图：等高线图（Ontour Plot）主要用于展示三维数据在二维平面上的分布，常用于概率密度（如高斯分布）、地形高度图（如海拔数据）、机器学习分类模型的决策边界（如结合散点图）、物理场分布（如温度场、电场强度）等场景的可视化。常用的函数有以下两个。

plt.contour()函数绘制线型等高线，生成由线条构成的等高线图（适合突出轮廓）。

plt.contourf()函数绘制填充型等高线，用颜色填充等高区域（适合展示连续变化）。例如：

plt.contourf(X, Y, Z, levels=10, cmap='viridis', alpha=0.7)

其中，X、Y 代表二维网格坐标矩阵，需通过 np.meshgrid()生成；Z 是与 X、Y 同形状的二维数组，表示每个(X[i,j],Y[i,j])点的高度值；levels 属性控制等高线的数量；cmap 决定填充颜色的渐变效果；alpha 是透明度（0~1），用于调整填充颜色的透明度。

例 2-15 在[-8,8]×[-8,8]平面区域内绘制曲面图和等高线图，高度 z 的计算公式为

$$z = \frac{\sin\sqrt{x^2+y^2}}{\sqrt{x^2+y^2}}$$

程序如下。

```
import numpy as np
from matplotlib import pyplot as plt
fig = plt.figure()                              #创建图形窗口对象
x = np.linspace(-8, 8, 100)
X, Y = np.meshgrid(x, x)
Z = np.sin(np.sqrt(X * X + Y * Y)) / np.sqrt(X ** 2 + Y **2);
ax = fig.add_subplot(331, projection='3d')      #3×3 子图的第一个子图
ax.plot_surface(X, Y, Z, cmap='rainbow')        #设置 rainbow（彩虹）色图
plt.subplot(3,3,2)
plt.contour(X, Y, Z, levels=5, cmap='viridis')
plt.subplot(3,3,3)
plt.contourf(X, Y, Z, cmap='jet', alpha=0.6)
plt.show()
```

程序运行结果如图 2-17 所示。

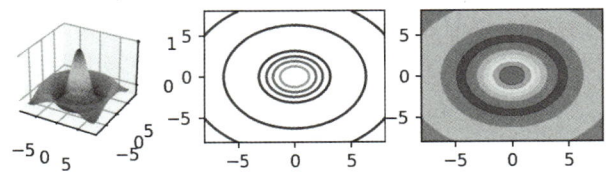

图 2-17　绘制三维曲面图和等高线图

2.6.3　SciPy 库的应用

1. 利用牛顿迭代法求一元方程的根

牛顿切线法是一种高效的迭代法，它的实质是以切线与 x 轴的交点作为曲线与 x 轴交点的

近似值以逐步逼近解，如图 2-18 所示。

牛顿迭代公式为

$$x_n = x_{n-1} - \frac{f(x_{n-1})}{f'(x_{n-1})}, \quad n=1,2,3,\cdots$$

其中，$f'(x)$ 为 $f(x)$ 的一阶导数。

例 2-16 设 $f(x)=2x^3-4x^2+3x-7$，初值取 2.5，用牛顿迭代法求方程 $f(x)=0$ 在初值点附近的实根，直到满足 $|x_n-x_{n-1}|\leqslant 10^{-6}$ 为止。

程序如下。

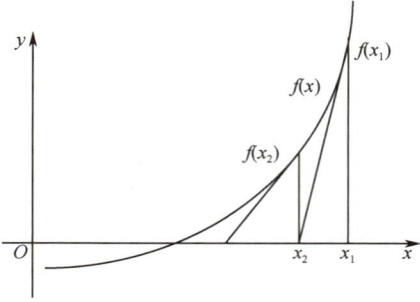

图 2-18 牛顿迭代法

```
import math
d, x2 = 1, 2.5
while math.fabs(d) > 1.0e-6:
    x1 = x2
    d = (((2.0 * x1 - 4.0) * x1 + 3.0) * x1 - 7.0)/((6.0 * x1 - 8.0) * x1 + 3.0)
    x2 = x1 - d
print(f"The root is {x2:6.4f}")
```

程序运行结果如下。

```
The root is 2.0855
```

关于迭代初值 x_0 的选取问题，理论上可以证明，只要选取满足条件 $f(x_0)f''(x_0)>0$ 的初始值 x_0，就可保证牛顿迭代法收敛。当然迭代初值不同，迭代的次数也就不同。

迭代初值的选取不是唯一的，可以先绘制 $f(x)$ 的曲线，了解 $f(x)$ 零点的大致范围，在零点附近选择迭代初值。下面的程序利用 Matplotlib 的 pyplot 子库绘制 $f(x)=2x^3-4x^2+3x-7$ 的曲线，结果如图 2-19 所示。从图中可以看出，$f(x)$ 的零点在 $x=2$ 附近。

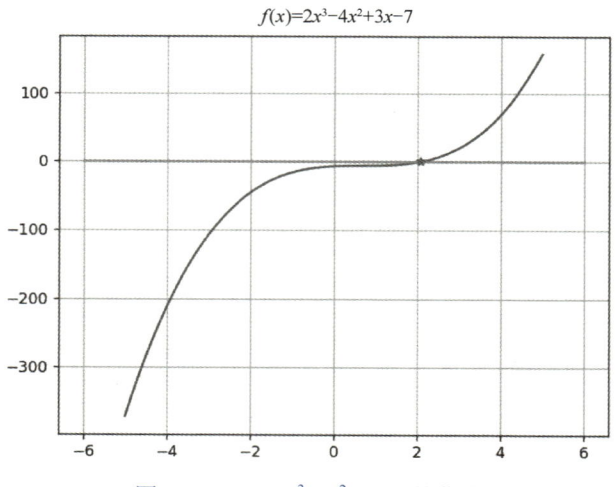

图 2-19 $f(x)=2x^3-4x^2+3x-7$ 的曲线

程序如下。

```
f_plt = lambda x: 2 * x ** 3 - 4 * x ** 2 + 3 * x - 7    #定义 f(x)函数
import numpy as np
```

```
import matplotlib.pyplot as plt
x = np.linspace(-5, 5, 5000)              #产生[-5,5]区间内具有 5000 个元素的一维数组
y = f_plt(x)                              #求各个 x 点的函数值
plt.plot(x, y, [-6, 6], [0,0])            #绘制二维曲线和 x 轴
ix = np.where(np.abs(y) <= 1e-3)          #求 y 的零元素（约等于 0）的位置索引
plt.plot(x[ix], y[ix], marker='*', color='r')   #用红色（red）五角星标注交点
plt.title('f(x)=2x${^3}$-4${x^2}$+3x-7')  #添加图形标题（注意上标标注）
plt.grid(True)                            #添加网格线
plt.show()
```

在 Python 中，可以使用 lambda 关键字在同一行内定义函数，因为不用指定函数名，所以这个函数被称为匿名函数，也称为 lambda 函数。匿名函数也是一个函数对象，也可以把匿名函数赋值给一个变量，再利用变量来调用该函数。例如：

```
>>> f = lambda x, y : x + y
>>> f(5, 10)
15
```

该函数定义语句定义一个函数，函数参数为 "x,y"，函数返回的值为表达式 "x+y" 的值。通过变量 f 来调用该函数。

用牛顿迭代法求一个正数 a 的平方根是有效的方法，可将牛顿迭代法用于解方程 $f(x)=x^2-a=0$，得到迭代公式：

$$x_n = x_{n-1} - \frac{x_{n-1}^2 - a}{2x_{n-1}} = \frac{1}{2}\left(x_{n-1} + \frac{a}{x_{n-1}}\right), n = 1, 2, 3, \cdots$$

同样可以推导出求 a 的立方根的迭代公式：

$$x_n = x_{n-1} - \frac{x_{n-1}^3 - a}{3x_{n-1}^2} = \frac{2}{3}x_{n-1} + \frac{a}{3x_{n-1}^2}, n = 1, 2, 3, \cdots$$

程序请读者自行完成。

2. 利用 SciPy 求一元方程的根

SciPy 是 Python 的第三方库，在数值计算方面有着广泛的应用。scipy.optimiz 子模块可以用来求不同函数在多个约束条件下的最优化问题，也可以用来求函数在某一点附近的根和对应的函数值。其中的 fsolve() 函数和 root() 函数都可以用来求一元函数的根，它们的基本调用格式为

```
fsolve(func, x0)
root(func, x0)
```

其中，func 代表方程对应的函数表达式，x0 为初值。fsolve() 函数返回一个 n 维数组（对于一元方程当然只有一个元素）；root() 函数返回一个 "OptimizeResult" 对象，最重要的属性是解数组 x。

例 2-17 SciPy 求 $2x^3-4x^2+3x-7=0$ 在 $x=2.5$ 附近的根。

分析：分别用 fsolve() 函数和 root() 函数对方程进行求解。

程序如下。

```
f_opt = lambda x: 2 * x ** 3 - 4 * x ** 2 + 3 * x - 7   #定义 lambda 函数
```

```
from scipy.optimize import fsolve, root
x1 = fsolve(f_opt, 2.5)                #用 fsolve()函数求根
x2 = root(f_opt, 2.5)                  #用 root()函数求根
print(f"x1={x1[0]:6.4f}")              #输出 x1 的第一个元素
print(f"x2={x2.x[0]:6.4f}")            #输出 x2 的 x 属性的第 1 个元素
```

程序运行结果如下。

```
x1=2.0855
x2=2.0855
```

习题与实验

一、选择题

1. 整型变量 x 中存放了一个两位数，要将这个两位数的个位数字和十位数字交换位置，例如，13 变成 31，正确的 Python 表达式是（   ）。

  A．(x%10)*10+x//10   B．(x%10)//10+x//10
  C．(x/10)%10+x//10   D．(x%10)*10+x%10

2. 设有程序段：

```
k=10
while k:
    k=k-1
    print(k)
```

则下面描述中正确的是（   ）。

  A．while 循环执行 10 次   B．循环是无限循环
  C．循环体语句一次也不执行   D．循环体语句执行一次

3. max((1,2,3)*2)的值是（   ）。

  A．3   B．4   C．5   D．6

4. 下列选项中与 s[0:-1]表示的含义相同的是（   ）。

  A．s[-1]   B．s[:]   C．s[:len(s)-1]   D．s[0:len(s)]

5. 对于字典 D={'A':10,'B':20,'C':30,'D':40}，对第 4 个字典元素的访问形式是（   ）。

  A．D[3]   B．D[4]   C．D[D]   D．D['D']

6. 设 a=set([1,2,2,3,3,3,4,4,4,4])，则 a.remove(4)执行后，a 的值是（   ）。

  A．{1, 2, 3}   B．{1, 2, 2, 3, 3, 3, 4, 4, 4}
  C．{1, 2, 2, 3, 3, 3}   D．[1, 2, 2, 3, 3, 3, 4, 4, 4]

7. 已知 f=lambda x,y:x+y，则 f([4],[1,2,3])的值是（   ）。

  A．[1, 2, 3, 4]   B．10   C．[4, 1, 2, 3]   D．{1, 2, 3, 4}

8. 关于语句 f=open('demo.txt','r')，下列说法不正确的是（   ）。

  A．demo.txt 文件必须已经存在
  B．只能从 demo.txt 文件读数据，而不能向该文件写数据
  C．只能向 demo.txt 文件写数据，而不能从该文件读数据
  D．"r"方式是默认的文件打开方式

9. 下列程序的运行结果是（　　）。

```
import numpy
array_a = numpy.array([1, 2, 3])
array_b = numpy.array([4, 5, 6])
print(array_a + array_b)
```

  A．[1, 2, 3, 4, 5, 6]　　　　　　　　　B．[5 7 9]
  C．[[1, 2, 3],[4, 5, 6]]　　　　　　　D．[1, 2, 3] [4, 5, 6]

10. 要绘制正弦函数曲线，已知 x=np.arange(0, 2 * np.pi, np.pi/50)，则 y 的正确表达式是（　　）。

  A．y=sin(x)　　　　　　　　　　　　B．y=math.sin(x)
  C．y=np.sin(x)　　　　　　　　　　　D．y=cmath.sin(x)

二、问答题

1．简述 Python 语言的特点。

2．设 m、n 为整型，写出与 m%n 等价的表达式。

3．执行下列程序后，k 的值是多少？

```
k=1
n=263
while n:
    k*=n%10
    n//=10
```

4．写出下列程序的运行结果。

```
s=10
for i in range(1,6):
    while True:
        if i%2==1:
            break
        else:
            s-=1
            break
print(s)
```

5．写出下列程序的运行结果。

```
import numpy as np
a = np.arange(11)
s = sum(a[np.where(a % 2 == 1)])
print(s)
```

三、实验题

1．从键盘输入一个三位整数 n，输出其逆序数 m。例如，输入 n=127，则 m=721。

2．输入 20 个数，求出其中的最大数与最小数。

3. 先定义函数求 $\sum_{i=1}^{n} i^m$，然后调用该函数求 $s = \sum_{k=1}^{100} k + \sum_{k=1}^{50} k^2 + \sum_{k=1}^{10} \frac{1}{k}$。

4. 设 $x \in [-2\pi, 2\pi]$，绘制函数曲线。

$$y = \frac{20\sin(10+x^2)}{10+x^2}$$

5. 求定积分。

$$\int_0^\pi \frac{x\sin x}{1+|\cos x|} \mathrm{d}x$$

6. 求方程 $f(x)=e^x+x^2-2=0$ 在 $x_0=-1$ 和 $x_0=1$ 附近的根。

第 3 章 计算系统——从单机到智能生态

从第一台电子计算机诞生至今，计算系统经历了翻天覆地的变化。当单机设备通过网络系统相连时，计算技术便跨越了物理世界的限制。从局域网到广域网，从有线传输到无线通信，网络技术重塑了人类社会的信息交互方式。云计算服务的兴起，则将计算资源转化为如水、电、气般随取随用的公共服务，用户无须关心底层设备位置即可完成海量数据处理。不胜枚举的传感器、终端设备与云端智能服务深度融合，物联网使物理世界与数字世界开始深度融合。

从逻辑运算到环境感知，从本地处理到云端协同，计算系统的每一次升级都在重塑人与机器的交互方式。单机系统通过二进制和逻辑电路揭示信息从物理世界到数字空间的奥秘，网络系统打破地理限制实现全球化协作，云计算将算力转化为公共服务，物联网则将计算嵌入物理实体。它们的融合代表从单机性能极限向群体智能协作的跃迁，构建起支撑人工智能应用的技术底座。

本章从人工智能应用生态视角来理解计算系统的技术演进，介绍计算机系统的组成与工作原理、微型计算机的总线结构和组成部件、计算机中数据的表示方法、计算机网络的基础知识、局域网的基础知识、Internet 的基础知识以及云计算和物联网的概念与应用。

3.1 单机系统

单机系统（Standalone System）是指独立运行、不依赖网络或其他设备协作的计算机系统，其所有硬件资源和软件服务均集中在一台物理或虚拟设备中，数据存储与处理完全在本地完成，无须与外部系统交互。这里的"单机系统"是相对于"网络系统"而言的概念，指"单个的计算机系统"。

3.1.1 计算机系统的组成

一个完整的计算机系统由硬件系统和软件系统两大部分组成。计算机硬件系统包括组成计算机的所有部件和设备，是看得见、摸得着的实体。计算机软件系统包括所有在计算机上运行的程序以及相关的文档资料。只有配备完善而丰富的软件，计算机才能充分发挥其硬件的作用。

1. 计算机硬件系统

计算机的硬件组成遵循冯·诺依曼体系结构，由控制器、运算器、存储器、输入设备和输出设备 5 个基本部分组成，如图 3-1 所示。

计算机各部件间的联系通过信息流动来实现，在图 3-1 中，有两种信息流：一种是数据流；另一种是控制流。数据流是指原始数据、源程序和各种结果，控制流是指各部件向控制器发出的请求信号以及控制器想向各部件发出的控制信号与命令。原始数据和程序通过输入设备送入内存储器，在运算处理过程中，数据从内存储器读入运算器进行运算，运算结果存入内存储器，必要时再经输出设备输出。指令也以数据形式存于内存储器中，运算时指令由内存储器送入控制器，由控制器控制各部件的工作。

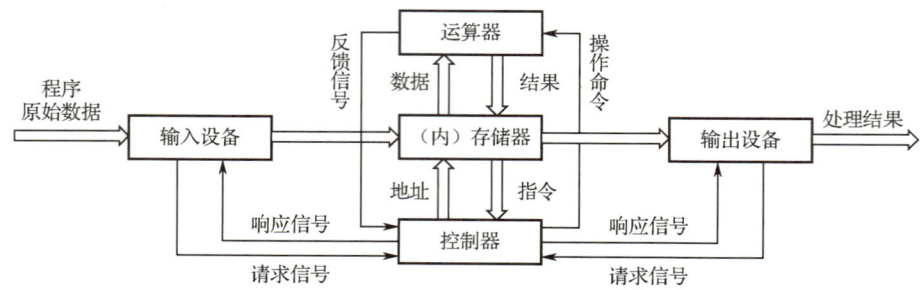

图 3-1 计算机硬件系统的组成

（1）运算器

运算器又称算术逻辑单元（Arithmetic Logic Unit，ALU），它接收由内存储器送到的二进制数据并对其进行算术运算和逻辑运算。那么计算机是如何进行运算的呢？

在计算机中，各种算术运算可归结为加法和移位这两种基本操作。减法运算可以通过加负数实现，而乘法和除法，可以通过一系列的加法和移位操作来实现。因此，加法器和移位器是运算器的核心。加法器实现两数相加，移位器实现左移、右移等操作。另外，为了使运算器在操作过程中减少对内存储器的依赖和访问次数，从而提高运算速度，运算器中还需要若干寄存器。这些寄存器既可暂时存放操作数，又可存放运算的中间结果或最终结果。

至于逻辑运算，是由逻辑门来实现的。由于两个数的逻辑运算是一位对一位进行的，每一位都得到一个独立结果，而不涉及其他位，所以逻辑运算要比算术运算更简单。

运算器在控制器的作用下实现其功能。除了完成算术运算和逻辑运算，它也要完成数据的传送。被加工的数据，大多预先存放在寄存器或存储器中。在一系列控制信号作用下，数据被送往加法器，完成运算后，在控制信号作用下，再传送到寄存器或内存单元中保存起来。

（2）控制器

控制器是整个计算机的控制中心，由指令寄存器（Instruction Register，IR）、指令计数器（Program Counter，PC）、地址寄存器（Address Register，AR）、指令译码器（Instruction Decode，ID）、时序信号发生器、微操作控制部件和中断处理部件组成。指令寄存器用于存放从内存储器中取出的待执行的指令，供指令译码器分析使用。指令计数器又称程序计数器，用于存放当前要执行的指令的地址。地址寄存器用于存放指令或操作数的地址。指令译码器将指令寄存器中的指令进行译码，翻译成相应的控制信号。时序信号发生器产生一定的时序脉冲和节拍电位，使计算机有节奏、有次序地工作。微操作控制部件将脉冲、电位和指令译码器送来的信号组合起来，有时间性地、有顺序地去控制各个部件完成相应的操作。中断处理部件处理计算机工作过程中遇到的各种随机事件，它使计算机功能大大加强，应用领域扩大。

程序运行时，控制器根据指令计数器的值（地址），从内存储器中取出待执行的指令，送到指令寄存器中，经指令译码器译码，再由操作控制部件发出一系列控制信号，使计算机各部件协调一致地工作，完成指令所规定的操作。同时指令计数器加 1（PC+1），指向下一条指令，又重复上述过程。如果要中断程序的正常执行顺序而转移到别处去执行，只需把要转移的目的地址送到指令计数器即可。任何程序开始执行时，都必须把程序的入口地址先送到指令计数器中。

可见，运算器和控制器在结构关系上非常密切，它们之间有大量信息频繁地进行交换，共用一些寄存器单元，因此将运算器和控制器合称为中央处理器（Central Processing Unit，CPU）。

（3）存储器

在实际的计算机系统中，包含了内存储器、外存储器、高速缓冲存储器等不同的层次存储器。但是从冯·诺依曼计算机体系结构的角度来看，存储器就是由内存储器和外存储器两个部分组成的。

① 内存储器。内存储器又称为主存储器，简称内存或主存，用于存放原始数据、程序以及计算机运算结果。它由大量的基本存储元件组成，每一个基本存储元件存储一位二进制数据"0"或"1"。位称为比特（bit，简记为 b），是数据存储的最小单位。凡是具有两个稳定状态的元件均可用作基本存储元件。当前，基本存储元件一般由半导体元件组成。

内存储器被划分成许多存储单元，每个存储单元可存放的二进制数位数相同。为了能够按指定的位置存取数据，必须给每个存储单元编号，这个编号就称为存储单元的地址。计算机内存储器的组织结构如图 3-2 所示，图的中间一列为每个存储单元对应的地址，其实际上是一组二进制编码，如果表示地址的二进制数有 n 位，则内存地址最大可编码到 2^n-1（从 0 开始编码），也就是说最多可以有 2^n 个存储单元，称为存储容量；图的左边一列为用十六进制数表示的地址，以便于阅读；右边一列为存储单元的内容，即内存储器中存放的数据或程序。内存储器中每个存储单元的长度一般为 8 个二进制位，即一个字节（Byte，简记为 B），字节是数据存储的基本单位；由字节组成字（Word，简记为 W），字是计算机 CPU 一次处理信息的单位。

十六进制内存地址	二进制内存地址	内存单元内容
F000H	1111000000000000	01010001
F001H	1111000000000001	01010011
F002H	1111000000000010	01110010
F003H	1111000000000011	11010001
F004H	1111000000000100	01110101
F005H	1111000000000101	01010100
F006H	1111000000000110	11011001
F007H	1111000000000111	01011101
F008H	1111000000001000	01110110
F009H	1111000000001001	01011111
F00AH	1111000000001010	11001110
F00BH	1111000000001011	01111111

图 3-2　计算机内存储器的组织结构

地址与存储单元一一对应，每一个存储单元都有一个唯一的地址。CPU 要访问某一存储单元（向存储单元写入数据或从存储单元中读出数据），需要给出这个存储单元的地址。例如，F005H 单元存放的数据为 01010100。

对存储器进行地址编码是存储器组织的一个重要方法，它的概念直接影响计算机的使用。在任何一种程序设计语言中，凡是涉及数据、程序存储的问题，就必然涉及对存储器的访问，也就会涉及地址。

根据存储能力与电源的关系，可将内存分为易失性存储器和非易失性存储器，现代计算机系统内存一般都包含这两类存储器。易失性存储器指的是当电源断电后，其所存储的数据便会消失的存储器，如随机访问存储器（Random Access Memory，RAM），内存主要由这种存储器构成，一般用户既可以从中读出信息，又可以将信息写入其中。非易失性存储器指即使断电，其所存储的数据也不会消失，重新供电后，就能够读取其中数据的存储器，如只读存储器（Read-Only Memory，ROM），一般用户只能从中读出信息，不能将信息写入其中。ROM 用于存放系统的初始化、自检、引导程序。

内存可以与 CPU 直接进行信息交换，其特点是运行速度快，容量相对较小。CPU 和内存储器合称为主机。

② 外存储器。外存储器又称为辅助存储器，简称外存或辅存。从主机的角度看，外存储器是指计算机存储系统中不直接向 CPU 提供程序和数据的各种存储设备，用于弥补内存容量的不足，属于外部设备的范畴。外存的数据不能被 CPU 直接访问，只有先调入内存才能被 CPU 访问。这种存储器追求的目标是永久性存储与大容量，采用非易失性存储材料制成，如硬盘，因此它必须通过硬盘驱动器才能进行读写操作。

外存储器的特点是存储容量大，存取速度比内存慢，系统断电后其保存的信息不会丢失，不和计算机的其他部件直接进行数据交流，只和内存单独交换数据。

③ 存储容量。计算机处理数据时，一次可以运算的数据长度称为一个"字"，构成一个字的二进制数的位数称为字长。一个字既可以是一个字节，也可以是多个字节。根据 CPU 的类型不同，可能有不同的字长，且总是 8 的整数倍，常用的字长有 8 位、16 位、32 位、64 位等。如果某一类计算机的字由 4 个字节组成，则字的长度为 32 位，相应的计算机称为 32 位机。内存是以字节为单元，在不同字长的系统中，一次可以对 2 个、4 个或 8 个单元进行访问。

一个存储系统的存储容量是指存储系统所能容纳的二进制数据的总和，通常用字节来计算。除了字节，常用更大的单位来表示存储容量的大小，包括千字节（KB）、兆字节（MB）、吉字节（GB）、太字节（TB）、拍字节（PB）、艾字节（EB）、泽字节（ZB）、尧字节（YB）等。相互换算关系如下。

1KiloByte（KB）=1024B=2^{10}B

1MegaByte（MB）=1024KB=2^{20}B

1GigaByte（GB）=1024MB=2^{30}B

1TeraByte（TB）=1024GB=2^{40}B

1PetaByte（PB）=1024TB=2^{50}B

1ExaByte（EB）=1024PB=2^{60}B

1ZettaByte（ZB）=1024EB=2^{70}B

1YottaByte（YB）=1024ZB=2^{80}B

随着信息技术的日益普及，信息的数字化存储已经成为一种基本形式，以上单位不仅是衡量存储设备性能的单位，也是表示信息量的单位。

（4）输入设备和输出设备

什么是输入输出？计算机中的输入输出（Input/Output，I/O）是相对于计算机主机而言的。从外部设备将信息（包括原始数据、程序等）传送到计算机内存储器称为输入，从计算机内部向外部设备传送信息称为输出。

输入设备接收用户提交给计算机的程序、数据及其他各种信息，并把它们转换成计算机能够识别的二进制代码，送给内存储器。输出设备是把计算机的处理结果用人们能识别的数字、字符、图形、曲线、表格等形式输出。

2. 计算机软件系统

计算机硬件不具备自动计算的功能，它只是一个电子设备，要实现计算和信息处理的"自动化"，离不开计算机软件。一般来说，软件是计算机程序以及与程序有关的各种文档的总称。那么软件和程序究竟如何区分呢？

从计算机内部逻辑看，程序是一组指令序列的集合。从使用角度看，程序是一个用编程语言描述的解决某一问题的步骤。而软件是计算机系统的组成部分，它是功能相对完备的程序系统，但软件不仅仅是程序，还包括使用的说明性信息；软件是一种特殊的商品，它的内容不是实物，而是信息。它也同其他商品一样具有设计、生产、销售及售后服务等属性。由于它的易复制性，往往使人们忽略了它也是人类智慧的结晶。因此，我们要在使用软件的同时提高软件保护意识。

按软件的功能来分，软件可分为系统软件和应用软件两大类。系统软件又可分为操作系统、语言处理程序、数据库管理系统和支撑软件等。

（1）系统软件

系统软件是在硬件基础上对硬件功能的扩充与完善，其功能主要是控制和管理计算机的硬件资源、软件资源和数据资源，提高计算机的使用效率，发挥和扩大计算机的功能，为用户使用计算机系统提供方便。系统软件有两个主要特点：一是通用性，无论是哪个应用领域的用户都要用到它；二是基础性，它是应用软件运行的基础，应用软件的开发和运行要有系统软件的支持。

① 操作系统。操作系统（Operating System，OS）是为了控制和管理计算机的各种资源，以充分发挥计算机系统的工作效率和方便用户使用计算机而配置的一种系统软件。操作系统是直接运行在计算机上的最基本的系统软件，是系统软件的核心，任何计算机都必须配置操作系统。

从资源管理的角度来看，操作系统主要用于对计算机系统资源进行控制和管理。为此，操作系统具有四大功能：处理器管理、存储管理、文件管理和设备管理。

目前流行的操作系统除 Windows 之外，还有 UNIX、Linux、Mac OS、iOS、Android 和华为鸿蒙系统等。

② 语言处理程序。程序设计语言是人们为了描述解题步骤（即程序）而设计的一种具有语法语义描述的记号。按其发展分为机器语言、汇编语言和高级语言。机器语言程序能被计算机直接识别并执行，但用汇编语言或高级语言编写的程序要经过翻译以后才能被计算机执行，这种翻译程序称为语言处理程序，包括汇编程序、解释程序和编译程序。

③ 数据库管理系统。数据库（Database，DB）是指保存在计算机的存储设备上、并按照某种数据模型组织起来的、可以被各种用户或应用共享的数据的集合。数据库管理系统（Database Management System，DBMS）是指提供各种数据管理服务的计算机软件系统，这种服务包括数据对象定义、数据存储与备份、数据访问与更新、数据统计与分析、数据安全保护、数据库运行管理以及数据库建立和维护等。数据库是企业信息化不可缺少的工具，是企业信息系统的核心。

④ 支撑软件。支撑软件是用于支持软件开发、调试和维护的软件，可帮助程序员快速、准确、有效地进行软件研发、管理和评测。如编辑程序、连接程序和调试程序等。编辑程序为程序员提供了一个书写环境，用来建立、编辑和修改源程序文件。连接程序用来将若干个目标程序模块和相应高级语言的库程序连接在一起，产生可执行程序文件。调试程序可以跟踪程序的执行，帮助发现程序中的错误，以便于修改。

（2）应用软件

应用软件是为满足用户不同领域、不同问题的应用要求而开发的软件。应用软件可以拓宽计算机系统的应用领域，扩大硬件的功能，又可以根据应用的不同领域和不同功能划分为若干子类，例如，办公软件、财务软件、CAD 软件等。

3. 计算机硬件和软件之间的关系

计算机系统包括硬件系统和软件系统两大部分，其组成如图3-3所示。

在计算机系统中，硬件和软件是不可缺少的两个部分。计算机硬件是组成计算机系统的各部件的总称，是计算机系统快速、可靠、自动工作的物质基础。因此，没有硬件就没有计算机，计算机软件也不会产生任何作用。但是一台计算机之所以能够处理各种问题，具有很大的通用性，是因为人们把要处理这些问题的方法，分解成为计算机可以识别和执行的步骤，并以计算机可以识别的形式存储到了计算机中。也就是说，在计算机中存储了解决这些问题的程序。

图 3-4 表明了计算机硬件、软件之间的关系。内层是外层的支撑环境，而外层则不必了解内层细节，只需根据约定调用内层提供的服务。最内层是硬件，表示它是所有软件运行的物质基础。与硬件

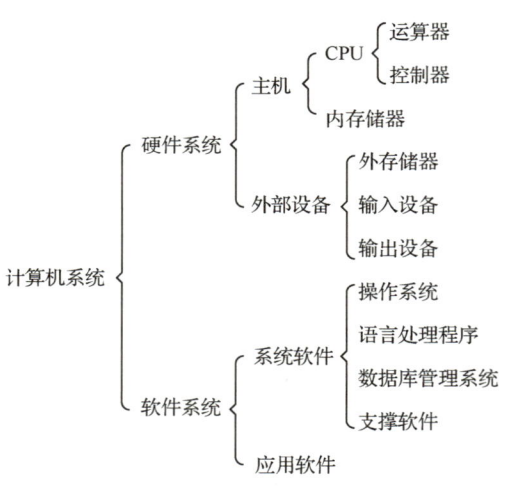

图 3-3 计算机系统的组成

直接接触的是操作系统，它处在硬件和其他软件之间，表示它向下控制硬件，向上支持其他软件。在操作系统之外的各层分别是各种语言处理程序、数据库管理系统、各种支撑软件，最外层才是最终用户使用的应用程序。

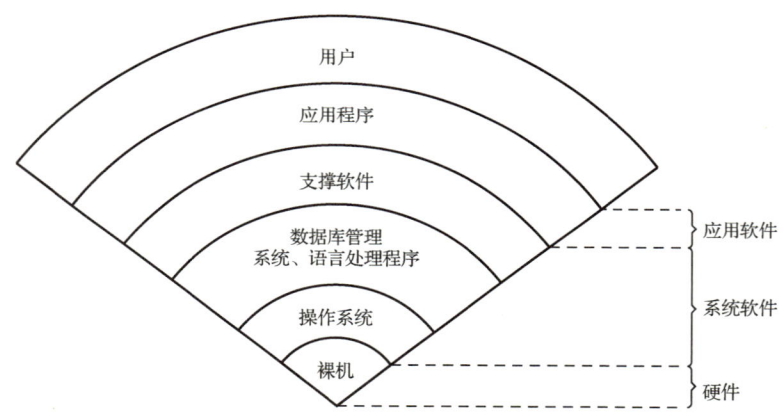

图 3-4 计算机硬件和软件之间的关系

没有配置任何软件的计算机称为裸机，裸机难以完成复杂的任务。软件是计算机系统必不可少的组成部分。操作系统是直接运行在裸机上的最基本的系统软件，是对裸机的首次扩充，同时又是其他软件运行的基础。因此，在所有软件中，操作系统是最重要的。操作系统管理和控制硬件资源，同时为上层软件提供支持。换句话说，任何程序都必须在操作系统的支持下才能运行，操作系统最终成为用户与计算机之间的桥梁，对计算机的操作转变成使用操作系统的命令，这样一来，用户使用计算机就变成使用操作系统了。

应用软件的开发和运行要有系统软件的支持，而用户直接使用的是应用软件，即使用某一应用软件来解决实际问题。

3.1.2 计算机的工作原理

计算机的工作过程本质上就是执行程序的过程，而程序是由若干条指令组成的，计算机逐

条执行程序中的指令,就可完成一个程序的执行,从而完成一项特定的工作。因此,要了解计算机的工作原理,就是要了解指令和指令执行的基本过程。

1. 指令和程序

计算机之所以能脱离人的直接干预,自动地进行计算,是由于人把实现整个计算的一步步操作用命令的形式(即一条条指令)预先输入到存储器中,在执行时,机器把这些指令一条条地取出来,加以分析和执行。

通常一条指令对应着一种基本操作。一个计算机能执行什么样的指令,有多少条指令,这是由设计人员在设计计算机时决定的。计算机所能直接执行的全部指令的集合,就是计算机的指令系统(Instruction Set)。

以二进制编码表示的指令叫机器指令,它通常包括操作码和操作数两大部分,操作码表示计算机执行什么操作,操作数指明参加操作的数的本身或操作数所在的地址。因为计算机只认识二进制数,所以计算机指令系统中的所有指令都必须以二进制编码的形式来表示。

程序即解题步骤。计算机的解题程序必须用计算机能识别的语言来描述,因此程序是指令的有序集合,用指令描述的解题步骤就叫程序。

2. 指令的执行过程

按照冯·诺依曼的存储程序思想,利用计算机解题首先要把指挥计算机如何进行操作的指令序列(即程序)和原始数据通过输入设备输送到计算机内存储器中,计算机运行时,依次从内存中取出一条条指令,控制器对指令进行分析判断,按照指令要求,发出不同的控制信号,在控制器的指挥下完成规定的操作,直到完成全部操作为止。因此,计算机的工作原理可以概括为存储程序和程序控制。

下面以指令 070740H 的执行过程来认识计算机的基本工作原理。指令 070740H 的功能是取出 0740H 存储单元内的数据与累加器中的数据相加,并将求和结果仍然存储在累加器中。图 3-5 反映了指令的执行过程。

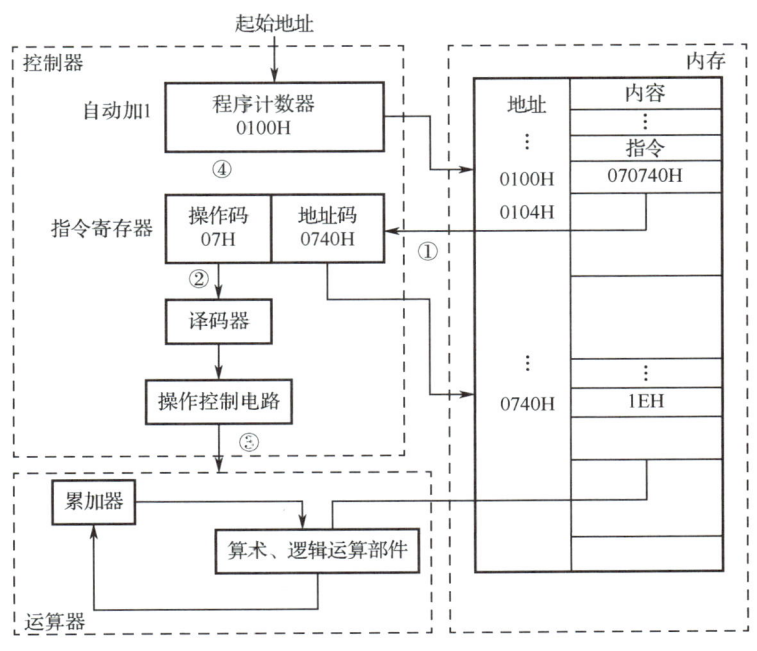

图 3-5 指令的执行过程

指令的执行过程分为以下 4 个步骤。

① 取指令。按照程序计数器的地址（0100H），从内存储器中取出指令（070740H），并送往指令寄存器。

② 分析指令。对指令寄存器中存放的指令（070740H）进行分析，由译码器对操作码（07H）进行译码，将指令的操作码转换成相应的控制电位信号。由地址码（0740H）确定操作数地址。

③ 执行指令。由操作控制线路发出完成该操作所需要的一系列控制信息，并完成该指令所要求的操作。如加法指令，取内存单元（0740H）的值 1EH 和累加器的值相加，结果还是放在累加器中。

④ 一条指令执行完成，程序计数器加 1 或将转移地址码送入程序计数器，然后回到①。

一般把计算机完成一条指令所花费的时间称为一个指令周期，指令周期越短，指令执行越快。通常所说的 CPU 主频或工作频率，就反映了指令执行周期的长短。

计算机在运行时，CPU 从内存读出一条指令到 CPU 内执行，指令执行完，再从内存读出下一条指令到 CPU 内执行。CPU 不断地取指令、分析指令、执行指令，这就是程序的执行过程。

总之，计算机的工作就是执行程序，即自动连续地执行一系列指令，而程序开发人员的工作就是设计程序。一条指令的功能虽然有限，但是由一系列指令组成的程序可以完成复杂的任务。

3.1.3 微型计算机体系结构

由于大规模、超大规模集成电路的发展，20 世纪 70 年代初出现了微处理器。以微处理器作为计算机的主要功能部件，标志着微型计算机（简称微机）的诞生。1981 年，IBM 公司推出第一台个人计算机 IBM PC，一个 PC 时代从此开始。微型机以其体积小、功能强、价格低、操作简便等优点成为国内外应用最广泛的一类计算机。相比于一般通用计算机，微型计算机从体系结构上有其自身特点。

1. 微型计算机的总线结构

从系统结构看，微型计算机是将运算器和控制器集成在一个芯片上来组成微处理器的。所以微型计算机和通用计算机没有本质上的区别，其主要不同点是微型计算机广泛采用了集成度相当高的器件以及总线（Bus）结构。

微型计算机的组成仍然遵循冯·诺依曼结构，其硬件系统由微处理器、存储器（含内存、外存和缓存）、各种输入输出设备组成。任何一个微处理器都要与一定数量的部件和外部设备连接，但如果将各部件和每一种外部设备都分别用一组线路与 CPU 直接连接，那么连线将会错综复杂乃至难以实现。为了简化设计和系统结构，常用一组线路、再配置适当的接口电路，与各部件和外部设备连接，这组连接线路被称为总线，如图 3-6 所示。

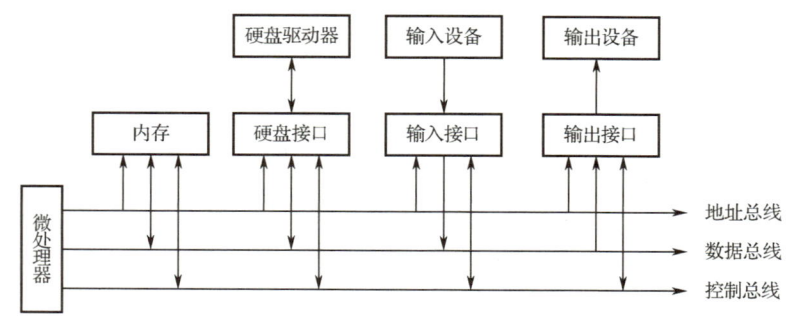

图 3-6 微型计算机的总线结构

微处理器、内存、输入输出接口和系统总线构成了微型计算机的主机。微处理器如同微型计算机的心脏，其性能决定了整个微型计算机的各项关键指标。输入输出接口电路是主机与外部设备连接的逻辑控制部件。总线为 CPU 和其他部件之间提供信息传输通道，包括地址总线（Address Bus，AB）、数据总线（Data Bus，DB）和控制总线（Control Bus，CB）。

地址总线专门用于传送指令和数据地址信息，CPU 按此地址寻找数据，是单向总线。地址总线的位数决定了 CPU 可直接寻址的内存空间大小，一般来说，若地址总线为 n 位，则可寻址空间为 2^n 字节。数据总线用于传送指令和数据信息，是 CPU 与内存及输入输出接口之间传输数据的通道，是双向总线，CPU 既可通过数据总线从内存或输入设备接口读入数据，又可通过数据总线将 CPU 内部数据送至内存或输出设备接口。数据总线的位数是微型计算机的一个重要指标，通常与微处理器的字长相一致。控制总线用来传送控制信号和时序信号。控制信号中，有的是 CPU 向内存及输入输出接口发出的信息，如读/写信号、片选信号、中断响应信号等；有的是外部设备等其他部件发送给 CPU 的信息，如中断申请信号、复位信号、总线请求信号、准备就绪信号等。因此，控制总线的传送方向由具体控制信号而定，一般是双向的，控制总线的位数要根据系统的实际控制需要而定。

由于把大规模集成电路技术引入微型计算机的设计中，使得微型计算机中的器件高度集成，器件功能相对独立。组成总线结构以后，系统中各功能部件之间的相互关系变为各个部件面向总线的单一关系，一个部件只要符合总线标准，就可以连接到采用这种总线标准的系统中，使系统功能得到扩展。

以微型计算机为主体，配上系统软件和外部设备之后，就组成了微型计算机系统。

2. 微型计算机的组成部件

从外观上看，一台微型计算机由主机箱、显示器、键盘和鼠标组成，有时还配有打印机、扫描仪等其他外部设备，同时一些新型外部设备还在不断涌现。在主机箱内，有主板、CPU、内存、外存等部件。

（1）主板

主板（Main Board）又称系统板（System Board）或母板（Mother Board），是微机系统中最大的一块电路板。主板上有芯片组、CPU 插槽、内存插槽、扩展插槽、各种外部设备接口以及 BIOS 和 CMOS 芯片等。它为 CPU、内存条和各种功能卡提供安装插槽，为各种存储设备、I/O 设备以及多媒体和通信设备提供接口。实际上微机通过主板将 CPU 等各种器件和外部设备有机地结合起来形成一套完整的系统，微机的整体运行速度和稳定性在相当程度上取决于主板的性能。

（2）CPU

CPU 是微型计算机的核心器件，在微机系统中特指微处理器芯片。目前主流的 CPU 有 Intel 系列产品和 AMD 系列产品，两者在设计技术、工艺标准和参数指标等方面存在差异，但都能满足微机的运行需求。

多核处理器技术是目前 CPU 的主流技术之一。多核处理器是指在一个处理器中集成两个或多个完整的计算引擎，从而提高计算能力。此时处理器能支持系统总线上的多个处理器，由总线控制器提供所有总线控制信号和命令信号。多核技术解决了单核产品中处理器热量过高的问题。此外还包括高速缓冲存储器、浮点处理、超线程等先进技术。

（3）内存

微型计算机的内存分为 RAM、ROM 和 Cache。

① RAM。RAM 是计算机工作的存储区，一切要执行的程序和数据都要先装入 RAM 中。根据制造原理不同，RAM 可分为静态 RAM（Static Random Access Memory，SRAM）和动态

RAM（Dynamic Random Access Memory，DRAM）。静态RAM利用其中触发器的两个稳态表示所存储的1和0，这类存储器集成度低、价格高，但存取速度快。动态RAM用组成存储单元的电容存储1和0。因为保存在电容上的电荷会随着电容器的漏电而逐渐消失，所以需要周期性地给电容充电，称为刷新（Refresh）。动态RAM集成度高、价格低，但由于要周期性地刷新，所以存取速度慢。微机的内存一般采用动态RAM，以内存条（见图3-7）的形式插于主板上。

② ROM。在微型计算机中，ROM主要用于存放系统的引导程序、诊断程序等。目前常用的ROM有可擦可编程ROM（Erasable Programmable Read Only Memory，EPROM）和电擦除可编程ROM（Electrically Erasable Programmable Read Only Memory，EEPROM）。

③ Cache。随着CPU的主频不断提高，内存的存取速度远低于CPU的工作速度，直接影响了计算机的性能。为此，在CPU和内存之间增设Cache。Cache中存放常用的程序和数据，当CPU需要访问程序或数据时，首先从高速缓存中查找，如果不在Cache中，则到内存中读取，同时将程序和数据写入Cache中，如此提高整个系统的运行速度。

Cache通常采用速度比动态RAM快、价格更高的静态RAM。Cache容量小于内存，但存取速度比内存快得多。Cache逻辑上介于CPU和内存之间，可以将其集成到CPU内部，也可置于CPU之外，如图3-8所示。

图3-7　内存条　　　　　　　　图3-8　高速缓冲存储器的位置

（4）外存

常用的外存储器有硬盘（Hard Disk）和移动存储设备等。每个盘在计算机中都有一个名字标识，习惯称之为盘符，用英文字母加冒号表示。从C开始顺序编号代表硬盘。有的硬盘存储容量比较大，可以将一个硬盘逻辑上分区为不同容量的多个硬盘，每个逻辑硬盘被按顺序设置一个盘符。

硬盘是微型计算机上非常重要的一种外存储器设备，由硬盘驱动器和多张不可更换的大小相同的硬盘盘片（存储介质）密封而成，目前3.5英寸硬盘使用较多。

移动硬盘是在标准IDE接口硬盘的基础上加装USB或1394接口使之成为移动存储工具。移动硬盘以大容量、轻巧便捷、安全可靠等优点赢得用户的青睐。

U盘是一种小体积的移动存储装置，携带更方便，可靠性高。它使用Flash半导体材料作为存储介质，通过USB接口与计算机相连。U盘的结构很简单，主要部件是一块闪存芯片和一块控制芯片，可以像使用硬盘一样在该盘上读写、传送文件。目前U盘已成为通用的移动存储介质。

固态硬盘（Solid State Disk，SSD）也是以闪存芯片为存储介质，其存储原理与U盘相同，只是控制电路更复杂。固态硬盘没有像传统硬盘那样的机械装置及存储盘片，而以半导体存储材料作为数据存储介质，因此存储速度快、运行稳定、使用寿命长，但相对来说价格贵。目前的平板电脑使用的就是固态硬盘，还有部分超薄的笔记本电脑也会使用固态硬盘。

实际上，计算机系统中的存储器被组织成层次结构，如图 3-9 所示。最上层是 CPU 中的寄存器，其存储速度能满足 CPU 的要求。下一层是高速缓存，一般容量是 32 千字节到几兆字节。再往下是内存，然后是磁盘，用于永久保存数据。最后，是用于后备存储的移动存储设备。

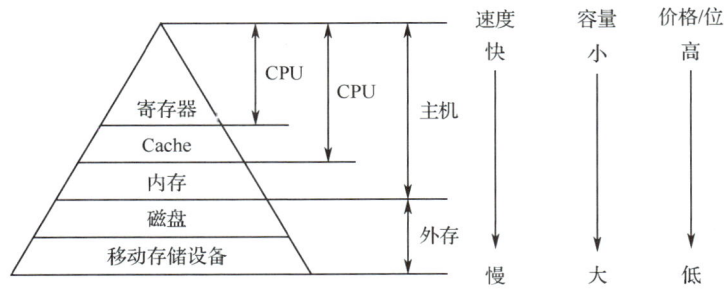

图 3-9　存储器的层次结构示意图

在层次存储结构中，"金字塔"越上端的部分，容量越小，成本越高，但访问速度越快。

3.1.4 人工智能计算架构

人工智能计算架构是指支撑人工智能系统运行的硬件设施和软件平台。

硬件设施主要包括计算机硬件和智能芯片等。在深度学习和神经网络训练中，硬件设施的选择尤为关键。最早的人工智能计算架构主要基于传统的中央处理器（CPU），但在处理人工智能任务（特别是深度学习）时面临以下巨大挑战。

① 计算量极大：训练大型神经网络需要执行数以万亿次甚至更多的浮点运算。

② 数据吞吐量要求高：需要高速访问海量训练数据。

③ 并行性要求高：人工智能计算（尤其是矩阵运算）天然具有高度的并行性。

④ 能效比要求高：庞大的计算量带来巨大的能耗，需要更高效的架构。

传统的通用计算架构不能满足现代人工智能计算的需求，因此异构计算应运而生，成为现代计算领域的一个重要方向。

异构计算（Heterogeneous Computing）是指在同一计算系统中，利用不同类型的处理器（如 CPU、GPU、TPU、NPU 等）来处理不同的任务，以提高计算效率和性能的技术。其核心目标是"让合适的硬件做合适的事"，通过不同类型的硬件协同工作，更高效地实现多样化的计算任务。

在异构计算系统中，各种计算单元具有不同的处理能力、能效和适用范围。

CPU 适合通用计算，但其并行处理能力弱，因此更多承担控制流、任务调度、数据预处理、数据分析等通用任务，并与其他计算单元协同工作，实现异构计算。

图形处理器（Graphics Processing Unit，GPU）最初设计用于加速计算机图形的渲染（如 3D 建模、视频解码、游戏画面生成等）。因具有大规模并行处理能力，其逐渐在人工智能计算（尤其是大规模训练）中扮演了重要角色。

张量处理器（Tensor Processing Unit，TPU）和神经网络处理器（Neural Processing Unit，NPU）专门为人工智能计算而设计，能够实现更高效、更低功耗的运算。TPU 是谷歌公司专门为加速机器学习任务而设计的处理器，内置了专用硬件单元，专门用于加速矩阵运算和张量计算。NPU 是一种专门为加速人工神经网络计算而设计的处理器，通过专用的硬件架构来优化计算过程。

软件平台是人工智能系统运行的环境,包括操作系统、编程语言、框架等。这些软件设施的选择将直接影响人工智能系统的性能和稳定性。目前,TensorFlow、PyTorch 等深度学习框架已成为业界主流选择,它们提供了丰富的应用程序编程接口(API)和工具,帮助快速构建和训练人工智能模型。

3.2 计算机中数据的表示

电子计算机由各种逻辑器件构成,它们只有 0 和 1 两种状态,因此,所有为计算机存储和处理的数据,都必须转换为由 0 和 1 组成的二进制形式。在计算机中各类数据只有采用二进制表示,才能在计算机系统中存储、加工和传输。

3.2.1 数制与二进制运算

人们日常习惯于运用十进制数据,这就需要计算机系统具备将二进制数据与十进制数据进行相互转换的能力。学习不同进制及其转换是理解计算机运算的基础。

1. 数制

数制(Number System)是指用一组固定的符号和统一的规则来表示数值的方法。数值有大小和正负之分,还有不同的进位计数制。

(1)进位计数制

人们习惯使用的十进制(Decimal System)有 0~9 共 10 个不同的数字标记符号,运算时遵循"逢十进一"的规则。这种按进位的原则进行计数的方法称为进位计数制,除十进制外还有其他进制,如一小时等于六十分钟(逢六十进一,六十进制)、一年分为十二个月(逢十二进一,十二进制)。

无论使用何种进制,它们都包括两个要素:基数和权。在一种数制中,单个位上所使用的标记符号的个数称为该计数制的基数(Radix),每一个数码位置上对应的固定值称为权值(Weight Value)。例如,十进制的基数是 10,整数部分从低位到高位数字的权值分别为 10^0、10^1、10^2 等,小数部分从高位到低位数字的权值依次为 10^{-1}、10^{-2}、10^{-3} 等。二进制的基数是 2,使用的标记符号为 0 和 1 两个数字,整数部分从低位到高位数字的权值分别为 2^0、2^1、2^2 等,小数部分从高位到低位数字的权值依次为 2^{-1}、2^{-2}、2^{-3} 等。

例如,将十进制数 938.25 和二进制数 1101001.1011 按权值展开的表示形式分别为

$(938.25)_{10}=9\times10^2+3\times10^1+8\times10^0+2\times10^{-1}+5\times10^{-2}$

$(1101001.1011)_2=1\times2^6+1\times2^5+0\times2^4+1\times2^3+0\times2^2+0\times2^1+1\times2^0+1\times2^{-1}+0\times2^{-2}+1\times2^{-3}+1\times2^{-4}$

可以看出,各种计数制的权值等于基数的某次幂,处于不同位置的数字所代表的值不同,并与它所处位置的权值有关。因此,对于任何一种进位计数制表示的数都可以写出按其权展开的多项式之和。

(2)二进制数

二进制(Binary System)只有 0 和 1 两个标记符号,其进位的基数是 2,遵循"逢二进一"的进位规则。在计算机中采用二进制数表示数据,主要原因在于:

① 技术实现简单可靠。在计算机内可用电压的高和低两种状态来表达 1 和 0 两个数字。每个数字标记符号只有两种状态,当受到一定程度的干扰时,仍能可靠地分辨出它是高还是低。

如果使用其他进制则需要多个电压量来表达其多个标记符号，显然，其可靠性比使用二进制更容易受电压波动的影响。

② 运算规则简单。例如，二进制算术运算规则有 0+0=0，0+1=1，1+0=1，1+1=10，这将使计算机的硬件结构大大简化。

③ 适合逻辑运算。二进制数的两个数字符号"1"和"0"正好与逻辑运算的两个值"True"和"False"相对应，为计算机实现逻辑运算和程序中的逻辑判断提供了便利条件。

但是使用二进制表达一个比较大的数值时，书写冗长，看起来不直观，很容易出错。所以常常采用八进制（Octal System）和十六进制（Hexadecimal System）作为二进制数的简化表示。

（3）八进制数

八进制的基数为 8，共有 8 个标记符号 0～7，运算遵循"逢八进一"的规则。

例如，八进制数 216.47 按权展开的多项式为

$(216.47)_8 = 2×8^2 + 1×8^1 + 6×8^0 + 4×8^{-1} + 7×8^{-2}$

（4）十六进制数

十六进制的基数为 16，共有 16 个标记符号：0～9、A～F。其中，A～F 分别表示 10～15，运算遵循"逢十六进一"的规则。

例如，十六进制数 1DB5.1A 按权展开的多项式为

$(1DB5.1A)_{16} = 1×16^3 + 13×16^2 + 11×16^1 + 5×16^0 + 1×16^{-1} + 10×16^{-2}$

为书写方便，除用下标来表示数的进制外，通常还用 B 来表示二进制，用 O 或 Q 来表示八进制，用 H 来表示十六进制。例如，$(1101001)_2$ 可以写成 1101001B，$(FD57)_{16}$ 可以写成 FD57H。

2. 数制之间的转换

在计算机内部，数据都使用二进制来表示和处理，而计算机的输入输出常常采用十进制数表示。数据的输入输出过程中的各种进制数之间的相互转换需要由计算机自动完成。

（1）二进制、八进制、十六进制数与十进制数的转换

二进制数转换成十进制数的方法是将一个二进制数按权（权值用十进制表示）展开再求和。例如：

$(110.101)_2 = (1×2^2 + 1×2^1 + 0×2^0 + 1×2^{-1} + 0×2^{-2} + 1×2^{-3})_{10} = (6.625)_{10}$

推广一下，将 r 进制数按权展开后，再求和，所得结果即为这个 r 进制数所对应的十进制数。例如：

$(123)_8 = 1×8^2 + 2×8^1 + 3×8^0 = (83)_{10}$

$(3A5.4)_{16} = 3×16^2 + 10×16^1 + 5×16^0 + 4×16^{-1} = (933.25)_{10}$

将十进制数转换成二进制数时，要将十进制数的整数部分和小数部分分别进行转换，然后再用小数点连接起来。

十进制整数部分的转换采用除以 2 取余的方法：用十进制数整数部分除以 2，余数作为相应二进制数整数部分的最低位；用上一步的商再除以 2，余数作为二进制数的次低位……一直除到商为 0 为止，最后一步的余数作为二进制数的最高位。

例如，将十进制数 18 转换为二进制数的过程如下。

除法	商	余数
18÷2	9	0
9÷2	4	1
4÷2	2	0
2÷2	1	0

1÷2	0	1

故$(18)_{10}=(10010)_2$。

十进制小数部分的转换采用乘 2 取整法：用十进制小数部分乘以 2，积的整数部分为相应二进制数小数部分的最高位；用上一步积的小数部分再乘 2，同样取积的整数部分作为相应二进制数小数部分的次高位……一直乘到积的小数部分为 0 或达到所要求的精度为止。

例如，将十进制数 0.625 转换为二进制数的过程如下。

乘法	积的整数部分	积的小数部分
0.625×2	1	0.25
0.25×2	0	0.5
0.5×2	1	0

故$(0.625)_{10}=(0.101)_2$。

注意： 一个有限的十进制小数并非一定能够转换成一个有限的二进制小数，即上述过程中乘积的小数部分可能永远不等于 0，这时可按要求进行到某一精度为止。由此可见，计算机中由于有限字长的限制，可能会截去部分有用小数位而产生截断误差。

同样道理，当将十进制数转换成 r 进制数时，整数部分用除 r 取余数处理，小数部分则用乘 r 取整来处理。

（2）八进制、十六进制数与二进制数的转换

八进制、十六进制数与二进制数在运算上有完全的对应关系。1 位八进制数正好用 3 位二进制数表示，它们的对应关系如表 3-1 所示。

表 3-1 八进制数与二进制数的对应关系

八进制数	0	1	2	3	4	5	6	7
二进制数	000	001	010	011	100	101	110	111

八进制数与二进制数之间的转换很容易。按照表 3-1 的对应关系，每 1 位八进制数写成对应的 3 位二进制数即完成八进制数到二进制数的转换。例如：

$(245.36)_8=(010\ 100\ 101\ .\ 011\ 110)_2=(10\ 100\ 101\ .\ 011\ 11)_2$

结果中最左端与最右端的"0"是无效 0，可以省略。

对于二进制数，从小数点开始，整数部分由低位到高位，小数部分由高位到低位，每 3 位二进制数一组写成对应的 1 位八进制数，即完成二进制数到八进制数的转换。例如：

$(110\ 111.100\ 101)_2=(67.45)_8$

若整数部分的最后一组不足 3 位，则最左端以 0 补足 3 位；小数部分的最后一组不足 3 位，则最右端以 0 补足 3 位。例如：

$(10\ 111.101\ 1)_2=(010\ 111.101\ 100)_2=(27.54)_8$

同样，1 位十六进制数正好用 4 位二进制数来表示，它们的对应关系如表 3-2 所示。

表 3-2 十六进制数与二进制数的对应关系

十六进制数	0	1	2	3	4	5	6	7
二进制数	0000	0001	0010	0011	0100	0101	0110	0111
十六进制数	8	9	A	B	C	D	E	F
二进制数	1000	1001	1010	1011	1100	1101	1110	1111

十六进制数与二进制数的转换同样很容易，按照表 3-2 的对应关系，每 1 位十六进制数写成对应的 4 位二进制数，即完成十六进制数到二进制数的转换。例如：

$(5DF7.3E)_{16}$= (101 1101 1111 0111.0011 111)$_2$

与八进制数一样，结果中省略了无效 0。

对于二进制数，从小数点开始，整数部分由低位到高位，小数部分由高位到低位，每 4 位二进制数一组写成对应的 1 位十六进制数，若最后一组不足 4 位，则前后分别以 0 补足 4 位，即完成二进制数到十六进制数的转换。例如：

(100 1010 1111.0111 11)$_2$= (0100 1010 1111.0111 1100)$_2$=$(4AF.7C)_{16}$

可以利用数制转换的规则来编写程序以实现数制转换。

例 3-1　按照除以 2 取余的方法，编写程序将大于 0 的十进制整数转换成二进制整数。

分析：定义一个函数将十进制整数转换成二进制整数，然后调用该函数。函数将十进制整数反复除以 2 并取余数，然后将余数添加到二进制数的左边，直到十进制整数变为 0。

程序如下。

```
def dec2bin(dec_num):
    bin_num = ""
    while dec_num > 0:
        rem = dec_num % 2                #除以 2 取余数
        bin_num = str(rem) + bin_num     #最先得到的余数放在最右边
        dec_num = dec_num // 2           #除以 2 取整数部分
    return bin_num
num = int(input("请输入十进制整数："))
print("对应的二进制数为" + dec2bin(num))
```

程序中用到了字符串的连接运算，其运算符为"+"，表示将两个字符串连接起来，成为一个新的字符串。例如：

```
>>> "Python" + "程序"
'Python 程序'
```

程序运行结果如下。

```
请输入十进制整数：1199↙
对应的二进制数为 10010101111
```

3.2.2　数值数据的表示

在实际应用中，参与运算的数据可能包含正号或负号，还可能包含小数点。这种形式的数据在计算机中如何表示？可以肯定的是，无论是包含正号、负号还是小数点的数据都必须表示成计算机能够接收和处理的二进制形式。

1. 机器数与真值

在数学上，数值数据用"+"表示正值，用"-"表示负值，其值通常称之为真值。

计算机中只有 0 和 1 两种数码形式，也就是说，一切输入到计算机中的数据都是由 0 和 1 两个数码组合而成的，包括数值的符号"+"和"-"。这就要将数的符号以 0 和 1 编码。通常把一个数的最高位（最左边一位）定义为符号位，用 0 表示正，1 表示负，这称为数符，其他位仍表示数值。这种把符号数值化了的数称为机器数。

例如，十进制数-35 的真值用二进制表示为-100011，假定用 1B 来表示，则它在计算机中表示如下。

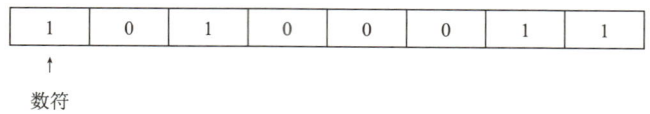

10100011 就是-35 的机器数。

通常，机器数是按字节的倍数存放的。例如，十进制数+13 和-269 的机器数分别表示为 00001101 和 10000001 00001101，它们分别占用 1B 和 2B 的存储空间。

如果将数据的机器数的符号位和数值位同时进行运算，由于两个操作数的符号问题，有时会产生错误的结果。例如，十进制数-7 与+3 求和的结果为

```
     10000111    …… -7 的机器数
 +   00000011    …… +3 的机器数
     10001010    …… 运算结果为-10
```

如果要分别考虑计算结果的符号处理，则运算变得复杂，增加计算机硬件实现的难度。为此，在机器数中，符号数有多种编码表示方式，常用的是原码、反码和补码，其主要目的是解决不同符号的操作数的运算问题。

2. 有符号数的表示方法

有符号数在计算机内可以使用原码、反码和补码 3 种表示方法。

（1）原码

真值为正数的原码，其符号位为 0，其他位保持不变；真值为负数的原码，其符号位为 1，其他位保持不变。例如，下面是十进制数+27 和-37 的 8 位原码表示。

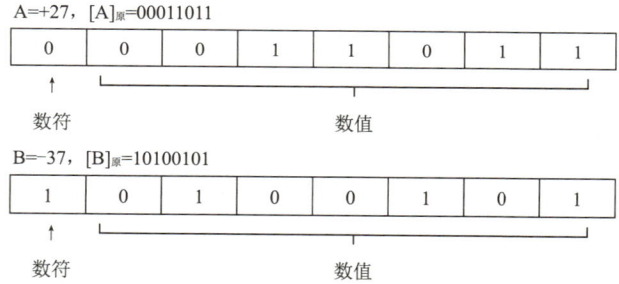

在原码表示法中，数值 0 有两种表示方法，即正 0 和负 0，[+0]原=00000000，[-0]原=10000000。

（2）反码

正数的反码与原码相同，负数的反码是在原码的基础上除符号位以外各位取反。例如，[+27]反=[+27]原=00011011，而[-37]原=10100101，[-37]反=1$\overline{0100101}$=11011010。

在反码表示法中，数值 0 也有两种表示方法，即正 0 和负 0，[+0]反=00000000，[-0]反=11111111。反码表示法较少使用，一般用作求补码的中间码。

（3）补码

正数的补码与原码相同，负数的补码是在原码的基础上除符号位以外各位取反后，再在最后位加 1。例如，[+27]补=[+27]原=00011011，而[-37]原=10100101，[-37]补=1$\overline{0100101}$+1=11011011。

在补码表示法中，0 有唯一的表示方法：[+0]补=[-0]补=00000000。

引入补码概念后，加法、减法都可用加法实现。要了解其原理，先看一个生活中经常使用

的钟表的例子。假如现在的时间是上午 8 点整，而时钟指向上午 10 点，为此需要校准时钟时间。校准的方法有两种：一种是将时钟倒退（逆时针）2 格，即-2；一种是将时钟前进（顺时针）10 格，即+10。两种方法都可以使时钟校准到 8 点，也就是说，-2 和+10 在这个 1 位十二进制系统中是等价的。可以说+10 是-2 对 12 的补数，可用以下式子表示。

10-2=8

10+10=20=12（丢失）+8=8

以上两个式子的运算结果都为 8，这是因为 1 位十二进制数只有 1 位数，运算过程中产生的进位自动丢失的缘故。由此将其推广到 8 位二进制中，-2 对 256（2^8）的补数为 254，以上式子变为 10+254=256（丢失）+8=8，写成二进制补码运算式为

```
      00001010                00001010      ……10 的补码
  -   00000010       →    +   11111110      ……-2 的补码
      ────────                ─────────
      00001000               1 00001000      ……进位 1 丢弃
```

由此可见，对于 1B 的二进制数的运算，利用补码，所有的减法运算都可用加法来实现，且符号位如同数值一样参加运算。因此，现代计算机多采用补码运算。

已知一个数的补码，也可以求出该数的真值。如果补码的最高位是 0，那么原码就是补码，真值就是对应的十进制数。如果补码的最高位是 1，那么原码就是补码除符号位以外取反再加 1，真值就是对应的十进制数。如补码是 01000101，那么真值就是+69；如补码是 11011011，那么原码就是 10100101，对应的十进制数-37，所以真值就是-37。

在计算机中，数据存储的二进制位数与数据的表示范围密切相关。如果机器字长的位数为 n，则有符号数据的表示范围是 $-2^{n-1} \sim +2^{n-1}-1$。例如，8 位有符号数的表示范围是 $-2^7 \sim +2^7-1$，即 -128～+127；16 位有符号数的表示范围是 $-2^{15} \sim +2^{15}-1$，即 -32768～+32767。

相对于有符号数，还有无符号数（Unsigned Number），即整个机器字长的全部二进制位均表示数值位，没有符号位，即最高位 0 或 1 不表示正负。如果机器数的位数为 n，则无符号数据的表示范围是 $0 \sim 2^n-1$。例如，8 位无符号数的表示范围是 $0 \sim 2^8-1$，即 0～255；16 位无符号数的表示范围是 $0 \sim 2^{16}-1$，即 0～65535。

当运算的结果超出该类型表示范围时，会产生不正确的结果，即产生"溢出"错误。

例 3-2 假定机器字长为 8 位二进制，分析有符号数 71+65 的结果。

NumPy 支持各种数据类型，可以使用 uint8 来处理无符号 8 位二进制整数，int8 处理有符号 8 位二进制整数。先看以下结果。

```
>>> import numpy as np
>>> print(np.array(71, dtype = np.int8) + np.array(65, dtype = np.int8))
-120
```

显然结果不正确，两个正整数相加，结果怎么为负数？根据有符号数的运算规则分析如下。
[71+65]补码 =[71]补码+[65]补码，其运算式为

```
        01000111       …… 71 的补码
    +   01000001       …… 65 的补码
        ────────
        10001000       …… -120 的补码
```

即[71]补+[65]补=10001000。补码 10001000 的原码为 11111000，代表的数为-120，出错的原因是结果（+136）超出了 8 位有符号数的表示范围（最大为+127），从而产生了溢出错误。如果选用 int16 数据类型进行计算，就能得到正确结果。

```
>>> print(np.array(71, dtype = np.int16) + np.array(65, dtype = np.int16))
136
```

由此可以体会到，计算机中的数据会受制于存储数据的空间的大小，在计算时选择合适的数据类型是非常重要的。利用计算机进行问题求解，要从计算机解题的特点和规律出发去思考问题，这就是计算思维的体现。

3. 实数在计算机中的表示

前面讨论了数值数据的符号表示和计算问题。在实际应用中，数据还可以分为整数和实数。在计算机中，不是采用某个二进制位来表示小数点，而是采用约定小数点位置的方式来表示，这样可以避免数据位的减少。根据小数点位置的不同，将数据分为定点数（Fixed-Point Number）和浮点数（Float-Point Number）两种表示方法。

（1）定点数

把小数点约定在某一固定位置上的机器数称为定点数。如果小数点约定在数的最右端，则该数为定点整数，即为纯整数，如图3-10所示。如果小数点约定在符号位和数值的最高位之间，则该数为定点小数，即为纯小数，如图3-11所示。

图3-10　定点整数表示　　　　　　图3-11　定点小数表示

由此可见，定点数表示法具有直观、简单、节省硬件等优点，但表示数的范围较小，缺乏灵活性。因此，目前很少使用这种定点数表示法。

（2）浮点数

实数通常既有整数部分又有小数部分，表示方法也有多种。如 2.71828 可以表示为 0.271828×10、0.0271828×10^2、27.1828×10^{-1}、271.828×10^{-2} 等，可以看出，数字部分小数点的位置是浮动的，可以通过10的幂次来调整。对于二进制实数，也可以采用类似的方法来表示。

任意一个二进制实数 N 可以表示成：$N = M \times 2^E$。其中，M 是实数 N 的尾数，用二进制定点小数表示，M 的符号可用 C_M 表示，0表示正数，1表示负数；E 是实数 N 的阶码，用二进制定点整数表示，E 的符号可用 C_E 表示，0表示正数，1表示负数。浮点表示方法的格式如下。

| C_E | E | C_M | M |

其中，C_E、C_M 各只用一位，E 的位数决定实数的表示范围，M 的位数决定实数的精度。为保证不损失有效数字，通常还对 M 进行规格化处理，即保证尾数的最高位为1，实际数值通过阶码来调整。

例如，二进制实数 110.101 可表示成 0.110101×2^{11}。设16位的二进制浮点数的阶码为6位，尾数为10位，则实数 0.110101×2^{11} 的浮点数表示形式如下。

| 0 | 00011 | 0 | 110101000 |

计算机内的数值运算以加法为基础，其他运算都可以变成加法实现，然而现代的微处理器内已集成了浮点运算部件，以提高运算速度。

由于计算机中能表示浮点数的有效数字是有限的，这势必带来计算时的微小误差。例如：

```
>>> import math
```

```
>>> math.sqrt(2)*math.sqrt(2)-2
4.440892098500626e-16
```

结果显示，$\sqrt{2} \times \sqrt{2} - 2$ 不等于 0，但很接近于 0，所以对浮点数要慎用"等于"或"不等于"的判断。

3.2.3 字符编码

字符数据包括西文字符（英文字母、数字、各种符号）和汉字字符，它们也需进行二进制编码后，才能存储在计算机中并进行处理。

1. ASCII

西文字符数据在计算机内也是用二进制形式表示的，目前普遍采用 ASCII，即美国标准信息交换码（American Standard Code for Information Interchange，ASCII）。ASCII 字符用 7 位二进制表示，共表示 $2^7=128$ 个字符，编码从 0 至 127（称为 ASCII 基本集），其中包括 32 个控制字符、0~9 共 10 个数字、52 个大小写英文字母，其他为专用字符。如字母"A"的 ASCII 为十进制数 65，其编码表示如下。

b_7	b_6	b_5	b_4	b_3	b_2	b_1	b_0
0	1	0	0	0	0	0	1

ASCII 表如表 3-3 所示。例如，字母"A"在表中的第 100 列第 0001 行，列号和行号的组合就是其 ASCII 的二进制表示。

表 3-3 ASCII 表

$b_3b_2b_1b_0$	$b_6b_5b_4$							
	000	001	010	011	100	101	110	111
0000	NUL	DLE	SP	0	@	P	`	p
0001	SOH	DC1	!	1	A	Q	a	q
0010	STX	DC2	"	2	B	R	b	r
0011	ETX	DC3	#	3	C	S	c	s
0100	EOT	DC4	$	4	D	T	d	t
0101	ENQ	NAK	%	5	E	U	e	u
0110	ACK	SYN	&	6	F	V	f	v
0111	BEL	ETB	'	7	G	W	g	w
1000	BS	CAN	(	8	H	X	h	x
1001	HT	EM	)	9	I	Y	i	y
1010	LF	SUB	*	:	J	Z	j	z
1011	VT	ESC	+	;	K	[	k	{
1100	FF	FS	,	<	L	\	l	|
1101	CR	GS	-	=	M	]	m	}
1110	SO	RS	.	>	N	^	n	~
1111	SI	US	/	?	O	_	o	DEL

一般情况下，不需要背诵各种字符的 ASCII，需要时可查表。但应了解字符的编码规律。例如，ASCII 从小到大的编码顺序是控制字符、数字、大写字母、小写字母。小写字母比对应

的大写字母 ASCII 大 32。根据这个规则，可以实现大写字母转换为小写字母。

例 3-3 编写 Python 程序，从键盘输入一个大写字母，输出对应的小写字母。

分析：利用 input()函数提示用户输入一个大写字母，然后求大写字母的 ASCII，再加 32，就得到对应小写字母的 ASCII，最后将 ASCII 转换为字符并输出。

程序如下。

```
letter1 = input("请输入一个大写字母:")
ascii = ord(letter1) + 32            #ord()函数返回对应字符的 ASCII
letter2 = chr(ascii)                 #chr()返回 ASCII 对应的字符
print("小写字母:", letter2)          #输出小写字母
```

程序运行结果如下。

```
请输入一个大写字母:A↙
小写字母: a
```

还可以使用字符串的 lower()方法将字符串中的所有大写字母转换为小写字母，使用 upper()方法将字符串中的所有小写字母转换为大写字母。例如：

```
>>> "A".lower()
'a'
>>> "python".upper()
'PYTHON'
```

2. 汉字编码

计算机在处理汉字时，也需要将其转化为二进制编码。汉字编码包括汉字国标码、汉字机内码、汉字输入编码（外码）和输出编码（字模码）。

（1）汉字国标码

我国于 1981 年颁布了国家标准 GB 2312—80，其中收录了 7445 个字符，包括 6763 个汉字和 682 个其他符号。GB 2312—80 支持的汉字太少，我国对汉字编码字符集进行了扩充。1995 年的汉字扩展规范 GBK 1.0 收录了 21886 个符号，它分为汉字区和图形符号区。汉字区包括 21003 个字符。2000 年的 GB 18030 是取代 GBK 1.0 的正式国家标准。该标准收录了 27484 个汉字，同时还收录了藏文、蒙文、维吾尔文等主要的少数民族文字。按照 GB 18030、GBK、GB 2312 的顺序，三种编码是向下兼容的。

（2）汉字机内码

汉字机内码是汉字在计算机内的存储表示。汉字机内码可使用 ASCII 扩展集的代码，但因汉字数量众多，用一个字节无法表示，所以用两个连续的字节来存放汉字机内码。汉字字符（用汉字机内码表示）必须能与英文字符（用 ASCII 表示）相互区别，以免造成混淆，这也就是所谓的中西文兼容问题。英文字符的机内代码是 7 位 ASCII，最高位为"0"（即 b_7=0），汉字机内码中两个字节的最高位均为"1"。将某汉字的国标码分别加上 80H，作为汉字机内码。以汉字"啊"为例，国标码为 3021H，汉字机内码为 B0A1H。

（3）汉字输入码

汉字的输入不能像英文字符那样，一键对应一个字符，只能多键输入一个汉字，这里的多键就是一个汉字的输入码。可见，汉字输入码是将汉字输入到计算机内（变成汉字机内码）的编码，所以也称之为外码。常见的汉字输入码有拼音码、五笔字型码等。

(4)汉字输出码

把某一个汉字当作一幅平面图画，分别从纵、横两个方向把该幅画分成 $n×n$ 小方块，会发现有的小方块内有汉字的笔画，有的则没有。把有笔画的小方块记上"1"，没有笔画的小方块记上"0"，就得到了一幅由"1"组成的该汉字的轮廓画，这就是一幅数值化了的图形。按照此构思可以为每个汉字构造这样的图形。把这样数值化的图形称为汉字的 $n×n$ 点阵字模。对于一个 16×16 点阵的汉字字模，需要 16×16 个二进制位来存储其字模，即需要 32 字节。所有汉字的字模的集合称为字库。

3. Unicode 码

随着信息交换的需求越来越大，对信息编码的要求也越来越高。国际标准化组织（ISO）在 20 世纪 90 年代初制定了一种字符编码方案 Unicode，它为每种语言中的每个字符设定了统一并且唯一的二进制编码，以满足跨语言、跨平台进行文本转换和处理的要求。目前，许多操作系统、语言工具都支持 Unicode 编码标准。Unicode 码是为表达全世界所有语言的任意字符而设计，它使用 4 字节的数字编码来表达每个字母、符号或文字。每个数字编码代表唯一的至少在某种语言中使用的符号（并不是所有的数字编码都用上了，但是编码总数已经超过了 65535，所以 2 字节的编码是不够用的），被几种语言共用的字符通常使用相同的数字来编码，每个字符对应一个数字编码，每个数字编码对应一个字符，即不存在二义性。

同样可以使用 ord()函数和 chr()函数来输出汉字的编码和编码所对应的汉字。已知"汉"字和"严"字的 Unicode 码分别是 27721 和 20005，采用十六进制分别是 6C49 和 4E25，看下面的语句及操作结果。

```
>>> print(ord("汉"), chr(20005), hex(ord("汉")), chr(0x4E25))
27721 严 0x6c49 严
```

Unicode 编码标准定义了不同的实现方式，其中普遍使用的方式是 UTF-8。UTF-8 就是以 8 个二进制位为单元对 Unicode 字符进行编码，是一种为 Unicode 字符设计的变长编码系统，即不同的字符可使用不同数量的字节编码。从 Unicode 到 UTF-8 的编码方式如下。

Unicode 码（十六进制）	UTF-8 字节流（二进制）
0000 - 007F	0×××××××
0080 - 07FF	110××××× 10××××××
0800 - FFFF	1110×××× 10×××××× 10××××××

例如，"汉"字的 Unicode 码是 6C49H。6C49 在 0800-FFFF 之间，所以要用 3 字节模板 1110×××× 10×××××× 10××××××。将 6C49H 写成二进制是 0110 110001 001001，用这个二进制编码依次代入模板，得到 11100110 10110001 10001001，即"汉"的 UTF-8 码是 E6B189H。同样，读者可以分析"严"的 UTF-8 码是 E4B8A5H。

一个 Unicode 码可能转成长度为 1B、2B、3B 的 UTF-8，这取决于 Unicode 码的值。对于英文字符，因为它们的 Unicode 码值小于 80H，只需要用 1B 的 UTF-8 码传送。一些更复杂的字符可能占用 4 字节。

3.2.4 声音和图像编码

在计算机中，声音、图形和图像等多媒体数据也要转换成二进制编码后才能为计算机存储和处理。

1. 声音编码

声音是通过空气的振动发出的，通常用模拟声波的方式表示，振幅反映声音的音量，频率反映声音的音调。

与文本信息不同，声音是不可数的，它是随时间变化的实体，在时间和幅度上都是连续的，人们即使能够在一段时间内度量声音的每一个特征，也不能将它们全部存储在计算机上。因此要在计算机上表示声音，必须对声波进行数字化处理，即把模拟的声波转换成离散的数字信号。

声音的数字化需要经过采样、量化和编码3个步骤，如图3-12所示。每隔一定时间在声波上取一个幅度值，称为采样（Sampling），这样在时间上连续的信号就成了离散信号。将每个采样得到的连续幅度值以有限的离散数值（如整数）存储，实现幅度上的离散化，称为量化（Quantization）。将采样和量化后的数值转换为二进制代码，便于存储和传输，称为编码（Encoding）。图3-12中共有10个采样值，在幅值上量化成8种值，从左往右该数字化声音信号的样本值分别为0010,0011,0101,…。

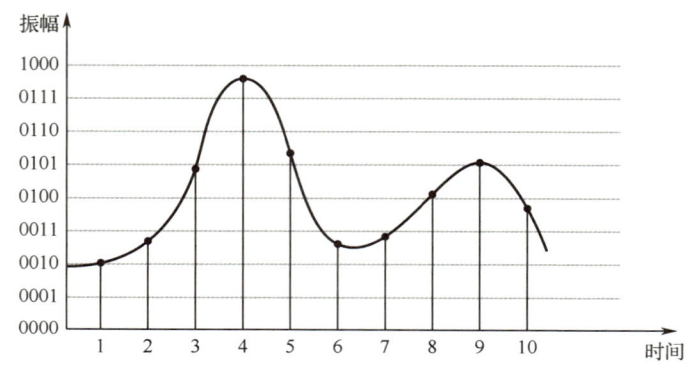

图3-12 声音的数字化

数字音频质量的好坏取决于采样频率、量化位数和声道数3个因素。

① 采样频率是指每秒钟的采样次数，采样频率越高，数字音频的质量越好，但数据量越大。根据奈奎斯特（Nyquist）采样定理，采样频率不应低于声音信号最高频率的两倍，这样才能把数字化后的声音还原成原来的声音。例如，电话话音的信号频率约为3.4kHz，采样频率选为6.8kHz以上即可（实际一般取8kHz）。

② 量化位数是指存放采样点幅度值的二进制位数，也称为采样精度。它决定了音频信号数字化后的表示范围。采样的精度越高，每个样本所占二进制位数越多，得到的数字化信号精度越高（即声音质量越高，量化噪声强度越低），但所需存储空间越大。通常量化位数有8位、16位、32位等。

③ 声道数是指声音通道的个数。单声道只记录和产生一个波形；双声道产生两个波形，即立体声，存储空间是单声道的两倍。

根据上述3个因素，可以计算出音频信号经过数字化以后所产生的数据量。计算公式如下。

音频数据量（字节）=（采样频率×量化位数×声道数×秒数）/8

例3-4 假定模拟声音频率是22050Hz，量化位数是16bit，双声道立体声模式，计算1min声音的数据量。

解：数字采样频率取44100Hz，则1min声音的数据量为

(44100×16×2×60)/8B=10584000B≈10.1MB/min

一首歌曲按4min计算，对应的音频数据量约为40.4MB。

2. 图像编码

计算机上显示出来的画面通常有两种类型：一种称为矢量图形或几何图形，简称图形（Graphics）；另一种称为点阵图像或位图图像，简称图像（Image）。

矢量图形处理不存储图像数据的每一点，而是存储图像内容的轮廓部分。例如，一个圆形图案只要存储圆心的坐标位置和半径长度，以及圆形边线和内部的颜色。该存储方式的缺点是经常耗费大量的 CPU 时间做一些复杂的分析计算工作；但图像的缩放、移动等变换不会影响到显示精度，即图形不会失真，且图形的存储空间较之位图方式要少得多。所以，矢量图形比较适合存储各种图表和工程设计图，而一般图像文件较少采用矢量处理方式。

位图图像方法即位映射，是将一幅图像分割成若干行×若干列的栅格，栅格的每一点（称为像素）的颜色值都单独记录。这样就能够精确地描述各种不同颜色模式的图像画面。所以此种存储模式较适合于内容复杂的图像和真实的照片，但要占用较大的存储空间。

图像数字化是计算机处理图像之前必经的基本步骤，目的是把真实的图像（如自然界的各种景物图、传统的照片、纸张印刷图片等），转变成计算机能够接收的存储格式，即将连续的模拟图像信号转换为离散的数字信号的过程。图像数字化过程一般也要经过采样、量化和编码 3 个处理步骤。

① 采样。对连续的模拟图像信号进行离散化处理，即在水平和垂直方向上等间距地分割成矩形网状结构，所形成的离散的小方格称为像素点，一幅图像就被采样成由有限个像素点构成的集合，如图 3-13 所示。

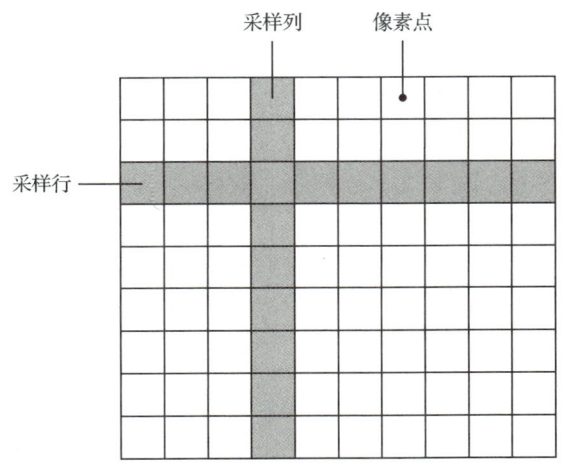

图 3-13 图像采样示意图

图像分辨率指数字图像的像素数量，它是图像的精细程度的度量方法，一般用它纵向和横向所含像素数量的乘积的形式来表示。例如，图像分辨率为 1024×768，表示组成该图像的像素每行有 1024 个像素，共有 768 行，它的总像素数量为 786432 个像素（1024×768）。图像分辨率实际上是一幅模拟图像采样的数量。对同样尺寸的一幅图像，如果数字化时图像分辨率越高，则组成该图的像素数量越多，看起来就越清晰。

② 量化。采样后的每个像素的取值仍然是连续的，因为颜色的取值可能是无穷多个颜色中的任何一个，因此要对颜色进行离散化处理。为了把颜色取值离散化，要将颜色取值限定在有限个取值范围内，这称为量化。量化的结果是图像能够容纳的颜色总数，它反映了采样的质量。这个颜色总数由存储一个像素点所使用的二进制位数决定，称为颜色深度。使用的二进制

位数越多,能表示的图像颜色总数越多,产生的图像效果越细致、逼真,但占用的存储空间也越大。例如,若颜色深度为 1 位,则只能表示两种不同的颜色;若颜色深度为 8 位,则可以表示 2^8=256 种不同的颜色。

如果图像的每个像素只有黑、白两种颜色,这种图像称为二值图像或单色图像,表示二值图像,颜色深度只需 1 位就可以了,1 表示白色,0 表示黑色,如图 3-14(a)所示。

自然界任何一种颜色都可以由红(red)、绿(green)、蓝(blue)3 种基本颜色组合而成。图像中的每个像素都可以分解成 RGB 3 个分量,如果每个分量都用一字节(8 位)表示,那么表示一个像素就需要 3 字节(24 位),这样图像的颜色数量可达到 $2^8×2^8×2^8$=16777216 种,称为真彩色图像。这样,在真彩色图像中,每个像素由 3 个颜色通道的数值组成,每个颜色通道的亮度值范围是 0~255,因此,通过不同的组合,可以得到各种不同的颜色。例如,红色可以用 RGB(255, 0, 0)来表示,绿色可以用 RGB(0, 255, 0)来表示,蓝色可以用 RGB(0, 0, 255)来表示。除了基本颜色,通过不同的组合和混合,可以得到更多的颜色。例如,黄色可以通过将红色和绿色混合得到,可以用 RGB(255, 255, 0)来表示。同样地,紫色可以通过将红色和蓝色混合得到,可以用 RGB(255, 0, 255)来表示。彩色图像的表示形式如图 3-14(b)所示。

灰度图像是一种只包含亮度信息而不包含颜色信息的图像。在灰度图像中,像素的取值范围通常为 0~255,其中 0 表示黑色,255 表示白色,中间值表示不同程度的灰色。灰度图像是一种只包含亮度信息的单色图像,具有数据量小、易于处理和可视化展示等优点,广泛应用于医学影像、遥感影像、安全监控等场景中。灰度图像的表示形式如图 3-14(c)所示。

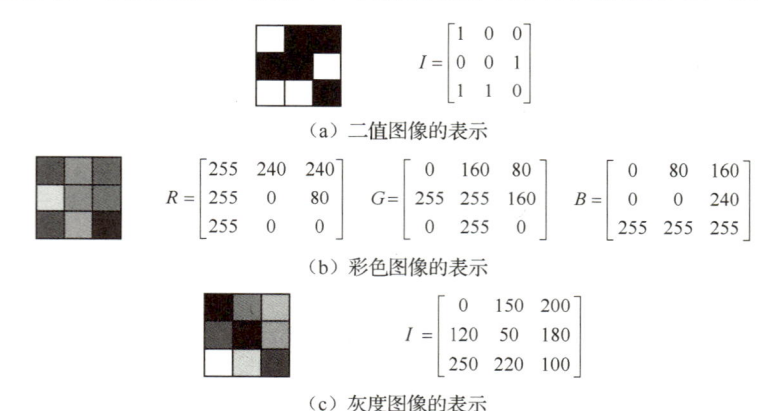

(a)二值图像的表示

(b)彩色图像的表示

(c)灰度图像的表示

图 3-14 数字图像的表示

③ 编码。编码是将采样和量化的数字数据转换成二进制数码表示的形式,与图像文件所采用的格式以及压缩存储格式有关。

图像的分辨率和颜色深度决定了图像文件的大小,可以使用以下公式计算:

图像数据量(字节)=列数×行数×颜色深度/8

例 3-5 一幅像素大小为 1024×768 的真彩色图像,计算其数据量。

解:真彩色图像的颜色深度为 24 位,该图像数据量为

(1024×768×24)/8B=2359296B=2304KB

实际查看到的图像文件大小比上述公式计算出的大小要略大,原因是:上述公式计算出的仅仅是图像数据的大小,而整个文件的大小还要包括文件头内容的信息量,文件头存储了该文件的格式信息。

3.3 网络系统

如今，计算机网络无处不在，使得信息的获取、传递和处理变得非常便捷和高效。人们逐渐习惯于依赖网络解决各种问题，计算机网络不仅推动了社会的快速发展，成为经济增长的重要引擎，还在不断改变人们的思想观念和思维方式。

3.3.1 计算机网络概述

计算机网络是计算机技术与通信技术相结合的产物，始于 20 世纪 50 年代，并得到迅速发展，成为现代信息社会的重要基础设施。

1. 什么是计算机网络

计算机网络（Computer Network）是指将不同地理位置、具有独立功能的计算机系统通过通信设备和通信线路按一定的几何结构相互连接起来，在网络操作系统、网络管理软件和网络通信协议的管理和协调下，实现资源共享和数据通信的系统。关于计算机网络的定义，可能有各种表述。不管如何定义，应把握其中 3 点含义。

① 计算机网络的基本功能是资源共享和数据通信。数据通信是计算机网络最基本的功能，实现资源共享建立在数据通信的基础上，没有数据通信功能，也就谈不上资源共享。资源共享是建立计算机网络的根本目的。网络用户能够部分或全部使用计算机网络资源，互通有无、分工协作，从而大大地提高各种硬件资源、软件资源和数据资源的利用率。在当今大数据时代，数据资源成为最重要的网络资源。

② 计算机网络中的计算机是分布在不同地理位置的具有独立功能的"自治"计算机系统。各计算机都安装有操作系统，能够独立运行。也就是说，各计算机既能连接网络运行，也能单机运行，这有别于早期的由主机和终端组成的多用户计算机系统，因为那些终端仅仅是由显示器和键盘组成，没有"自治"功能，所以不能称为计算机网络。

③ 计算机网络必须具备网络操作系统的支持，计算机在通信过程中还必须遵循相同的网络协议，所以计算机网络除了具备网络硬件设备，还必须具备网络软件，用于控制和管理网络资源。这一点和计算机系统的组成是一样的，除了有硬件，还必须有软件。

2. 计算机网络的构成

计算机网络的诞生，不仅使计算机的作用范围超越了地理位置的限制，方便了用户，而且也增强了计算机本身的功能，拓宽了服务范围，日益成为计算机应用的主要形式。

随着网络技术的发展，计算机网络不仅包括台式计算机、笔记本电脑等设备，还包括智能手机、平板电脑、汽车、家用电器等设备，构成一个将遍及全世界的数以亿计的计算设备互联的网络。图 3-15 展示了现代计算机网络的构成。

从图 3-15 可以看出，主机或端系统通过通信线路、交换机和路由器连接到一起形成计算机网络。通信线路由不同类型的物理媒体组成，包括双绞线、同轴电缆、光纤和无线蜂窝等。交换机通常用于将主机接入网络中，路由器通常用于实现网际互联。从发送端系统到接收端系统，数据需要经过一系列通信线路以及交换机、路由器等网络连接设备。主机或端系统通过 Internet 服务提供商（Internet Service Provider，ISP）接入 Internet，针对不同的使用环境，有不同的接入方式,比如移动接入、家庭接入或者局域网接入等。

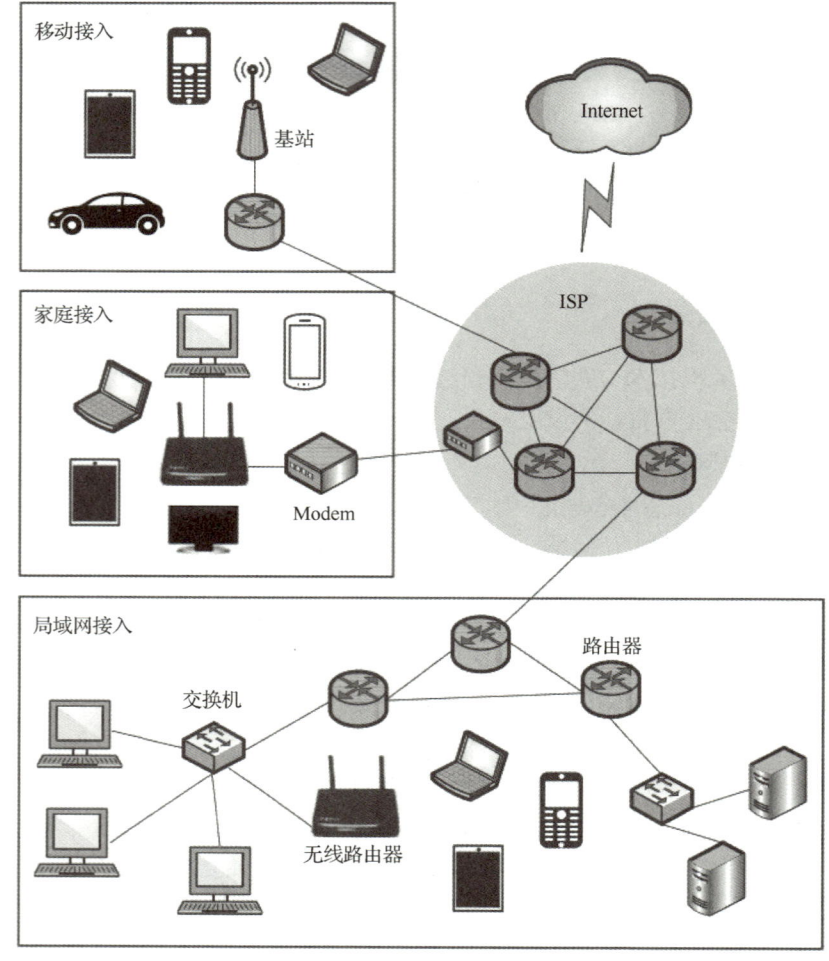

图 3-15 现代计算机网络的构成

3. 计算机网络的分类

计算机网络有不同的分类方法,以计算机的地理范围划分是目前比较常用的划分标准。按这种标准可以把计算机网络划分为局域网、城域网和广域网 3 种。局域网一般来说只能在一个较小区域内,城域网是不同地区的网络互联,广域网范围更大。不过在此要说明一点,这里的网络划分并不是严格意义上的地理范围的区分,只能是一个定性的概念。

(1)局域网

局域网(Local Area Network,LAN)是最常见、应用最广泛的一种网络。所谓局域网,就是在一个局部地区范围内(如一个学校、一幢大楼或一个房间)的各种计算机连成的网络。局域网配置容易、传输速率高,但它所覆盖的地区范围较小,所涉及的地理距离一般是几米至 10km 以内。当前局域网随着整个计算机网络技术的发展得到充分的应用和普及,几乎每个单位都有自己的局域网,甚至家庭中都有自己的小型局域网。目前常见的局域网有以太网(Ethernet)和无线局域网(Wireless Local Area Network,WLAN)。

(2)城域网

城域网(Metropolitan Area Network,MAN)一般来说是在一个城市、但不在同一地理范围内的计算机互联。这种网络的连接距离为 10km～100km。城域网与局域网相比，传输的距离更长，连接的计算机数量更多，在地理范围上可以说是局域网的延伸。在一个大型城市或地区内，一个城域网通常连接着多个局域网，如连接学校的局域网、政府机构的局域网、医院的局域网、公司企业的局域网等。光纤连接的引入，使中高速的局域网互联成为可能。

（3）广域网

广域网（Wide Area Network，WAN）也称为远程网，所覆盖的范围比城域网更广，它一般是在不同城市、地区或国家之间的局域网或者城域网互联，地理范围可从几百千米到几千千米。因为距离较远，信息衰减比较严重。广域网用于通信的传输装置一般由专门公司或电信部门提供，主要使用分组交换技术。也因为所连接的用户多，信息流量大，数据传输的速度较低。Internet 是一种典型的广域网。

4．计算机网络体系结构

计算机网络体系结构是指网络系统的总体设计，它定义了网络硬件、软件、协议、存取控制和拓扑的标准。计算机网络系统通常使用分层体系结构，由一组功能相关的模块共同完成，并且各模块之间呈现明显的层次结构，每一层实现一组任务功能。计算机通信网络的体系结构是通信协议和结构化功能分层的集合。

（1）网络协议

网络协议（Network Protocol）是指在网络中计算机相互通信时，为了实现正确的数据接收与发送，必须遵守的一些事先约定好的规则或标准。这些规则明确了通信时数据的格式、数据传送的时序以及相应的控制与应答信号等。构成网络协议的 3 个要素为语义、语法和时序。

① 语义。语义是解释控制信息每个部分的意义。它规定了需要发出何种控制信息，以及完成的动作与做出什么样的响应。

② 语法。语法是用户数据与控制信息的结构与格式，以及数据出现的顺序。

③ 时序。时序也称为同步，是对事件发生顺序的详细说明。

在网络中，针对不同的问题制定出不同的协议。目前的网络协议主要有 X.25、IEEE 802、TCP/IP 和 IPX/SPX 等。

（2）网络结构分层原理

由于网络中的计算机分散在不同的地点，由不同的厂家制造，各个厂家都有自己的标准，这使得计算机之间的通信过程极其复杂，要协调的地方很多，处理过程很困难。为了确保系统能高效、安全、可靠地运行，在制定通信协议时通常采用"分而治之"的方法，把一个复杂的大任务分解为若干个相对独立的小任务来实现。

为了对网络体系结构与协议有一个初步了解，先分析图 3-16 所示的实际生活中的邮政系统分层模型。人们写信时都有个约定，即信写好之后，按中国邮政的规定书写信封，将信件用信封封装、贴邮票交由邮局寄发。邮局收到信后，首先根据信封上的邮政编码进行信件的分拣和分类，然后交付有关运输部门进行运输，如航空信交付民航、平信交付铁路或公路运输部门等。这时，邮局和运输部门也有约定，如到站地点、时间、包裹形式等。信件送到目的地后进行相反的过程，最终将信件送到收信人手中。由上可知，该通信过程可分成 4 层。最高层是用户层，甲、乙双方按照中文的语法和格式写信、读信。第二层是邮递人员层，邮递人员只需知道收信人地址而不关心信件的内容，地址是用户提供给邮递人员的信息，可以称为这两层之间的信息。第三层是分拣人员层，将信件按地址分类。第四层是运输层，由运输工具传递信件。以上各层都遵循各层的规定，层与层之间通过信封上的信息进行必要的沟通。

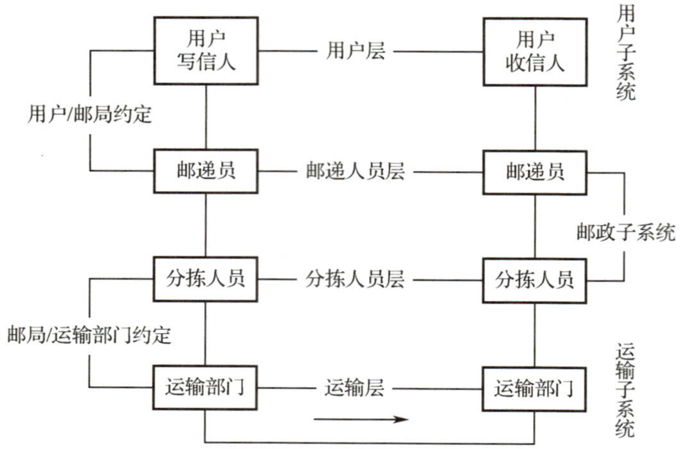

图 3-16 邮政系统分层模型

与现实生活中的邮政系统类似，网络协议则将网络中两台计算机之间的通信分解为几个层次相互通信，将相似的功能放在同一层内，相邻层之间通过接口进行信息交换，对等层之间有相应的网络协议实现本层功能，最终达到将信息准确地从信源送到信宿，这样将网络协议分成若干相互有联系的简单协议，每层对某个子功能做出规定。这种分层实现的方法降低了设计的复杂程度。

计算机网络的各个层次和在各个层次上定义使用的全部协议称为体系结构，最主要的体系结构模型有 OSI 参考模型和 TCP/IP 参考模型。

（3）OSI 参考模型

OSI 参考模型将整个网络的通信功能划分为 7 个层次，每个层次完成不同的功能，其结构形式如图 3-17 所示。

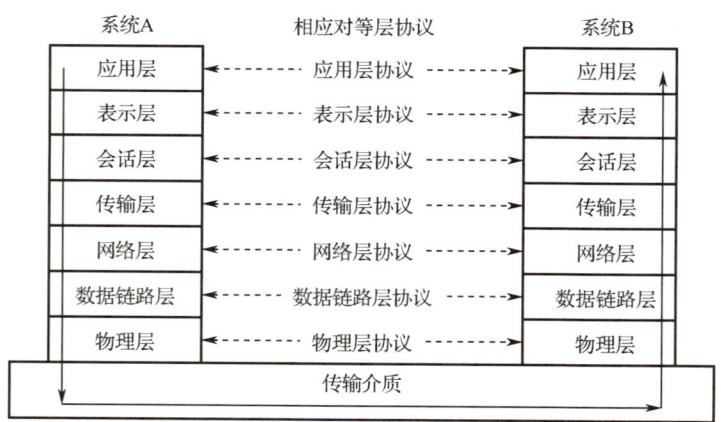

图 3-17 OSI 参考模型结构图

第 1 层是物理层（Physical Layer），负责在计算机之间传递数据位（bit），为在物理媒介上传输的位流建立规则。

第 2 层是数据链路层（Data Link Layer），它把从物理层传来的原始数据打包成帧（frame），并负责帧在计算机之间的无差错传递。

第 3 层是网络层（Network Layer），定义了网络操作系统通信使用的协议，以及为信息确定地址，把网络地址（或称为 IP 地址）翻译成对应的物理地址（MAC 地址），确定将数据从发送方沿着网络传送到接收方的路由选择,实现拥塞控制。在网络层数据传输的单位为数据包(packet)。

第4层是传输层(Transmission Layer),负责错误的确认和恢复,以确保信息的可靠传递。必要时也对信息重新打包,把过长信息分成小包发送。在接收端,将这些小包重构成初始的信息。在该层数据传输的单位称为报文段(segment)。

第5层是会话层(Session Layer),负责建立并维护两个节点间的通信连接,为节点间通信确定正确的顺序,还可以确定节点可以传输多远的距离以及如何从传输错误中恢复。

第6层是表示层(Presentation Layer),表示层为上层用户提供数据或信息语法的变换。它的主要功能是信息转换,包括了数据信息的压缩、加密、与标准格式的转换以及它们的逆操作、虚拟终端协议(Virtual Terminal Protocol,VTP)等,为异构机间的通信提供一种公共语言。

第7层是应用层(Application Layer),开放系统的最高层,是直接为应用进程提供服务的。其作用是在实现多个系统应用进程相互通信的同时完成一系列业务处理所需的服务。这种网络服务包括文件传输、文件管理、远程访问文件和打印机、电子邮件的消息处理和终端仿真等。计算机程序员也可以使用该层来将工作站连接至网络服务。

OSI参考模型是一种概念化的模型,实际中使用的网络体系结构一般只是遵循它的一些基本原则。例如,在实际应用中,一般将会话层、表示层和应用层合并成一层,物理层和数据链路层合并成一层,形成4层的体系结构,更具实用性。

(4)TCP/IP参考模型

TCP/IP参考模型是目前应用最广泛的网络体系结构模型,它起源于ARPANET,其目的是解决不同网络之间的互联问题。

TCP/IP是传输控制协议和网际协议(Transmission Control Protocol/Internet Protocol)的简称,是Internet的基本协议。它由两个不同层次的标准组成,IP是基础,TCP建立在IP之上。IP主要是指将不同格式的物理地址转换成统一的IP地址,向TCP所在的传输层提供IP数据报,实现无连接数据报传送和数据报的路由选择。TCP向应用层提供面向连接的服务,确保网上传输的数据报能完整地接收,实现数据的可靠传输。

TCP/IP参考模型分为4层,分别是网络接口层、网络层、传输层和应用层,如图3-18所示。

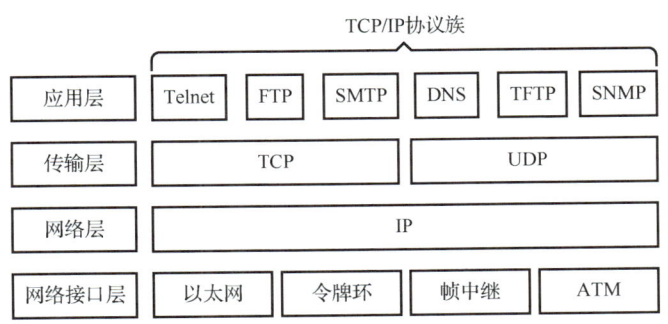

图3-18 TCP/IP参考模型

① 网络接口层。网络接口层与OSI参考模型的数据链路层和物理层相对应,它不是TCP/IP协议的一部分,但它是TCP/IP赖以存在的与各种通信网之间的接口,所以,TCP/IP对网络接口层并没有给出具体的规定。

② 网络层。网络层对应于OSI参考模型的第3层,其主要功能是把分组发往目标网络或主机。同时,为了尽快发送分组,可能需要沿不同的路径同时进行分组传递。因此,分组到达

的顺序和发送的顺序可能不同,这就需要上层必须对分组进行排序。网络层定义了分组格式和协议,即 IP。

网络层除了需要完成路由的功能,也可以完成将不同类型的网络(异构网)互联的任务。除此之外,网络层还需要完成拥塞控制的功能。

③ 传输层。在 TCP/IP 参考模型中,传输层的功能是使源端主机和目标端主机上的对等实体可以进行会话。TCP/IP 的传输层对应于 OSI 参考模型的第 4 层,它提供了两个主要的协议,即传输控制协议(TCP)和用户数据报协议(User Datagram Protocol,UDP)。

TCP 是一个面向连接的、可靠的协议。它将一台主机发出的字节流无差错地发往互联网上的其他主机。在发送端,它负责把上层传送下来的字节流分成报文段并传递给下层。在接收端,它负责把收到的报文段进行重组后递交给上层。TCP 还要处理端到端的流量控制,以避免缓慢接收的接收方没有足够的缓冲区接收发送方发送的大量数据。

UDP 是一个不可靠的、无连接协议,主要适用于不需要对报文段进行排序和流量控制的场合。

④ 应用层。TCP/IP 参考模型将 OSI 参考模型中的会话层和表示层的功能合并到应用层实现。应用层面向不同的网络应用引入了不同的应用层协议。其中,有基于 TCP 的,如虚拟终端(Telnet)、文件传输协议(File Transfer Protocol,FTP)、简单邮件传送协议(Simple Mail Transfer Protocol,SMTP)、超文本传输协议(Hyper Text Transfer Protocol,HTTP)等,也有基于 UDP 的,如域名服务(Domain Name Service,DNS)(DNS 也使用 TCP)、简单文件传输协议(Trivial File Transfer Protocol,TFTP)、简单网络管理协议(Simple Network Management Protocol,SNMP)等。

3.3.2 局域网基础

局域网是一种重要的联网方式,很多城域网、广域网都是通过局域网互联形成的。局域网作为一种重要的基础网络已经得到广泛应用。

1. 局域网的拓扑结构

网络的拓扑结构是指网络中各个站点相互连接的形式,用以反映网络的整体结构外貌及各个模块之间的组合关系。局域网的拓扑结构比较规则,通常有 5 种基本的拓扑结构,分别是总线拓扑结构、星形拓扑结构、环形拓扑结构、树状拓扑结构和网状拓扑结构。

(1)总线拓扑结构

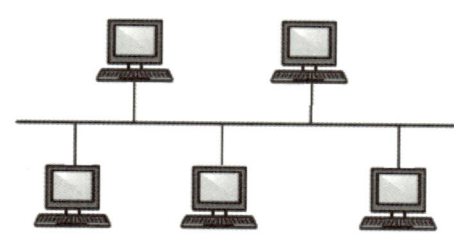

图 3-19 总线拓扑结构

总线拓扑结构采用一条称为公共总线的传输介质,将各计算机直接与总线连接,任何一个节点发出的信号都沿着传输线路被传送,而且能被所有节点接收,其结构如图 3-19 所示。

总线拓扑结构的优点是布线简单灵活,扩充性好;可靠性高,节点响应速度快。其缺点是共用一条总线,数据通信量较大,如果计算机数量过多,会降低网络的速度。

(2)星形拓扑结构

星形拓扑结构由中心节点和其他从节点组成,中心节点可直接与从节点通信,而从节点间必须通过中心节点才能通信。在星形拓扑结构中,中心节点通常由一种称为交换机的设备来充当，网络上的计算机之间是通过交换机来相互通信的，如图3-20所示。当网络中的任意两个节点进行通信时，发送节点都必须先将数据发向中心节点，然后由中心节点再发向接收节点。由此可见在星形拓扑结构中，中心节点是控制中心。

星形拓扑结构的优点是控制简单，网络故障容易被发现；在网络通信容量不大的情况下，通信速度较快。其缺点是中心节点的负担过重，所需通信线路长、利用率低。

（3）环形拓扑结构

环形拓扑结构中的各个节点通过一条首尾相连的通信线路连接起来，形成一个闭合的环形结构，网络中的信息沿着固定的方向单向流动，如图3-21所示。

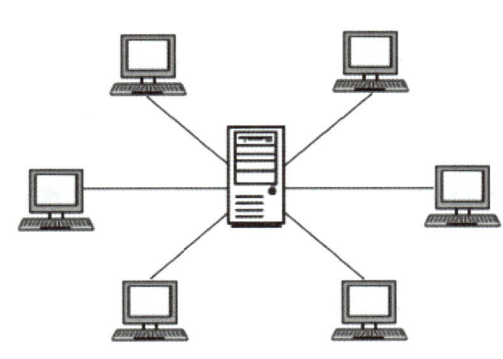
图3-20　星形拓扑结构

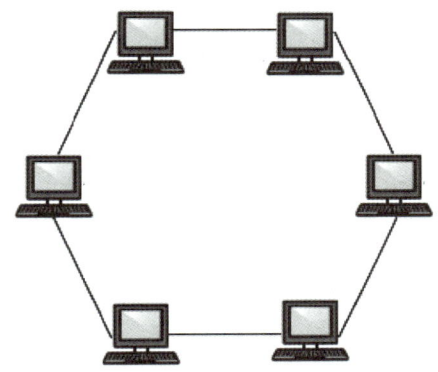
图3-21　环形拓扑结构

环形拓扑结构的优点是通信线路短，增加或减少工作站时仅需要简单的连接。其缺点是由于通信结构的封闭性，一个节点的故障会引起全网的故障，检测故障困难。

（4）树状拓扑结构

树状拓扑结构是分层结构，它由一点出发后再分成几个点，每个点下面又再分为几个点，所以这种结构又称为分级集中式网络，如图3-22所示。

树状拓扑结构的优点是在任意两个节点间不产生回路，每条线路都支持双向传输，节点易于扩充。其缺点是结构复杂，网络维护困难。

（5）网状拓扑结构

网状结构拓扑是指节点与节点之间有一条或几条链路相连，各节点之间进行信息交换时可根据链路的空闲状态选择不同的路径，如图3-23所示。

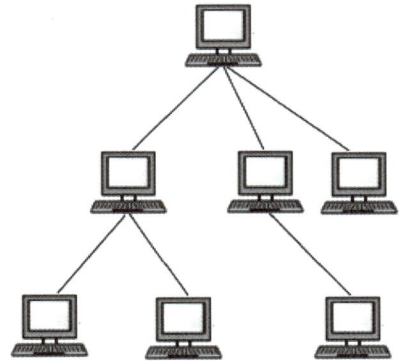
图3-22　树状拓扑结构

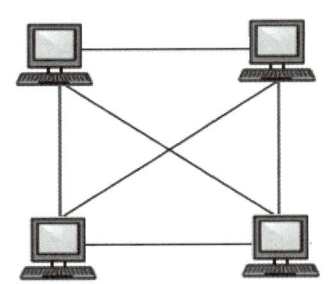
图3-23　网状拓扑结构

网状拓扑结构的优点是资源利用率高,网络可靠性强。其缺点是结构复杂,网络协议复杂、成本较高。

在实际应用中,前几种类型的拓扑结构经常被综合应用,形成混合型拓扑结构。例如,星形总线拓扑结构、星形环形拓扑结构等。

2. 局域网的组成

局域网的组成包括网络硬件和网络软件两大部分。网络硬件主要包括网络服务器、工作站、网络通信设备等,对网络的性能起着决定性的作用,是网络运行的基础。网络软件主要是网络操作系统和满足特定应用要求的网络应用软件,是提高网络运行效率和开发网络资源的工具。

(1)网络服务器

网络服务器是整个网络系统的核心,它为网络用户提供服务并管理整个网络,在其上面运行着网络操作系统。通常将小型机、专用 PC 服务器或高档微型计算机作为服务器。

根据服务器在网络中所承担的任务和所提供的功能不同,可以将服务器分为文件服务器、打印服务器、通信服务器等。文件服务器能够将大量的磁盘存储区划分给网络上的合法用户使用,并接收客户机提出的数据处理和文件存取请求;打印服务器接收客户机提出的打印要求,并及时完成相应的打印服务;通信服务器负责局域网与局域网之间的通信连接功能。一般在局域网中最常用的是文件服务器。在整个网络中,服务器的工作量通常是普通工作站的几倍甚至几十倍。

(2)工作站

工作站又称为客户机。当一台计算机连接到局域网上时,这台计算机就成为局域网的一个工作站。工作站为用户提供服务,是用户和网络的接口设备,用户通过它可以与网络交换信息,共享网络资源。

工作站通过网络适配器、通信介质以及通信设备连接到网络服务器。工作站只是一个接入网络的设备,它的接入和离开对网络不会产生多大的影响,目前的工作站都用具有一定处理能力的个人计算机来承担。

(3)网络通信设备

网络通信设备是指连接服务器与工作站的连接设备和物理线路,包括网络接口设备和网络互联设备,如网络适配器、调制解调器、交换机、路由器、无线网卡、无线 AP、无线路由器等。

① 网络适配器。网络适配器(Network Adapter,NA)又称网络接口卡(Network Interface Card,NIC),俗称网卡,是局域网中的通信控制器或通信处理机,它一方面通过总线接口与计算机设备相连,另一方面又通过电缆接口与网络传输介质(如双绞线、光纤等)相连。它负责接收网络上传过来的数据包,解包后将数据传输给本地计算机,并将本地计算机上的数据打包后送入网络。在局域网中,网络适配器一般被做成板卡的样式安装在微机的扩展槽中,一般只实现网络物理层和数据链路层的功能。

无线网卡是一种不需要连接网线的网络适配器,一般笔记本中都集成有无线网卡。

② 调制解调器。调制解调器(Modem)是调制器(Modulator)和解调器(Demodulator)的全称,因其发音与"猫"相近,被俗称为"猫"。它是一种能够使计算机通过电话线同其他计算机进行通信的设备,其作用是把计算机的数字信号转换成模拟信号,把电话线传输的模拟信号转换成计算机所能接收的数字信号。

③ 交换机。交换机(Switch)是由多端口的网桥发展而来,属于 OSI 模型中的数据链路层设备。它是一种基于 MAC(网卡地址)识别,能完成封装转发数据包功能的网络设备。交换机可以"学习"MAC 地址,并把其存放在内部地址表中,通过在数据帧的始发者和目标接收者之间建立临时的交换路径,使数据帧直接由源地址到达目的地址。

④ 路由器。当两个以上的异类网络互相连接时，必须使用路由器（Router）。路由器工作在网络层，是一种典型的网络层设备。它是两个局域网之间按帧传输数据，用以实现不同网络间的地址翻译、协议转换和数据格式转换等功能，一般用于广域网之间的连接或广域网与局域网之间的连接。

路由器的主要功能是路由选择和流量控制。路由选择就是在网络中为分组寻找一条通往目的网络的最佳或最短路径。若路由器分组过快且不能及时发送出去，其有限的缓冲区不足以存放信赖的分组，则造成分组丢弃，这种情况称为"阻塞"。阻塞使网络性能变坏，甚至造成"死锁"，因此路由器可以采用各种方法来控制阻塞问题。

⑤ 无线 AP。无线 AP（Access Point）也称为无线接入点，它是用于无线网络的无线交换机，也是移动终端进入有线网络的接入点，其覆盖距离从几十米至上百米，大多数无线 AP 带有接入点客户端模式，可以和其他 AP 进行无线连接，延伸网络的覆盖范围。

⑥ 无线路由器。无线路由器（Wireless Router）是无线 AP 与宽带路由器的结合体，借助于路由器的功能，可实现家庭无线网络中的 Internet 连接共享，实现非对称数字用户线（Asymmetric Digital Subscriber Line，ADSL）和小区宽带的无线共享接入。

（4）网络传输介质

传输介质是通信网络中发送方和接收方之间的物理通路，也是通信中实现信息传送的载体，它将网络中的各种设备互联在一起。计算机网络中采用的传输介质分为有线和无线两大类。

① 有线传输介质。常见的有线传输介质有双绞线、同轴电缆和光纤。

双绞线由互相绝缘的铜线组成，两两拧在一起以减少邻近线对的电气干扰，如图 3-24 所示。双绞线有效传输距离在 100m 左右。由于其性能较好且价格便宜，双绞线得到广泛应用。根据双绞线外部包裹的是金属编织层还是塑橡外皮，可将其分为屏蔽双绞线（Shielded Twisted Pair，STP）和非屏蔽双绞线（Unshielded Twisted Pair，UTP）。双绞线共有 6 类，传输速率在 4~1000Mbit/s 之间，计算机网络系统中常用的非屏蔽双绞线为 3 类线和 5 类线。

图 3-24　双绞线

同轴电缆比双绞线的屏蔽性要好，因此在更高速度时可以传输得更远。它以硬铜线为芯（导体），外包一层绝缘材料（绝缘层），其外又覆盖一层保护性材料（护套），其结构如图 3-25 所示。同轴电缆的这种结构使它具有更高的带宽和极好的噪声抑制特性。同轴电缆的最大传输距离可达几千米，数据传输速率可以达到 1~2Gbit/s 的，主要用于有线电视信号的传输。

光纤是光导纤维的简称，由纯石英玻璃制成，是网络传输介质中性能最好、应用前景最广泛的一种。纤芯外面包围着一层折射率比纤芯低的包层，包层外是一塑料护套，其结构如图 3-26 所示。光纤通常被扎成束，外面有外壳保护。光束在玻璃纤维内传输，防磁防电，传输稳定，传输速率可达 100Gbit/s，性能可靠，质量高，适于高速网络和骨干网。

② 无线传输介质。无线传输是利用电磁波在自由空间（即通信双方之间无障碍）内的传播实现无线通信，如微波、卫星等，信息被加载在电磁波上进行传输。

微波通信是利用无线电波在对流层的视距范围内进行信息传输的一种通信方式。由于微波只能沿直线传播，所以微波的发射天线和接收天线必须精确对准，中间无其他物理遮挡，有时又称为视距传播。由于两微波塔相距较远，传输信号会衰减，以及大气对微波信号的吸收及散射的影响，因此，每隔一定距离应架设一个中继站。

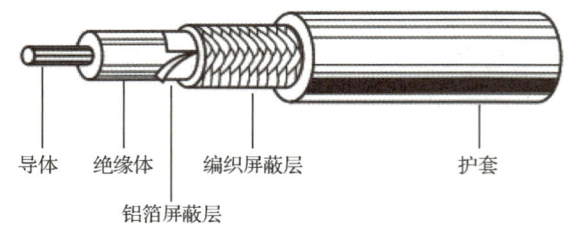
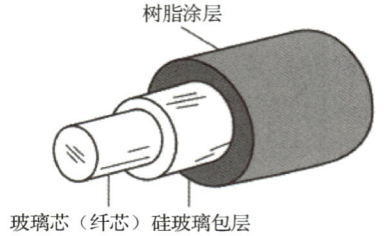

图 3-25　同轴电缆　　　　　　　　　　　　　图 3-26　光纤

卫星通信利用人造地球卫星作为中继站转发微波信号，使各地间互相通信。卫星通信具有通信距离远，覆盖面积大，可靠性高，不受地理条件的限制，可进行多址通信、移动通信等优点，但通信时延长。目前，卫星通信发展相当迅速，已成为现代通信的重要方式之一，目前 Internet 的国际互联和通信通常都采用卫星传输。

（5）网络软件

网络软件包括网络协议软件、网络通信软件、网络管理软件和网络操作系统等。网络软件功能的强弱直接影响到网络的性能。如果一个计算机网络没有配置网络操作系统，则只能称为计算机通信网。

网络协议软件主要用于实现物理层和数据链路层的某些功能，如在各种网络适配器中实现的软件。

网络通信软件用于管理各个工作站之间的信息传输，如实现传输层和网络层功能的网络驱动程序等。

网络管理软件是对用户进行控制，对网络资源进行全面的管理，进行合理的调度与分配，为不同的用户提供相应的各种网络服务、便利的操作与管理平台。例如，网络代理服务器管理软件，通过在服务器上进行相应的设置，即可控制工作站的上网状态。

网络操作系统既有单机操作系统的管理功能，还具有对整个网络的资源进行协调管理、进行合理的调度和分配、实现计算机间高效可靠的通信的功能，是提供各种网络服务和为网络用户提供便利的操作与管理平台。网络操作系统主要包括文件服务程序和网络接口程序。文件服务程序管理共享资源，网络接口程序管理工作站。常用的网络操作系统有 UNIX、Linux、Windows Server 等。

3. 常见局域网

局域网的类型很多，若按传输介质所使用的访问控制方法分类，常见的局域网有以太网、令牌环网、FDDI 网和无线局域网等，它们在拓扑结构、传输介质、传输速率、数据格式等多方面都有许多不同。其中应用最广泛的局域网是以太网和无线局域网。

为了促进局域网产品的标准化，电气和电子工程师学会（Institute of Electrical and Electronics Engineers，IEEE）于 1980 年 2 月成立了局域网标准委员会，为局域网制订了一系列标准，统称为 IEEE 802 标准。目前最为常用的局域网标准是 IEEE 802.3（以太网）和 IEEE 802.11（无线局域网）。

（1）以太网

以太网（Ethernet）由 Xerox、DEC 和 Intel 三家公司采用 IEEE 802.3 标准组建。它基于 CSMA/CD 介质存取协议，实现对共享介质的访问控制，是有线局域网。由于以太网原理简单、易于实现、价格低廉，是当前应用最为普遍的局域网。

随着当前电子邮件数量的不断增加，网络数据库管理系统和多媒体应用的不断普及，迫切需要高速、高带宽的网络技术。交换式快速以太网技术便应运而生。目前主要有快速以太网、千兆以太网、万兆以太网等。

（2）无线局域网

无线局域网采用 IEEE 802.11 标准组网。它是利用微波、无线电波或红外线来取代传统物理线路所构成的局域网。目前，无线局域网被应用在各类工作或生活场所中，它已经成为互联网中一种十分重要的接入网技术。

① 无线局域网的结构。1997 年 6 月，第一个无线局域网标准 IEEE 802.11 正式颁布实施，为无线局域网技术提供了统一标准。IEEE 802.11 标准包括 IEEE 802.11a、802.11b、802.11g、802.11n 等标准。图 3-27 给出了一种无线局域网的结构。

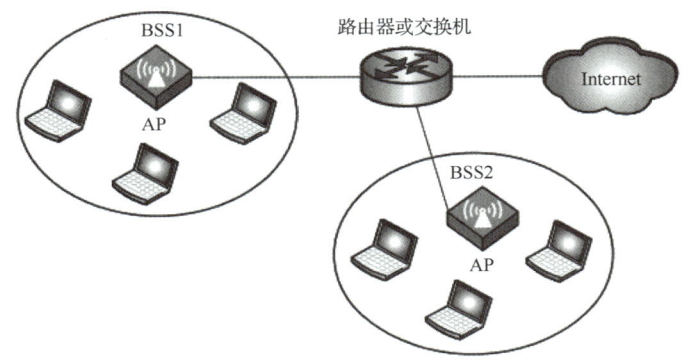

图 3-27　无线局域网的结构

从图 3-27 可以看出，无线局域网可以通过路由器或交换机接入互联网中。无线局域网的最小构件是基本服务集（Basic Service Set，BSS）。一个基本服务集包括一个基站和若干台无线主机。所有的无线主机在本基本服务集以内都可以直接通信，但在和本基本服务集以外的无线主机通信时都必须通过本基本服务集的基站。无线 AP 就是基本服务集的基站，它负责向其无线通信覆盖范围内的无线主机发送和接收数据。

使用 802.11 系列协议的局域网又称为 Wi-Fi，目前，Wi-Fi 已经成为无线局域网的代名词。

② 无线局域网组网模式。无线局域网有两种组网模式：对等网络（Peer-to-Peer，P2P）和基础设施网络（Infrastructure Network）。

对等网络也称为无线自组织网络（Wireless Ad Hoc Network），是一种点对点的对等式移动网络。它没有有线基础设施的支持，网络中的节点均由无线主机构成。网络中不存在无线 AP，通过配有无线网卡的移动终端直接进行通信，其基本结构如图 3-28 所示。由于对等网络省去了无线 AP，所以其架设过程十分简单，但传输距离短，且无法接入有线网络。

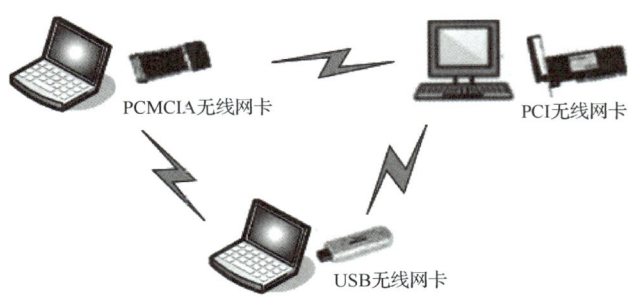

图 3-28　对等网络的基本结构

基础设施网络由无线 AP 或无线路由器、移动终端组成。有线网络通过标准传输介质连接到固定接入点（无线 AP 或无线路由器），接入点将有线网络的信息通过无线方式发送给移动终端。其中有无线 AP 接入和无线路由器接入两种模式，分别如图 3-29 和图 3-30 所示。

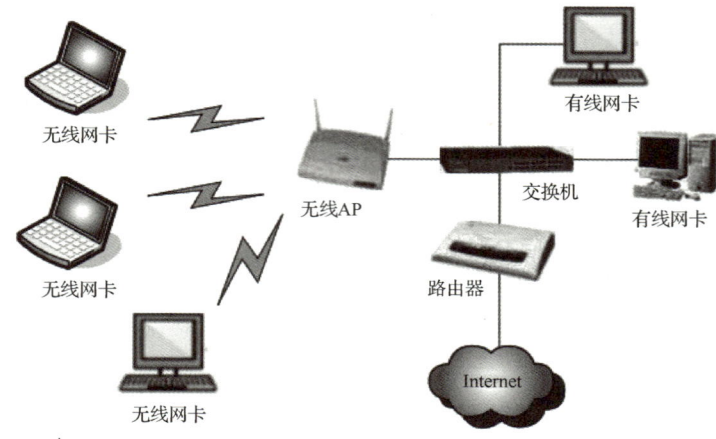

图 3-29　无线 AP 接入的无线网络

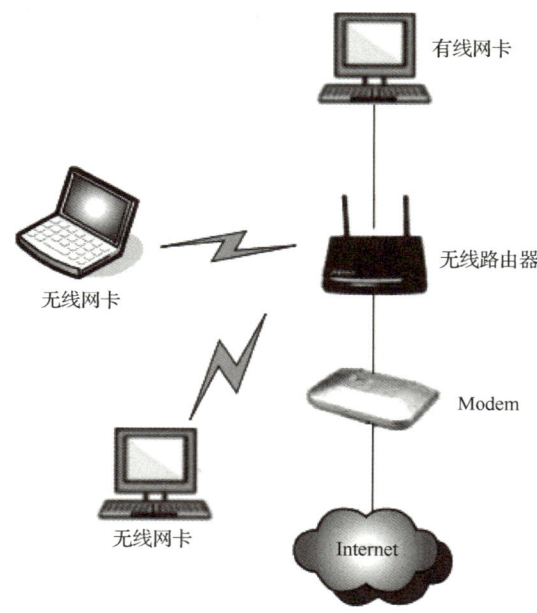

图 3-30　无线路由器接入的无线网络

无线 AP 接入模式通常应用于需要大量无线访问节点的大型组织，实现大面积的网络覆盖，同时所有接入终端都属于同一个网络，也方便实现统一网络控制和管理。无线 AP 不能与 Modem 相连，而要用一个交换机或路由器作为中介。无线路由器接入模式一般应用于家庭，这种情况一般覆盖面积不大，用户数也不多。无线路由器具有宽带拨号功能，可以直接和 Modem 相连，通过拨号上网，实现无线覆盖。

3.3.3　Internet 基础

Internet（因特网）又称互联网，是世界上规模最大、用户最多、影响最广的计算机网络。

Internet 可以把世界各地的计算机或物理网络连接在一起，按照 TCP/IP 进行数据传输，而不论这些网络的类型是否相同、规模是否一样以及距离的远近。凡是采用 TCP/IP 并能够与 Internet 上的任何一台计算机进行通信的计算机，都可以看成是 Internet 的一部分。只要进入到 Internet 就可以利用其资源，实现信息交流和资源共享。

1. IP 地址与域名系统

在 Internet 中，具有独立工作能力的计算机称为主机，主机的数量相当多，为了唯一地标识每一台主机，应采用 Internet 地址。Internet 地址有两种形式：IP 地址和域名地址。

（1）IP 地址

网络中通信的每台主机必须有一个唯一的地址，以便于其他主机识别。地址可分为逻辑地址和物理（MAC）地址。MAC 地址是生产厂家嵌在网卡上的独一无二的编号，属于 OSI 参考模型的数据链路层，是不可变更的。逻辑地址属于 OSI 参考模型的网络层，并且依赖于网络层中的 IP，称为 IP 地址。IP 地址由 Internet 网络中心进行统一的分配与管理，我国进行 IP 地址管理与分配的机构是中国互联网络信息中心（China Internet Network Information Center，CNNIC）。每个 IP 地址只能分配给网络中的某台主机，但网络中某台主机可以有多个 IP 地址，如网络中的路由器设备，一般有两个及以上的 IP 地址。

IP 地址必须是全球唯一的，且有统一的格式。目前 IP 地址主要有两个版本：一个是网际协议第 4 版（IPv4）；另一个是网际协议第 6 版（IPv6）。

IPv4 的 IP 地址用 4B 共 32 位二进制数来标识，字节之间用小圆点分隔，例如，某台主机的 IP 地址为 11001010.01110011.01010000.00000001。为了表示方便，将每个字节转化为一个十进制数（0~255），称为点分十进制形式。这样上述 IP 地址就可写成 202.115.80.1。IPv6 是基于 IPv4 的基础上发展出来的新版本，它将 IP 地址由 32 位扩展到 128 位，拥有更大的容量，可以支持更多的寻址空间。

IP 地址包括两部分内容：网络标识和主机标识。网络标识用于识别一个逻辑网络，而主机标识用于识别网络中的一台主机的一个连接。同一个网络内的所有主机分配相同的网络标识号，同一网络内的不同主机必须分配不同的主机标识号，以便区分不同的主机；不同网络内的每台主机必须具有不同的网络标识号，但是可以具有相同的主机标识号。

根据网络标识和主机标识长度的不同，可将 IP 地址分成 5 种类型：A 类、B 类、C 类、D 类、E 类，如图 3-31 所示。

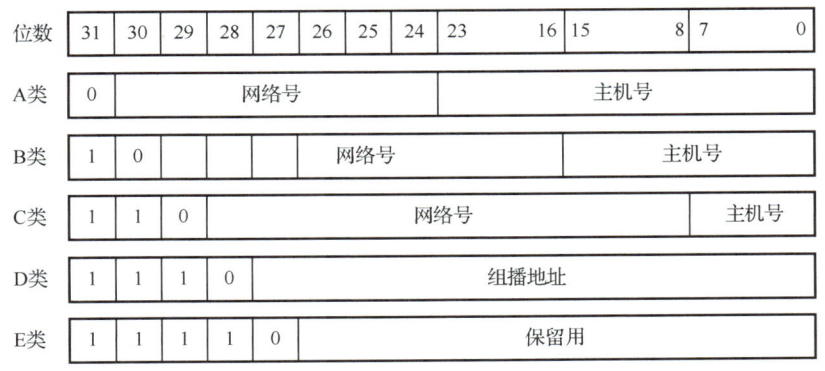

图 3-31　IP 地址的分类

A 类地址的类标志为"0"，网络号为最高位"0"和随后 7 位二进制码，其余 24 位表示网内主机号，地址范围 0.0.0.0~127.255.255.255，网络内有 126 个 A 类网络（网络号 1~126，号码 0 和 127 保留），而每一类网络中允许有 1600 万个节点。只有非常大的区域网才能使用 A 类地址。

B 类地址的类标志为"10"，网络号为最高 2 位"10"和后面的 14 位，网内主机号为其余 16 位，地址范围 128.0.0.0~191.255.255.255，网络内大约有 16000 个 B 类网络，而每个 B 类网络中可以多于 65000 个节点。通常大单位和大公司构建的网络使用 B 类地址。

C 类地址的类标志为"110"，网络号为最高 3 位"110"和后面的 21 位，剩下的 8 位为网内主机号，地址范围 192.0.0.0~223.255.255.255，则一个网络内允许包含 16777216 个 C 类网络，每个 C 类网络中最多可以有 254 个节点。较小的单位和公司使用 C 类地址。

D 类地址主要是作为组播地址保留备用，而 E 类地址是保留地址未被启用。

在 IPv6 中，每个 IP 地址是 128 位，地址空间最大为 2^{128} 个，如果地址分配速率是每微秒分配 100 万个地址，则需要 10^{19} 年的时间才能将所有可能的地址分配完毕。

为了使 IP 地址易于管理和维护，IPv6 使用冒号十六进制记法，即把每个 16 位的值用十六进制值表示，各值之间用冒号分隔。例如，如果将前面所给的点分十进制数记法的值改为冒号十六进制记法，就可以表示为

68E6:8C64:FFFF:FFFF:0:1180:960A:FFFF

冒号十六进制记法中，允许把数字前面的 0 省略。上面就将 0000 中的前三个 0 省略了。

冒号十六进制记法还允许零压缩（Zero Compression）技术，即一连串连续的 0 可以为一对冒号所取代，例如，IP 地址 FF05:0:0:0:0:0:0:B3，可压缩为 FF05: :B3。但为了保证零压缩不出现二义性，规定在任意地址中只能使用一次零压缩。

此外，冒号十六进制记法可结合点分十进制记法使用。例如，IP 地址 0:0:0:0:0:0:128.10.2.1 是一个合法的冒号十六进制记法，使用零压缩还可以表示为::128.10.2.1。

需要注意的是，虽然为冒号所分隔的每个值是两个字节的数字，但每个点分十进制部分的值则指明一个字节（8 位）的值。

目前，Internet 正处于 IPv4 与 IPv6 共存阶段。这个阶段还需要解决很多技术问题，包括双协议栈、隧道技术等。因此，Internet 全面采用 IPv6 尚需时日。

（2）域名

数字式的 IP 地址不易记忆和分类，为此，TCP/IP 引进了一种字符型的主机命名机制，这就是域名（Domain Name，DN）。域名的实质就是用一组具有助记功能的英文简写名称代替 IP 地址。域名的定义工作由域名服务器系统（Domain Name System，DNS）完成，它把形象化的域名翻译成对应的数字型 IP 地址。

由于域名与 IP 地址一样众多，为了避免域名的重名，主机的域名存放在许多区域的域名服务器中，不同的域名服务器管理不同的域，这些域名服务器组成一个层次结构的系统，所有这些域的集合构成了域名空间，如图 3-32 所示。

域名空间的顶层是一个根域（Root Domain），每一个下级域都是上级域的子域，每个域都有自己的域名服务器，这些服务器保存着当前域的主机信息和下级子域的域名服务器信息。各层次的子域名之间用圆点"."隔开，从右至左分别是顶级域名（一级域名）、二级域名……直至主机名（最低级域名），形成了域名的名称结构。其结构如下。

主机名.….二级域名.顶级域名

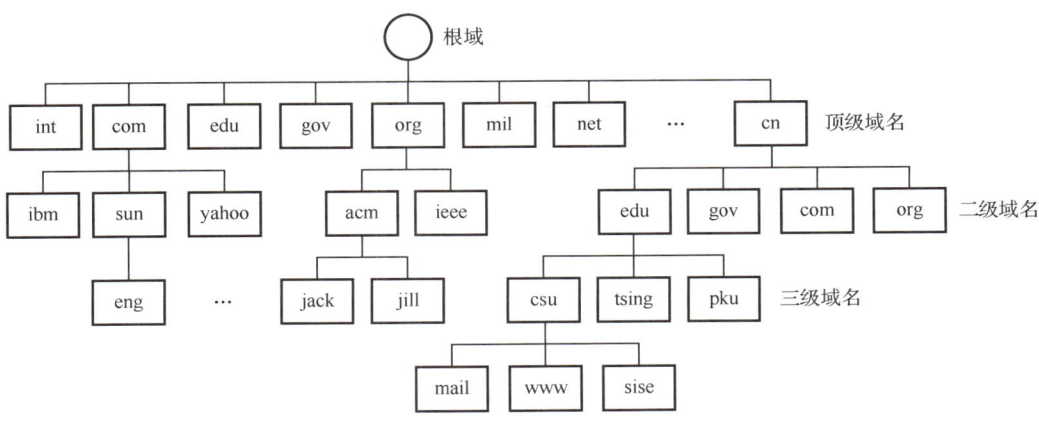

图 3-32　Internet 域名空间结构

顶级域名通常分为两类：一是机构顶级域名，如 int 表示国际机构、com 表示商业机构、edu 表示教育研究机构等；二是国家或地区顶级域名，用两个字母表示世界各个国家或地区，如 cn 表示中国、uk 表示英国、us 表示美国等。

2. 接入 Internet 的方式

一台计算机要连入 Internet，并非直接与 Internet 相连，而是通过某种方式与 Internet 服务供应商（ISP）提供的服务器相连，通过它再接入 Internet。随着网络带宽的增加、传输速度的加快，Internet 的接入方式在不断增加，技术性能也在不断改进。

根据不同的组网结构，用户计算机与 ISP 连接的方式可以分为两种：一种是将计算机接入已经与 ISP 连接的局域网；另一种是单机直接与 ISP 连接，包括光纤入户接入、蜂窝移动网络接入等方式。

（1）局域网接入

对于建立了局域网的单位和小区（如校园网），只要向 ISP 租用一条专线，则使得该局域网所有用户都可通过局域网接入到 Internet，其接入方式如图 3-33 所示。对于单位用户，只要给计算机安装网卡，并通过网线接入已经与 ISP 连接的局域网，然后对 TCP/IP 参数进行设置，则该计算机便接入了 Internet。

（2）光纤入户接入

光纤入户（Fiber To The Premises，FTTP）又称为光纤到户（Fiber To The Home，FTTH），指的是采用光纤作为传输载体，以光脉冲的形式来传输信号，具有传输速度快、成本低、质量轻、抗干扰性强等优点。采用的设备一端部署在运营商机房（称为光线路终端）中，另一端在用户家中（称为光网络单元），光纤 Modem 是一种光纤传输设备，其连接方式如图 3-34 所示。

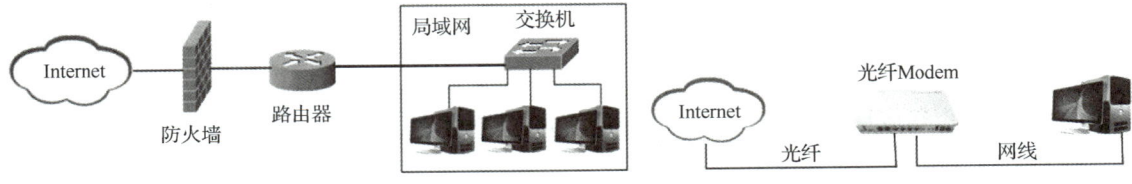

图 3-33　局域网接入方式　　　　　　　　图 3-34　光纤连接方式

（3）蜂窝移动网络接入

蜂窝移动网络是指采用蜂窝组网结构的公众移动通信网络，从俗称的 1G（第一代移动通信网络）到现在的 5G 都可以算作是蜂窝移动通信网络。蜂窝移动网络把移动通信的服务区分为一个个正六边形的子区，每个子区设一个基站，形成了形状酷似"蜂窝"的结构，因而把这种移动通信方式称为蜂窝移动通信方式，如图 3-35 所示。

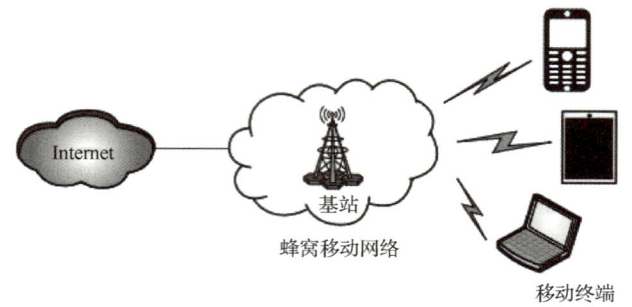

图 3-35　蜂窝移动通信方式

基站是在一定的无线电覆盖区中，通过移动通信交换中心，与移动终端之间进行信息传递的无线电设备。基站就像一座信号收发室，人们接听电话、手机上网都需要靠它进行信号传输。

蜂窝移动网络接入是一种重要的无线接入方式，常见的蜂窝移动网络类型有：GSM 网络、CDMA 网络、GPRS 网络、4G 网络、5G 网络等。

3. Internet 服务

Internet 已成为除报纸、广播、电视之外的第 4 种信息传播通道。Internet 为用户的日常生活、学习和工作提供各种信息服务功能。

（1）Web 服务

万维网（World Wide Web，WWW），简称 Web，它是目前 Internet 上发展最快、应用最广泛的服务类型。

Web 是一个基于超文本（Hypertext）方式的信息检索服务系统，采用客户/服务器工作模式，为用户提供一种友好的信息查询接口，即用户仅需提出查询要求，而到哪里查询及如何查询则由 Web 服务器自动完成。Web 服务器可以处理超媒体（Hypermedia）文档，即在超文本文档中包含有文字、图形、音频、视频等多媒体信息，该文档称为网页，也称为 Web 页。Web 页通过超链接（Hyperlink）连接到其他网页。超链接由统一资源定位器（Uniform Resource Locator，URL）表示，在网页上一般突出显示，用鼠标单击它就可以跳到超链接指示的站点。

用户可以利用浏览器（Browser）访问 Web 服务器上的超文本信息，浏览器是 Web 系统的客户机，浏览器和 Web 服务器之间按照超文本传输协议通信。为了支持不同客户机与不同 Web 服务器之间超文本的格式传输，超文本信息使用超文本标记语言（Hypertext Markup Language，HTML）书写。HTML 用一套标记将文本、图像、表格、动画等分散的资源连接成逻辑整体，浏览器根据这些标记解释这些资源，形成丰富多彩的 Web 页面。标记用尖括号<>括起来，包括起始标记和结束标记（加斜杠/）。例如，<html> … </html>、<head> … </head>、<body> … </body>等。起始标记和结束标记中间的部分是标记的内容，HTML 文件就是由一个个这样的元素（Element）组成的。

HTTP 是 Web 浏览器和 Web 服务器之间的应用层通信协议。HTTP 通信建立在 TCP/IP 连接之上，即 HTTP 通过 TCP/IP 建立通信联系，其信息交换过程分为 4 步：建立连接（Connection）、发送请求（Request）信息、发送响应（Response）信息、关闭连接（Close），如图 3-36 所示。

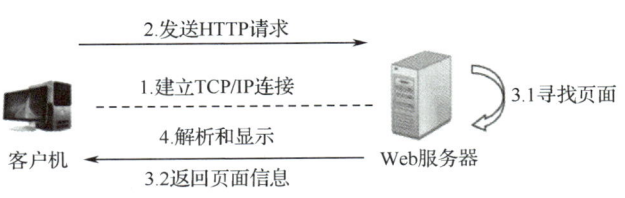

图 3-36　HTTP 的信息交换过程

具体过程如下。

① 建立 TCP/IP 连接。当用户在浏览器中输入 URL 或单击超链接时,浏览器首先进行 DNS 解析(将域名转换为 IP 地址),然后通过该 IP 地址和相应的端口(HTTP 默认是 80 端口)与服务器建立 TCP/IP 连接。

② 发送 HTTP 请求。一旦 TCP/IP 连接建立,浏览器会向 Web 服务器发送 HTTP 请求,请求获取用户指定的 URL 对应的网页内容。

③ 服务器响应。Web 服务器收到请求后,会处理该请求,从本地寻找相应的页面信息(如 HTML 文件等),然后将这些信息封装成 HTTP 响应,并返回给浏览器。

④ 解析和显示。浏览器接收到 HTTP 响应后,会解析其中的网页文件,并根据解析结果显示网页。

一般情况下,Web 服务器向浏览器发送请求数据后,不会立即关闭 TCP/IP 连接,而是根据配置和协议版本决定是否保持连接打开状态。在 HTTP 1.0 中,通常每个请求/响应对都会关闭 TCP 连接。HTTP 1.1 引入了持续连接(也称为 Keep-Alive 连接),允许在相同的 TCP 连接上发送和接收多个 HTTP 请求和响应。这种持续连接可以减少连接建立和关闭的开销,提高网页加载的性能。现代浏览器和服务器通常默认使用 HTTP 1.1 或更高版本,并利用持续连接来优化性能。

(2) 电子邮件

电子邮件是互联网最早的服务,也是现代社会中广泛使用的一种通信方式。电子邮件系统主要涉及 3 个部分,分别是邮件用户代理(Mail User Agent,MUA)、邮件传输代理(Mail Transfer Agent,MTA)以及邮件发送和读取协议,其组成如图 3-37 所示。

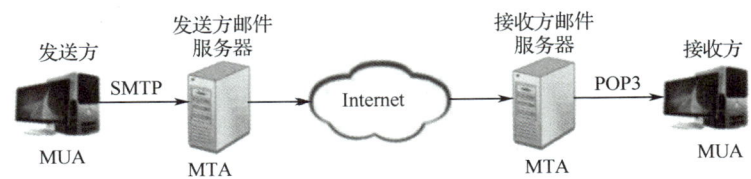

图 3-37　电子邮件系统的组成

邮件用户代理是指帮助用户操作邮件的客户端程序(如 Outlook、Foxmail 等),是用户与电子邮件系统的接口,具有邮件撰写、阅读、管理和通信等功能。邮件传输代理是一个服务器程序,安装了邮件传输代理的主机称为电子邮件服务器。邮件传输代理的主要作用是在不同的邮件服务器之间传输电子邮件。邮件用户代理和邮件传输代理是两个相对独立的系统,它们可以存在于同一台主机上,也可以分别处在不同的主机上。

邮件发送和读取协议包括 SMTP 和邮局协议第 3 版(Post Office Protocol 3,POP3)。SMTP 是 TCP/IP 的一部分,它描述了电子邮件的信息格式和传输处理方法。邮件用户代理向邮件传输代理发送邮件、邮件传输代理之间传递邮件都使用 SMTP。邮件用户代理到邮件传输代理检索邮件信息和读取电子邮件通过 POP 实现，目前常用的是第 3 版，简称为 POP3。

收发电子邮件时，可以采用 Web 方式，即在浏览器中直接登录自己的电子邮箱。也可以采用客户端的形式，即在计算机上安装客户端软件，通过客户端软件收发邮件。另外，还可以通过编写 Python 程序来发送和接收电子邮件。

Python 的 smtplib 库对 SMTP 涉及的各种复杂操作进行了封装，导入 smtplib 库后就可以利用 smtplib 库来实现邮件发送，主要包括以下 5 个步骤。

① 创建 SMTP 对象。利用 smtplib 库的 SMTP()函数创建一个 SMTP 对象，需要提供 SMTP 服务器地址和端口号。SMTP 服务器的 IP 地址和端口号由邮件服务提供商提供。例如，QQ 邮箱的 SMTP 服务器地址为 smtp.qq.com，默认端口号是 25。

② 登录邮箱。利用 SMTP 对象的 login()方法登录 SMTP 服务器，需要提供邮箱账号和登录密码。

③ 撰写邮件。使用 email 模块的 MIMEText()函数创建 MIME 格式的邮件内容。多用途互联网邮件扩展（Multipurpose Internet Mail Extensions，MIME）是当前广泛应用的一种电子邮件技术规范。MIME 邮件由邮件头和邮件体构成，邮件头包含发件人、收件人、主题、时间、MIME 版本、邮件内容的类型等重要信息，而邮件体包含邮件的内容。

④ 发送邮件。利用 SMTP 对象的 sendmail()方法发送邮件，需要发送方的邮箱地址、接收方的邮箱地址和邮件正文。

⑤ 退出登录。利用 SMTP 对象的 quit()方法退出 SMTP 服务器的登录。

例 3-6　用 QQ 邮件服务器发送邮件。

分析：先在 QQ 邮箱首页依次选择"设置"按钮中的"账号"选项，再选择开启"POP3/IMAP/SMTP/Exchange/CardDAV/CalDAV 服务"选项，然后进行手机短信验证，并返回一个授权码，其将在程序中用作邮箱密码。

程序如下。

```
import smtplib
from email.mime.text import MIMEText
host_server = 'smtp.qq.com'                    #QQ 邮箱 SMTP 服务器地址
my_sender = '××@qq.com'                        #发件人邮箱，可以填写自己的 QQ 邮箱
my_pass = '××'                                 #发件人邮箱授权码
my_user = '××@qq.com'                          #收件人邮箱，可以发送给自己
server = smtplib.SMTP(host_server, 25)         #创建 SMTP 对象（25 为默认端口号）
server.login(my_sender, my_pass)               #使用发件人邮箱账号和密码登录邮箱
#使用 email 库（可以直接使用）中的 MIMEText 对象撰写邮件
msg = MIMEText('这是一封测试邮件！')            #创建 MIMEText 对象，撰写邮件内容
msg['From'] = my_sender                        #发件人邮箱账号
msg['To'] = my_user                            #收件人邮箱账号
msg['Subject'] = "Python 发送邮件测试"          #邮件的主题
#发送邮件（利用 as_string()函数将邮件转化为字符串以后进行发送）
server.sendmail(my_sender, my_user, msg.as_string())
server.quit()                                  #退出邮箱
```

运行程序后，在 QQ 邮箱中可以查看到发送的邮件信息。

3.4 云计算服务

随着互联网的普及和发展，人们对于计算和存储的要求越来越高，利用互联网高速的传输能力，将数据的存储和处理过程从个人计算机或专有服务器转移到互联网上的计算机集群成为一种必然的趋势，云计算（Cloud Computing）技术应运而生。

3.4.1 云计算的概念

云计算是一个虚拟的计算资源池，通过互联网为用户提供资源池内的计算资源，它代表了信息技术及其基础架构的发展方向，展示出强大的生命力，并从多方面影响企业的发展。

"云"实质上就是一个网络。狭义上讲，云计算就是一种提供资源的网络，用户以按需和可扩展的方式获得所需的资源。"云"中的资源在用户看来是可以无限扩展的，并且可以随时获取，按需使用、按使用付费。用户就像使用水、电一样使用信息技术基础设施和软件服务。广义上讲，云计算是与信息技术、软件、互联网相关的一种服务，这些服务可以理解为网络资源，众多资源形成所谓"资源池"，即"云"。也就是说，云计算可以提供按需的网络访问，用户可以按需配置计算资源共享池，资源包括网络、服务器、存储、应用软件和服务等。

云计算具有如下 6 个特点。

① 超大规模。"云"具有相当的规模，企业私有云一般能为用户提供前所未有的计算能力。例如，Google 云计算已经拥有 100 多万台服务器，Amazon、微软、Yahoo、阿里等"云"均拥有几十万台服务器。

② 虚拟化。云计算支持用户在任意位置、使用各种终端获取应用服务。虚拟化技术包括应用虚拟和资源虚拟。用户只需要一台笔记本电脑或一部手机，就可以通过网络服务来实现所需服务，甚至包括超级计算级别的任务。

③ 高可靠性。"云"使用了数据多副本容错、计算节点同构可互换等措施来保障服务的高可靠性，使用云计算比使用本地计算机更可靠。

④ 通用性。云计算不针对特定的应用，在"云"的支撑下可以构造出千变万化的应用，同一个"云"可以同时支撑不同的应用运行。

⑤ 高可扩展性。云计算具有高效的运算能力，"云"的规模可以动态伸缩，用户可以利用应用软件的快速部署条件，更为简单、快捷地将自身所需的已有业务以及新业务进行扩展。

⑥ 按需服务。"云"是一个庞大的资源池，用户可以根据自己的需求快速配备计算能力及资源，并且可以按需购买或者租用云。

综上所述，云计算是一种资源交付和使用模式。只要用户到云服务平台注册一个账号，用户就可以通过互联网方便快捷地获取所需的资源和技术服务，既降低成本，又满足灵活部署、高效率的业务需求。随着数字化、智能化转型深入推进，云计算正扮演着越来越重要的角色。

3.4.2 云计算服务模式

云计算平台是一个功能强大的"云"网络，利用虚拟化技术可以扩展服务能力，提高计算能力和存储能力。

1. 云计算架构

在云计算平台中,根据其服务集合所提供的服务类型,整个云计算架构被划分为如下3个层次。

(1)基础设施层

基础设施层是云计算架构的底层,提供计算、存储和网络等基础设施资源,为上层服务(平台层和应用层)提供所需的硬件支持。

基础设施层的主要职责是管理和维护服务器、存储设备、网络设备等实际的物理硬件资源。通过虚拟化技术,这些物理资源被抽象和整合成虚拟资源,形成一个动态可伸缩、灵活配置的资源池,以便上层应用能够按需使用,从而提高了资源利用率。基础设施层还提供了一系列的管理工具,用于统一管理和调度虚拟化的资源,根据上层服务的需求自动分配和调整,确保资源的有效利用和服务的稳定运行。

在云计算架构中,基础设施层是上层服务的基础,为平台层和应用层提供稳定、高效的基础设施资源。用户可以在基础设施层的基础上构建自己的应用,而无须关心底层硬件资源的细节和管理维护工作。

(2)平台层

平台层是云计算架构中的重要组成部分,位于基础设施层之上,为应用层提供支撑。平台层提供一系列开发工具和环境,如编程语言、开发框架、库和工具集等,帮助开发者更高效地构建应用程序;平台层也提供应用程序的运行环境,包括操作系统、数据库、应用程序部署和管理等,确保应用程序能够在云端稳定运行;平台层还提供多种服务和技术支持,如资源的部署与分配、监控管理、安全管理、分布式并发控制、负载均衡等,帮助开发者快速构建和扩展应用程序。

平台层主要为应用程序开发者设计,开发者无须担心应用运行时所需要的资源,因为平台层会提供应用程序运行及维护所需要的一切平台资源。这意味着开发者可以从复杂低效的环境搭建、配置和维护工作中解放出来,将精力集中于应用程序的开发和创新,从而大大提高软件开发的效率。

(3)应用层

应用层是云计算架构的顶层,直接面向最终用户,提供软件应用服务。应用层提供了各种基于云计算的软件应用,如在线办公套件、客户关系管理系统、企业资源规划系统等;应用层包括直观的图形用户界面、移动应用界面以及应用程序接口,以便用户能够轻松地与云服务进行交互;应用层通常包含强大的数据分析和可视化工具,帮助用户从海量数据中提取有价值的信息,并以直观的方式呈现。

应用层是云计算架构中最直接面向用户的一层,它提供了各种软件应用服务,优化了用户体验,为用户提供了数据支持,有利于推动业务的创新和发展。

2. 云计算服务的3种模式

在云计算架构中,每层的功能都通过服务的形式提供。对应云计算的3层次架构,云服务供应商所能提供的云服务也就是云计算服务的3种模式,如图3-38所示。

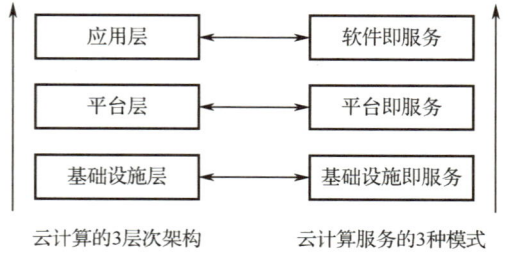

图3-38 云计算服务的3种模式

（1）基础设施即服务

基础设施即服务（Infrastructure as a Service，IaaS）提供一种基础设施服务，包括计算、存储和网络资源，使用户可以在云端创建和管理自己的虚拟机、存储、网络等基础设施，并通过互联网进行访问和使用。IaaS 使用户无须购买和维护昂贵的硬件设备，只需要按需使用 IaaS 提供商的基础设施服务即可。

（2）平台即服务

平台即服务（Platform as a Service，PaaS）提供开发、运行和管理应用程序的平台。PaaS 提供商将操作系统、数据库、开发工具等资源预先配置完备，用户只需通过云服务提供商的在线工具，就能开发、管理、运行自己的应用。PaaS 使用户可以在云端创建、测试和部署应用程序，而无须关心底层的基础设施和操作系统的细节。

（3）软件即服务

软件即服务（Software as a Service，SaaS）提供运行在云计算基础设施上的应用程序，用户可以在各种设备上通过客户端界面访问这些应用程序。通过 SaaS，用户可以更加便捷和高效地使用各种应用程序，无须关注底层的技术和设施细节，也避免了软件购买和维护的成本和风险。目前，SaaS 已广泛应用于各个领域，如电子邮件、在线办公套件、客户关系管理等。

总之，IaaS、PaaS 和 SaaS 三种服务日益普及，它们都在减少对本地部署的需求。IaaS 可以为用户提供最大程度的灵活性，并提供通用的计算基础设施环境；PaaS 通常建立在 IaaS 平台之上，以减少系统管理的需求，使用户可以专注于应用程序开发；SaaS 提供满足特定业务需求的即用型解决方案，大多都建立在 IaaS 或 PaaS 平台上。IaaS、PaaS 和 SaaS 三种服务模式的区别在于用户对于基础设施和软件应用的控制程度不同，需要用户承担的工作量也不同。图 3-39 展示了本地部署和 IaaS、PaaS 以及 SaaS 服务模式的区别。

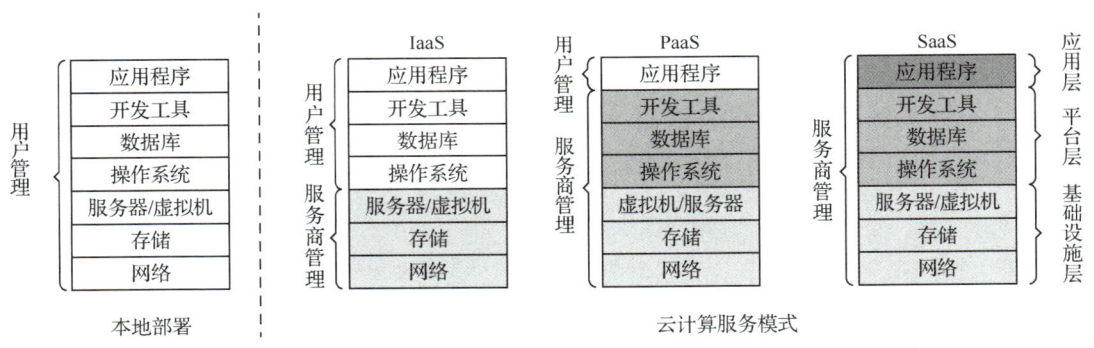

图 3-39　本地部署和 IaaS、PaaS 以及 SaaS 服务模式的区别

3.4.3　典型的云计算平台

1. Google 的云计算平台

Google 的云计算平台能实现大规模分布式计算和应用服务程序，平台包括分布式处理技术 MapReduce、Hadoop 框架、分布式文件系统 GFS、分布式数据存储系统 Bigtable 以及 Google 其他的云计算支撑要素。

MapReduce 用于大规模数据集的并行计算，是云计算的核心技术。MapReduce 是一种分布式计算技术，也是简化的分布式编程模式，适合用于处理大量数据的分布式计算以及解决问题的程序开发模型，同时是开发人员拆解问题的方法。

MapReduce 模式的思想是将要执行的问题拆解成 Map（映射）和 Reduce（化简）的方式，先通过 Map 程序将数据切割成不相关的区块，分配（调度）给大量计算机处理达到分布运算的效果，再通过 Reduce 程序将结果汇整，输出开发者需要的结果。

2004 年，开源社区搭建 Hadoop 大数据框架，用于实现 MapReduce 算法，能够把应用程序分割成许多很小的工作单元，每个单元可以在任何集群节点上执行或重复执行。在 Hadoop 框架中，Hadoop 采用分布式文件系统 GFS，它支持大型、分布式大数据量的读写操作，其容错性较强。

Bigtable 是 Google 为其内部海量的结构化数据开发的数据存储系统，它是一个有序、稀疏、多维度的映射表，具有良好的伸缩性和高可用性，用于将数据存储或部署到各个计算节点上。

2. 微软的云计算平台

微软的云计算平台主要是 Windows Azure，其目标是帮助开发者开发可运行在云服务器、数据中心、Web 和 PC 上的应用程序。Windows Azure 是继 Windows 取代 DOS 之后，微软的又一次重要转型。微软希望"云平台"最终能像 PC 平台一样，让成千上万的第三方开发人员开发出丰富的应用和新的服务。这个平台基于不同的语言开发应用程序，这些应用程序可以在平台上运行，并通过标准协议相互通信和协作。

该平台的核心是其底层结构，它是基于数量庞大的 Windows 64 位服务器的数据中心。这些服务器通过底层的结构控制器有效地组织起来，为前端应用提供计算和存储能力，并保证其可靠性。

Windows Azure 还包括其他服务，如 Microsoft SQL 数据库服务，Microsoft .Net 服务，用于分享、储存和同步文件的 Live 服务，以及针对商业的 Microsoft SharePoint 和 Microsoft Dynamics CRM 服务。这些服务共同构成了 Azure Services Platform，它是微软"软件和服务"技术的核心组成部分。

3. 阿里云

阿里云（Alibaba Cloud）是可用、可靠、可信的云计算平台，创立于 2009 年。阿里云的核心是自主研发的飞天（Apsara）操作系统。飞天核心服务包括计算、存储、数据库、网络。此外，飞天提供了丰富的连接和编排服务，将这些核心服务方便地连接和组织起来，包括通知、队列、资源编排、分布式事务管理等。飞天为阿里云打造了软件交易与交付的云市场，用户可在阿里云上按需开通"软件+云计算资源"。阿里云支持镜像、容器、编排、API、SaaS 等类型的软件与服务接入。

阿里云平台为杭州等城市提供了云计算数据中心，助力创建城市数据大脑，为智慧城市的发展提供新引擎。同时，阿里云还为许多大型企业和政府机构提供了云服务支持。

3.5 物联网技术

随着通信技术和计算机技术的不断发展，通信技术正在从人与人向人与物以及物与物通信的方向发展，万物互联成为未来通信的必然趋势。物联网（Internet of Things，IoT）正是在此背景下应运而生的，被认为是继计算机、互联网之后，世界信息产业的第三次浪潮，是将信息化技术的应用更加全面地为人类生活和生产服务的信息化大升级，开发应用前景广阔，产业带动性强。

3.5.1 物联网的概念

物联网是指通过射频识别（Radio Frequecy Identification，RFID）、传感器等信息传感与执行设备，按约定的协议，把物品与互联网相连接，进行信息交换和通信，以实现智能化识别、定位、跟踪、监控和管理的一种网络。

从定义可以看出，物联网是对互联网的延伸和扩展，其用户端可以延伸到世界上的任何物品。在物联网中，一辆车、一棵树、一座房屋，甚至是一张纸巾，都可以作为网络的终端，即世界上的任何物品都能连入网络；物与物之间的信息交互不再需要人工干预，物与物之间可实现无缝、自主、智能的交互。换句话说，物联网以互联网为基础，主要解决人与人、人与物、物与物之间的互联和通信。

因此，物联网时代正在走入万物互联的时代，所有的东西将会获得语境感知、增强的处理能力和更好的感应能力。如果留心观察，就会发现生活中已有很多常用且成功的物联网应用。

例如，大学普遍使用的校园一卡通，学生上课签到、上机预约、实验考勤、图书借阅、进出宿舍等，只需刷卡就可完成。校园一卡通的核心技术就是利用物联网技术在校园卡内植入了智能芯片，即射频电子标签。射频电子标签内存储有学生的全部信息，射频读写器能够读取到区域的射频电子标签信息，并上传到计算机系统中，实现身份认证、校园服务和校园管理等各种功能，为校园生活带来了极大的便利。

再如，人们已经习惯使用的手机微信或支付宝扫一扫功能，快速扫描二维码即可完成支付过程，从而方便地进行购物。二维码在物联网中的应用非常广泛，涵盖了产品追溯、品牌防伪、数字化营销、仓储物流等多个方面，为物联网的实现和推广提供了重要的支持和推动。

3.5.2 物联网体系架构

物联网具有很强的异构性，为实现异构设备之间的互联、互通与互操作，物联网需要一个开放、分层、可扩展的体系架构。目前，被广泛认可的是如图3-40所示的物联网三层体系架构，分别是感知层、网络层和应用层。

感知层主要负责采集物理数据，包括各类物理量、身份标识、位置信息、音频数据、视频数据等。物联网的数据采集主要通过条形码、RFID、传感器、多媒体信息采集、车载设备、各种智能装置的数据采集等技术实现。

网络层主要负责大范围的数据传递，它把感知层获取的数据快速、准确、安全地传送到目的地址，使物品能够进行远距离通信。物联网中的各种智能设备需要借助于各种接入设备及通信网实现与互联网的连接。这些接入设备包括光纤接入、无线接入、以太网接入、卫星接入等，它们能够实现底层传感器网络、RFID网络等"最后一公里"的接入。通过这些接入方式，网络层可以综合已有的全部网络形式，构建更加广泛的"互联"，以实现更大范围的信息传输。而互联网作为目前应用广泛的通信网，承担着物联网中远距离、大范围信息传输的主要任务。通过互联网的连接，物联网设备可以跨越地理空间的限制，实现信息的实时共享和交互。

应用层是物联网和用户的接口，它与行业需求相结合，实现物联网的智能应用。网络层传输的数据在应用层中进入各类信息系统进行处理，并通过各种设备与人进行交互。应用层由业务支撑平台、网络管理平台、信息处理平台、信息安全平台、服务支撑平台等组成，完成协同、管理、计算、存储、分析、挖掘，以及提供面向行业和大众用户的服务等功能。

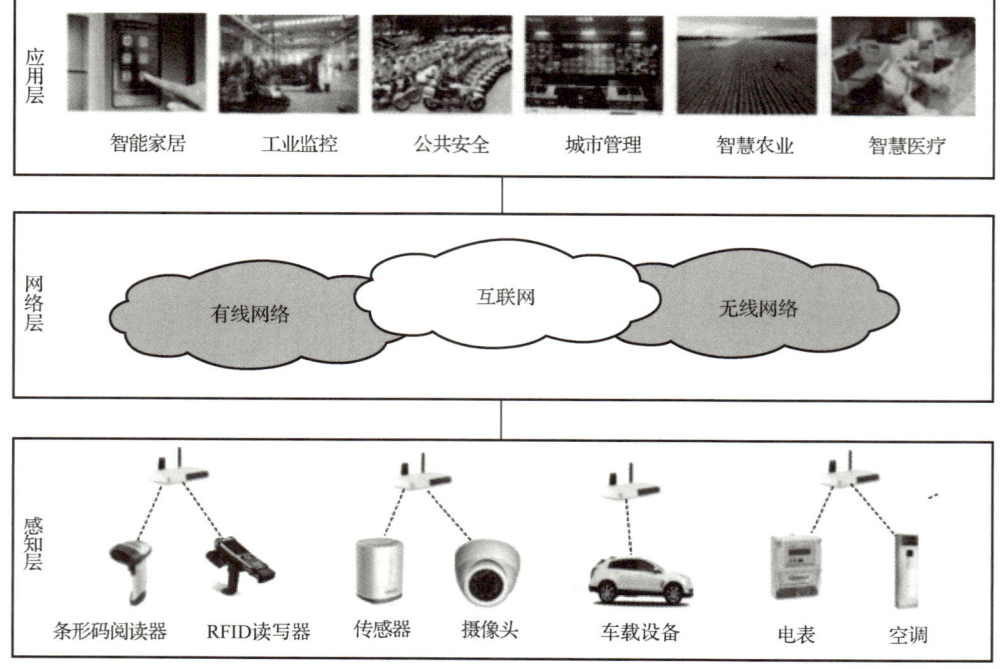

图 3-40 物联网三层体系架构

在物联网的体系结构中，各层之间的信息并不是单向传递的，而是具有交互性和控制性。这意味着信息不仅可以从感知层传递到网络层和应用层，还可以从应用层通过网络层反馈到感知层，实现双向通信和控制。同时，物联网所传递的信息种类多样，包括能唯一标识物品的识别码、物品的静态信息和动态信息等，通过这些信息使得物联网能够实现对物品的精准识别、定位、追踪和监控。

尽管物联网在不同领域的应用特点各异，但每个应用基本都是基于感知层、网络层和应用层这样的体系架构。这种统一的架构为物联网应用提供了稳定性和可扩展性，使得各种应用能够在相同的框架下进行开发和部署。感知层负责收集和处理物理世界的信息，网络层负责信息的传递和通信，而应用层则负责根据具体需求对信息进行处理和应用。这种层次化的结构使得物联网能够灵活应对不同领域的需求，实现各种智能化应用。

3.5.3 物联网关键技术

1. 感知层的关键技术

感知层的关键技术是一个综合性的技术体系，它涵盖了自动识别技术、传感器技术等多个方面，共同实现了对物理世界的智能感知和信息采集。其中，自动识别技术可以获取设备的身份及其他信息，并将这些信息送入后台的计算机处理系统；传感器技术负责收集物理世界的数据，从最初的简单数据发展到目前的能够获取图像、视频和音频等复杂数据的无线传感器网络。下面主要介绍两种常用的自动识别技术：条形码技术和射频识别技术。

（1）条形码技术

条形码（Barcode）是将宽度不等的多个黑条和白条，按照一定的编码规则排列，用以表达一组信息的图形标识符。常见的条形码是由反射率相差很大的黑条（简称条）和白条（简称空）排列的平行线图案，用来标示物品的生产国、制造厂家、商品名称、生产日期、类别等许多信息，在商品流通、图书管理、邮政管理、银行系统等许多领域都得到广泛应用。

条形码因条形组成规则不同而形成多种码制，EAN（European Article Number）是目前使用最为广泛的一种国际性的条码系统，我国也使用此码。EAN-13 码由 13 位数字构成，分别为前缀码（3 位）、制造商代码（4 位）、商品代码（5 位）和校验码（1 位），如图 3-41 所示。其中前缀码标识所属的国家或地区，由国际物品编码协会负责分配，如 690～695 代表中国。制造商代码由各个国家或地区的物品编码组织负责分配。图书和期刊作为特殊的商品也采用 EAN-13 码来表示 ISBN（International Standard Book Number，国际标准书号）和 ISSN（International Standard Serial Number，国际标准连续出版物编号），前缀 978 用于 ISBN，977 用于 ISSN。

图 3-41　EAN-13 条形码

任何一个完整的条形码都是由两侧空白区、起始字符、数据字符、校验字符（可选）、终止符和供人识别字符组成的。要将按照一定规则编译出来的条形码转换成有意义的信息，需要使用由条形码阅读器、计算机系统组成的一套条形码识别系统。其中，条形码阅读器完成扫描、译码任务。

（2）二维码技术

二维码是对条形码的改进。条形码只在水平方向上表达信息，二维码则是在水平和垂直两个方向的二维空间存储信息，它使用某种特定的黑白相间的几何图形按一定规律在平面上分布，以此来记录数据符号信息。通过扫描设备，如智能手机或专用阅读器，可以识别并读取二维码中存储的信息。二维码弥补了条形码信息量不足的问题，在产品追溯、信息自动采集、移动互联服务接入等方面具有广阔的应用前景。

与条形码一样，二维码也有许多不同的编码方法，目前最流行的是 QR Code（简称 QR 码）。QR（Quick Response）码是由日本 Denso Wave 公司研制的一种矩阵式二维码，呈正方形，只有黑白两色。在 3 个角落印有较小的、像"回"字的正方图案，这是用于帮助解码软件定位的图案，使用者不需要对准，无论从任何角度扫描，资料仍可被正确读取。

qrcode 库是 Python 的第三方模块，专门用于生成各类数据的二维码。利用 qrcode 模块生成二维码的 Python 程序如下[①]。

```
import qrcode                                    #需要先安装 qrcode 库
img = qrcode.make("https://www.c**.edu.cn/")     #创建包含所需信息的二维码对象
img.save('qr.png')                               #保存二维码图像
img.show()                                       #显示二维码图像
```

图 3-42　生成的二维码（示意图）

程序运行后，生成如图 3-42 所示的二维码。

程序中，make()函数用于创建二维码对象，将字符串参数设置为二维码所包含的文字信息或网页链接；二维码对象的 save()方法将二维码以文件名 qr.png 保存到本地文件夹中，show()方法显示二维码图像。

（3）射频识别技术

射频识别（RFID）技术是一种非接触式的自动识别技术，它通过射频信号自动识别目标对象并获取相关数据。一个典型的 RFID 系统一般由标签

---

① 本书网址链接处添加星号以隐藏实际网址，完整运行代码可通过本书配套资源获取。

（Tag）、读写器和计算机系统3个部分组成，如图3-43所示。

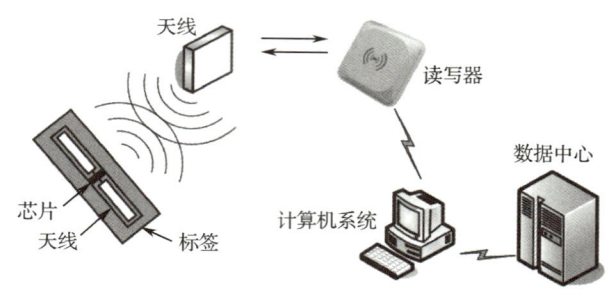

图3-43　RFID系统的组成

标签是一个微型无线收发装置，主要由天线和芯片组成；读写器是一个捕捉和处理标签数据的设备，它可以是单独的个体，也可以嵌入其他系统之中。读写器也是构成RFID系统的重要部件之一，由于它能够将数据写到标签中，因此称为读写器。

RFID技术的基本工作原理是：读写器通过天线发射特定频率射频信号（即电磁脉冲）；标签进入磁场后，接收读写器发出的射频信号，凭借感应电流所获得的能量发送出存储在芯片中的信息；读写器读取信息并解码后，送至计算机系统进行有关数据处理。

RFID技术无须直接接触，无须光学可视，无须人工干预，操作快捷方便，可工作于各种应用环境。随着物联网技术的快速发展，RFID技术已成为物联网感知层的重要组成部分，被广泛应用于物流、交通、电子支付、安全鉴别等领域。其中很多应用需要在高速运动中对标签进行读写，如ETC电子收费系统、电子车牌、列车电子标签等。

2. 网络层的关键技术

物联网的网络层是连接感知层和应用层的纽带，它由互联网、各种有线和无线网络组成，负责将感知层获取的信息，安全可靠地传输到应用层，然后根据不同的应用需求进行信息处理。

物联网中的无线通信技术按照传输距离可以分为短距离无线通信技术和长距离无线通信技术。

短距离无线通信技术包括无线局域网、蓝牙技术、ZigBee技术、超宽带（Ultra-Wideband，UWB）技术等。无线局域网是一种允许电子设备连接到一个无线局域网的技术；蓝牙技术是一种低功率、小范围、低速率的无线通信技术，用于移动电话、无线耳机、笔记本电脑之间的短距离无线通信，传输数据速率约为720kbit/s，通信范围为10m左右；ZigBee技术具有低成本、低功耗、低速率和短距离通信的特点，主要用于各种电子设备之间的无线通信技术，传输数据速率约为250kbit/s，通信距离一般为10～80m，广泛应用于智能家居、工业控制、环境监测等领域；超宽带技术以其高速的数据传输、大空间容量、强抗干扰能力、高精度定位和低功耗等特点，在无线通信和定位领域具有广泛的应用。超宽带技术支持100～400Mbit/s的数据速率，可用于小范围内高速传送图像或DVD质量的多媒体视频文件。超宽带技术的典型应用是在智能仓储系统中，实现物体和人之间厘米级精度的定位和导航功能。

长距离无线通信技术常用于偏远地区、海岛以及船舶等场景，这些区域由于种种原因难以铺设有线通信设施。常用的长距离无线通信技术有微波通信技术、卫星通信技术等。

现有的通信网络种类繁多，它们都是针对不同客户群体的需求而精心设计的。这种设计思路使得通信网络呈现出泛在化和异构化的特点，形成了目前多种异构网络共存的局面。物联网需要整合不同的通信技术，实现一个多元化和交互式的网络环境。因此物联网必须是异构、泛在的，它要实现不同网络的无缝融合和透明操作。在未来的物联网中，网络层将不再局限于传统的单一网络结构,最终将实现互联网、移动通信网、卫星网等不同类型网络的无缝融合,其中需要解决异构网络之间地址的统一与转换,以及分组格式和路由方式的选择等关键问题。

3. 应用层的关键技术

应用层关键技术包括数据分析、云计算等。

物联网和云计算的结合存在多种模式,IaaS、PaaS、SaaS 可以与物联网很好地结合起来。从智能分布的角度出发,"边缘计算"也是物联网应用智能处理模式的一种典型特征。物联网应用中的智能处理逻辑可以分布于从终端到前端几种平台之间的多个单元上,如何分布取决于物联网应用类型,如边缘节点可以演变为智能节点,智能处理逻辑主要分布在这些智能节点上,这些智能节点提供的信息或服务供不同应用或用户进行访问。

数据分析是决策支持和过程控制的重要技术手段,它是物联网中的重要一环。物联网中的数据分析已经从传统意义上的数据统计分析、潜在模式的发现与挖掘,转向依赖云计算对采集到的各行各业、数据格式各不相同的海量数据进行整合、管理、存储,并在物联网中提供数据分析服务,实现预测、决策,进而反向控制传感网络,为用户提供丰富多彩的物联网应用。

常见的物联网应用包括智能家居、工业监控、公共安全、城市管理、智慧农业、智慧医疗等。例如,随着城市的发展,车辆的数量日益增加,城市交通承受的压力也越来越大。利用物联网技术,通过对车辆安装不同的传感器和 RFID,收集并传输交通数据,如路况、车流、事故信息等,对车辆进行识别和定位,了解车辆的实时运行状态和路线,方便车辆的管理,同时也可实现交通的监控,并预测未来趋势,从而更有效地调配交通资源,预防和缓解交通拥堵。

习题与实验

一、选择题

1. 计算机主机是由 CPU 和(　　)构成的。
   A. 控制器　　　B. 输入输出设备　　　C. 运算器　　　D. 内存储器
2. 计算机的内存容量通常是指(　　)。
   A. RAM 的容量
   B. RAM 与 ROM 的容量总和
   C. 软盘与硬盘的容量总和
   D. RAM、ROM、软盘和硬盘的容量总和
3. 微型计算机中配置 Cache 是为了解决(　　)问题。
   A. 内存与辅助内存之间速度不匹配
   B. CPU 与辅助内存之间速度不匹配
   C. CPU 与内存之间速度不匹配
   D. 主机与外部设备之间速度不匹配
4. 微型计算机的结构原理是采用(　　)结构,它使 CPU 与内存和外部设备的连接简单化与标准化。
   A. 星形　　　B. 总线　　　C. 网络　　　D. 层次
5. 8 位二进制数的补码为 11111101,对应的十进制数为(　　)。
   A. 509　　　B. 253　　　C. -3　　　D. -2
6. 有一个数值是 152,它与十六进制数 6A 相等,该数值是(　　)。
   A. 二进制数　　　B. 八进制数　　　C. 十六进制数　　　D. 十进制数
7. 一般来说,要求声音的质量越高,则(　　)。
   A. 量化位数越低和采样频率越低
   B. 量化位数越高和采样频率越高
   C. 量化位数越低和采样频率越高
   D. 量化位数越高和采样频率越低

8. 局域网的英文缩写是（　　）。
   A．LAN　　　　B．WAN　　　　C．MAN　　　　D．Internet
9. Internet 上的 Web 服务采用的协议是（　　）。
   A．FTP　　　　B．Telnet　　　C．SMTP　　　D．HTTP
10. 物联网的体系结构包括（　　）、网络层和应用层。
    A．链路层　　　B．感知层　　　C．物理层　　　D．传输层

二、问答题

1. 计算机系统由哪些部分组成？
2. 简述存储器的层次结构，有何意义？
3. 观察十进制偶数和十进制奇数的二进制表示的特点，如何根据一个二进制数快速判断其十进制数是奇数还是偶数？
4. 什么是 ASCII？"a"与"A"的 ASCII 相差多少？
5. 声音和图像数字化的基本步骤是什么？
6. 阐述身边的物联网应用实例。

三、实验题

1. 有符号数和无符号数的运算。使用 NumPy 的 uint8（无符号 8 位二进制整数）或 int8（有符号 8 位二进制整数）数据类型来处理一字节整数。例如：

```
>>> np.array(71, dtype = np.int8) + np.array(65, dtype = np.int8)   #71+65 产生溢出
-120
```

分别计算一字节无符号数 226+60 和一字节有符号数 25+110，分析为什么会出现这样的结果。

2. 将二进制数转换为八进制数。二进制整数转换为八进制整数采用的方法是"3 位变 1 位"。例如，二进制数 1101110001，可以分组成 001 101 110 001，每 3 位二进制数转换为 1 位八进制数，结果为 1561。运行并理解以下程序。

```
binaryN = input("输入二进制数:")           #输入二进制字符串
#如果二进制字符串长度不是 3 的倍数，则在前面补 0
while len(binaryN) % 3 != 0:
    binaryN = '0' + binaryN
octalN = "0o"                              #初始化八进制字符串
oct_digit = {'000': '0', '001': '1', '010': '2', '011': '3', '100': '4', '101': '5', '110': '6', '111': '7'}
#每 3 位二进制字符转换为一位八进制字符
for i in range(0, len(binaryN), 3):
    chunk = binaryN[i:i+3]                 #取 3 位二进制
    oct_digit1 = oct_digit[chunk]          #查找对应的八进制数
    octalN += oct_digit1
print("八进制数:", octalN)
```

第 4 章　人工智能的数据基础

在人工智能技术蓬勃发展的今天，高质量数据已成为构建智能系统的核心要素。数据不仅是人工智能模型的学习原料，更是驱动算法迭代、支撑智能决策、实现价值创造的重要基础。大数据与人工智能的深度融合，正在重塑人类的生活和发展模式，也改变了人类认识世界和价值判断的方式。智慧城市依托多源时空数据训练交通预测模型，精准医疗依托基因测序数据定制诊疗方案，智能制造依托工业大数据开发设备故障预测系统。这种数据驱动的智能革命，使人类首次能够突破经验主义的局限，通过多维数据建模揭示复杂系统的关联规律。

随着数据获取和数据处理技术的不断发展，开放的数据采集与数据分析工具愈加便利，人们可以更加专注于数据采集和数据分析的过程，从而更好地利用数据发现问题、分析问题和解决问题。但数据洪流也带来数据安全的挑战，急需相应的技术对策，确保技术创新符合伦理准则。

本章介绍数据分析的流程与方法、数据可视化、网络数据的获取与处理方法、大数据处理关键技术及框架平台、大数据与人工智能的关系以及数据安全，并结合实际案例说明数据分析方法的具体应用。

4.1　数据分析基础

为了发掘数据内部隐藏的规律及其潜在的知识，充分发挥数据的价值，采用科学的方法对数据进行分析和处理是非常必要的。

4.1.1　数据分析的基本流程

在数据科学中，数据分析是核心工作，其基本流程如图 4-1 所示。

图 4-1　数据分析的基本流程

1. 问题描述

在数据处理过程中，并不是有了数据就必须进行数据分析，而是先存在需要解决的问题，然后对应地搜集数据、分析数据，最终得到结果。基于专业知识界定问题，明确数据分析的目标和需求是数据分析的关键。从数据理论的角度，可将分析问题的种类分为推理性问题、描述性问题、探索性问题、预测性问题、因果问题和相关性问题等。

2. 数据采集

数据采集是按照确定的数据分析框架，收集相关原始数据的过程，它为数据分析提供了素材和依据。这里的数据包括一手数据与二手数据，一手数据主要指可直接获取的数据，如公司内部的数据库、市场调查取得的数据等；二手数据主要指经过加工整理后得到的数据，如统计部门在互联网上发布的数据、公开出版物中的数据等。

3. 数据预处理

数据预处理是指对采集到的数据进行加工整理，保证数据的一致性、完整性和有效性，以形成适合数据分析的样式。它是数据分析前必不可少的阶段。

数据预处理包括数据存储、清洗、标准化等步骤。面向问题需求，可以从多种渠道采集相关数据，如系统生成、设备记录、网络获取等，然后按照业务逻辑将这些形式各异的数据组织成格式化的数据，去掉其中的冗余数据、无效数据，填补缺失数据，以便于后续的分析和处理。

4. 数据分析与建模

根据分析目标，采用统计分析、回归分析、关联分析、文本分析等方法，对数据内容进行分析，考察数据的特性及数据成员之间的关联、模式等。还可以通过机器学习或统计方法，从数据中建立问题描述模型。分析和建模选择何种方法主要取决于问题的类型，例如，是分类预测问题，还是描述性问题，或是关联性分析问题。建立模型可尝试多种算法，每种算法都有相对适用的数据集，需要根据数据采集和预处理阶段获得的数据集特性来进行选择。最后，对生成的模型进行评估，尝试多种算法及参数设置，从而获得特定问题的相对最优解。

5. 数据可视化

通过数据分析与建模，隐藏在数据内部的关系和规律就会逐渐浮现出来。但是，选择通过什么方式展现出这些关系和规律，仍然是一个非常重要的问题。一般情况下，通过表格和图形的方式来呈现数据，即"用图表说话"具有更佳效果。特别是图形，表达直观、形式多样、色彩丰富、生动形象，可以快速有效地传递想要表达的观点，最容易被人所接受。

常用的数据图表包括条形图、折线图、饼图、散点图、雷达图等，可以对这些图表进一步整理加工，使之变为所需要的图形，如金字塔图、矩阵图、瀑布图、漏斗图、帕雷托图等。

6. 总结与应用

数据分析完成之后，应该对照提出的问题进行分析总结，并得出结论。数据分析的成果包括分析模型、数据、信息图、报表等多种形式。分析模型可以被集成到 Web 应用系统、移动应用中形成数据产品，系统可以使用这些模型对未来数据进行分析预测。数据、信息图、报表等也可直接放在报告中，形成各种商业、行业、政策的分析报告。

数据分析应用的成功不仅取决于分析的技术与方法，还在于对数据对象业务领域的理解。数据分析流程中的每个环节，都需要发挥专业知识的作用，保证分析过程正确有效。

4.1.2 常用数据分析方法

1. 统计分析

统计分析是指通过数学的方式，对大量数据样本进行数理统计和分析，研究数据对象的规模、范围、程度、分布特性等数量关系，认识数据内部的相互关联性、变化规律和发展趋势，并形成定量的结论，借以达到对数据的正确理解和预测。

借助 Python 语言的第三方库 NumPy，可以很方便地对数据进行统计分析。NumPy 提供了各种可以对数据进行计算的通用函数，既方便又高效。通过导入该第三方库，只需要对函数进行简单的调用，便可以完成相关计算。NumPy 常用的统计函数如表 4-1 所示。

表 4-1 NumPy 中常用的统计函数

函数	功能	函数	功能
amin()	沿指定轴的最小值	argmin()	最小值的索引
amax()	沿指定轴的最大值	argmax()	最大值的索引
ptp()	最大值与最小值的差	sum()	元素之和
prod()	元素之积	cumsum()	元素的累加和
cumprod()	元素的累乘积	percentile()	指定轴上的分位数
median()	元素的中位数（中值）	mean()	元素的算术平均值
average()	元素的加权平均值	std()	元素的标准差
var()	元素的方差	cov()	两个数组的协方差
cooeff()	两个数组的相关系数	sort()	排序

在 NumPy 中，基础的数据类型是同类型元素构成的数组，称为 ndarray 多维数组对象。因此，在使用 NumPy 库中的函数进行计算之前，往往要先调用 array() 函数创建 NumPy 数组，然后再参与各种运算。

例 4-1 已知某组同学的成绩为[59, 63, 84, 90, 76, 81, 75, 95, 86, 68]，统计这组成绩中的各项统计指标。

命令如下。

```
>>> import numpy as np                                   #导入第三方库并命名为np
>>> a = np.array([59, 63, 84, 90, 76, 81, 75, 95, 86, 68])   #输入数据并创建数组
>>> np.amax(a)                                           #获取最大值
95
>>> np.amin(a)                                           #获取最小值
59
>>> np.ptp(a)                                            #计算最大值与最小值之差
36
>>> np.percentile(a,50)                                  #获取50%位置上的分位数
78.5
>>> np.mean(a)                                           #计算算术平均值
77.7
>>> np.median(a)                                         #计算中位数
78.5
>>> np.std(a)                                            #计算标准差
11.13597772986279
>>> np.var(a)                                            #计算方差
124.00999999999999
>>> np.sort(a)                                           #对数据进行排序
array([59, 63, 68, 75, 76, 81, 84, 86, 90, 95])
```

2. 回归分析

回归分析是一种预测性的建模分析技术，它通过样本数据确定目标变量和自变量之间的相互依赖关系，建立数学模型。通过该模型，可以对新的自变量所对应的目标变量进行预测。

常用的回归方法有线性回归（Linear Regression）、逻辑回归（Logistic Regression）和多项

式回归（Polynomial Regression）等。在线性回归中，若只包括一个自变量和一个目标变量，则称之为一元线性回归，此时自变量和目标变量之间存在的关系可以用一根直线来近似地表示，即 y=wx+b，就是要确定表达式中 w 和 b 的值，使得所有的样本数据点尽可能地靠近这条直线。

在具体实现中，可以通过第三方库 Scikit-learn 完成回归分析。Scikit-learn 是基于 Python 的机器学习工具库，对常用的机器学习方法进行了封装，包括分类、回归、降维、聚类等，对象的接口简单，使用方便。下面通过 Scikit-learn 的 LinearRegression 类，结合具体的应用案例，构建一元线性回归分析模型。

例 4-2 已知蛋糕直径与价格的关系如表 4-2 所示，对其进行线性回归分析，并估算直径如 30 厘米的蛋糕的价格。

表 4-2 蛋糕直径与价格的关系

直径/cm	价格/元
15	99
20	110
25	173
35	224
45	245

分析：先用 pip install scikit-learn 命令安装 Scikit-learn（sklearn）库，然后用 sklearn 库的 linear_model 模块中的 LinearRegression() 函数来创建线性回归模型对象。

创建线性回归模型后，可以使用 fit(X, y) 方法对模型进行训练。其中，X 是 $m \times n$ 二维数组，m 为样本数，n 为特征项个数；y 是一维数组，包含 m 个元素。训练完成后，可以使用 predict(X1) 方法对新的数据进行预测。其中，X1 是 $m1 \times n$ 二维数组。

在 Scikit-learn（sklearn）库中，线性回归模型对象有两个主要属性：coef_ 表示线性系数（即斜率），intercept_ 表示截距。

程序如下。

```
import numpy as np
from sklearn import linear_model                    #导入 sklearn 库的 linear_model 模块
X = np.array([15, 20, 25, 35, 45]).reshape(5, 1)    #转换成 5 行 1 列的二维数组形式
Y = [99, 110, 173, 224, 245]
model = linear_model.LinearRegression()             #创建线性回归模型对象
model.fit(X, Y)                                     #使用训练数据来拟合模型
newp = model.predict([[30]])                        #预测 30 厘米蛋糕的价格
print("30 厘米蛋糕的价格:", newp[0])
print("斜率:", model.coef_[0])
print("截距:", model.intercept_)
```

程序运行结果如下。

30 厘米蛋糕的价格: 180.70689655172413
斜率: 5.25344827586207
截距: 23.103448275862036

即线性回归模型为 $y=5.25344827586207x+23.103448275862036$。将 $x=30$ 代入模型，得

y=180.70689655172413,命令如下。

```
>>> x=30
>>> y=5.25344827586207*x+23.103448275862036
>>> y
180.70689655172413
```

以下程序将 X、Y 的数据以及拟合模型用图形显示出来,结果如图 4-2 所示。其中,散点表示训练的样本数据,直线表示拟合后的结果。

```
import matplotlib.pyplot as plt
plt.figure()                                    #建立图形对象
plt.scatter(X, Y, color = 'red')                #绘制散点图,颜色为红色
plt.plot(X, model.predict(X), color = 'blue')   #对拟合结果绘图,颜色为蓝色
plt.show()                                      #显示图形
```

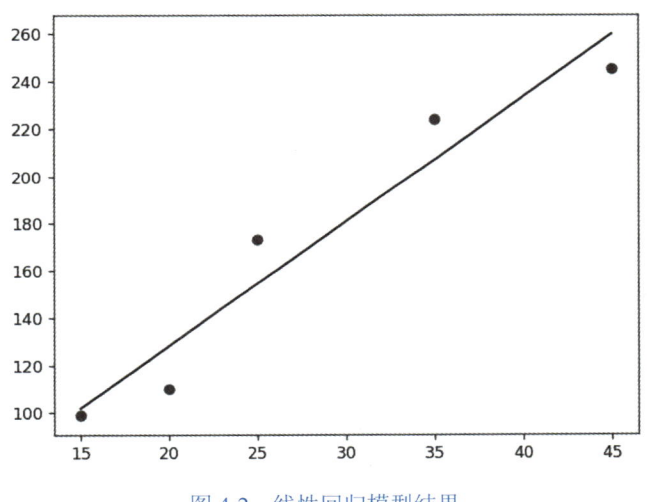

图 4-2 线性回归模型结果

另外,对于一元问题,通过 NumPy 提供的函数进行线性拟合,也能得到类似的结果。程序如下。

```
import numpy as np
X = [15, 20, 25, 35, 45]
Y = [99, 110, 173, 224, 245]
z1 = np.polyfit(X, Y, 1)        #一次多项式拟合,即线性拟合
p1 = np.polyval(z1, 30)         #估算新数据的值
print(z1[0], z1[1])             #分别输出斜率和截距
print(p1)
```

程序运行后,得到和前面线性回归模型近乎相同的结果。

3. 文本分析

文本(text)是指不能参与算术运算的任何字符,也称为字符数据。文本分析在许多领域都有应用,如自然语言处理、信息检索、情感分析等。通过文本分析,可以从海量文本中发现知识,更好地理解文本的语义和语境。

文本分析的主要过程包括分词、去除停用词、特征提取、建模分析等。

分词是指将文本分割成文本分析的最小单位——词语。但有些语言本身便以词语为基本单位，不需要分词，如英语。而有些语言文本中没有词语分割的标记，如中文、日文等，分析前就需要先进行词语切分。

对于文本特征没有任何贡献的词语，如中文文本中的一些助词、语气词、标点符号等，可以将其归入停用词中。在进行文本分析的时候，应该先剔除这些停用词，以免对文本分析过程造成干扰。

完成了分词和去除停用词之后，可以对文本进行特征提取，使其转换为某些特征表示集合，如词频、词性、词上下文及词位置等，具体的特征通常会根据文本分析的任务来进行选择。这些特征将按照某种模型被转换为向量数据，以便进行建模分析。目前常用的分析模型有序列分类模型、序列标注模型、序列-序列学习模型等，它们分别用于文本分类和关系抽取、文本实体识别、机器翻译和自动摘要等。

（1）分词

在 Python 中，可以利用中文文本处理的常用第三方库 jieba 来实现分词操作。例如：

```
>>> import jieba
>>> jieba.lcut("中南大学坐落在中国历史文化名城湖南省长沙市")
['中南大学', '坐落', '在', '中国', '历史', '文化名城', '湖南省', '长沙市']
```

（2）词频统计

词频统计是文本分析中常见的工作，它可以帮助了解文本中各个词汇出现的频率及其分布情况。可以使用 Python 内置库 collections 中的 Counter() 函数进行词频统计。例如：

```
>>> import collections
>>> fruit = ['苹果', '猕猴桃', '香蕉', '苹果', '草莓', '苹果', '猕猴桃', '香蕉', '苹果']
>>> word_count = collections.Counter(fruit)
>>> word_count
Counter({'苹果': 4, '猕猴桃': 2, '香蕉': 2, '草莓': 1})
```

Counter() 函数统计列表中元素出现的次数，返回一个字典，其中关键字是元素，值是元素出现的次数。还可以输出词频最高的词语，例如，输出词频最高的 2 个词语。

```
>>> print(word_count.most_common(2))
[('苹果', 4), ('猕猴桃', 2)]
```

（3）利用字典实现词频统计

在 Python 中经常用字典来实现词频统计。设有字典 counts，其关键字代表要统计的单词，其值是单词出现的次数。要更新单词（word）的数量可用以下语句来实现。

```
counts[word] += 1    #即 counts[word] = counts[word] + 1
```

但第一次遇到一个单词（word）时，它在字典（counts）中还没有元素，这时不能直接使用 counts[word] 来访问字典元素，因此对于每一个单词都需要做出判断：如果 word 在 counts 中存在，则 counts[word] 在原来基础上加 1，否则给 counts[word] 赋 1。可以使用 in 运算符来实现判断，程序段如下。

```
if word in counts:
    counts[word] += 1
```

```
else:
    counts[word] = 1
```

更优雅的方法是使用字典的 get()方法。

```
counts[word] = counts.get(word, 0) + 1
```

如果 word 在 counts 中，get()方法返回 counts[word]的值，相当于执行 counts[word] = counts(word) + 1；如果 word 不在 counts 中，get()方法返回 0，相当于执行 counts[word] =1。

例 4-3 利用字典统计各个单词出现的次数。

程序如下。

```
fruit = ['苹果', '猕猴桃', '香蕉', '苹果', '草莓', '苹果', '猕猴桃', '香蕉', '苹果']
counts = {}
for word in fruit:
    counts[word] = counts.get(word, 0) + 1
for word in counts:
    print(word, counts[word])
```

程序运行结果如下。

```
苹果 4
猕猴桃 2
香蕉 2
草莓 1
```

4.1.3 数据可视化

1. 数据可视化的概念

数据可视化是关于数据视觉表现形式的科学，它将数据以图形化的方式表示出来，揭示其中隐藏的数据特征，直观地传达关键信息，辅助建立数据分析模型，展示分析的结果，帮助人们发现规律和获取知识。通过这种方式，它为数据分析提供了一种更加直观的挖掘、分析与展示的手段，真正做到"让数据说话"，让数据更贴近大众、更有价值和意义。

数据可视化所涵盖的技术方法非常广泛，它涉及计算机视觉、图像处理、计算机辅助设计、计算机图形学等多个领域，并逐渐成为解决数据表示、数据综合处理、决策分析等问题的综合技术。

2. 常用可视化图表

常用的可视化图表有散点图、折线图、条形图、饼图、雷达图、词云图等。在 Python 中，常用图表都可以通过第三方库 Matplotlib 进行绘制。

例 4-4 已知 2021 年我国国内生产总值（GDP）超过 114 万亿元。若按季度分，4 个季度的 GDP 分别为 24.93101 万亿元、28.28574 万亿元、29.09638 万亿元、32.42374 万亿元。以子图形式分别绘制散点图、折线图、条形图和饼图，用于展示 4 个季度的 GDP 数据。

程序如下。

```
import matplotlib.pyplot as plt
X = [1, 2, 3, 4]
```

```
Y = [24.93101, 28.28574, 29.09638, 32.42374]    #输入数据
p = plt.figure()                                 #设置画布
p.add_subplot(2, 2, 1)                           #将画布分成2×2格式,绘制子图1
plt.scatter(X, Y)                                #绘制散点图
p.add_subplot(2, 2, 2)                           #绘制子图2
plt.plot(X, Y, marker = 'p')                     #绘制折线图
p.add_subplot(2, 2, 3)                           #绘制子图3
plt.bar(X, Y)                                    #绘制条形图
p.add_subplot(2, 2, 4)                           #绘制子图4
labels = ['第 1 季度', '第 2 季度', '第 3 季度', '第 4 季度']  #设置每个扇区的说明文字
plt.rcParams['font.sans-serif'] = ['SimSun']     #指定默认字体
explode = [0.02, 0.02, 0.02, 0.02]               #设置每个扇区离圆心的距离
plt.pie(Y, labels = labels, explode = explode)   #根据设置绘制饼图
plt.show()                                       #显示绘图结果
```

程序运行结果如图 4-3 所示。图形展示了 2021 年 4 个季度 GDP 数据的变化情况,比简单的数据更加直观、形象,令人印象深刻。

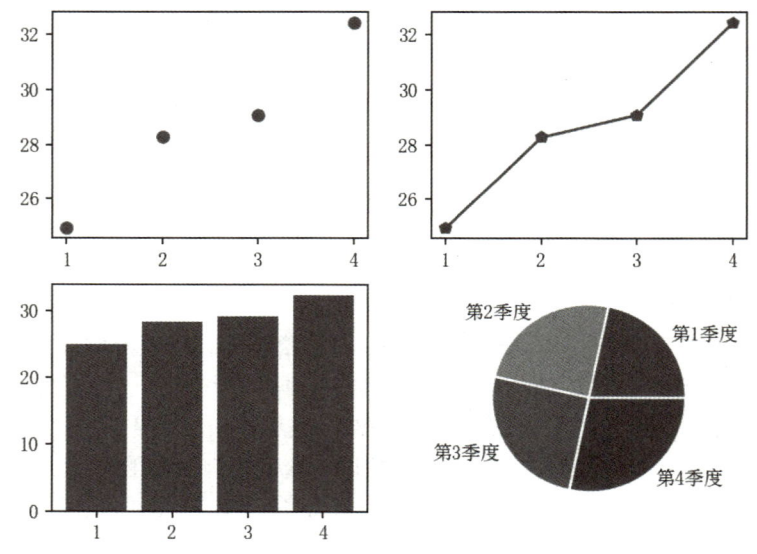

图 4-3　4 种常用图形

3. 词云图

在处理文本信息时,则可能需要另一种图表——词云图。词云图是文本数据的一种可视化展现方式,它由文本数据中提取的高频关键词组成彩色图形,以可视化表达来传达文本数据背后所隐藏的信息,非常直观明了。

在 Python 中,可以通过第三方库 wordcloud 来制作词云图,基本步骤如下。

① 安装并导入 wordcloud 库。
② 使用 wordcloud 库的 WordCloud()函数根据参数创建 WordCloud 对象。
③ 使用 WordCloud 对象的 generate(txt)方法将文本数据(会根据空格分词)转换为词云图。
④ 使用 WordCloud 对象的 to_file()方法将词云图保存为图像文件(png 或 jpg 格式)。
⑤ 使用 matplotlib.pyplot 或其他图像处理库显示词云图。

例 4-5　创建英文词云图。

程序如下。

```
import wordcloud as wc          #导入 wordcloud 库
import matplotlib.pyplot as plt
text = 'apple pear kiwi peach apple strawberry apple kiwi banana watermelon'
wcObj = wc.WordCloud()          #创建 WordCloud 对象
wcObj.generate(text)            #将文本数据转换为词云图
wcObj.to_file('fruit.png')      #保存词云图
plt.imshow(wcObj)               #绘制词云图
plt.axis('off')                 #不显示坐标尺寸
plt.show()                      #显示图形窗口
```

程序运行后，得到如图 4-4 所示的英文词云图。apple 一词出现次数最多，所以字最大。

图 4-4　英文词云图

在默认情况下，WordCloud()函数根据默认参数创建 WordCloud 对象，还可以通过设置背景图片、字体样式、颜色、大小等，让词云图变得更加美观。WordCloud 对象常用配置参数如表 4-3 所示。

表 4-3　WordCloud 对象常用配置参数

参数	功能描述
width	指定词云对象生成图片的宽度，默认为 400 像素
height	指定词云对象生成图片的高度，默认为 200 像素
min_font_size	指定词云中字体的最小字号，默认为 4 号
max_font_size	指定词云中字体的最大字号，默认根据高度自动调节
font_step	指定词云中字体字号的步进间隔，默认为 1
font_path	指定字体文件，默认为 None。绘制中文词云图时必须指定字体
max_words	指定词云显示的最大单词数量，默认为 200
stopwords	指定词云的排除词列表，即不显示的单词列表
mask	指定词云形状的遮罩图像，默认为 None，即方形图。当 mask 不为 None 时，width 和 height 参数无效
background_color	指定词云图片的背景颜色，默认为 black（黑色）
colormap	指定词云文字的配色集，默认为'viridis'
collocations	默认为 True，为了去掉重复词，可设置为 False

例 4-6　创建中文词云图

程序如下。

```
import wordcloud as wc
import matplotlib.pyplot as plt
text = '苹果 梨 猕猴桃 桃 苹果 草莓 苹果 猕猴桃 香蕉 西瓜'
excludes = ['香蕉']
wcObj = wc.WordCloud(width = 350, height = 250,    #设置图片宽度和高度
        background_color = 'skyblue',              #设置背景颜色为天蓝色
        font_path = 'msyh.ttc',                    #设置字体文件，中文词云必须指定
        max_words = 300,                           #设置词汇最大数量为 300
        stopwords = excludes,                      #设置排除词
        colormap = 'magma'                         #设置配色集为 magma
)                                                  #创建 WordCloud 对象
wcObj.generate(text)                               #将文本数据转换为词云图
wcObj.to_file('fruit1.png')                        #保存词云图
plt.imshow(wcObj)                                  #绘制词云图
plt.axis('off')                                    #不显示坐标尺寸
plt.show()                                         #显示图形窗口
```

图 4-5　中文词云图

程序运行后，会生成如图 4-5 所示的中文词云图。其中"香蕉"为排除词，在词云中不显示。

4．常用可视化工具

使用 Python 的第三方库可以较为方便地实现数据可视化，如前文介绍的 Matplotlib 库和 wordcloud 库，就是 Python 环境下的常用可视化工具。除此以外，还有一些其他的常用可视化工具，下面简要进行介绍。

（1）WPS 表格

WPS 表格是 WPS Office 套件中的电子表格软件，也提供了数据可视化的功能。用户可以使用 WPS 表格内置的图表类型，如柱形图、折线图和饼图等，来实现各种数据可视化。

（2）ECharts 库

ECharts 是一个使用 JavaScript 实现的开源可视化库，可以在 Web 页面中创建交互式的图表和数据可视化，还可以在 Node.js 环境中使用，并且支持对移动端的适配。ECharts 提供非常丰富的数据可视化图表。

（3）Seaborn 库

Seaborn 是一个基于 Matplotlib 的数据可视化库，提供了更高级的接口和定制化选项，方便用户做出各种有吸引力的统计图表。Seaborn 支持直接使用 Pandas 和 NumPy 数据结构进行绘图，支持交互式可视化和多种输出格式。

（4）Pyecharts 库

Pyecharts 是一个基于 Echarts 图表库的开源数据可视化库，它提供了丰富的图表类型和交互功能，使得用户可以轻松地创建各种数据可视化效果。Pyecharts 支持多种类型的图表，并且支持数据动态展示、图表联动、事件交互等高级功能。

（5）Tableau 工具

Tableau 是十分流行的商业智能工具，主要用于数据分析。Tableau 的操作十分简单，用户

只需通过拖曳方式即可快速创建出各种数据可视化效果。Tableau 提供了强大的数据处理和分析功能，支持多种数据源的连接，用户可以将各种数据源整合在一起进行分析。

4.1.4　应用案例——《三国演义》词频统计与词云图创建

根据"三国演义.txt"文档，统计《三国演义》全文出现次数最多的 5 个词及其出现的次数，并对全文创建词云图。

首先读取"三国演义.txt"文档内容，然后对文本进行预处理，最后进行统计并创建词云图。

1. 文档的读取

利用 2.7.2 小节中介绍的读取文本文件的方法，读取"三国演义.txt"文档的内容，并构成一个字符串。

2. 文本预处理

文本预处理包括分词、去除停用词等操作。首先使用 jieba 库进行中文分词；然后去掉单字符的词，并对几个主要人物的称呼进行合并处理；最后创建一个停用词列表，其中包含一些常见的无意义词，如 "二人" "却说" "不能" "不可" 等，过滤掉这些停用词。

3. 词频统计与提取高频词

利用字典对预处理后的结果进行词频统计，统计每个词的出现次数；然后将统计结果按照词频从高到低排序，并提取前 5 个高频词。

为了提取高频词，通常使用的命令为

```
>>> counts = {"张东":13,"李南":24,"刘西":73,"王北":53,"陈中":33}   #counts 是一个字典
>>> items = list(counts.items())        #将字典的键-值对转换为列表 items
>>> items
[('张东', 13), ('李南', 24), ('刘西', 73), ('王北', 53), ('陈中', 33)]
>>> items.sort(key = lambda x:x[1], reverse = True)
```

命令中的 "items.sort()" 是对 items 列表进行原地排序，而不是创建一个新的列表。"key = lambda x:x[1]" 使用了一个匿名函数（lambda 函数）来定义排序的关键字。在这里，列表 items 的每一个元素为元组，key 参数中的匿名函数返回该元素的第 2 个值，即索引为 1 的值，这意味着列表中的元素应该是一个包含至少两个元素的序列（这里是包含两个元素的元组），并且命令会根据第 2 个元素的值进行排序。"reverse = True" 这表示按降序排序，即出现次数从大到小。继续看操作结果。

```
>>> items             #排序后的列表 items
[('刘西', 73), ('王北', 53), ('陈中', 33), ('李南', 24), ('张东', 13)]
>>> items[0]
('刘西', 73)
>>> word, count = items[0]      #列表 items 的元素是元组
>>> print(word, count)
刘西 73
```

4. 词云图的创建

利用 wordcloud 库创建词云图，首先创建一个 WordCloud 对象，并设置词云参数，如词云图背景颜色、宽度和高度、词云形状的遮罩图像、字体路径等；然后将分词得到的文本数据（是

用空格分隔的词组成的字符串）传递给 WordCloud 对象，生成词云；最后使用 WordCloud 对象的 to_file 方法将词云保存为图像文件，使用 Matplotlib 库显示词云图。

注意：为生成特定形状的词云，可以利用 PIL 图像处理库中的 Image.open()函数导入遮罩图像，再利用 NumPy 库中的 np.array()函数将图遮罩图像转换为 ndarray 类型的数据（为了满足 WordCloud 对象的参数要求）。

下面给出完整的程序，其中各个步骤都用函数实现，以帮助读者提高解决复杂问题的能力。

```python
import jieba
import PIL
import numpy as np
import wordcloud as wc
import matplotlib.pyplot as plt
#读取 txt 文档
def read_text(file_path):
    text = open(file_path, 'r', encoding = 'utf-8').read()    #读取文本内容
    return text
#文本预处理
def preprocess_text(text):
    words = jieba.lcut(text)                                  #对文本进行分词
    newwords = []
    for word in words:
        if len(word) == 1:                                    #去掉单字符的词
            continue
        elif '诸葛亮' == word or '孔明曰' == word:              #合并同类含义的词
            newwords.append('孔明')
        elif '关公' == word or '云长' == word:
            newwords.append('关羽')
        elif '玄德' == word or '玄德曰' == word:
            newwords.append('刘备')
        elif '孟德' == word:
            newwords.append('曹操')
        else:
            newwords.append( word)
    stopwords = ['二人', '却说', '不能', '不可', '如此', '左右', '次日', '大喜', '忽然', '此人'] #停用词列表
    words = [word for word in newwords if word not in stopwords]    #去除停用词
    return words
#词频统计与提取高频词
def word_frequency(words, n):
    counts = {}                                               #创建一个空字典，用于统计
    for word in words:
        counts[word] = counts.get(word, 0) + 1                #词频统计
    items = list(counts.items())
    items.sort(key = lambda x:x[1], reverse = True)           #根据词频按降序排列
    return items[:n]                                          #提取前 n 个元素
#创建词云图
def generate_wordcloud(words, output_file, mask_image):
```

```
        mask = PIL.Image.open(mask_image)              #导入遮罩图像
        mask = np.array(mask)                           #将遮罩图像转换为 ndarray 多维数组
        #创建 WordCloud 对象
        wordcloud = wc.WordCloud(mask = mask, background_color = 'white',   #遮罩图像和背景
            collocations = False,                       #去掉重复词
            font_path = 'msyh.ttc')                     #支持中文的字体文件
        words = " ".join(words)                         #得到用空格分隔的词组成的字符串
        wordcloud.generate(words)                       #生成词云图
        wordcloud.to_file(output_file)                  #存储词云图
        plt.imshow(wordcloud)                           #绘制词云图
        plt.axis('off')    #不显示坐标尺寸
        plt.show()         #显示图形窗口
#主程序
text = read_text('E:\\MyPython\\三国演义.txt')           #读取文档内容
words = preprocess_text(text)                           #文本预处理
top_words = word_frequency(words, 5)                    #词频统计与提取
for word, count in top_words:
    print(word, count)
generate_wordcloud(words, 'E:\\MyPython\\三国演义词云图.png', \
    'E:\\MyPython\\mask_image.png')                     #创建词云图
```

程序的输出结果如下，同时得到如图 4-6 所示的《三国演义》词云图。

```
孔明  1383
刘备  1252
曹操  960
关羽  784
将军  772
```

图 4-6　《三国演义》词云图

这个程序是示意性的，读者可以根据实际情况，对停用词列表、遮罩图像、字体路径以及其他参数进行调整。

4.2　网络爬虫与信息提取

随着互联网的广泛普及，网络数据越来越深入地影响到人们生活的方方面面。门户网站汇

聚大量的数据资源,成为人们了解社会的重要渠道;社交媒体、网络论坛、自媒体等网络应用时刻产生各种用户数据,这些数据反映了网络用户的行为特征、语言特征、群体特征等,具有很高的研究和应用价值;随着"互联网+"战略的实施,互联网正在深刻影响社会的发展,越来越多的机构将互联网作为与客户交互、创造新业务模式的途径。因此,对网络数据进行处理,具有非常重要的意义和价值。

4.2.1 网络爬虫

1. 数据采集

与普通数据相比,网络数据具有两个明显的特点:一是来源广、数据量大、实时性和开放性强;二是数据类型和语义丰富、弱规范性和非结构化数据多。对于这类数据,网络爬虫(Web Crawler)技术是一种重要的采集手段。

网络爬虫又称网络蜘蛛(Web Spider),是一种按照一定规则自动抓取网页信息的程序或脚本。目前,对爬虫技术的研究和应用已经成为相关领域的热门话题。

从抓取数据的规模上区分,爬虫可以分为三类:第一类仅针对特定网页进行数据采集,规模小,采集的数据量也小,获取速度不敏感;第二类能获取整个网站的数据,数据规模较大,获取速度敏感;第三类爬虫需要获取整个 Internet 的相关信息,规模大,获取速度要求高,常用于搜索引擎。下面仅就第一类爬虫进行举例。

网络爬虫的工作流程包括抓取网页源代码、解析网页内容、存储数据等步骤。要抓取网页通常有两个库:一个是 Python 内置的 urllib 库;另一个是 requests 第三方库。requests 在 urllib 的基础上进行了高度的封装,操作更方便。

requests 是一个第三方库,要先进行安装,然后导入库,再调用 get()函数获取特定网页的信息。

例 4-7 获取中南大学主页的信息。

命令如下。

```
>>> import requests
>>> r = requests.get("http://www.c**.edu.cn")
```

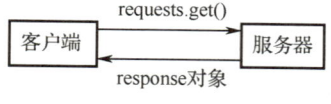

图 4-7 网页获取过程

用户(客户端)通过 get()函数向服务器发送获取网页的请求,服务器接收请求后,根据请求地址返回一个 response 对象,如图 4-7 所示。可以通过访问该 response 对象的 text 属性来查看响应的结果,实际上就是该 url 所对应的网页源代码。

为了方便识别,需要先查看网页内容的编码方式,并将所获取的信息转换为相应编码,然后再进行查看。

```
>>> r.apparent_encoding                    #查看网页内容编码
'UTF-8-SIG'
>>> r.encoding = 'UTF-8-SIG'               #设置编码
>>> r.text                                 #查看网页内容
```

命令运行之后,就会以文本形式弹出所获取的网页资源,部分结果如图 4-8 所示。

```
'<!DOCTYPE html>\r\n<html lang="zh-CN">\r\n\r\n<head>\r\n    <meta charset="utf-8" />\r\n
  <meta http-equiv="X-UA-Compatible" content="IE=edge, chrome=1" />\r\n    <meta name=
"renderer" content="webkit" />\r\n    <meta name="viewport" content="width=device-width, i
nitial-scale=1, maximum-scale=1, minimum-scale=1, user-scalable=no" />\r\n    <meta name="
format-detection" content="telephone=no" />\r\n    <title>中南大学</title><META Name="ke
ywords" Content="中南大学" />\r\n\r\n    <meta name="description" content="" />\r\n    \r\n
<link rel="stylesheet" href="css/style.css" />\r\n    <script src="js/bd.js"></script>\r\n    <script
src="js/ie6.js"></script>\r\n    <script src="js/lib030501.js"></script>\r\n    <script type="text/ja
vascript" src="js/selectivizr.js"></script>\r\n\r\n<style>\r\n#layeru88{\r\nz-index:4 !important;\
r\nleft:0;\r\nright:auto;}\r\n\r\n#adu0{\r\nz-index:9999 !important;}\r\n\r\n.fbanner{\r\nz-index:
4 !important;top:28% !important;position:fixed;}\r\n\r\n@media only screen and (max-width: 7
67px){\r\n#adu0 img{width: 80px;height: 138px;background-size: 100%;}\r\n.fbanner{z-index:
4 !important;top:4% !important;position:fixed;display:none;}\r\n}\r\n\r\n\r\n.banner, .banner .p
ic { height: calc(100vh - 110px);}\r\n\r\n@media only screen and (max-width: 1920px){\r\n.ba
```

图 4-8　从网页上获取到的内容

仔细观察文本的内容，再与中南大学主页内容进行对照，可以发现网页信息已经呈现在文本中，但内容上更像一个格式混乱的 HTML 文档。

2. 爬虫风险

爬虫技术使用方便，但是滥用该技术却存在很大的风险。爬虫所引发的问题主要有以下 3 种。

（1）性能干扰

爬虫是一种能够自动浏览网页的网络机器人，借助算法设计以及计算机的快速运行，可以轻而易举地在短时间内对同一个网站产生大量访问。而 Web 服务器的性能却存在限制，其默认只接受人工方式的访问。如果爬虫不受限制地访问 Web 服务器，必然会为 Web 服务器带来巨大的资源开销，从而为网站运营方带来极大困扰。

（2）法律风险

网站上的数据往往有自己的产权归属，如果利用爬虫获取受知识产权保护的数据或者网站明确禁止的内容用来牟利，或者给网站运营方造成损失，则会带来法律风险。这方面已经有相当多的判决案例。如 2016 年，法院判决北京某网络公司停止不正当竞争行为并赔偿受害方损失，原因是该公司从受害方的相关 API 中获取到大量用户的头像、名称、职业、教育经历等个人信息。又如 2018 年，上海某网络科技有限公司受到法院惩处，原因是该公司从另一公司的服务器中非法获取视频列表、相关视频及评论等数据并存储到数据库中，给对方公司造成了技术服务方面的损失。

（3）隐私泄露

对于用户个人信息，包括个人身份信息、行踪轨迹、联系方式等，在利用爬虫进行采集时，必须获得用户的授权。如果不进行规范使用，网络爬虫可能具备突破简单访问控制的能力，获取被保护的数据，从而泄露个人隐私。

4.2.2　信息提取

通过 requests 库函数的调用，可以得到网页文档。此时，可以将其作为普通文本文件，从中提取所需要的信息。在 Python 中通常有两种信息提取方法：一是采用基于字符串匹配的信息提取方法；二是将文档的 HTML 结构进行还原，基于该结构的属性提取文档信息。

1. 基于字符串匹配的信息提取

如果采用普通字符串进行匹配，功能极其有限，扩展性不佳，代码可重用性差。因此，可以使用正则表达式对字符串进行匹配。

正则表达式由普通字符和元字符组成。普通字符是正常的文本字符，具有字符的本来含义。

元字符具有特定的含义，它使得正则表达式具有通用的匹配能力。表 4-4 列出了 Python 支持的正则表达式常用元字符。

表 4-4　正则表达式常用的元字符

元字符	功能描述
.	匹配除换行符之外的任意 1 个字符
*	匹配位于该符号之前的 0 个或多个字符
+	匹配位于该符号之前的 1 个或多个字符
|	匹配位于该符号之前或之后的字符
^	匹配以该符号后面的字符开头的字符串
$	匹配以该符号之前的字符结束的字符串
?	匹配该符号之前的 0 个或 1 个字符
\	表示 1 个转义字符
[]	匹配括号中的任意 1 个字符
-	匹配指定范围内的字符
()	将括号中的内容作为 1 个整体
{}	按括号中指定的次数进行匹配
\b	匹配单词头或单词尾
\B	与 "\b" 含义相反
\d	匹配 1 个数字字符
\D	与 "\d" 含义相反
\s	匹配任意空白字符，包括空格、制表符、换页符等
\S	与 "\s" 含义相反
\w	匹配任意字母、数字及下画线
\W	与 "\w" 含义相反

例如，若要匹配国内座机电话号码，可以表示为 "\d{3}-\d{8}|\d{4}-\d{8}"，其中 "\d{3}" 表示匹配 3 个数字字符；"-" 在这里为普通字符，并不表示指定范围。匹配身份证号，可以表示为 "\d{15}|\d{17}[0-9Xx]"，其中 "[0-9Xx]" 表示最后 1 个字符可以是 0-9 或 X、x 中的任何 1 个字符。

利用 Python 语言中 re 模块对正则表达式的支持，可以编程实现对文本内容进行信息提取的操作。

例 4-8　提取文本中的所有座机电话号码。

程序如下。

```
import re
demo = "校内电话查询：0731-88876114；招生联系电话：0731-88830995"
patt = re.compile(r"\d{3}-\d{8}|\d{4}-\d{8}")     #将字符串编译为正则表达式
tel = re.findall(patt,demo)                        #在文本中进行匹配
print(tel)                                         #查看结果
```

程序运行结果如下。

['0731-88876114', '0731-88830995']

采用这种方式,可以批量提取到所有能够与正则表达式相匹配的字符串,非常方便快捷。

2. 基于 HTML 结构的数据提取

由图 4-8 可以看到,从 Web 页面上获取到的资源,仍然保留了页面的 HTML 标签信息。HTML 具有一定的结构,即由 HTML 标签所构成的树形结构,如图 4-9 所示。如果能对 HTML 进行解析,那么在进行内容提取时,就可以充分利用它的结构,快速获得所需要的信息。

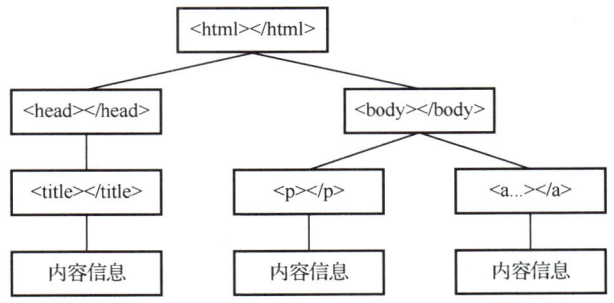

图 4-9 HTML 标签的树形结构

借助于第三方库 BeautifulSoup,可以快速实现基于 HTML 结构的信息提取。BeautifulSoup 是一个网页解析器,用于从 HTML 或 XML 文件中提取数据。目前推荐使用的是 BeautifulSoup 4 版本,简称 bs4。其基本用法如下。

① Beautiful Soup 是一个第三方库,先在 Windows 命令提示符下使用以下命令进行安装。

```
pip install BeautifulSoup4
```

② 在 Python 环境下导入 BeautifulSoup 库,命令如下。

```
from bs4 import BeautifulSoup
```

③ 使用 BeautifulSoup()函数解析 HTML 文档,并创建一个 BeautifulSoup 对象。命令如下。

```
bs = BeautifulSoup(html_doc, 'html.parser')
```

其中,html_doc 是要解析的 HTML 文档的字符串,'html.parser'表示用来解析 HTML 文档的解析器。html.parser 是 Python 内置的 HTML 解析器,还有一些第三方的解析器,如 lxml、xml、html5lib 等。安装解析器同样可以使用 pip 命令。

必要时可以调用 BeautifulSoup 对象的 prettify()方法对解析结果进行格式化处理。看下面命令的执行结果。

```
>>> html_doc = '<body><h1>这是主题部分</h1><a href="http://www.c**.edu.cn">这是超链接</a></body>'
>>> bs = BeautifulSoup(html_doc, 'html.parser')
>>> print(bs)              #直接按字符串格式输出
<body><h1>这是主题部分</h1><a href="http://www.c**.edu.cn">这是超链接</a></body>
>>> print(bs.prettify())   #为 HTML 文档添加了换行符,按缩进格式输出
<body>
 <h1>
  这是主题部分
 </h1>
```

```
<a href="http://www.c**.edu.cn">
  这是超链接
</a>
</body>
```

④ 使用 BeautifulSoup 的对象提取数据。BeautifulSoup 库将复杂的 HTML 文档转换成一个复杂的树形结构,每个节点都是 Python 对象,所有对象可以归纳为 4 种:Tag、NavigableString、BeautifulSoup 和 Comment。

- Tag 对象:Tag 对象就是 HTML 或 XML 文档中的标签。利用"BeautifulSoup 对象.标签"可获取这些标签的内容(所有内容中第一个符合要求的标签),这些对象的类型是"bs4.element.Tag"。对于 Tag 对象,有两个重要的属性:name 和 attrs,分别代表标签的名字和相关属性。
- NavigableString 对象:NavigableString 对象可用 Tag 对象的 string 属性来表示。利用"BeautifulSoup 对象.标签.string"可以获取标签中的文字内容,也可以用 get_text()方法来获取。
- BeautifulSoup 对象:BeautifulSoup 对象表示一个文档的内容,可以看作是特殊的 Tag,分别获取它的类型、名称和属性。
- Comment 对象:Comment 对象是一个特殊类型的 NavigableString 对象,其输出的内容不包括注释符号。

以前面的 bs 对象为例,看下面命令的执行结果。

```
>>> tag = bs.a              #提取 HTML 文档中的 a 标签(超链接)
>>> tag.name                #获取 a 标签的 name 属性(没有内容时,返回 None)
'a'
>>> tag.string              #或 tag.get_text(),获取超链接的内容,很有用
'这是超链接'
>>> tag.get_text()
'这是超链接'
>>> tag.attrs               #a 标签的属性
{'href': 'http://www.c**.edu.cn'}
>>> tag.attrs['href']       #获取 a 标签的 href 属性
'http://www.c**.edu.cn'
```

在 BeautifulSoup 中还有一个很常用的方法 find_all(),例如:

```
>>> bs.find_all('a')    #提取 HTML 文档中所有的超链接
[<a href="http://www.c**.edu.cn">这是超链接</a>]
```

如果只需要查找第一次出现的该标签的内容,可以使用 find()方法。

例 4-9 对例 4-7 中所获取的信息继续进行解析,并提取出其中所有的超链接。

```
>>> from bs4 import BeautifulSoup                        #导入模块
>>> ht = BeautifulSoup(r.content, 'html.parser')         #对内容进行解析,采用解析器"html.parser"
>>> print(ht.prettify())                                 #查看解析结果
```

程序的部分结果如图 4-10 所示。

```
<!DOCTYPE html>
<html lang="zh-CN">
 <head>
  <meta charset="utf-8"/>
  <meta content="IE=edge, chrome=1" http-equiv="X-UA-Compatible"/>
  <meta content="webkit" name="renderer"/>
  <meta content="width=device-width, initial-scale=1, maximum-scale=1, minimum-scale=1, user-scalable=no" name="viewport"/>
  <meta content="telephone=no" name="format-detection"/>
  <title>
   中南大学
  </title>
  <meta content="中南大学" name="keywords"/>
  <meta content="" name="description"/>
  <link href="css/style.css" rel="stylesheet"/>
  <script src="js/bd.js">
  </script>
```

图 4-10　信息解析部分结果

可以看到 HTML 文档的结构已经显示出来，这也意味着 BeautifulSoup 解析出了该页面的标签树。在此基础上，就可以将标签当作数据对象进行处理。

已知超链接在网页中的标签名称为"a"，超链接的 url 是标签的"href"属性。那么，要输出网页中超链接的 url，可以直接使用命令：

> \>\>\> print(ht.a.attrs["href"])
> javascript:;

此时获取的是第一个"a"标签的信息，其"href"属性指向一段空代码，点击这个超链接时不会执行任何动作。

而如果要想获取网页中所有超链接的 url，需要使用循环遍历，程序语句如下。

> for item in ht.find_all("a"):
> 　　print(item.string,":",item.get("href"))

这样，就能成功获取到网页中所有超链接的 url，由于内容太多，图 4-11 仅显示部分结果。

材料科学与工程学院：http://mse.c∗∗.edu.cn/
粉末冶金研究院：http://pmri.c∗∗.edu.cn/
交通运输工程学院：http://stte.c∗∗.edu.cn/
土木工程学院：http://civil.c∗∗.edu.cn/
冶金与环境学院：http://smse.c∗∗.edu.cn/
地球科学与信息物理学院：http://gip.c∗∗.edu.cn/
资源与安全工程学院：http://srse.c∗∗.edu.cn/
资源加工与生物工程学院：http://mpb.c∗∗.edu.cn
自动化学院：http://soa.c∗∗.edu.cn/
计算机学院：http://cse.c∗∗.edu.cn/
(大数据研究院)：https://bdi.c∗∗.edu.cn/
电子信息学院：https://ei.c∗∗.edu.cn/
体育教研部：http://sports.c∗∗.edu.cn/
湘雅基础医学院：http://jcyxy.c∗∗.edu.cn/

图 4-11　从网页中获取的超链接

4.2.3　应用案例——新闻热词分析

本节对人民网教育专栏的信息进行获取，并分析其中的新闻热词，绘制词云图。

1. 获取网站资源

采用第三方库 requests 的 get()方法进行资源获取，命令如下。

```
>>> import requests
>>> txt = requests.get("http://edu.peop**.com.cn")
```

2. 信息预处理

先查看网页编码格式，根据结果对所获得的资源编码进行设置，以查看资源文本。命令如下。

```
>>> txt.apparent_encoding              #查看其内容编码方式
'utf-8'
>>> txt.encoding = 'UTF-8-SIG'         #设置编码
>>> txt.text
```

此时可以查看所获取的资源内容，如图 4-12 所示。

'<!DOCTYPE html PUBLIC "-//W3C//DTD XHTML 1.0 Transitional//EN" "http://www.w3.org/TR/xhtml1/DTD/xhtml1-transitional.dtd">\n<html xmlns="http://www.w3.org/1999/xhtml">\n<head>\n<meta http-equiv="content-type" content="text/html;charset=UTF-8"/>\n<meta http-equiv="Content-Language" content="utf-8" />\n<meta content="all" name="robots" />\n<title>教育--人民网</title>\n<meta name="description" content="人民网教育频道，为民立言为民解忧。" />\n<meta name="keywords" content="教育新闻,教育时评,教育部新闻,教育部官员系列访谈,教育部留言板,各地教育厅（局）留言板,网友拍案,网友献策,校长访谈,高考答疑,职业教育国家和地方公务员考试答疑,留学资讯,家教讲堂"/>\n<meta name="filetype" content="1" />\n<meta name="publishedtype" content="1" />\n<meta name="pagetype" content="2" />\n<meta name="catalogs" content="1006" />\n<!-- style -->\n<link rel="stylesheet" href="http://www.peop**.com.cn/img/MAIN/2016/11/116906/page.css" type="text/css" media="all" />\n<link rel="stylesheet" href="http://www.people.com.cn/img/MAIN/2016/11/116906/page_two.css" type="text/css" media

图 4-12 获取的资源内容

由于这里仅进行新闻热词分析，非中文字符没有价值，可以将其全部去掉。此时可以用正则表达式[^\u4e00-\u9fa5]来实现操作，其中"\u4e00-\u9fa5"表示 Unicode 中文的编码范围。命令如下。

```
>>> pattern = re.compile(r'[^\u4e00-\u9fa5]')    #编译正则表达式
>>> chinese = re.sub(pattern,'',txt.text)         #将非中文字符用空字符串进行替换
>>> print(chinese)
```

此时，可以看到输出文本中的非中文字符已被剔除，如图 4-13 所示。

教育人民网人民网教育频道为民立言为民解忧教育新闻教育时评教育部新闻教育部官员系列访谈教育部留言板各地教育厅局留言板网友拍案网友献策校长访谈高考答疑职业教育国家和地方公务员考试答疑留学资讯家教讲堂找到最近的名为播放窗口显示停止自动轮播播放视频的盒子找到最近的名为播放窗口显示开启自动轮播加载轮播图自动播放间隔切换下一个轮播图的或切换上一个轮播图的或数字分页器网站首页党网时政经济科技社会法治文旅体育健康生活观点访谈国际军事大湾区台湾视频图片教育登录注册退出登录人民网通行证立即注册请输入用户名记住登录状态忘记密码登录通栏广告两栏广告三栏广告通栏广告人民网教育新闻检索新闻检索新闻检索导航首页滚动原创思政高考留学婴幼儿中小学大学职业教育人民日报写作课即时新闻检索即时新闻多领域专家云集东方人类发祥地元谋共探人类演化与文物活化考古新成果破解青藏高原人类早期迁徙生存密码培养造就更多与时代相适应的高技能人才海南省人民政府与中国政法大学签署战略合作协议年全国教育科研工作会议在京召开首都师范大学实验小学校园开放日活动举办杨柳教育装备要

图 4-13 剔除非中文字符

3. 分词并绘制词云图

分词之后，wordcloud 模块就能根据词频自动生成词云图。为排除干扰，仍然需要将没有太大意义的单字符词语去掉。此外，为了使得词云图更加美观，还可以使用背景图片。

程序如下。

```python
import requests
import re
import jieba
import numpy as np
from PIL import Image
from wordcloud import WordCloud
r = requests.get('http://edu.peop**.com.cn')      #返回 response 对象获取网页
r.encoding = 'UTF-8-SIG'                          #设置编码
pattern = re.compile('[^\u4e00-\u9fa5]')          #编译正则表达式
txt = re.sub(pattern, '', r.text)                 #将非中文字符用空字符串进行替换
words = jieba.lcut(txt)                           #分词，返回一个列表
rwords = []
for word in words: #剔除长度为 1 的词
    if len(word) > 1:
        rwords.append(word)                       #利用列表的 append 方法在列表末尾附加元素
text = ' '.join(rwords)                           #将列表组合成字符串，' '中有一个空格
imObj = Image.open('mask_image.png')              #通过导入背景图片创建 Image 对象
background = np.array(imObj)                      #将背景图片转换为 ndarray 多维数组
wcObj = WordCloud(mask = background, background_color = 'white', \
    collocations = False, font_path = 'msyh.ttc') #创建 WordCloud 对象
wcObj.generate(text)                              #生成词云图
wcObj.to_file('Wordcloud.png')                    #存储词云图片
imObj = Image.open('Wordcloud.png')               #导入词云图
imObj.show()                                      #显示词云图
```

为生成特定形状的词云，程序利用 PIL 图像处理库中的 Image.open()函数导入背景图片，随后利用 NumPy 库中的 np.array 函数将图片转换为 ndarray 类型的数据（WordCloud 对象的参数要求）。在 Python 3.x 中，PIL 库将名字变为 Pillow，应先安装 Pillow。程序运行后，得到的词云图如图 4-14 所示，从中很容易找出当时该网站的新闻热词。

图 4-14　新闻热词构成的词云图

4.3 大数据处理

大数据（Big Data）是规模非常巨大和复杂的数据集，它具有4个基本特征：数据规模大（Volume）、数据种类多（Variety）、要求数据处理速度快（Velocity）、数据价值密度低（Value），即所谓的4V特性。大数据的概念与海量数据不同，后者只强调数据的量，而大数据不仅是指大量的数据，还更进一步强调数据的复杂形式、数据的快速时间特性以及对数据进行分析处理后最终获得有价值信息的能力，这些特点为数据处理技术带来了新的挑战。

目前，围绕大数据，一批新兴的数据存储、数据挖掘、数据处理与分析技术不断涌现，使得人们能够将隐藏于海量数据中的信息和知识挖掘出来，从而为人类的社会经济活动提供决策依据。

4.3.1 大数据关键技术

1. 大数据采集技术

人类一天产生的数据高达数十亿字节，而且，这个数字每天都在增长。有专家预测，到2025年，全球每天预计会有463EB（$1EB=2^{60}B$）的数据产生。这些数据产生于射频识别设备、传感器网络、Internet、社交网络软件、移动设备等软硬件和网络，类型各异，呈现结构化、半结构化及非结构化特征。

大数据采集一般分为大数据智能感知层和基础支撑层。其中，智能感知层主要包括数据传感体系、网络通信体系、传感适配体系、智能识别体系及软硬件资源接入系统，实现对结构化、半结构化、非结构化的海量数据的智能化识别、定位、跟踪、接入、传输、信号转换、监控、初步处理和管理等。该层次的关键技术包括分布式高速高可靠数据获取或采集技术，高速数据全映像大数据收集技术，高速数据解析、转换与装载等大数据整合技术等。基础支撑层提供大数据服务平台所需的虚拟服务器、结构化半结构化及非结构化数据的数据库及物联网络资源等基础支撑环境，关键技术包括分布式虚拟存储技术，大数据获取、存储、组织、分析和决策操作的可视化接口技术，大数据的网络传输与压缩技术，大数据隐私保护技术等。

2. 大数据预处理技术

在预处理阶段，主要完成对已接收数据的抽取、清洗、集成、规约等操作。

① 抽取。获取的数据可能具有多种结构和类型，数据抽取过程可以将这些复杂的数据转化为单一的或者便于处理的类型，以达到快速分析处理的目的。

② 清洗。大数据并非全是有价值的，有些数据并不是用户所关心的内容，而另一些数据则可能是完全错误的干扰项，因此要对数据通过过滤、去噪，从而提取出有效数据。

③ 集成。指将多个数据源中的数据整合并存储到一个一致的数据库中。这一过程中需要着重解决的问题包括模式匹配、数据冗余、数据值冲突检测与处理等。

④ 规约。主要包括数据立方的聚集、维规约、数据压缩、数值规约和概念分层等。使用规约技术可以实现数据集的规约表示，使得数据集变小的同时仍然近乎保持原数据的完整性，方便后续的处理。

3. 大数据存储与管理技术

在大数据环境下，要将采集到的数据存储起来，建立相应的数据库，并进行有效的管理。但是，大数据复杂结构化、半结构化和非结构化的特征为存储和管理带来了难题，大数据的可存储性、可表示性、可处理性、可靠性及有效传输等都是需要解决的关键问题。这方面的关键技术包括大数据存储技术、分布式非关系型大数据管理与处理技术、异构数据的数据融合技术、大数据建模技术、大数据索引技术、大数据可视化技术、大数据安全技术等。

其中，非关系型数据库主要指 NoSQL 数据库。由于它的非关系特性，它具有易扩展、大数据量、高性能、数据模型灵活、结构简单等优点。相比关系型数据库，NoSQL 数据库更能适应大数据环境。

4. 大数据分析及挖掘技术

数据分析和数据挖掘是一对紧密联系的概念，它们都是利用统计学、计算科学、机器学习、可视化技术等手段，从大量、不完全、有噪声、模糊、随机的实际应用数据中，提取隐含、未知、具有潜在价值的信息和知识。其中，数据分析侧重于提炼已有数据的深层次价值，并使其有效呈现，而数据挖掘侧重于从数据中发现知识或规则，并对未知数据进行预测。

数据挖掘涉及的技术方法很多，有多种分类法。例如，根据挖掘方法，可分为机器学习方法、统计方法、神经网络方法和数据库方法等。

5. 大数据展现与应用技术

大数据技术能够将隐藏于海量数据中的信息和知识挖掘出来，为人类的社会经济活动提供依据，从而提高各个领域的运行效率，加强整个社会经济的集约化程度。在我国，大数据技术已经广泛应用于商业运营、政府决策、公共服务等领域，并衍生出许多专业应用技术。例如，商业智能、电信数据信息处理与挖掘、气象信息分析、环境监测、警务云应用系统、大规模基因序列分析比对、Web 信息挖掘、多媒体数据并行化处理等。

4.3.2 常用大数据框架

大数据框架是指为处理和管理大数据而设计的系统和工具集合，旨在提供高性能、可扩展、可靠和安全的数据处理环境。

1. Hadoop 框架

Hadoop 是一个由 Apache 基金会所开发的分布式系统基础框架开源软件。用户可以在不了解分布式底层细节的情况下，在该框架内使用简单的编程模型，实现计算机集群对大规模数据集的分布式处理。它的目的是从单一的服务器扩展到成千上万的机器，将集群部署在多台机器中，每台机器提供本地计算和存储，同时将存储的数据备份在多个节点中，由此提高集群的可靠性。

Hadoop 框架最核心的设计是 HDFS（Hadoop Distributed File System）和 MapReduce。HDFS 是可扩展、高容错的分布式文件系统，负责数据的分布式存储和备份，提供高吞吐量来访问应用程序的数据，适合那些有着超大数据集的应用程序。而 MapReduce 是分布式的计算框架，包含 Map（映射）和 Reduce（规约）两个过程，为海量数据提供处理功能。

2. Spark 框架

Spark 是一个围绕速度、易用性和复杂分析构建的大数据处理框架，最初于 2009 年由美国加州大学伯克利分校的 AMPLab 开发，并于 2010 年成为 Apache 的开源项目之一。Spark 提供了一个全面、统一的框架，用于管理各种有着不同性质的数据集和数据源的大数据处理需求。它本身并没有提供分布式文件系统，因此其分析大多依赖于 Hadoop 的分布式文件系统 HDFS。但是，与 Hadoop 和 Storm 等其他大数据和 MapReduce 技术相比，Spark 处理速度更快，功能更加丰富，也更加易于使用。

3. Storm 框架

Storm 是 Twitter 开源的分布式实时大数据处理框架，先在 github 上开源，从 0.9.1 版本之后，归于 Apache 社区，被业界称为实时版 Hadoop。随着越来越多的场景对 Hadoop 的 MapReduce 高延迟无法容忍，比如网站统计、推荐系统、预警系统、金融系统（高频交易、股票）等，大数据实时处理解决方案（流计算）的应用日趋广泛。 Storm 能够处理源源不断流入的信息，并将处理结果实时写入到存储中。

4．MPP 框架

MPP（Massive Parallel Process）是一种海量数据实时分析框架。它作为一种不共享框架，每个节点运行自己的操作系统和数据库等软件，节点之间信息交互只能通过网络连接实现。MPP 框架目前被并行数据库广泛采用，一般通过 scan、sort 和 merge 等操作符实时返回查询结果。目前采用 MPP 框架的实时查询系统有 EMC Greenplum、HP Vertica 和 Google Dremel，这些都是实时数据处理领域非常有特点的系统，尤其是 Dremel 可以轻松扩展到上千台服务器，并在数秒内完成 TB 级数据的分析。

5. Fusion Insight 框架

Fusion Insight 是华为公司开发的完全开放的大数据框架，可运行在任意标准的 x86 服务器（兼容 x86 指令集）上，无须任何专用的硬件或存储，并针对金融、运营商等数据密集型行业的运行维护、应用开发等需求打造了高可靠、高安全、易使用的运行维护系统和全量数据建模中间件，让企业可以更快、更准、更稳地从各类繁杂无序的海量数据中发现价值。

该框架底层集成了 Hadoop、Spark、Storm 及 HPPDB 开源技术，支持数据集成、数据分析、数据服务全过程。该框架包括 4 个子产品 Fusion Insight HD、Fusion Insight MPPDB、Fusion Insight Miner、Fusion Insight Farmer 和 1 个操作运维系统 Fusion Insight Manager，其功能分别如下。

① Fusion Insight HD：大数据处理环境，是一个分布式数据处理系统，对外提供大容量的数据存储、分析查询和实时流式数据分析处理能力。

② Fusion Insight MPPDB：大规模并行处理关系数据库，采用 MPP 框架，支持行存储和列存储，提供 PB（$1PB=2^{50}B$）级别数据量的处理能力。

③ Fusion Insight Miner：数据分析平台，基于华为 Fusion Insight HD 的分布式存储和并行计算技术，提供从海量数据中挖掘出价值信息的平台。

④ Fusion Insight Farmer：大数据应用容器，为企业业务提供统一开发、运行和管理的平台。

⑤ Fusion Insight Manager：大数据的操作运维系统，提供高可靠、安全、容错、易用的集群管理能力，支持大规模集群的安装部署、监控、告警、用户管理、权限管理、审计、服务管理、健康检查、问题定位、升级和补丁等功能。

4.3.3　大数据与人工智能的关系

大数据与人工智能是数字时代的两大核心技术，二者既有紧密联系，又存在区别。

1. 大数据与人工智能的联系

大数据和人工智能是两个相互关联的领域。人工智能需要大量的数据进行训练和优化,而大数据则需要人工智能的算法和技术来处理和分析数据。因此,大数据和人工智能的结合,可以更好地利用数据的价值,提高人工智能的效率和准确性。

(1)大数据是人工智能的基础。大数据为人工智能提供丰富的训练资源,通过大量的数据训练,人工智能模型可以不断地进行参数优化,提高预测和决策的准确性。例如,图像识别需百万级标注样本,自然语言处理需大量文本数据。大数据的多样性(如结构化、非结构化数据)和实时性(如流数据)为人工智能模型提供多维度学习素材,提升模型泛化能力。

(2)人工智能提升大数据处理效率。传统大数据分析依赖规则或统计方法,往往难以应对大数据的复杂性和规模,在处理非结构化数据或高维数据时效率低下。而人工智能通过算法自动提取数据特征,可以快速地处理和分析这些数据。例如,用聚类算法替代人工分群,用神经网络处理非结构化数据(如图像、声音)。人工智能技术(如强化学习)可对大数据进行实时反馈与动态优化。例如,智能推荐系统中用户行为与算法的双向迭代。

(3)二者技术互补与协同创新。大数据是人工智能的养料,人工智能模型训练依赖海量数据,数据质量直接影响人工智能效果。人工智能可自动处理非结构化数据,并挖掘数据中的深层价值(如预测用户终身价值),是大数据的引擎。在基础设施层面,大数据技术(如 Hadoop、Spark)解决数据存储与计算难题,为人工智能提供支撑,而人工智能算法(如梯度下降法)则从数据中提取价值。在应用场景层面,大数据和人工智能有机结合,可以创新应用模式。例如,在医疗领域,大数据整合电子病历,人工智能辅助诊断,提高诊断的准确性和效率;在金融领域,大数据提供交易记录,人工智能用于风险评估与欺诈检测,为投资者提供科学的投资建议;在智能交通、智能制造等领域,大数据和人工智能的融合应用也日益广泛。

2. 大数据与人工智能的区别

尽管大数据和人工智能是相互关联的,但它们之间也存在一定的区别。大数据主要关注如何从海量数据中提取价值和洞察力,而人工智能主要关注如何让机器具有智能行为。因此,人工智能可以看作是大数据的应用之一,但不是大数据的必要条件。

(1)核心目标不同。大数据核心目标是从海量数据中提取有价值的信息,强调数据的存储、处理与分析,解决"有什么"(What)的问题。例如,通过用户行为数据发现消费趋势,或通过日志数据定位系统故障。人工智能核心目标是让机器模拟人类智能,具备学习、推理、决策能力,解决"怎么做"(How)的问题。例如,训练模型识别图像中的物体,或通过强化学习让机器自主决策。

(2)技术逻辑不同。大数据技术重心是考虑数据存储(如 Hadoop)、分布式计算(如 Spark)、数据清洗与可视化。依赖统计学、数据挖掘技术对结构化数据(如数据库)、半结构化数据(如日志)、非结构化数据(如文本、图像)等数据进行处理,强调相关性而非因果性;人工智能技术重心是机器学习算法、模型训练与优化,基于数学模型(如神经网络)模拟人类认知,追求因果关系或决策最优解。

(3)应用场景不同。大数据的应用场景包括业务报表生成、用户画像构建、市场趋势预测、日志分析等,输出形式是图表、统计报告、关联规则(如购买 A 商品的人可能也买 B 商品)。人工智能的典型场景包括图像识别(如人脸识别)、自然语言处理(如聊天机器人)、自动驾驶、医疗诊断等,输出形式是预测结果(如股票涨跌)、分类标签(如垃圾邮件识别)、自动化决策(如动态定价)。

（4）价值实现路径不同。大数据的价值载体是数据本身，通过分析数据揭示隐藏规律（如通过用户轨迹优化门店布局）。大数据依赖人工设定分析维度，难以处理复杂非线性关系。人工智能的价值载体是模型与算法，通过自主学习发现数据中的复杂模式（如 AlphaGo 发现围棋新策略）。人工智能可处理高维数据、自动特征提取，但需要大量数据和计算资源训练模型。

4.3.4　应用案例——地铁运营大数据系统

地铁交通在每天的运营过程中会产生大量的运营数据和设备数据，采集到的数据种类繁多，格式互不统一，难以通过单一的子系统处理和应用。为了提高运行的安全性和运营效率，降低管理成本，更加合理地利用资源，降本增效，同时提升乘客满意度，减少乘客等待时间，地铁运营大数据系统应运而生。地铁运营大数据系统通过采集地铁各个子系统产生的运营、检修、设备状态等数据，进行统一的清洗、处理与转换，再对其进行统计分析，并对数据处理结果进行统一的大屏显示。

地铁运营大数据系统主要分为 4 大功能模块。

① 数据采集模块。对地铁运行过程中产生的客流数据、视频监控数据、地铁发车趟数、地铁每站早晚点情况、地铁列车运行关键部件的监控状态等数据进行采集，并实时传输到大数据系统。

② 数据预处理模块。对采集到的地铁数据进行预处理，将各类型的数据转换成系统可识别的统一数据格式，并对数据进行清洗、压缩、合并、共享、保存等。

③ 大数据分析。通过人工智能、数据挖掘等技术对地铁大数据进行智能分析和学习，围绕地铁运营、检修、维护、综合保障等方面对数据进行集成、分析、挖掘、统计，并对各个子系统的数据流进行整合，形成统一的数据流链路。

④ 大数据可视化。对统计分析后的数据由繁化简，以各类图、表等方式进行多维展示，通过丰富的界面效果，实时高效地展示数据价值。

地铁运营大数据系统通过对客流数据的分析，可以统计乘客日常出行中时间和空间上的分布规律，再结合运营计划、线路数据、轨道状况、车辆设备状态等数据，进行综合数据分析，优化相关算法，提升列车周转效率，降低旅客等待时间。同时，系统还可以对站点客户进行预测分析，防止突发大客流对地铁运营产生严重影响。例如，遇到晚点，系统可以对晚点车次进行原因分析，提供解决方案改善晚点状况，提升乘客的出行体验。

地铁运营大数据系统在地铁的维护保养、故障诊断和排除方面也发挥了重要作用。首先，系统会对地铁运营设备的运行情况、以往的故障信息以及各项检修任务的完成情况及时进行统计。当发生新的故障时，通过对数据流链路进行从上至下的统一分析，系统可以快速确定故障的发生原因和事件等级，同时智能地推荐故障应急处理方案，缩短故障检修排查时间，提升运营效率。其次，系统还可以通过数据分析，对运营过程中有可能发生的严重故障进行预测预警。在运维保养方面，系统将对关键设备的健康状态和剩余使用寿命进行数据记录与分析，协助规划检修保养任务的计划排列，同时对备品、备件情况进行自动规划，及时提醒备品备件。

地铁大数据可视化是对大数据处理分析后的结果进行大屏展示。通过可视化，可以对各专业系统进行分类监控，更细致、直观地掌控设备状态和各项运营指标。地铁运营大数据系统大屏展示中的运营数据统计图表如图 4-15 所示。在该图表中，通过对不同地铁线路的运营统计，工作人员可以了解到每条地铁线路当日所有车辆的运营里程、正晚点统计、服务可靠度、开行列数等信息。这些信息通过各种图表进行显示，数据直观、清晰、准确，易于理解。

第 4 章 人工智能的数据基础

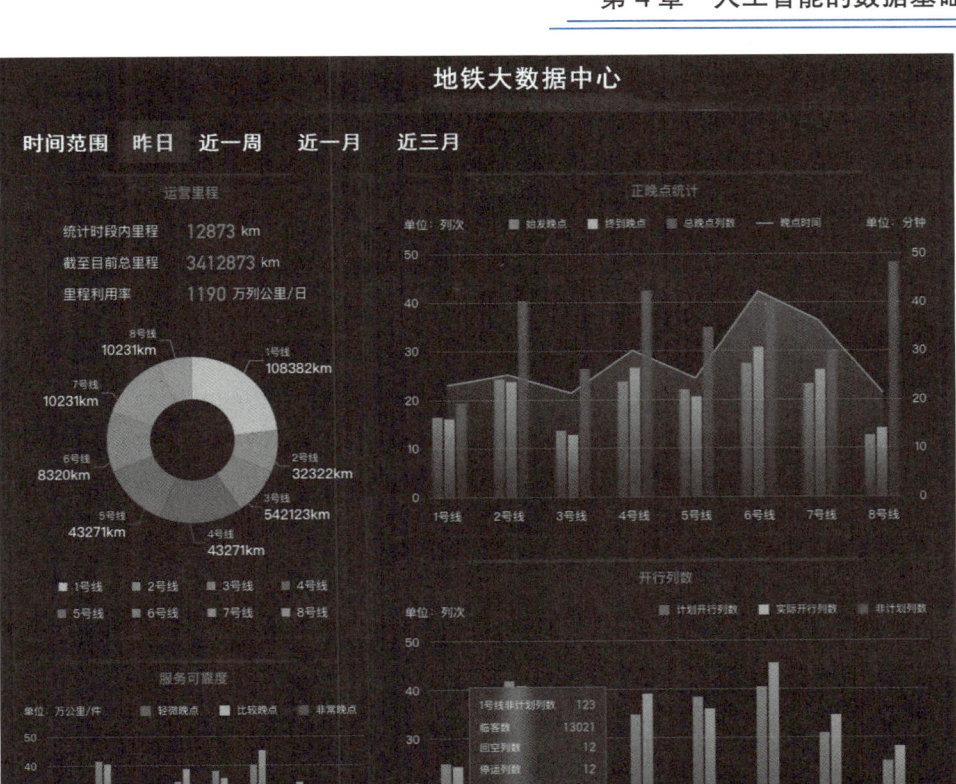

图 4-15 地铁运营大数据系统的数据统计图表

4.4 数据安全

在数据驱动的时代，数据已成为核心生产要素，其安全性直接关乎个人权益、商业竞争乃至国家安全。从隐私泄露到数据篡改，从中心化存储风险到跨域共享信任难题，如何实现数据的保密性、完整性与可信流通，是数字生态建设的重中之重。本节围绕两大关键技术展开：数据加密技术通过算法与密钥构建数据传输与存储的"安全锁"，奠定数据保护的底层逻辑；区块链技术以分布式账本与智能合约打破数据孤岛，构建防篡改、可追溯的信任协作网络。数据加密技术是区块链技术的基础，而区块链技术则拓展了数据加密技术的应用边界，二者既独立又互为支撑。

4.4.1 数据加密技术

数据加密技术是保护数据安全的重要手段，它通过特定的算法和密钥将明文数据转换为密文数据，确保数据在传输或存储过程中的安全性和完整性，防止数据被窃取、篡改和滥用。因此，数据加密技术已经被广泛应用于各种网络应用和信息系统中。

1. 数据加密的工作过程

数据加密（Data Encryption）是指通过特定的加密算法和密钥将原始的明文数据转换成无法直接阅读的密文数据的过程。这种转换过程是可逆的，即通过使用相应的解密算法和密钥，可以将密文还原成明文，从而实现对数据的保护。

如果用 p 表示明文，用 c 表示密文，用 E 表示加密算法，加密过程可以表示为
$$c = E(p)$$
如果解密函数用 D 表示，解密过程可以表示为
$$p = D(c)$$

其中，加密和解密算法中输入的参数称为密钥。如果加密方和解密方使用同一个密钥去加密和解密数据，称为对称加密，否则称为非对称加密。

对称加密算法的加密密钥和解密密钥相同，由于运算量小、速度快、安全强度高，因而广泛被采用。对称加密的工作过程如图 4-16 所示。图中用户 Bob 作为发送方根据加密算法和密钥将原始文档处理为加密文档，用户 Alice 作为接收方通过解密算法和密钥将收到的加密文档转化为原始文档。

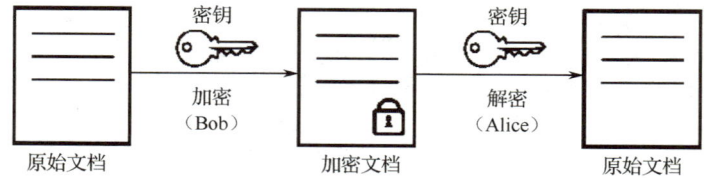

图 4-16 对称加密的工作过程

一般对称加密的算法是公开的，一旦密钥被泄露，密文就很容易被破解。因此，对称加密的核心问题是密钥的安全管理。

非对称加密算法的加密密钥和解密密钥不同，加密密钥称为公钥（Public Key），解密密钥称为私钥（Private Key）。公钥和私钥是一对，且二者成对出现。私钥由用户自行保存，不能对外泄露。公钥指的是公共的密钥，任何人都可以获得该密钥。用公钥或私钥中的任何一个进行加密，用另一个进行解密。由于加密和解密使用了两个不同的密钥，这就是非对称加密"非对称"的原因。非对称加密的特点是加密和解密花费时间较长、速度较慢，其工作过程如图 4-17 所示。首先接收方 Alice 产生一对用于加密和解密的公钥和私钥，接收方 Alice 将私钥保密，公钥告诉发送方 Bob，然后 Bob 利用 Alice 的公钥加密文档，并且将加密文档发给 Alice。Alice 收到加密文档后，Alice 用自己的私钥解密加密文档。其他所有收到加密文档的人都无法解密，因为只有 Alice 拥有私钥。

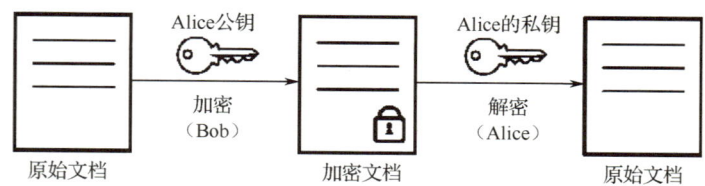

图 4-17 非对称加密的工作过程

如果 Bob 和 Alice 需要互相传输加密文档，也就是说 Bob 和 Alice 既是发送方也是接收方，在加密时，Bob 和 Alice 各自产生一对公钥和私钥，将公钥告诉对方用于加密文档，私钥保密用于解密接收的文档。

2. 移位加密算法

移位加密也称为恺撒加密，是古典密码学中最简单的一种对称加密算法。其基本思路是通过将明文中的字母向后（或向前）按照一个固定数目进行偏移后被替换成密文，移位的位数就是加密和解密的密钥。如图 4-18 所示，当向后偏移 3 位时，字母 A 将被替换成 D，B 被替换成 E，以此类推。

明文字母表	A	B	C	D	E	F	G	H	I	J	K	L	M	N	O	P	Q	R	S	T	U	V	W	X	Y	Z
密文字母表	D	E	F	G	H	I	J	K	L	M	N	O	P	Q	R	S	T	U	V	W	X	Y	Z	A	B	C

图 4-18　向后偏移 3 位时的移位加密算法

移位加密算法可以用以下公式表示。

加密：$c = (m + k) \bmod 26$

解密：$m = (c - k) \bmod 26$

其中，m 是明文中的字母在字母表中的位置，c 是密文中的字母在字母表中的位置，k 是密钥，mod 26 表示取 26 的模运算。

这里假设明文和密文都是大写字母，字母 A 到 Z 的编号分别为 0, 1, ···, 25，密钥 k 是一个介于 0 和 25 之间的整数。加密过程如下。

① 对于明文中的每个字母，计算其在字母表中的位置（从 0 到 25）。用各个字母的 ASCII 值减去字母 A 的 ASCII 值即是各个字母在字母表中的位置。

② 将这个位置加上密钥 k，并对 26 取模，得到密文中对应字母在字母表中的位置。

③ 根据这个位置找到对应的字母。位置值加 A 的 ASCII 值，即是该位置字母所对应的 ASCII 值。

以字母 D 为例，分析以下命令的执行结果。

```
>>> m = ord('D') - ord('A')      #D 在字母表中的位置，m=3
>>> k = 3    #密钥为 3
>>> c = ( m + k) % 26             #对 26 取模（余数），c=6
>>> chr(c + ord('A'))             #该位置所对应的字母
'G'
>>> m=ord('Y')-ord('A')           #D 在字母表中的位置，m=24
>>> c=(m+k) % 26                  #对 26 取模（余数），c=1
>>> chr(c+ord('A'))               #该位置所对应的字母
'B'
```

解密是加密的逆过程，只是移位的方向相反。

程序如下。

```
def MyEncrypt(text, shift):
    encryptedText = ""
    for char in text:                #遍历文本中的每个字符
        if char.isalpha():           #如果字符是字母
            if char.isupper():       #如果是大写字母
                #计算加密后的字符
                encryptedChar = chr((ord(char) - ord('A') + shift) % 26 + ord('A'))
            else:                    #如果是小写字母
```

```
                    #计算加密后的字符
                    encryptedChar = chr((ord(char) - ord('a') + shift) % 26 + ord('a'))
                #将加密后的字符添加到结果字符串中
                encryptedText += encryptedChar
            else:    #如果字符不是字母，则直接添加到结果字符串中
                encryptedText += char
        return encryptedText         #加密后的密文
def MyDecrypt(text, shift):
    #解密过程与加密过程类似，只是移位的方向相反
    decryptedText = ""
    for char in text:
        if char.isalpha():
            if char.isupper():
                decryptedChar = chr((ord(char) - ord('A') - shift) % 26 + ord('A'))
            else:
                decryptedChar = chr((ord(char) - ord('a') - shift) % 26 + ord('a'))
            decryptedText += decryptedChar
        else:
            decryptedText += char
    return decryptedText
#用法示例
plaintext = input("请输入明文:")
shiftNum = int(input("请输入偏移数:"))
cryptedText = MyEncrypt(plaintext, shiftNum)    #加密
print("加密后的文本:", cryptedText)
decryptedText = MyDecrypt(cryptedText, shiftNum)    #解密
print("解密后的文本:", decryptedText)
```

程序运行结果如下。

```
请输入明文:Hello, World!✓
请输入偏移数:3✓
加密后的文本: Khoor, Zruog!
解密后的文本: Hello, World!
```

从上面程序可以看出，移位加密算法的加密密钥和解密密钥相同。加密过程根据输入的字符，右移指定位数获得密文；解密过程将密文左移对应位数即获得原文。

4.4.2 区块链技术

随着数字化进程的深化，单纯依赖数据加密技术已难以应对日益复杂的信任与协作问题。在此背景下，区块链技术应运而生。区块链技术具备去中心化、不可篡改、透明化等特征，在改善数据安全服务方面具有巨大的潜力。例如，在版权保护方面，利用分布式账本和时间戳技术使全网对知识产权达成共识，实现版权及时确权；利用非对称加密技术保证版权的唯一性、时间戳技术保证版权归属方，从而解决传统版权保护难题。

1. 区块链的概念

互联网技术的发展极大地加快了信息传输的速度，深刻地改变了人类的生产生活方式。但是它并不关心互联网中人与人之间的信任机制。而区块链技术在互联网的基础上构建一种新的信任机制，以极低的成本解决了互联网信任与价值的可靠传递问题，被认为是互联网的二次革命。

区块链（Blockchain）是一个共享数据库，它通过去中心化和信任的方式集体维护一个可靠数据库，具有"不可伪造""可以溯源""公开透明""全程留痕"等特征。基于这些特征，区块链技术奠定了互联网的信任机制，大大提高网络沟通协作的效率，具有广阔的应用前景。

（1）区块链和比特币

区块链这一概念最早是由中本聪（Satoshi Nakamoto）提出的。2008年，中本聪在论文《比特币：一种点对点电子现金系统》中阐述了基于P2P网络技术、加密技术、时间戳技术、区块链技术等的电子现金系统的构架理念，这标志着比特币的诞生。和法定货币相比，比特币没有一个特定的发行机构，而是由网络节点根据特定的算法生成，即通过"挖矿"生产新的比特币。因此，所谓的"挖矿"实质上就是用计算机解决一个复杂的数学问题，随后网络节点根据特定的算法生成一定量的比特币作为奖励，奖励给参与解决问题的人。

比特币基于P2P网络技术，利用网络众多节点构建分布式数据库来确认并记录所有交易行为，并使用密码学的设计来确保货币流通的各个环节的安全性。P2P的去中心化特性与算法本身可以确保无法通过大量制造比特币来人为操控币值。基于密码学的设计可以使比特币只能被真实的拥有者转移或支付，这同样确保了货币所有权与流通交易的匿名性。比特币与其他虚拟货币最大的区别，是其总数量非常有限，具有极强的稀缺性。

为比特币而发明的区块链技术解决了重复消费问题的数字货币问题，通过利用P2P网络和分布式时间戳服务器，区块链数据库能够进行自主管理。

区块链技术作为比特币的底层技术，是指一串使用密码学方法相关联产生的数据块，每一个数据块中包含了一批次比特币网络交易的信息，用于验证其信息的有效性（防伪）和生成下一个区块。

狭义来讲，区块链技术是一种按照时间顺序将数据区块以顺序相连的方式组合成的一种链式数据结构，并以密码学方式保证的不可篡改和不可伪造的分布式账本。

广义来讲，区块链技术是利用块链式数据结构来验证与存储数据，利用分布式节点共识算法来生成和更新数据，利用密码学的方式保证数据传输和访问的安全，利用由自动化脚本代码组成的智能合约来编程和操作数据的一种全新的分布式基础架构与计算方式。

（2）区块链的特点

区块链技术本质是解决了网络中人与人的信任问题，利用分布式存储技术解决了数据安全问题，利用数据加密技术解决了信息真伪问题。因此，区块链技术具有如下5个特点。

① 去中心化。由于使用分布式核算和存储，体系不存在中心化的硬件或管理机构，任意节点的权利和义务都是均等的，系统中的数据块由整个系统中具有维护功能的节点来共同维护。

② 开放性。在区块链中，除了交易各方的私有信息被加密，区块链的数据对所有人公开，任何人都可以通过公开的接口查询区块链数据和开发相关应用，因此整个系统信息高度透明。

③ 自治性。区块链采用基于协商一致的规范和协议（如一套公开透明的算法），使得整个

系统中的所有节点能够在去信任的环境自由安全地交换数据，使得对人的信任改成了对机器的信任，任何人为的干预都不起作用。

④ 信息不可篡改。一旦信息经过验证并添加至区块链，就会永久地存储起来，除非能够同时控制系统中超过51%的节点；否则单个节点上对数据库的修改是无效的，因此区块链的数据稳定性和可靠性极高。

⑤ 匿名性。由于节点之间的交换遵循固定的算法，其数据交互是无须信任的（区块链中的程序规则会自行判断活动是否有效），因此交易对手无须通过公开身份的方式让对方对自己产生信任，对信用的累积非常有帮助。

2. 区块链的架构模型

区块链在架构上通常被分为6层，即数据层、网络层、共识层、激励层、合约层和应用层，图4-19为区块链的架构模型。

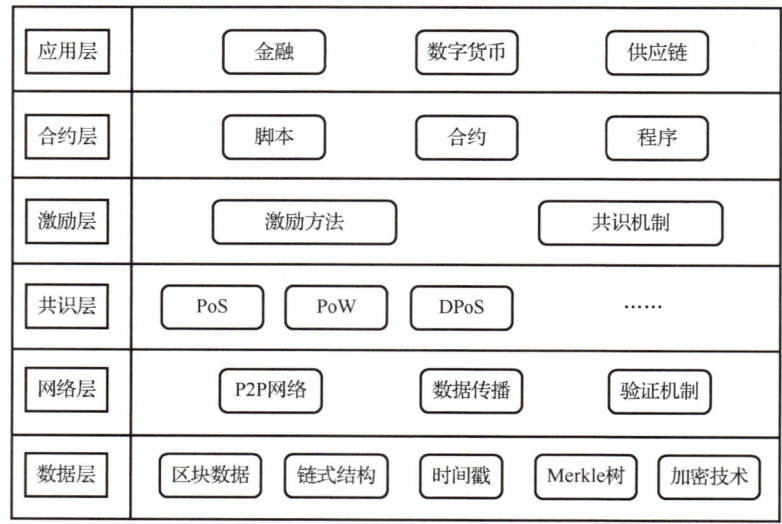

图4-19　区块链的架构模型

（1）数据层

数据层通过块存储数据，并且所有数据都包含在每个数据节点之间。数据层主要解决这些数据如何组合形成有意义的块的问题。每个块包括大小、块头、块中包含的交易数，以及最近一些或所有的新交易。

（2）网络层

区块链技术是去中心化的，依靠点对点交换信息，这需要网络层来实现。因此，网络层的功能是实现区块链网络中节点与节点之间的信息交换，主要包括P2P组网机制、数据传播和验证机制。正是由于块的P2P特性，数据传输分散在各个节点之间进行，因此即使某些节点或网络被破坏，也不会对其他部分的传输产生影响。

（3）共识层

区块链中每个节点都可以生成新的区块完成记账，因此，共识层的功能是让高度分散的节点对区块数据的有效性达成共识，确定谁可以向主链中添加新的区块。目前，共识机制算法有十多种，其中最著名的是工作量证明机制（PoW）、权益证明机制（PoS）、股份授权证明机制（DPoS）等。

(4) 激励层

激励层提供了一些激励方法,鼓励节点参与记账并确保整个网络的安全运行。通过共识机制,赢得记账权的节点可以获得一定的奖励。目前最熟悉的比特币有两个主要的激励因素:一是产生新区块的系统奖励;二是每次的交易手续费。

(5) 合约层

区块链具有可编程的特性,该层封装了各种脚本、程序和合约。例如,智能合约是区块链的一些脚本,区块链上的各种交易会触发对应的脚本。触发后,该脚本就可以从区块链读取数据或向区块链写入数据,甚至去触发其他脚本协同工作。通过这种方式,就可以使用程序算法来替换人员去仲裁和执行合同,为用户节省巨大的信任成本。

(6) 应用层

应用层封装了区块链的各种应用和场景,包括金融、数字货币、供应链、物联网、医疗、版权等领域。

3. 区块链关键技术

(1) 分布式账本

分布式账本指的是交易记账由分布在不同地方的多个节点共同完成,而且每一个节点记录的是完整的账目,因此它们都可以参与监督交易合法性,同时也可以共同为其作证。跟传统的分布式存储有所不同,区块链的分布式存储的独特性主要体现在两个方面:一是区块链每个节点都按照块链式结构存储完整的数据,传统分布式存储一般是将数据按照一定的规则分成多份进行存储;二是区块链每个节点存储都是独立的、地位等同的,依靠共识机制保证存储的一致性,而传统分布式存储一般是通过中心节点往其他备份节点同步数据。没有任何一个节点可以单独记录账本数据,从而避免了单一记账人因被控制或者被贿赂而记假账的可能性。记账节点足够多,理论上讲除非所有的节点被破坏,否则账目就不会丢失,从而保证了账目数据的安全性。

(2) 非对称加密技术

非对称加密需要密钥对,即公钥和私钥成对出现。公钥公开、私钥保密,私钥加密的信息只有对应的公钥才能解开,公钥加密的信息只有对应的私钥才能解密,即公钥加密,私钥解密;私钥签名,公钥验证。存储在区块链上的交易信息是公开的,但是账户身份信息是高度加密的,只有在数据拥有者授权的情况下才能访问到,从而保证了数据的安全和个人的隐私。

(3) 共识机制

共识机制就是所有记账节点之间怎么达成共识,去认定一个记录的有效性,这既是认定的手段,也是防止篡改的手段。区块链提出了4种不同的共识机制,适用于不同的应用场景,在效率和安全性之间取得平衡。

区块链的共识机制具备"少数服从多数"以及"人人平等"的特点,其中"少数服从多数"并不完全指节点个数,也可以是计算能力、股权数或者其他的计算机可以比较的特征量。"人人平等"是指当节点满足条件时,所有节点都有权优先提出共识结果、直接被其他节点认同后并最后有可能成为最终共识结果。以比特币为例,其采用的是工作量证明机制,只有在控制了全网超过51%的记账节点的情况下,才有可能伪造出一条不存在的记录。当加入区块链的节点足够多的时候,这基本上不可能,从而杜绝了造假的可能。

(4) 智能合约

智能合约是基于可信的不可篡改的数据、自动化地执行一些预先定义好的规则和条款。以保险为例,如果每个人的信息(包括医疗信息和风险发生的信息)都是真实可信的,那就很容易在一些标准化的保险产品中进行自动理赔。在保险公司的日常业务中,虽然交易不像银行和证券行业那样频繁，但是对可信数据的依赖有增无减。

区别于其他技术，区块链发展过程中最显著的特点是与产业界紧密结合，伴随着加密货币和分布式应用的兴起，区块链技术在金融、物流、数字出版等领域中得到广泛应用。

4.4.3　应用案例——课堂行为管理系统

课堂行为管理系统是学生管理系统的一部分。为了记录学生的课堂行为，教师提出由班长记录所有学生课堂行为的中心化管理系统。这个系统中，班长作为中心节点拥有绝对权威，由他管理并记录所有学生的课堂行为和获得的平时分数。但是，如果管理系统崩溃，那么所有人的行为记录将全部遗失，而且，系统无法阻挡其他同学利用一些特殊手段让班长帮忙修改记录或者添加造假数据。于是，教师提出去掉以班长为中心的中心化管理系统。

1. 去中心化管理系统

去中心化管理系统是一个要求全班同学参与管理的学生课堂行为管理系统，当教师对某位同学的课堂表现给予加分时，全班同学都在系统中记录该同学的行为和获得的平时分数。这就是区块链技术中的"分布式记账"。这种情况下，如果某位同学想修改自己的课堂行为和平时分数，就必须通过特殊手段登录系统，修改每个同学的成绩，这大大增加了修改的难度。

2. 简单的默克尔树算法

为了进一步提高系统的安全性和可信赖性，教师要求全班同学在系统中记录每天的学生的课堂行为信息后，提交如表 4-5 所示的认证信息。

表 4-5　认证信息表

认证信息（Header）				
时间戳（Timestamp）			2025 年 3 月 1 日	
平时表现值（Merkle Root）			1008	
上一条认证信息（Previous Block Hash）			2025 年 2 月 28 日　1152	
课堂行为记录（Transactions）				
序号	学生姓名		课堂行为	平时分数
1	同学 A		回答问题	3
2	同学 B		提出问题	4
3	同学 C		讨论问题	4
4	同学 D		回答问题	2

如表 4-5 所示，认证信息表的认证信息就是区块的头部（Header），其中时间戳就是认证信息记录的时间；平时表现值是依据区块链技术中经典的默克尔树（Merkle Trees）算法计算得到默克尔值来记录的，这种方法可以理解为将当天的行为数据整合到一条信息中的算法；上一条认证信息就是前一节课的认证信息。课堂行为记录是当天的行为数据，也就是区块链中的交易（Transactions）数据。

下面给出一个简单的默克尔树算法，首先每位同学的记录都需要被不可逆非对称加密，这里简单使用（序号+平时分数）表示，然后每两条记录再进行不可逆的非对称加密，这里简单使用两数相乘表示，最终得到的这个数就可以简单理解为默克尔值，具体的计算过程如图 4-20 所示。

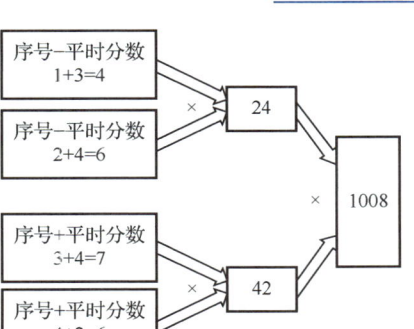

图 4-20 默克尔值的计算过程

在基于认证信息表的去中心化管理系统中，如果某位同学想要篡改认证信息的记录，他需要重新计算所有平时表现值，并且每张认证信息的平时表现值还会被带到下一次课堂的认证信息中，也就是说，需要找到所有同学的所有认证信息进行修改，这几乎是不可能的。实际上，平时表现值就是利用区块链中的加密技术保证了数据的安全，增加用户篡改的难度。

3. 区块链中的"挖矿"

课堂行为管理系统中每天会产生大量的认证信息，同时系统又是去中心化的管理系统，认证信息如何收集呢？一种解决方案是教师每天布置一道作业题，谁先解答出问题，谁就收集所有同学的认证信息，并把认证信息封存后转发给其他同学，而这位同学会因此被奖励一定的平时分数，例如，5 分。

通过优先解答问题并获得奖励就是俗称的"挖矿"。"挖矿"可以产生新的认证信息，解答的人则获得相应的奖励。每条认证信息都和上一条认证信息紧密关联，这就是区块链中的区块；查看每个人的平时分数需要查阅所有的认证信息，这些认证信息连在一起就形成了区块链。因此，"挖矿"就是区块链网络上的节点互相竞争帮助社区封存区块，从而获取奖励的一种方式。

4. 区块链系统的形成过程

区块链系统的形成过程如图 4-21 所示。首先，系统建立去中心化的"分布式记账"方法，形成区块链系统中的账本；然后，将每位同学记录的账本形成"认证信息表"，即区块链系统中的区块；接着，将系统中区块收集连在一起形成区块链系统中的区块链；最后，参与记账的每个学生形成了区块链网络中的节点。

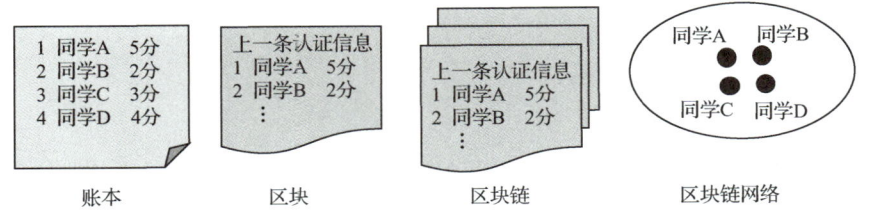

图 4-21 区块链系统的形成过程

综上所述，在课堂行为管理系统中，区块就是记录学生平时表现的认证信息；区块链网络中的节点就是所有的同学；每条认证信息都和上一条认证信息紧密关联，形成了区块链。当然真正的区块链系统会使用复杂的、不可逆的非对称加密算法来加强系统的数据安全和个人隐私保护。

习题与实验

一、选择题

1. 下列不属于数据预处理的是（   ）。
   A．数据存储　　　B．数据清洗　　　C．数据标准化　　　D．数据统计
2. 下列程序的运行结果是（   ）。

```
import numpy as np
a = np.array([2, 6, -5, 2, -9, 0])
print(np.amin(np.array([np.amax(a),np.sum(a)])))
```

   A．6　　　　　B．-4　　　　　C．-9　　　　　D．6
3. 对于数据可视化的理解，下列说法不正确的是（   ）。
   A．可以脱离数据　　　　　　　　B．可以揭示隐藏的数据特征
   C．令人容易理解　　　　　　　　D．表达更加直观形象
4. 下列关于大数据的说法正确的是（   ）。
   A．规模大的数据就是大数据
   B．数据库中存储的数据一定不是大数据
   C．大数据价值密度低，所以没有太大的挖掘价值
   D．大数据同样可以用数据库技术进行处理
5. 用于实现中文文本分词操作的 Python 第三方库是（   ）。
   A．jieba　　　　B．wordcloud　　　C．Matplotlib　　　D．PIL
6. 非对称加密技术需要（   ）和私钥成对出现。
   A．密码　　　　B．公钥　　　　C．解密密码　　　　D．加密密钥

二、问答题

1. 若要分析《红楼梦》的前八十回和后四十回是否为同一作者所写，需要使用哪些工具？具体流程是怎样的？
2. 什么叫网络爬虫？如何编写一个简单的爬虫程序？
3. 大数据有什么特点？
4. 简述数据加密的工作过程。
5. 分析区块链和比特币的关系。

三、实验题

1. 利用 Python 的 random 模块的 random() 函数可以随机产生[0,1)区间内均匀分布的实数，生成 100 个这样的随机数并组成一个列表，然后求和、最大值、最小值和平均值。
2. NumPy 的 random 模块包含了很多函数和方法，可以用来产生随机数，例如，下列语句产生 3 行 2 列、[0,1)之间均匀分布的随机数组。

```
>>> import numpy as np
>>> np.random.rand(3, 2)
array([[0.33662655, 0.42070569],
       [0.3276643 , 0.77168321],
       [0.5039367 , 0.36060372]])
```

生成 100 个随机数组成的数组，然后求和、最大值、最小值和平均值。

3．以下是某市家庭收入 x 与家庭储蓄 y 之间的一组调查数据（单位：万元），试分别利用回归分析和曲线拟合建立 x 与 y 的线性函数经验公式。

x	0.6	1.0	1.4	1.8	2.2	2.6	3.0	3.4	3.8	4
y	0.08	0.22	0.31	0.4	0.48	0.56	0.67	0.75	0.8	1.0

4．获取网页数据，并进行分析。要求如下。

（1）获取人民网主页上的信息。

（2）将主页中所有的超链接信息提取出来，并剔除非中文词汇。

（3）利用 jieba 库对其进行分词，并通过词云图展示其中的新闻热词。

第 5 章　机器学习基础与应用

很多事情对人来说是简单的，但计算机却很难做到。例如，根据照片识别性别或估算年龄，判断人是开心还是难过等。在计算机上实现还很困难，因为无法给出准确的逻辑判断条件来编写解决这些问题的程序，也就是无法使计算机具备这方面的知识。因此，需要研究计算机怎样模拟或实现人类的学习行为，以获取新的知识或技能，重新组织已有的知识结构使之不断改善自身的性能，这就是机器学习（Machine Learning），它是使计算机具有智能的重要途径。

在全球数字技术革命浪潮的推动下，人工智能正以机器学习为技术支点，重塑第四次工业革命的底层逻辑。作为现代人工智能体系的核心驱动力，机器学习通过让计算机从数据中自动发现规律，赋予机器"学习"的能力，不仅使计算机系统能够完成图像识别、语音交互、决策预测等复杂任务，更在 AlphaGo、智能驾驶等跨领域应用中展现了颠覆性价值。其技术演进轨迹已形成三重变革轴线：数据驱动的自主进化能力、开源框架构建的产业生态底座、算法突破催生的认知革命。

本章以应用为出发点，立足传统机器学习的理论基础与实践应用，介绍机器学习的概念与分类、机器学习基本流程与模型评估、常见机器学习算法的基本思想与实现方法、机器学习的应用案例。

5.1　机器学习概述

机器学习是当今解决很多人工智能问题的主流方法，作为一个独立的方向，正处于高速发展之中。随着计算能力的增强、算法的优化和数据的积累，机器学习将持续推动科技进步，为人类社会带来更多的创新和便利。但同时也伴随着对隐私、伦理和社会影响的讨论，机器学习的未来发展既充满机遇，也需直面技术与价值平衡的复杂命题。

5.1.1　机器学习的概念

作为人工智能领域最具生命力的分支，机器学习并非数字时代的新生事物，其理论根基可追溯至 20 世纪中期。1959 年，人工智能先驱阿瑟·塞缪尔（Arthur Samuel）开创性地提出：机器学习意味着系统无须依赖硬编码指令，即可通过自主演化获得解决问题的能力。这一理念在汤姆·米切尔（Tom Mitchell）教授的经典定义中进一步具象化——当计算机系统通过经验积累，持续提升特定任务执行效能时，便实现了真正意义上的机器学习。

从系统科学的角度来看，机器学习的本质是构建了一种动态演进的认知循环。可以用一个更贴近生活的例子来理解：教孩子识别动物时，老师不会直接告诉他"猫有尖耳朵，狗爱摇尾巴"，而是通过反复展示各种猫狗的照片，引导孩子自己总结出两者的区别。机器学习正是采用类似的方式——让计算机通过对大量"例子"（数据）进行学习，从中自动发现规律，而不是依赖程序员一条条编写规则。机器学习的工作过程可以简单地分为3个步骤。

（1）输入数据。就像给孩子看图片一样，将大量的数据（如用户的购物记录、天气信息等）输入计算机，作为学习的素材。

（2）训练模型。计算机基于这些数据进行训练，尝试完成特定任务，如"预测明天是否会下雨"。一开始，它的预测可能并不准确，但每次出现错误后，它都会调整自己的判断方式，逐步提升准确率。

（3）形成能力。经过多次迭代和优化，计算机最终能够具备较强的预测能力，不仅能做出准确判断，还可能发现一些人类未曾察觉的规律，如"湿度突然下降时，两小时后更容易下雨"。

1. 什么叫机器学习

机器学习是研究"学习算法"的一门学科，它用计算机模拟和实现人类的学习行为。应用机器学习解决实际问题时，首先将训练数据输入给学习算法，学习算法根据输入的数据生成计算模型，然后再用另一组测试数据输入给计算模型，由该计算模型输出测试结果，如图5-1所示。

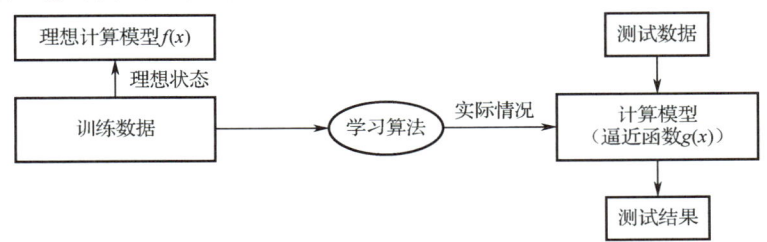

图 5-1 机器学习的概念

机器学习的理想状态是通过学习算法从训练数据集中得到一个理想计算模型 $f(x)$，通过这个理想计算模型 $f(x)$，可以准确地计算出未知测试数据的结果。但实际情况是在理想计算模型 $f(x)$ 未知的情况下，通常只能用某个函数 $g(x)$ 去逼近理想计算模型 $f(x)$。因此，在机器学习完成建模之后，需要对模型的效果做评价，通常采用准确率和其他一些评价指标对模型进行衡量。

机器学习的概念比较抽象，但人们每天都会用到它。例如，当用户使用搜索引擎时，学习算法会利用已有的搜索结果训练计算模型，然后利用这个训练好的模型来处理新的用户查询；当用户滚动浏览视频时，学习算法会利用用户过去已观看的节目来训练计算模型，以预测用户可能感兴趣的节目，并提供更准确的节目推荐；电子邮件服务器帮助用户过滤垃圾邮件，也是基于机器学习算法实现的。当问题的解决方案很复杂时，如建立规则十分复杂或者规则无法描述，或者问题可能涉及大量的数据，而且数据没有明确的分布，或者数据分布本身随时间变化等，就需要采用机器学习来解决问题。

2. 机器学习的关键进展

经典的机器学习主要基于统计学和优化理论，如决策树（Decision Tree）、k-近邻算法（k-Nearest Neighbors，kNN）、支持向量机（Support Vector Machine，SVM）、线性回归（Linear Regression）、逻辑回归（Logistic Regression）、k 均值聚类算法等。这些方法在结构上相对简单，但在许多实际问题中表现出色。然而，它们依赖于人工设计的特征，这限制了它们在复杂任务中的应用。

进入 21 世纪，神经网络开始复兴，尤其是多层感知机和反向传播算法的普及。这些模型能够自动学习特征，减少了对人工干预的需求。随着互联网的爆发，数据量剧增，这些模型的优势愈发明显，为机器学习带来了新的生机。

2006年，杰弗里·辛顿等科学家提出了深度学习的概念，这标志着机器学习的新纪元。深度学习通过构建深层神经网络，模拟人脑的多层次处理，极大地提高了模型的表示能力和学习效率。深度学习在图像识别、语音识别等领域取得了重大突破，如ImageNet比赛的胜利和谷歌语音搜索的改进。

计算机视觉是机器学习的一个重要应用领域。从最初的边缘检测和模板匹配，发展到当今的卷积神经网络（CNN），计算机视觉技术已经能够识别、定位和理解图像内容。随着ResNet、VGG和YOLO等模型的出现，计算机视觉的精度和实时性得到了显著提升。

自然语言处理也得益于机器学习的进步。传统的规则基方法逐渐被统计建模取代，如隐马尔可夫模型（HMM）和条件随机场（CRF）。而近年来，预训练模型如BERT和GPT系列的出现，使得机器理解和生成人类语言的能力达到了前所未有的水平。

机器学习的另一条重要分支是强化学习，它模拟了通过试错来学习的行为。Q学习和深度Q网络（DQN）在Atari游戏上展示了令人惊讶的表现，而AlphaGo的胜利则将强化学习推向了公众视野。

3. 机器学习与人工智能的关系

机器学习作为人工智能的关键领域，主要通过数据驱动模型训练，使计算机能够从经验中不断改进并提升其表现。机器学习算法能够从数据中识别出潜在的模式和趋势，并基于这些信息进行预测与决策。简单来说，它是一种推动人工智能发展的技术手段，通过数据驱动的方式让计算机系统能够自动改进其性能。

机器学习是人工智能的一条分支，两者之间关系紧密且有明确的层次，如图5-2所示。强化学习和深度学习都是机器学习的子领域，二者通过技术融合形成了深度强化学习（Deep Reinforcement Learning），共同推动了人工智能在复杂场景中的突破，成为当前研究的热点。

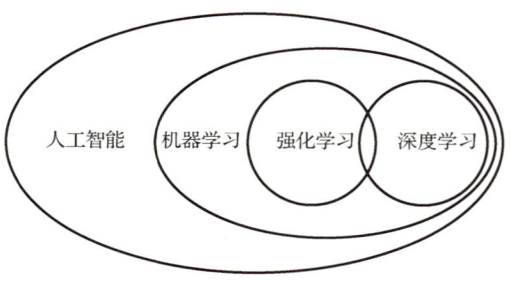

图5-2 机器学习和人工智能的关系

总的来说，人工智能是一个更广泛的概念，包含了多种技术和子领域，而机器学习是其中的一个关键实现方式。两者相辅相成，共同推动了智能技术的发展和应用。

5.1.2 机器学习的分类

从数据利用的角度，机器学习可以分为监督学习（Supervised Learning）、无监督学习（Unsupervised Learning）和半监督学习（Semi-Supervised Learning）。

1. 监督学习

监督学习使用已标注好的训练数据将已有知识应用于新数据，以预测未来事件。其训练数据集中的每个样本都由数据特征和期望的结果（标签）组成。比如，给读者一沓动物照片，有人告诉读者这几张是大熊猫，那几张是小熊猫，另外几张是北极熊，当读者看了照片并了解了相应的类别后，就能区分大熊猫、小熊猫和北极熊。照片就是训练数据，"大熊猫""小熊猫""北极熊"就是标签。根据这些有标签的数据找到数据特征（输入）和标签（输出）之间的关系，这种学习方式就叫监督学习。

监督学习是先把有分类标签的训练数据（包括文本、图像等）转换成特征向量（训练数据的一种数学表示形式），连同分类标签输入给学习算法，通过训练学习得到一个计算模型，然后使用这个计算模型对无标签的测试数据进行预测，得到测试结果。在本质上，监督学习的目标在于构建一个由输入到输出的映射，该映射用计算模型来表示。如何找到某个最好的映射，这就是监督学习的最大动机所在。

对于监督学习来说，所构建的计算模型通常在训练数据集中学习，调整模型参数，而在测试数据集中进行预测验证。在学习过程中需要使用训练数据，在这个训练数据集中，训练数据的预期输出（即标签信息）是事先由人为给出的，如果计算模型的实际输出与预期输出不符（两者有差距），那么计算模型就需要重新调整模型参数，直至两者的误差在可容忍的范围之内。

监督学习的主要任务包括分类（Classification）和回归（Regressive）。分类是一种常见的监督学习任务，主要是将输入的数据根据其特征分为不同的类别，这些类别是预先设定且不连续的。以身高和体重为例，我们可以据此推断一个人的性别，这里的性别是既定且明确的；又如，在垃圾邮件识别中，监督学习算法通过学习已知的垃圾邮件和非垃圾邮件样本，将新接收的邮件自动分类为垃圾邮件或非垃圾邮件。回归则是用数学模型来对训练数据进行拟合，以便对未知点进行预测。例如，根据房屋的面积、房龄、地理位置（如到市中心的距离）等信息预测销售价格。

分类预测的是样本类别，输出的是离散的类别值，而回归预测的是样本对应的输出，输出是连续的数值。

2. 无监督学习

无监督学习不需要人工标注的训练数据，它是基于统计的学习方法，通过对未知结果的数据进行分析来发现数据隐藏特征。相当于给读者一沓动物照片，不告诉读者照片是什么（如"大熊猫""小熊猫""北极熊"等），让读者自己对照片进行分类，将特征相近的照片归到一类，这就是聚类（Clustering）。换句话说，无监督学习旨在从无分类标签的训练数据中探索和推断数据中的内在结构和关系，自行发现和理解数据中的潜在规律和逻辑，而不是通过人工标注的结果来训练模型。

无监督学习中最常见的任务是聚类，它根据数据之间的相似性将样本划分为不同的簇（Cluster），通常我们并不预先知道簇的数量和含义。例如，在电商网站中，常常通过聚类分析用户的信息和购买行为，将具有类似背景与购买习惯的用户视为一类，进而针对这些群体进行个性化的广告和促销。

有监督学习和无监督学习的主要区别在于，有监督学习使用带有已知结果的训练数据进行"监督"，而无监督学习则没有使用带有已知结果的训练数据，无法预知分析结果。与有监督学习中的分类不同，无监督学习的分类是在已知类别标签的基础上进行的预测，而其聚类则是在没有先验类别信息的情况下，挖掘数据中的潜在结构和模式。

3. 半监督学习

半监督学习是监督学习和无监督学习相结合的一种学习方法，它结合了监督学习与无监督学习的优点，自动地利用好大量无分类标签的训练数据以辅助少量有标签的训练数据进行学习。半监督学习基于这样的假设，它认为数据分布具有一定的结构或模式，而不是完全随机的。通过结合少量的有标签数据（这些数据提供了局部的、具体的类别信息）和大量的无标签数据（这些数据提供了整体的、丰富的分布信息），半监督学习算法能够更有效地学习和推断数据的内在结构和关系。

实际上，这种假设在很多现实场景中都是合理的。例如，在图像分类任务中，可能只有少量的已标注图像，但有很多未标注的图像。这些未标注的图像虽然不能直接展示每个像素点的类别，但它们可以提供关于图像整体分布和结构的宝贵信息。利用这些信息，半监督学习算法可以在标注数据有限的情况下实现更好的分类性能。

半监督学习具有很强的现实需求,因为在现实应用中的大量数据往往没有标签,而获取标签却很困难,需耗费大量的人力与物力。例如,医院有大量医学影像,但所有病灶都标注的影像是少数,大量的影像是没有标注的;又如,在大量互联网应用中,无标注的数据是极为庞大的,但要求用户对数据进行标注则相对困难。可见,用高质量的标注数据去训练合适且精确的模型在很多现实场景中难以实现,而只使用无标注数据的无监督学习又往往表现不佳。因此,半监督学习是一个有潜力的机器学习领域,它为数据标签不足情形下实现高效识别、搜索、推荐等复杂任务提供了一种有效的解决方案。

5.1.3 机器学习的应用领域

机器学习是一种广泛应用的技术,其应用领域非常多样化。以下是一些常见的机器学习应用领域。

1. 图像识别和处理

机器学习在图像识别和处理方面发挥着重要作用,如人脸识别、车牌识别、图像检索、物体识别等。通过训练大量的图像数据,机器学习算法可以学习并识别出图像中的特征,从而实现对图像的智能处理。

2. 自然语言处理

自然语言处理是机器学习的另一个重要应用领域,包括文本分类、情感分析、机器翻译等。机器学习算法可以帮助计算机理解和生成人类语言,实现人机交互的智能化。

3. 推荐系统

推荐系统是现代电商、社交媒体等平台的核心功能之一。通过机器学习技术,平台可以根据用户的历史行为和偏好,为用户推荐感兴趣的商品、内容或好友。

4. 金融风控

机器学习在金融领域也有广泛的应用,如信用评估、欺诈检测、风险管理等。通过分析大量的金融数据,机器学习算法可以帮助金融机构更好地评估风险和制定策略。

5. 自动驾驶

自动驾驶是机器学习技术在交通领域的重要应用。通过感知、决策和执行三个阶段的协同工作,自动驾驶汽车可以在没有人类干预的情况下完成行驶任务。

6. 医疗诊断

在医疗领域,机器学习技术可以帮助医生进行疾病诊断、治疗方案推荐等。通过对大量的医疗图像、病历数据等进行分析,机器学习模型可以发现疾病的特征,提高诊断的准确性和效率。

除此之外,机器学习还可以应用于生物、农业、物流、教育、政府等领域,为各个行业带来更高的效率和更好的服务。随着技术的不断发展和进步,机器学习的应用场景还将不断扩大和深化。

5.2 机器学习流程与评估

机器学习中有一个"没有免费午餐定理"(No Free Lunch Theorem),即没有一种机器学习算法是对所有问题普遍适用的。因此，机器学习的价值不仅在于算法本身，更在于其从数据到模型的全流程设计与科学评估，以确保模型在实际场景中的可靠应用。

5.2.1 机器学习的基本流程

利用机器学习进行智能应用程序开发时，需要遵循的基本流程如图 5-3 所示。

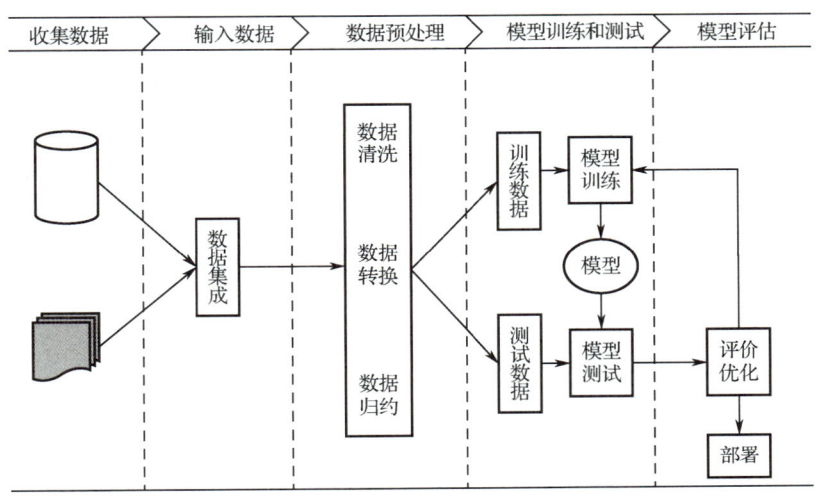

图 5-3 机器学习基本流程

1. 收集数据

收集数据是机器学习应用的第一步，完成数据的初步选取。通常可以使用网上一些具有代表性的、大众经常使用的公开数据集。大众的数据集更具有代表性，数据处理的结果也更容易得到大众的认可。如果无法在网上找到现成的数据，那只能收集原始数据，再去一步步进行加工、整理。可以使用很多种方法收集数据，如编写网络爬虫从网站上获取数据、从 RSS 反馈或 API 中得到信息、设备发送过来的实测数据等。

2. 输入数据

收集好数据之后，还必须确保数据格式符合要求。这时需要输入数据，将来自多个数据源中的数据合并到一个统一的数据集，并保存成符合要求的数据格式，方便操作。

3. 数据预处理

数据可能包含大量的缺失值和噪声，不利于算法模型的训练。数据的质量，直接决定了模型的预测和泛化能力的好坏。所以对数据要进行预处理。数据预处理的主要步骤为数据清洗（Data Cleaning）、数据变换（Data Transformation）和数据归约（Data Reduction）。

（1）数据清洗

数据清洗是数据预处理中最为重要的一步，可以有效减少机器学习过程中出现自相矛盾的现象。数据清理主要处理缺失数据和噪声数据。

目前最常用的方法是对缺失数据进行填充，依靠现有的数据信息推测缺失值，尽量使填充的数值接近于遗漏的实际值。另外，也可以利用全局常量、属性平均值填充缺失值，或者将源数据进行属性分类，然后用同一类中样本属性的平均值填充缺失值等。在数据量充足的情况下，可以忽略缺失值的样本数据。

噪声是观测值和真实值之间的误差。通常的处理办法是利用平滑技术处理，具体包括分箱技术、回归方法、聚类技术等。通过计算机检测出噪声点后可将数据点作为垃圾数据删除，或者通过拟合平滑技术进行修改。

（2）数据变换

数据变换通常是对数据进行规范化处理，以便适用于机器学习模型。因为数据中不同特征的量纲可能不一致，数值间的差别可能很大，不进行规范化处理可能会影响到数据分析的结果，因此，需要对数据按照一定比例进行缩放，使之落在一个特定的区域，便于进行综合分析。特别是基于距离的挖掘方法，如k-近邻算法、支持向量机、聚类等，必须要做规范化处理。

（3）数据归约

数据归约旨在通过简化数据（如删除冗余、聚类、降维等）减少数据量，同时保留核心信息。利用数据归约技术可以得到数据集的归约表示，它比原来的数据集要小得多，但仍接近地保持原数据的完整性。这样，在归约后的数据集上挖掘将更有效，并产生相同或几乎相同的分析结果。

数据归约一般有如下策略。

① 维度归约：用于数据集的数据可能包含数以百计的属性，但其中大部分属性与挖掘任务不相关，是冗余的。维度归约通过删除不相关的属性来减少数据量，并保证信息的损失最小。

② 维度变换：维度变换是将现有数据降低到更小的维度，尽量保证数据信息的完整性，这将大大提高建模的效率。

4. 模型训练和测试

在进行模型训练之前，要对处理好的数据进行分析，选择合适的算法。首先要判断训练数据是否有标签，有标签的应该考虑监督学习算法，否则考虑非监督学习算法。其次分析问题的类型是属于分类问题还是回归问题，当确定好问题的类型之后再去选择具体的算法。在实际选择算法时，通常会尝试用不同的算法对数据进行训练，然后通过比较输出结果，选择效果最好的一个。当然算法的选取会受到多种因素的影响，包括问题的特点、数据量、训练时间以及所需的准确度等。

接下来，数据集需要被划分为训练集和测试集，数据通常被按照诸如80%训练集与20%测试集，或者70%训练集与30%测试集的比例进行分配。训练集用于模型的训练过程，以确定模型的参数；而测试集则用于评估模型的准确性以及其在未见过的数据上的表现能力，即泛化能力（Generalization）。使用独立测试集的原因在于确保测试结果的可靠性，测试数据应与训练数据不同，以避免偏差。理想的做法是将数据集划分为三部分，并添加一个交叉验证数据集。

5. 模型评估

训练完成之后，通过拆分出来的训练数据来对模型进行评估，通过真实数据和预测数据进行对比来判定模型的好坏。完成评估后，如果想进一步改善训练，可以通过调整模型的参数来实现，然后重复训练和评估的过程。

在模型训练完成后，将其投入实际应用环境，使其能够持续、稳定地处理真实业务，并产生实际价值。

5.2.2 机器学习的性能评估指标

机器学习模型的好坏不能只凭感觉判断，需要用量化指标来衡量。不同的任务对应的评估指标也有所差异，以更好地评价和比较模型的优劣。

1. 泛化能力

在有监督学习中，模型是通过训练数据集进行构建的，并用于预测未知的新数据，这一过程通常称为泛化。其主要目标是提高模型在处理新数据时的预测准确性,从而增强其泛化能力。

那么,如何评估模型的泛化效果呢?通常可以通过测试数据集来检查模型的表现。如果模型在训练数据集上表现优秀,但在测试数据集上表现较差,就说明模型存在过拟合(Overfitting)问题。反之,如果模型简单到无法充分提取训练数据的关键特征,那么它在训练集和测试集上的表现都将不尽如人意,这种情形被称作欠拟合(Underfitting)。只有当模型在训练集和测试集上均能取得良好的成绩时,才能认为其对数据的拟合较为合适,并具备较强的泛化能力。

2. 回归的性能评估

回归主要是预测连续值,如房价、温度等。在性能评估指标方面,较常见的是均方误差(Mean Squared Error,MSE),即预测值与真实值之间平方误差的平均值。对于模型 $f(x)$,有

$$\text{MSE} = \frac{1}{n}\sum_{i=1}^{n}(f(\boldsymbol{x}_i) - y_i)^2$$

均方误差重点关注了大误差的影响(误差平方会放大异常值的影响)。在一些应用中,也可以采用平均绝对误差(Mean Absolute Error,MAE),即模型预测值与真实值误差绝对值的平均值。对于模型 $f(x)$,有

$$\text{MAE} = \frac{1}{n}\sum_{i=1}^{n}|f(\boldsymbol{x}_i) - y_i|$$

尽管还存在一些其他评价指标,在回归问题中,以均方误差评价使用最多。

3. 分类的性能评估

下面以二分类问题为例,介绍几种主要的评估指标。

(1)混淆矩阵

混淆矩阵(Confusion Matrix)是分类任务中用于评估分类模型性能的表格工具,通过对比模型的预测结果和真实标签,直观展示分类的正确和错误情况。

在二分类任务中,常用正类(Positive Class)或负类(Negative Class)表示两种类型。正类是模型需要重点检测的类别,如疾病诊断中的"患病"、垃圾邮件检测中的"垃圾邮件"。负类是与正类互补的类别,如"健康""正常邮件"。样本集可分为四类:"真正类"(True Positive,TP),样本为正类,模型预测也为正类;"假负类"(False Negative,FN),样本为正类,模型预测为负类;"假正类"(False Positive,FP),样本为负类,模型预测为正类;"真负类"(True Negative,TN),样本为负类,模型预测也为负类。混淆矩阵是一个 2×2 的表格,如表 5-1 所示。其中包含样本集中各类的数目。

表 5-1 二分类任务的混淆矩阵

标注的样本类型	模型预测类型	
	正类	负类
正类	N_{TP}	N_{FN}
负类	N_{FP}	N_{TN}

(2)基础指标

训练样本总数 $N=N_{\text{TP}}+N_{\text{FN}}+N_{\text{FP}}+N_{\text{TN}}$,有以下基础指标。

准确率(accuracy): $\text{ACC} = \dfrac{N_{\text{TP}} + N_{\text{TN}}}{N}$,表示所有样本中能正确分类的比例。在正负类别均衡时,准确率直观反映整体正确率。但类别不平衡时可能出现误导情况,如在医疗诊断中,

健康的人远多于患者，如果模型将所有样本都预测为健康，准确率可能很高，但完全漏掉了患者，这样的模型没有意义。这时候准确率会误导人，认为模型很好，但实际上对正类（患者）的识别完全失败。

错误率（error rate）：error rate=1−ACC，直接反映模型在所有样本中预测错误的比例。

精确率（precision）：$precision = \dfrac{N_{TP}}{N_{TP}+N_{FP}}$，也称为查准率，表示被模型预测为正类的样本中，实际为正类的比例。

召回率（recall）：$recall = \dfrac{N_{TP}}{N_{TP}+N_{FN}}$，也称为查全率，表示实际为正类的样本中，被模型预测为正类的比例。

在实际应用中，精确率和召回率是相互矛盾的。因为模型在减少一种类型的错误（假负类或假正类）时，往往会增加另一种类型的错误，从而导致一种指标提升另一种指标往往会下降。F1分数作为精确率和召回率的调和平均数，可以综合这两个指标的表现。

F1分数（F1-score）：$F1 = \dfrac{2}{\dfrac{1}{precision}+\dfrac{1}{recall}} = 2 \times \dfrac{precision \times recall}{precision + recall}$。

5.3 机器学习算法

机器学习通过数据驱动的方式让计算机具备"学习"能力，其中算法的设计与选择是解决问题的关键。本节按照"数学原理—算法流程—实际应用"的主线，聚焦于常见的经典机器学习算法，它们是机器学习的基础，也是理解更复杂模型的基础。无论是从理论重要性还是实际应用价值来看，这些算法都展现了数据与模型之间的深刻关联。

5.3.1 监督学习算法：分类问题

分类学习算法主要有决策树、k-近邻、支持向量机等，下面介绍这些典型算法。

1. 决策树算法

决策树（Decision Tree）是一种简单又广泛使用的监督学习分类算法。其基本思想是通过训练有标签数据构建决策树进行分类。决策树是一棵树，包含一个根节点、若干个分支节点和若干个叶子节点。其中每个分支节点表示对一个属性的测试，每条分支代表一个测试输出，每个叶子节点代表一种类别。

（1）决策树分类案例

如表5-2所示的训练数据，每一行代表一个样本数据，分别从是否拥有房产、婚姻状况和年收入3个方面的特征来描述银行客户是否具有偿还债务的能力。通过构造如图5-4所示的决策树，利用不同的分支节点对应是否拥有房产、是否已婚、年收入等不同的属性并分别测试，可以得到最终的叶子节点，从而将所有样本根据其属性分成不同的类别。

表 5-2　决策树构建示例源数据

编号	拥有房产（是/否）	婚姻状况（单身/已婚/离婚）	年收入（单位：千元）	无法偿还债务（是/否）
1	是	单身	125	否
2	否	已婚	100	否
3	否	单身	70	是
4	是	已婚	120	否
5	否	离婚	75	是
6	否	已婚	60	否
7	是	离婚	220	否
8	否	单身	85	是
9	否	已婚	75	否
10	否	单身	90	否

预测一个新用户（无房产，单身，年收入 55000 元）是否可以偿还债务，只要沿着所构建的决策树，根据这棵决策树上的问题，将数据划分到合适的叶子上，从而判断这个新用户所属的类别，得到这个新用户无法偿还债务的结果。

（2）决策树分类的实现

在 Scikit-learn 库中，sklearn.tree.DecisionTreeClassifier 类用于实现决策树分类算法，它依据输入数据的特征，借助树状结构来判定数据所属的类别。这个类涵盖了多个关键参数，这些参数可用于控制决策树的构建流程以及性能表现。下面是 6 个关键参数。

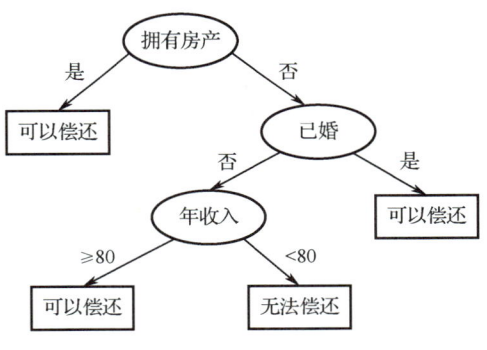

图 5-4　决策树示例

① criterion（划分标准）：这是一个用于评估节点划分优劣程度的指标。在实际应用中，常见的取值有 gini（基尼系数）或 entropy（信息熵），默认值是 gini。基尼系数和信息熵是决策树算法中用于衡量数据不纯度（或不确定性）的核心指标，它们的作用是指导特征选择和节点划分，从而构建高效的分类模型。基尼系数在划分节点时，更倾向于选择能让类别纯度达到最高的方式；而信息熵则偏好于选择能使信息增益最大化的划分手段。

② max_depth（最大深度）：该参数的核心功能是限定决策树生长的最大深度，其主要意图在于防止模型出现过拟合现象。如果决策树的深度过大，可能会出现这样的情况：模型在训练集上表现得十分出色，但在测试集上的表现却不尽如人意。

③ min_samples_split（最小样本分割数）：该参数规定了一个节点要继续进行划分所必须包含的最少样本数量。通过设置这个参数，能够避免模型对样本数量过少的数据进行过度划分。

④ min_samples_leaf（叶子节点最小样本数）：在构建像决策树这类模型时，有一个关键参数需要设定，即叶子节点所包含样本数的下限。合理确定这个下限，是在模型复杂度和准确性之间找到平衡的重要步骤。

⑤ max_features（最大特征数）：该参数明确了每次进行特征划分时所考虑的最大特征数量。通过对这个参数进行调整，可以降低模型的复杂程度，从而减少运算成本。

⑥ random_state（随机种子）：该参数的作用是控制决策树构建过程中的随机性，确保每次运行模型时得到的结果具有可重复性。

从上述参数可以看出，Scikit-learn 提供了一系列用于调控决策树生成过程的参数，这些参数能够有效缓解过拟合问题。

模型训练与预测的具体步骤如下。

```
from sklearn.tree import DecisionTreeClassifier    #导入决策树模块
clf = DecisionTreeClassifier()                     #模型初始化
clf.fit(X_train, y_train)                          #训练模型
y_pred = clf.predict(X_test)                       #预测类别
proba = clf.predict_proba(X_test)
accuracy = clf.score(X_test, y_test)               #返回准确率
```

分类性能评估采用 metrics 类实现，常用模型评估函数如下。

```
from sklearn import metrics
metrics.confusion_matrix(y, y_pred)                #计算混淆矩阵
metrics.classification_report(y, y_pred)           #生成分类报告（精确率、召回率和F1）
```

例 5-1　使用 Scikit-learn 建立决策树对表 5-2 数据集进行分类，并评估分类器的性能。

分析：将表 5-2 数据存放在 bankdebt.csv 文件中，其内容如图 5-5 所示。

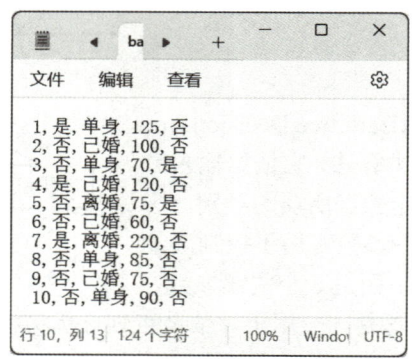

图 5-5　bank_debt.csv 文件内容

然后使用 Pandas 库（先用 pip install pandas 命令进行安装）中用于读取 CSV 文件的函数 pd.read_csv()，从文件中读取数据存放到 DataFrame 变量 data 中，读文件时指定第一列作为行索引（参数 index_col=0），文件中无列名（参数 header=None）。操作如下。

```
>>> import pandas as pd
>>> data = pd.read_csv('bank_debt.csv',index_col=0,header=None)    #读取文件
>>> print(data)
       1    2     3   4
0
1      是   单身   125   否
2      否   已婚   100   否
3      否   单身    70   是
4      是   已婚   120   否
5      否   离婚    75   是
```

```
 6    否  已婚   60   否
 7    是  离婚   220  否
 8    否  单身   85   否
 9    否  已婚   75   否
 10   否  单身   90   否
>>> ls=data.values.tolist()            #转换为列表类型
>>> print(ls)
[['是', '单身', 125, '否'], ['否', '已婚', 100, '否'], ['否', '单身', 70, '是'], ['是', '已婚', 120, '否'], ['否', '离婚', 75, '是'],
['否', '已婚', 60, '否'], ['是', '离婚', 220, '否'], ['否', '单身', 85, '否'], ['否', '已婚', 75, '否'], ['否', '单身', 90, '否']]
```

接下来，按前面的决策树分类的实现步骤编写程序。其中要将样本中的字符数据换成数字，统一将"是"换成1，"否"换成0，婚姻状况分为1（单身和离婚）和0（已婚）两档，年收入分为1（8万以上）和0（8万以下）两档。

程序如下。

```python
import pandas as pd
import numpy as np
from sklearn.tree import DecisionTreeClassifier
from sklearn import metrics
#加载数据
data = pd.read_csv('bank_debt.csv',index_col=0,header=None)    #读文件
#将样本中的字符数据换成数字
data.loc[data[1]=='是',1]=1
data.loc[data[1]=='否',1]=0
data.loc[data[4]=='是',4]=1
data.loc[data[4]=='否',4]=0
data.loc[data[2]=='单身',2]=1
data.loc[data[2]=='已婚',2]=0
data.loc[data[2]=='离婚',2]=1
data.loc[data[3]<80,3]=0
data.loc[data[3]>=80,3]=1
X_train=data.loc[:,1:3].values.astype(float)    #data 的前 3 列是特征属性值
y_train=data.loc[:,4].values.astype(int)        #data 的第 4 列是分类值
#模型训练并预测
clf = DecisionTreeClassifier()
clf.fit(X_train, y_train)
y_pred=clf.predict(X_train)                     #预测样本 X 的结果
predicted_y=clf.predict(np.array([[0,1,0]]))    #预测[0,1,0]（无房产、单身、年收入低于 8 万元）的结果
print('无法偿还' if predicted_y[0] else '可以偿还')    #输出预测结果
#模型性能评估
print('Confusion matrix:')
print(metrics.confusion_matrix(y_train, y_pred))           #计算混淆矩阵
print(metrics.classification_report(y_train, y_pred))      #生成分类报告（精确率、召回率、F1 分数和支持数）
```

程序运行结果如下。

无法偿还
Confusion matrix:
[[8 0]
 [0 2]]

	precision	recall	f1-score	support
0	1.00	1.00	1.00	8
1	1.00	1.00	1.00	2
accuracy			1.00	10
macro avg	1.00	1.00	1.00	10
weighted avg	1.00	1.00	1.00	10

程序对[0,1,0]（无房产、单身、年收入低于8万元）进行预测，显示"无法偿还"，但对于其他数据也可能预测错误。

在 Scikit-learn 中，混淆矩阵的行是真实标签，列是预测标签，所以第一个行是真实为0（不是无法偿还）的样本，第二个行是真实为1（无法偿还）的样本，而列则是预测为0和1的数量。本例共有10个样本，标签为0的样本8个（即不是无法偿还的客户8人），其中预测8人标签为0（即预测8人均不是无法偿还债务），预测0人标签为1（没有误报现象）；标签为1的样本2个（即无法偿还的客户2人），其中预测2人标签为1（即预测2人无法偿还债务），预测0人标签为0（没有漏报现象）。N_{TN}=8，N_{FP}=0，N_{FN}=0，N_{TP}=2，不难核实精确率precision=2/(2+0)=1，召回率 Recall=2/(2+0)=1，$F1$=2×1×1/(1+1)=1。

support 代表支持数，即每个类别在测试集中的真实样本数量；准确率即所有预测正确的样本占总样本的比例（仅全局展示一次），accuracy=(8+2)/10=1；macro avg 代表宏平均，即对所有类别的指标（precision、recall、f1）取算术平均值；weighted avg 代表加权平均，即按每个类别的样本数（support）加权计算的指标平均值。

这个例子得到的预测标签和样本标签相同，比较特殊。我们再看一个更一般的情况。

例 5-2　假设真实标签为 y_true = [0, 1, 0, 1, 1, 0, 1, 0, 0, 1]，预测标签为 y_pred = [0, 1, 0, 0, 1, 1, 1, 0, 1, 1]，使用 Scikit-learn 生成混淆矩阵，并计算评价指标。

分析：先自行分析混淆矩阵的构成并计算评价指标，然后编写一个程序，看程序的输出结果和分析结果有何区别。

根据真实标签和预测标签的值，可以知道，真实为1的样本中，有4个预测为1，1个预测为0，真实为0的样本中，有2个预测为1，3个预测为0。所以，混淆矩阵为

$$\begin{bmatrix} 4 & 1 \\ 2 & 3 \end{bmatrix}$$

即 N_{TP}=4，N_{FN}=1，N_{FP}=2，N_{TN}=3，据此可以计算评价指标。

准确率（accuracy）：$ACC = \dfrac{N_{TP} + N_{TN}}{N}$ =(4+3)/10=0.7。

精确率（precision）：$precision = \dfrac{N_{TP}}{N_{TP} + N_{FP}}$ =4/(4+2)=0.667，表示被模型预测为正类的样本中，实际为正类的比例。

召回率（recall）：$recall = \dfrac{N_{TP}}{N_{TP} + N_{FN}}$ =4/(4+1)=0.8，表示实际为正类的样本中，被模型预测

为正类的比例。

F1 分数（F1-score）：$F1 = 2 \times \dfrac{\text{precision} \times \text{recall}}{\text{precision} + \text{recall}} \approx 0.7273$。

在本例中，准确率为 70.00%，总体分类正确率较高；精确率为 66.67%，预测为 1 的样本中有 2 个预测错误；召回率为 80.00%，真实为 1 的样本仅有 1 个未被检出；F1 分数为 72.73%，综合性能较好。未来改进方向是降低假阳性（误报）和假阴性（漏报）以提高精确率和召回率。

程序如下。

```
from sklearn.metrics import confusion_matrix
from sklearn.metrics import accuracy_score, precision_score, recall_score, f1_score
y_true = [0, 1, 0, 1, 1, 0, 1, 0, 0, 1]
y_pred = [0, 1, 0, 0, 1, 1, 1, 0, 1, 1]
#求混淆矩阵
cm = confusion_matrix(y_true, y_pred)
print(cm)
#计算评价指标
accuracy = accuracy_score(y_true, y_pred)
precision = precision_score(y_true, y_pred)
recall = recall_score(y_true, y_pred)
f1 = f1_score(y_true, y_pred)
print(f"准确率（Accuracy): {accuracy:.4f}")
print(f"精确率（Precision): {precision:.4f}")
print(f"召回率（Recall): {recall:.4f}")
print(f"F1 分数（F1-Score): {f1:.4f}")
```

程序运行结果如下。

```
[[3 2]
 [1 4]]
准确率（Accuracy): 0.7000
精确率（Precision): 0.6667
召回率（Recall): 0.8000
F1 分数（F1-Score): 0.7273
```

结果表明，Scikit-learn 的混淆矩阵形式和前面分析的不一样，说明 Scikit-learn 的混淆矩阵默认行是真实标签，列是预测标签，顺序按照标签的升序排列，即 0 类在前，1 类在后。所以第一行是真实为 0 的情况，第二行是真实为 1 的情况，第一列是预测为 0 的情况，第二列是预测为 1 的情况。即 Scikit-learn 混淆矩阵的格式如表 5-3 所示。

表 5-3　Scikit-learn 混淆矩阵的格式

真实类别	预测类别	
	预测为 0	预测为 1
真实为 0	N_{TN}	N_{FP}
真实为 1	N_{FN}	N_{TP}

这并不影响计算评价指标，不难从混淆矩阵中得到 N_{TN}（真阴性）=3（真实为 0 且预测为 0，正确排除），N_{FP}（假阳性）=2（真实为 0 但预测为 1，误报——第一类错误），N_{FN}（假阴性）=1（真实为 1 但预测为 0，漏报——第二类错误），N_{TP}（真阳性）=4（真实为 1 且预测为 1，准确预测），评价指标与前面分析的一样。

2. k-近邻算法

k-近邻算法（k-Nearest Neighbors，kNN）是一种以聚类的思想做分类的分类算法，也是较简单的机器学习算法之一。1967 年，著名学者托马斯•M. 卡弗（Thomas M. Cover）和彼得•E. 哈特（Peter E. Hart）在论文 *Nearest Neighbor Pattern Classification* 中提出引入 k 个最近邻样本，通过投票机制提升分类鲁棒性，正式命名为"k-近邻算法"。

（1）k-近邻算法原理

k-近邻算法的基本思想是在判别测试样本所属类别时，先计算待测试样本（标签未知）和有标签的训练样本数据集中每个样本的距离，然后取距离最近的 k 个样本，待测试样本所属类别（即标签）由这 k 个样本的多数样本所属类别来决定（少数服从多数）。下面举个例子说明，如图 5-6 所示，有两种类型的带标签的训练样本数据，其中方块代表标签为 1 的数据，三角形代表标签为 0 的数据。现输入一个测试样本（标签未知，用圆来表示），那么如何判定这个测试样本的标签到底是 1 还是 0 呢？

k-近邻算法的具体过程是：在训练数据集中找到与测试样本最接近的 k 个样本数据，若 k=3，则对应图 5-6 中的实线圆圈中，最接近测试样本"圆"的 3 个训练样本中，有两个是三角形（标签为 0），一个是方块（标签为 1），那么判定测试样本数据"圆"的标签是 0（方块数少于三角形数，少数服从多数）。若 k=5，则对应图 5-6 中的虚线圆圈中，最接近测试样本"圆"的 5 个训练样本中，有两个是三角形（标签为 0），三个是方块（标签为 1），那么判定测试样本数据"圆"的标签是 1（三角形数少于方块数，少数服从多数）。

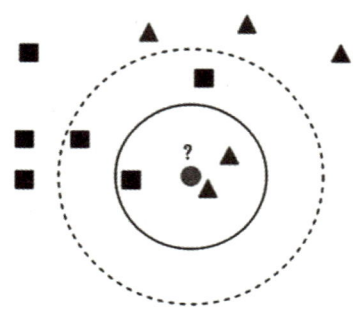

图 5-6 k-近邻算法示意图

假设 X_test 为待标记的数据样本，X_train 为已标记的数据集，k-近邻算法原理的伪代码描述如下。

① 计算距离：遍历 X_train 中的所有样本，计算每个样本与 X_test 的距离，并把距离保存在 Distance 数组中。

② 选择邻居：对 Distance 数组进行排序，取距离最近的 k 个点，记为 X_knn。

③ 决策分类：在 X_knn 中统计每个类别的样本个数，即第一类在 X_knn 中有几个样本，第二类在 X_knn 中有几个样本等，待标记样本的类别，就是在 X_knn 中样本个数最多的那个类别。

k-近邻算法的参数是 k，参数选择需要根据数据来决定。k 值越大，模型的偏差越大，对噪声数据越不敏感，当 k 值很大时，可能造成模型欠拟合；k 值越小，模型的方差就会越大，当 k 值太小时，就会造成模型过拟合。

（2）k-近邻算法的实现

在 Scikit-learn 库 neighbors 模块中，提供了 KNeighborsClassifier 类，用于实现 k-近邻算法。KNeighborsClassifier 类的主要参数包括以下内容。

① n_neighbors：指定 k 值，即用于分类的最近邻样本数量，该参数必须指定。默认值为 5。

② weights：定义邻居样本的权重方式。取值'uniform'表示所有邻居权重相等（默认）；

'distance'表示权重与距离成反比（越近的邻居影响越大）；还可以自定义权重函数。

③ algorithm：指定计算最近邻的算法。'auto'表示自动选择合适的方法（默认），'ball_tree'表示使用球树算法（适合高维数据），'kd_tree'表示使用 KD 树算法（适合低维数据），'brute'表示暴力搜索（遍历所有样本）。

④ metric：定义距离度量方式。默认值为'minkowski'（需结合参数 p 使用），'euclidean'表示欧式距离（p=2），'manhattan'表示曼哈顿距离（p=1），'chebyshev'表示切比雪夫距离（最大坐标差）。

⑤ p：Minkowski 距离的指数参数。默认值为 2（对应欧式距离），p=1 表示曼哈顿距离，p=2 表示欧式距离。

k-近邻模型训练与预测的具体步骤如下。

```
from sklearn.neighbors import KNeighborsClassifier
knn = KNeighborsClassifier(n_neighbors=5)    #创建 k-近邻分类器（k=5，默认参数）
knn.fit(X_train, y_train)                     #训练模型
y_pred = knn.predict(X_test)                  #预测测试集
```

（3）鸢尾花数据集

鸢尾花数据集（Iris Dataset）是机器学习中的经典数据集，包含 150 条样本，每个样本有 4 个特征：萼片长度（Sepal Length）、萼片宽度（Sepal Width）、花瓣长度（Petal Length）和花瓣宽度（Petal Width），分为 3 类：山鸢尾（Setosa）、变色鸢尾（Versicolor）和维吉尼亚鸢尾（Virginica），完整的内容如表 5-4 所示，其中的类别标签为分类变量，通常用整数编码（山鸢尾用 0 表示，变色鸢尾用 1 表示，维吉尼亚鸢尾用 2 表示）。

表 5-4　鸢尾花数据集的内容

序号	萼片长度（cm）	萼片宽度（cm）	花瓣长度（cm）	花瓣宽度（cm）	类别
1	5.1	3.5	1.4	0.2	山鸢尾
2	4.9	3.0	1.4	0.2	山鸢尾
3	4.7	3.2	1.3	0.2	山鸢尾
…	…	…	…	…	…
51	7.0	3.2	4.7	1.4	变色鸢尾
52	6.4	3.2	4.5	1.5	变色鸢尾
…	…	…	…	…	…
101	6.3	3.3	6.0	2.5	维吉尼亚鸢尾
102	5.8	2.7	5.1	1.9	维吉尼亚鸢尾
…	…	…	…	…	…

鸢尾花数据集可通过 sklearn.datasets.load_iris()加载，常用于算法验证，如 k-近邻算法、决策树、支持向量机等。

例 5-3　寻找 k-近邻分类算法对鸢尾花数据集做分类时最优的 k 值。

分析：首先从 Scikit-learn 库导入鸢尾花数据集，并拆分为训练集和测试集，然后训练 k-近邻分类模型，并利用测试集测试模型。为了找到最优的 k 值，需要测试不同 k 下 k-近邻分类算法的错误率，再使用 Scikit-learn 中的交叉验证方法验证。

程序如下。

```
from sklearn.neighbors import KNeighborsClassifier    #k-近邻算法模块
from sklearn import datasets                          #Scikit-learn 自带的 iris 数据集
from sklearn.model_selection import train_test_split  #数据拆分模块
from sklearn.model_selection import cross_val_score   #交叉验证模块
import matplotlib.pyplot as plt
iris = datasets.load_iris()                           #加载鸢尾花数据集
X, y = iris.data, iris.target                         #存储样本的特征和标签
#划分训练集和测试集（70%训练，30%测试）
X_train, X_test, y_train, y_test = train_test_split(X, y, test_size=0.3)
k_error=[]      #保存预测错误率
k_range=range(1, 16)
for k in k_range:
    knn = KNeighborsClassifier(n_neighbors=k)         #创建 k-近邻分类器
    #cv 参数决定数据集划分比例，这里按照 5:1 划分训练集和测试集
    scores=cross_val_score(knn, X, y, cv=5, scoring='accuracy')
    k_error.append(1-scores.mean())                   #把每次的错误率添加到列表
plt.plot(k_range, k_error)
plt.rcParams['font.sans-serif'] = ['SimSun']          #指定默认字体
plt.xlabel('k-近邻算法的 k 值')
plt.ylabel('错误率')
plt.show()
```

程序运行结果如图 5-7 所示。可见，*k* 值取 6、7、10、11、12 时最为合适。

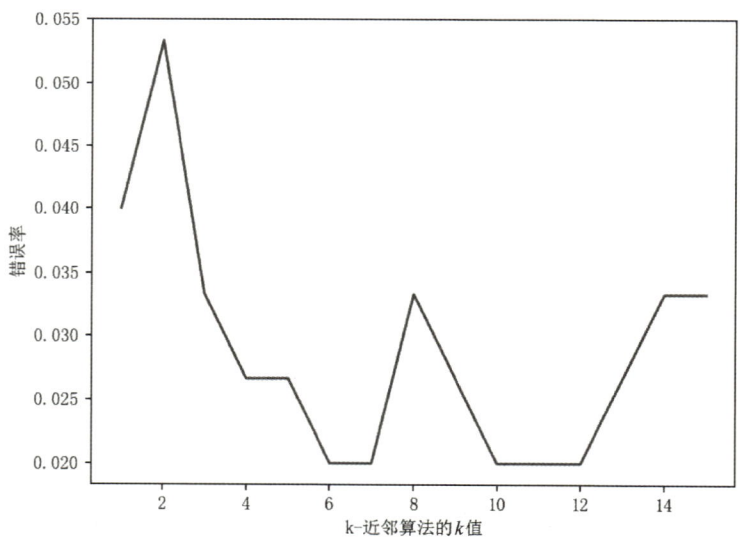

图 5-7　不同 *k* 下 k-近邻算法的错误率

3. 支持向量机

支持向量机（Support Vector Machine，SVM）起源于弗拉基米尔·万普尼克（Vladimir Vapnik）对分类边界最大化的探索，经过数十年的理论积累与算法创新，最终在 1995 年形成完整的算法框架。其核心思想通过支持向量和核技巧解决了线性与非线性分类问题，至今仍是机器学习领域的重要工具。

(1) 支持向量机基本原理

支持向量机是一种二分类模型,它将有标签的训练数据集中的样本映射为空间中的点,如图 5-8 所示,有两种类型的带标签的训练数据,其中空心点代表标签为 1 的数据,实心点代表标签为 0 的数据。其基本思想是找到一条线或一个面,把分别代表两个类别的实心点和空心点准确分开。依据的原则是空间中距离分类线或面最近的点(也称支持向量)到这条线或面的几何间隔(也称距离)最大。找到的这条线或这个面也称为超平面或支持向量机。

测试样本时,将测试样本(标签未知)映射到和训练样本相同的空间中,并基于它落在超平面的哪一侧来判定该测试样本所属类别,如果测试样本落在超平面的靠空心点那侧,判定测试样本的标签为 1,反之,判定测试样本的标签为 0。

只有样本数据是线性可分时,才能找到一个超平面将训练样本正确分类。假如样本数据是线性不可分的,如图 5-9(a)所示,则无法找到一个线性分类面将图中的实心样本和空心样本分开。这时可以通过选择合适的映射函数(核函数)将数据映射到高维空间,以解决在原始样本空间中线性不可分的问题。如图 5-9(b)所示,通过将原来在二维平面上的点映射到三维空间上,即可以利用一个线性平面将图中的实心样本和空心样本分开。

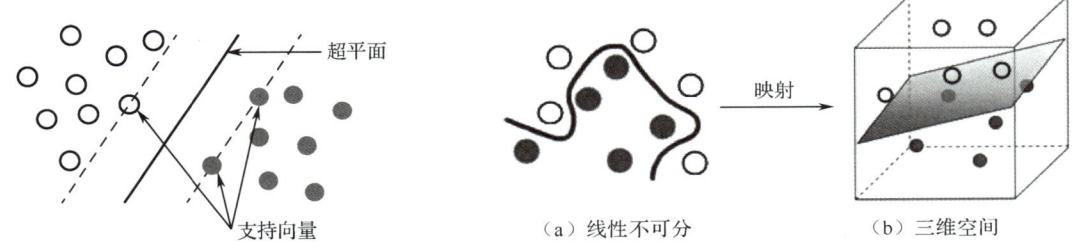

图 5-8　支持向量机原理示意图　　　图 5-9　将线性不可分数据映射到三维空间

支持向量机采用核函数将样本数据映射到高维特征空间,一般有多项式核函数和径向基核函数两种方法。多项式核函数易于把握,它通过对样本原始特征进行幂次变换,推动数据向高维空间跃迁,如把特征 1 平方、特征 2 立方、特征 3 五次方等。径向基核函数,即高斯核,利用高斯函数的特性,将数据巧妙映射到高维空间,使原本在低维空间中难以区分的数据,在高维空间中得以清晰分离,从而为支持向量机的分类任务提供了有力支持。

(2) 支持向量机的实现

使用 Scikit-learn 实现支持向量机的核心类是 SVC,用于构建标准的支持向量机分类器,SVC 类的主要参数有:

① kernel:核函数的类型,默认是 RBF(高斯径向基),其他值包括 linear(线性)、poly(多项式)、sigmoid 等。

② C:惩罚系数(正则化强度的倒数)。

③ gamma:核函数的系数(影响高斯核的半径)。

④ degree:多项式核的次数(仅当 kernel='poly'时有效),默认是 3。

基本步骤如下。

```
from sklearn.svm import SVC
model = SVC()                        #定义 SVM 模型
model.fit(X_train, y_train)          #训练模型
y_pred = model.predict(X_test)       #预测测试集
```

例 5-4　使用支持向量机对鸢尾花数据集进行分类。

分析：先进行数据加载，并使用 StandardScaler 对象标准化数据，以消除特征尺度差异对支持向量机的影响。再进行数据预处理、创建支持向量机分类器后进行模型训练。最后通过散点图展示萼片长度与花瓣长度的分布，并进行模型测试与评估。

程序如下。

```python
from sklearn.datasets import load_iris                    #导入必要的库
from sklearn.model_selection import train_test_split
from sklearn.preprocessing import StandardScaler
from sklearn.svm import SVC
from sklearn.metrics import accuracy_score, classification_report, confusion_matrix
import matplotlib.pyplot as plt
#1. 加载数据集
iris = load_iris()
X = iris.data    #特征数据（150×4：150 个样本，每个样本 4 个特征）
y = iris.target  #标签（3 个类别：0, 1, 2）
#2. 数据预处理
#划分训练集和测试集（80%训练，20%测试），确保模型的泛化能力
X_train, X_test, y_train, y_test = train_test_split(X, y, test_size=0.2, random_state=42)
#标准化特征数据（SVM 对特征尺度敏感）
scaler = StandardScaler()
X_train = scaler.fit_transform(X_train)
X_test = scaler.transform(X_test)
#3. 创建 SVM 分类器（使用 RBF 核函数）
svm = SVC(kernel='rbf', C=1.0, gamma='scale', random_state=42)
#4. 训练模型
svm.fit(X_train, y_train)
#5. 数据可视化：通过散点图展示萼片长度与花瓣长度的分布，观察类别可分性
plt.figure(figsize=(8, 6))
plt.subplot(2,3,1)
plt.scatter(X[:, 0], X[:, 2], c=y, edgecolor='k')
plt.xlabel('萼片长度(cm)')
plt.ylabel('花瓣长度(cm)')
plt.title('数据集')
plt.rcParams['font.sans-serif'] = ['SimSun']             #指定默认字体
plt.subplot(2,3,2)
plt.scatter(X_train[:, 0], X_train[:, 2], c=y_train, edgecolor='k')
plt.xlabel('萼片长度(cm)')
plt.ylabel('花瓣长度(cm)')
plt.title('训练集')
plt.rcParams['font.sans-serif'] = ['SimSun']             #指定默认字体
plt.subplot(2,3,3)
plt.scatter(X_test[:, 0], X_test[:, 2], c=y_test, edgecolor='k')
plt.xlabel('萼片长度(cm)')
plt.ylabel('花瓣长度(cm)')
plt.title('测试集')
```

```
plt.rcParams['font.sans-serif'] = ['SimSun']        #指定默认字体
plt.show()
#6. 预测与评估
y_pred = svm.predict(X_test)
print(f"测试集准确率：{accuracy_score(y_test, y_pred):.4f}")
print("分类报告：")
print(classification_report(y_test, y_pred))
print("混淆矩阵：")
print(confusion_matrix(y_test, y_pred))
```

程序运行后，得到图 5-10 和以下结果。图 5-10 说明选取萼片长度与花瓣长度两个特征，鸢尾花的类别是可分的。用全部 4 个特征自然也是可分的，只是用 4 个特征很难画出这种可视图形。

```
测试集准确率：1.0000
分类报告：
              precision    recall  f1-score   support

           0       1.00      1.00      1.00        10
           1       1.00      1.00      1.00         9
           2       1.00      1.00      1.00        11

    accuracy                           1.00        30
   macro avg       1.00      1.00      1.00        30
weighted avg       1.00      1.00      1.00        30

混淆矩阵：
[[10  0  0]
 [ 0  9  0]
 [ 0  0 11]]
```

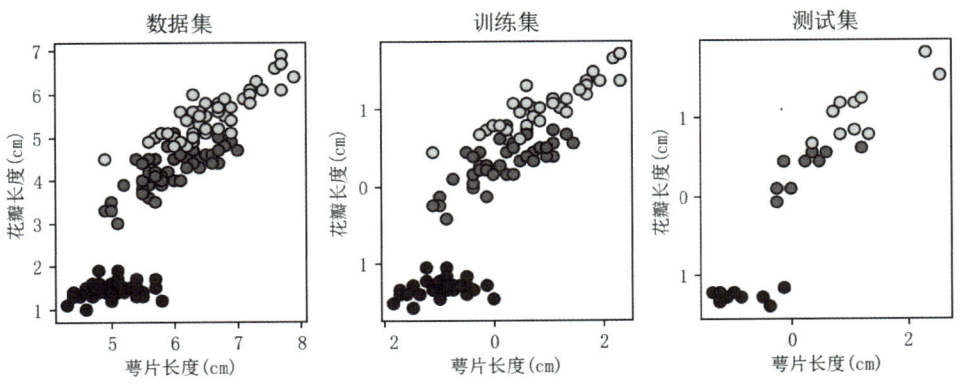

图 5-10　鸢尾花萼片长度与花瓣长度的分布

5.3.2　监督学习算法：回归问题

回归（Regression）一词最早由英国统计学家弗朗西斯·高尔顿（Francis Galton）在研究遗

传学时提出。他在分析父母与子女身高关系时发现，虽然高父母倾向于生出高子女，但子女的平均身高会向群体均值"回归"，即高父母的子女平均比父母矮，矮父母的子女平均比父母高。这种"均值回归"现象揭示了自然界中一种稳定机制，防止极端特征在后代中无限放大。高尔顿将这种趋势称为"回归"，后逐渐演变为统计学中的回归分析。

1. 线性回归

线性回归是一种常见的回归模型，通过线性方程来拟合数据。其核心思想是求解使得预测值与实际值之间的平方误差之和最小的参数。

（1）一元线性回归

在 4.1.2 节曾介绍过一元线性回归，该节是从数据分析角度，利用回归方法挖掘数据中的知识和价值，本节是从机器学习角度，利用回归方法让计算机具有学习能力，从而实现人工智能。实际上，无论是数据分析（挖掘）还是机器学习，其底层逻辑是一样的，只是角度不同、出发点不同而已。这里我们对一元线性回归方法进行详细推导。

给定 n 个数据样本 (x_i, y_i) $(i=1, 2, \cdots, n)$，要构造一元线性函数 $f(x)=wx+b$，使得 $f(x)$ 在各数据点处的偏差 $f(x_i)-y_i$ 的平方和 $L(w,b)=\sum_{i=1}^{n}(f(x_i)-y_i)^2=\sum_{i=1}^{n}(wx_i+b-y_i)^2$ 达到最小。

要使函数 $L(w, b)$ 具有最小值，可对 $L(w, b)$ 的参数 w 和 b 分别求导数，令其导数值为零，再求取参数 w 和 b 的值。

对 b 求偏导数，得

$$\frac{\partial L}{\partial b} = \sum_{i=1}^{n}2(wx_i+b-y_i)$$
$$= 2\left(w\sum_{i=1}^{n}x_i + nb - \sum_{i=1}^{n}y_i\right)$$

令 $\frac{\partial L}{\partial b}=0$，即

$$2\left(w\sum_{i=1}^{n}x_i + nb - \sum_{i=1}^{n}y_i\right)=0$$

得

$$b = \frac{\sum_{i=1}^{n}y_i - w\sum_{i=1}^{n}x_i}{n}$$
$$= \overline{y} - w\overline{x}$$

其中，

$$\overline{x} = \frac{\sum_{i=1}^{n}x_i}{n}, \quad \overline{y} = \frac{\sum_{i=1}^{n}y_i}{n}$$

对 w 求偏导数，得

$$\frac{\partial L}{\partial w} = \sum_{i=1}^{n}2x_i(wx_i+b-y_i)$$
$$= 2\left(w\sum_{i=1}^{n}x_i^2 + b\sum_{i=1}^{n}x_i - \sum_{i=1}^{n}x_iy_i\right)$$

令 $\frac{\partial L}{\partial k}=0$，即

$$2\left(w\sum_{i=1}^{n}x_i^2 + b\sum_{i=1}^{n}x_i - \sum_{i=1}^{n}x_i y_i\right) = 0$$

将 b 代入，得

$$w\sum_{i=1}^{n}x_i^2 + (\overline{y} - w\overline{x})\sum_{i=1}^{n}x_i - \sum_{i=1}^{n}x_i y_i) = 0$$

得

$$w = \frac{\sum_{i=1}^{n}x_i y_i - n\overline{x}\,\overline{y}}{\sum_{i=1}^{n}x_i^2 - n\overline{x}^2}$$

可以看出，只要给定 n 个数据样本（x_i, y_i）($i=1, 2, 3, \cdots, n$)，就可以求出 w 和 b，从而建立一个线性回归方程，进而预测新的数据。例 4-2 也可以用以下程序来实现。

```
import numpy as np
x = np.array([15, 20, 25, 35, 45])
y = np.array([99, 110, 173, 224, 245])
n=len(x)                      #x 中数据点的个数
x_mean=np.mean(x)             #求 x 的平均值
y_mean=np.mean(y)             #求 y 的平均值
p1 = np.sum(x*y)              #x*y 是两个数组对应元素相乘，结果还是数组
p2 = np.sum(x**2)             #x**2 是数组每个元素的平方，结果还是数组
w = (p1 - n*x_mean*y_mean)/(p2 - n*x_mean**2)
b = y_mean-w*x_mean
x=30
y=w*x+b
print("30 厘米蛋糕的价格:", y)
print("斜率:", w)
print("截距:", b)
```

程序运行结果如下。

30 厘米蛋糕的价格: 180.70689655172413
斜率: 5.253448275862069
截距: 23.103448275862064

（2）多元线性回归

如果线性回归分析中包括两个或两个以上的自变量，且因变量和自变量之间是线性关系，则称为多元线性回归分析。设 $\boldsymbol{x}=[x_1, x_2, x_3, \cdots, x_m]$ 表示 m 个特征，共有 n 个样本数据（x_i, y_i）($i=1, 2, \cdots, n$)，多元线性回归就是要找到一组参数 $\boldsymbol{w}=[w_1, w_2, w_3, \cdots, w_m]$，使得线性函数

$$f(\boldsymbol{x})=w_1x_1+w_2x_2+\cdots+w_mx_m+b=\boldsymbol{w}\boldsymbol{x}^{\mathrm{T}}+b$$

最小化损失函数 $L(\boldsymbol{w},b)=\sum_{i=1}^{n}(f(x_i) - y_i)^2 = \sum_{i=1}^{n}(\boldsymbol{w}x_i^{\mathrm{T}} + b - y_i)^2$。

如果把 $\boldsymbol{x}$ 看作多元线性回归模型的输入（注意，$\boldsymbol{x}$ 是一个向量，包含 m 个元素），$\boldsymbol{w}$ 看作各

个输入元素的权重（w 也是一个向量，包含 m 个元素），b 看作回归模型的偏置值，那么多元线性回归模型可以表示成如图 5-11 所示的结构，图中的 ⊕ 表示多个元素的加法运算。

图 5-11 展示了多元线性回归模型和神经网络（将在第 6 章介绍）的联系。从结构上看，多元线性回归可以看作是神经网络的一种特例，当神经网络结构比较简单（如单层感知机）时，其行为与多元线性回归相似。当然，多元线性回归是一种统计方法，用于描述一个因变量与多个自变量之间的关系，通过拟合一个线性方程来预测因变量的值。而神经网络是一种模拟生物神经网络结构和功能的计算模型，由多个神经元（节点）相互连接而成，能够学习和表示复杂的非线性关系。

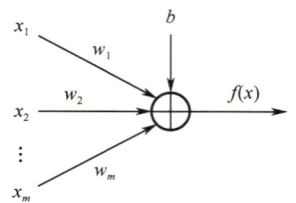

图 5-11 多元线性回归的结构

多元线性回归还是使用 Scikit-learn 库中的 LinearRegression 类来实现。

例 5-5 广告收益预测。某公司为了推销产品，在电视、网站和微信 3 种渠道内进行广告宣传，不同渠道的广告费以及对应的产品销量如表 5-5 所示。试建立多元线性回归模型并分析误差。

表 5-5 广告收益表

电视/万元	网站/万元	微信/万元	销售量/万个
230.1	37.8	69.2	22.1
44.5	39.3	45.1	10.4
17.2	45.9	69.3	9.3
151.5	41.3	58.5	18.5
180.8	10.8	58.4	12.9
8.7	48.9	75	7.2
57.5	32.8	23.5	11.8
120.2	19.6	11.6	13.2
8.6	2.1	1	4.8
199.8	2.6	21.2	10.6

分析：将表 5-5 中的数据存放在 advertising.csv 文件中，其内容如图 5-12 所示。

然后使用 Pandas 库（先用 pip install pandas 命令进行安装）中用于读取 CSV 文件的函数 pd.read_csv()，从文件中读取数据存放到 DataFrame 变量 data 中。

将销售量 y 表示为电视广告费用 x_1、网站广告费用 x_2、微信广告费用 x_3 的线性函数，即 $y=f(x_1, x_2, x_3)=w_1x_1+w_2x_2+w_3x_3+b$，使用 Scikit-learn 的 LinearRegression 类构建线性回归分析模型。然后划分训练集和测试集（70%训练，30%测试），选择均方误差进行分析。

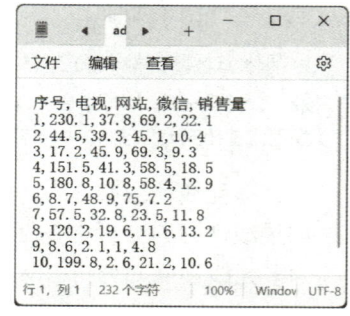

图 5-12 advertising.csv 文件内容

程序如下。

```
import pandas as pd
from sklearn import linear_model as lm
```

```
from sklearn.model_selection import train_test_split        #数据拆分模块
from sklearn import metrics
data = pd.read_csv('advertising.csv',index_col=0,header=0)  #读取文件
X=data.iloc[:,0:3].values.astype(float)                     #data 的前 3 列是特征属性值
y=data.iloc[:,3].values.astype(float)                       #data 的第 4 列是分类值
linreg = lm.LinearRegression()                              #模型初始化
linreg.fit(X, y)                                            #模型训练
print(linreg.predict([[10, 10, 10], [20, 20,20]]))          #模型预测
print(linreg.coef_, linreg.intercept_)                      #输出回归系数和截距
#划分训练集和测试集（70%训练，30%测试）
X_train, X_test, y_train, y_test = train_test_split(X, y, test_size=0.3)
#训练集回归模型
linregTrain = lm.LinearRegression()                         #模型初始化
linregTrain.fit(X_train, y_train)                           #模型训练
#在测试集上应用模型，计算均方误差 MSE
y_train_pred=linregTrain.predict(X_train)
y_test_pred=linregTrain.predict(X_test)
train_mse = metrics.mean_squared_error(y_train, y_train_pred)   #计算训练集 MSE
test_mse = metrics.mean_squared_error(y_test, y_test_pred)      #计算测试集 MSE
print('Train MSE: ',train_mse)
print('Test MSE: ',test_mse)
```

程序运行结果如下。

```
[4.19230698 6.52913072]
[ 0.06334544   0.23743789 -0.06710096] 1.8554832371820176
Train MSE:   2.3685409751802027
Test MSE:    3.0849492904435656
```

结果表明，当电视、网站和微信各投入广告费用 10 万元时，产品销售量为 4.19230698 万个，当各投入广告费用 20 万元时，产品销售量为 6.52913072 万个。也就是以下表达式的值。

```
>>> linreg.coef_[0]*10+linreg.coef_[1]*10+linreg.coef_[2]*10+linreg.intercept_
4.192306978879592
>>> linreg.coef_[0]*20+linreg.coef_[1]*20+linreg.coef_[2]*20+linreg.intercept_
6.529130720577166
```

经过模型训练以后，得到的线性回归模型为

$$y=0.063x_1+0.237x_2-0.067x_3+1.855$$

在回归任务中，衡量模型预测误差的常用指标之一是均方误差（MSE），它通过计算预测值与真实值之间误差平方的平均值来评估模型性能。

2. 逻辑回归

逻辑回归（Logistic Regression）又称为逻辑斯蒂回归，是一种广义的分类算法，尽管名字中带有"回归"，但它主要用于解决二分类问题。其核心思想是通过一个单调可微的函数（如 Sigmoid 函数）将线性回归模型的预测结果映射到一个概率值上，从而实现对类别的划分。

（1）Sigmoid 函数

Sigmoid 函数的定义为

$$\sigma(z) = \frac{1}{1+e^{-z}}$$

该函数的图形如图 5-13 所示，它处处光滑、处处可导，这便于数学处理。

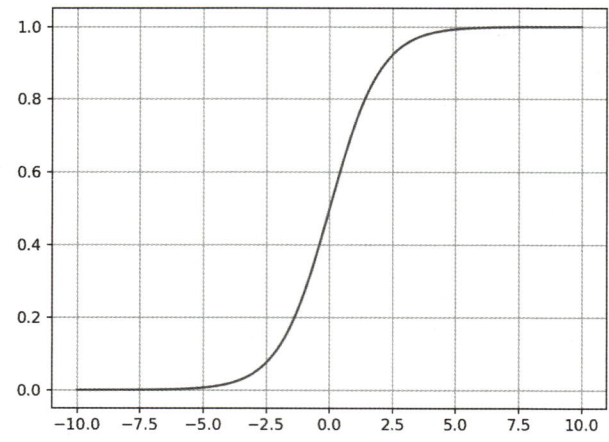

图 5-13 Sigmoid 函数的图形

Sigmoid 函数满足以下概率性质：

① $\sigma(0)=0.5$。
② 当 $z \to -\infty$ 时，$\sigma(z) \to 0$。
③ 当 $z \to +\infty$ 时，$\sigma(z) \to 1$。

（2）逻辑回归模型

由于多元线性回归函数 $f(\boldsymbol{x})=\boldsymbol{wx}^T+b$ 的输出范围在 $(-\infty, +\infty)$ 之间，所以使用 Sigmoid 函数可以将其映射到 $(0,1)$ 之间，表示样本属于某一类别的概率。

把 $f(\boldsymbol{x})=\boldsymbol{wx}^T+b$ 代入 Sigmoid 函数的表达式，得到

$$\sigma(\boldsymbol{wx}^T+b) = \frac{1}{1+e^{-(\boldsymbol{wx}^T+b)}}$$

该式就是逻辑回归模型的函数形式。

根据 Sigmoid 函数的概率性质，逻辑回归可以用来预测结果属于 0 或 1 的二分类问题，所以，逻辑回归模型的输出概率表示为

$$p(f(\boldsymbol{x})=1|\boldsymbol{x}) = \frac{1}{1+e^{-(\boldsymbol{wx}^T+b)}} = \frac{e^{\boldsymbol{wx}^T+b}}{1+e^{\boldsymbol{wx}^T+b}}$$

$$p(f(\boldsymbol{x})=0|\boldsymbol{x}) = 1 - p(f(\boldsymbol{x})=1|\boldsymbol{x}) = \frac{1}{1+e^{\boldsymbol{wx}^T+b}}$$

对于每个样本 $\boldsymbol{x}$，都希望模型对于正类的预测概率越大越好。具体来说，对于任意给定的 n 个样本 (x_i, y_i) $(i=1, 2, \cdots, n)$，如果样本为正类，则希望 $p(y_i=1|x_i)$ 的值越大越好。如果样本为反类，则希望 $p(y_i=0|x_i)$ 的值越大越好。下面看一个具体的例子。

假设一个逻辑回归方程如下：

$$f(\boldsymbol{x}) = -1.9x_1 + 1.2x_2 + 3.6$$

$$p(f(\boldsymbol{x})=1|\boldsymbol{x}) = \frac{e^{-1.9x_1+1.2x_2+3.6}}{1+e^{-1.9x_1+1.2x_2+3.6}}$$

要预测新样本所属分类，只要将测试数据代入逻辑回归方程中，求得 $p(f(\boldsymbol{x})=1|\boldsymbol{x})$ 的值，

根据该值对测试数据进行分类。当 $x_1=4$，$x_2=5$ 时，有

$$p(f(\boldsymbol{x})=1|\boldsymbol{x}) = \frac{e^{-1.9\times 4+1.2\times 5+3.6}}{1+e^{-1.9\times 4+1.2\times 5+3.6}} = 0.881 > 0.5$$

因此该样本应属于正类。

（3）逻辑回归模型的实现

在 scikit-learn 的 linear_model 模块中，提供了 LogisticRegression 类，用于实现逻辑回归模型。LogisticRegression 类具有许多参数，主要用于控制模型的行为和性能。以下是常用的一些参数。

① penalty：用来指定正则化类型，可以选择 l1（L1 正则化）或 l2（L2 正则化），默认值为 l2。和 solver 参数有依赖关系，solver='liblinear'或'saga'支持 l1，solver='newton-cg', 'lbfgs', 'sag'仅支持 l2。

② C：正则化强度的倒数，默认为 1.0。较小的值表示更强的正则化。

③ solver：优化算法，常用的有 liblinear、newton-cg、lbfgs、sag, saga。默认为'lbfgs'。

④ max_iter：控制优化算法的最大迭代次数，默认为 100。

例 5-6 利用逻辑回归模型对鸢尾花（Iris）数据集进行二分类，并可视化模型的决策边界。

分析：仅选择萼片长度、萼片宽度两个特征进行分类并可视化，将多分类问题转换为 0 类和非 0 类的二分类问题；逻辑回归对特征尺度敏感，利用 StandardScaler 函数进行标准化处理；在绘制决策边界时，先生成网格坐标矩阵，再用训练好的模型预测每个网格点的类别，最后通过等高线填充图（Contourf）展示分类区域（参见 2.8.2 小节）。

程序如下。

```python
import numpy as np
import matplotlib.pyplot as plt
from sklearn.datasets import load_iris
from sklearn.model_selection import train_test_split
from sklearn.preprocessing import StandardScaler
from sklearn.linear_model import LogisticRegression
from sklearn.metrics import accuracy_score, classification_report, confusion_matrix
#加载数据集（Iris 数据集）
iris = load_iris()
X = iris.data[:, :2]              #取前两个特征：萼片长度、萼片宽度
y = (iris.target != 0).astype(int) #仅区分 0 类和非 0 类，转换为二分类问题
#划分训练集和测试集
X_train, X_test, y_train, y_test = train_test_split(X, y, test_size=0.3, random_state=42)
#归一化特征（标准化）
scaler = StandardScaler()
X_train = scaler.fit_transform(X_train)
X_test = scaler.transform(X_test)
#训练逻辑回归模型
model = LogisticRegression()
model.fit(X_train, y_train)
#定义绘制决策边界的函数
def plot_decision_boundary(X, y, model):
    plt.figure(figsize=(8, 6))
```

```
x_min, x_max = X[:, 0].min() - 1, X[:, 0].max() + 1
y_min, y_max = X[:, 1].min() - 1, X[:, 1].max() + 1
xx, yy = np.meshgrid(np.linspace(x_min, x_max, 100), np.linspace(y_min, y_max, 100))
#合并坐标点并预测
grid_points = np.c_[xx.ravel(), yy.ravel()]
Z = model.predict(grid_points)
Z = Z.reshape(xx.shape)                    #恢复为网格形状
#绘制等高线（决策边界）
plt.contourf(xx, yy, Z, alpha=0.3, cmap='rainbow')
plt.scatter(X[:, 0], X[:, 1], c=y, edgecolors='k', cmap='rainbow')
plt.xlabel('萼片长度')
plt.ylabel('萼片宽度')
plt.rcParams['font.sans-serif'] = ['SimSun']        #指定默认字体
plt.show()
#调用函数绘制决策边界
plot_decision_boundary(X_train, y_train, model)
```

程序运行结果如图5-14所示。

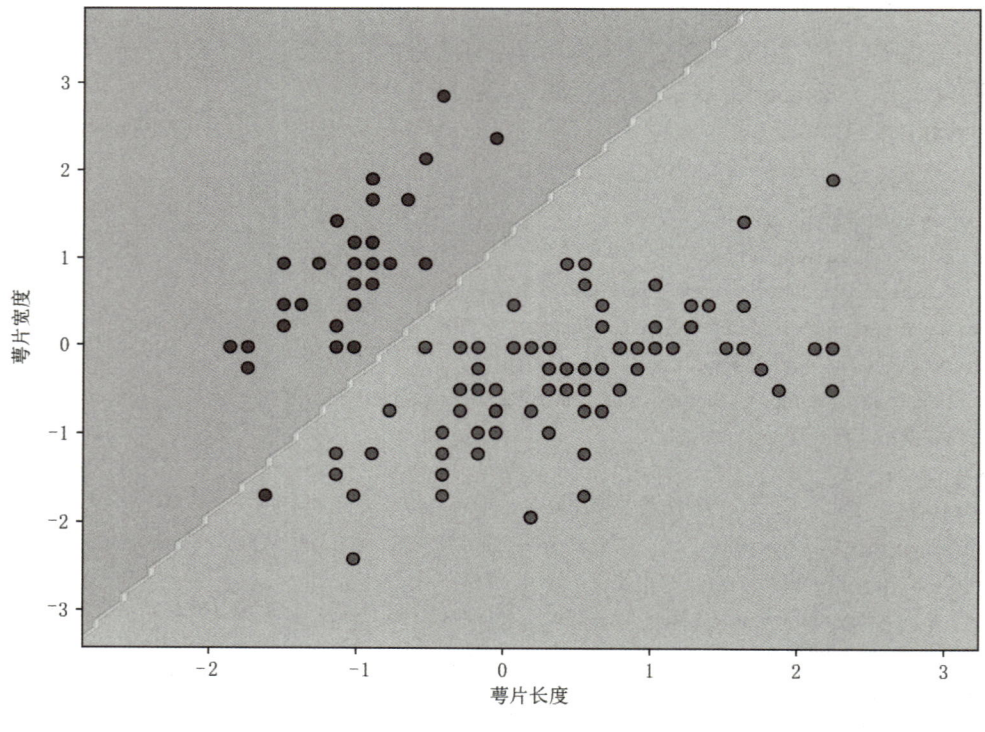

图5-14 逻辑回归决策边界

5.3.3 无监督学习算法：聚类问题

聚类的类别由不同样本之间的某种相似性确定，不需要事先对样本指定具体的类别信息。聚类类别所表达的含义通常是未知的、不确定的，故聚类是一种典型的无监督学习方法。聚类分析在客户细分、图像分割、文本聚类和生物医学等领域有广泛的应用。

1. 聚类的概念

聚类（Clustering）就是将相似的事物放在一起。对大量未标注的数据集，按照某种特定的规则（如距离远近）将数据集划分成不同的簇（Cluster），使得类别内的数据相似性尽可能大，而同类之间数据相似性尽可能小。在数据中的表现是，具有相似特征值的个体聚在一起的可能性大，反之可能性小。聚类操作时，由于无监督学习算法事先不知道数据属于哪个类别，因此只能通过分析数据样本在特征空间中的分布，例如，基于密度或是基于统计学概率模型等，把相似度低的数据分开，把相似度高的数据分成一个类别。

聚类方法通常分为几大类：划分法、层次法、密度法、网格法、模型法、谱聚类等，每类下面又延伸出不同的具体算法。本节通过 k 均值聚类算法介绍聚类的实现方法。

2. 相似性度量

在聚类分析中，相似性度量是关键。通常使用距离作为样本之间相似程度的衡量指标。簇内相似性用簇内样本之间的平均距离来衡量，距离越小，簇内相似性越高。不同簇之间的样本相似性用簇中心之间的距离来衡量，距离越大，簇间相似性越低。

每一个样本数据都可以理解为多维空间中的一个点。例如，样本数据有两个特征属性，就可看成是二维平面坐标中的点。有 n 个特征属性，就可看成是 n 维空间中的一个点，因此样本之间的距离就转换成了 n 维空间中点与点之间的距离。常用的距离计算方法有以下两种。

（1）欧式距离

欧式距离（Euclidean Distance）是直角坐标系中最常用的距离计算方法。假设样本 $x=(x_1, x_2, \cdots, x_n)$，$y=(y_1, y_2, \cdots, y_n)$，欧式距离计算公式为

$$d(x, y) = \sqrt{\sum_{i=1}^{n}(x_i - y_i)^2}$$

用于计算两点在多维空间中的直线距离。例如，二维空间中点(3, 4)和点(0, 0)的距离为 5。

（2）曼哈顿距离

曼哈顿距离（Manhattan Distance）又称为城市街区距离，因为城市街区两个地点之间一般不存在直线路线，需要拐弯才能到达，因此曼哈顿距离就是把两点之间每个维度的距离的绝对值相加，其公式为

$$d(x, y) = \sum_{i=1}^{n}|x_i - y_i|$$

用于计算两点在网格状路径（如城市街道）上的移动距离。例如，二维空间中点(3, 4)和点(0, 0)的距离为 7。

如果样本特征值主要是离散数据，如计算文本的相似度，则采用余弦相似度（Cosine Similarity）更合适。余弦相似度通过计算两个向量的夹角余弦值来表示它们的相似度，其公式为

$$\cos(x, y) = \frac{x \cdot y}{\|x\| \cdot \|y\|} = \frac{\sum_{i=1}^{n} x_i y_i}{\sqrt{\sum_{i=1}^{n} x_i^2} \sqrt{\sum_{i=1}^{n} y_i^2}}$$

3. k 均值聚类算法

k 均值聚类算法也称为 k-means 算法，是划分法中的经典算法。字母 k 的含义是表示聚类的数量，而单词 means 表示每个类的数学期望。在 k 均值聚类算法中，样本之间的距离就是样

本相似度的直观表达。两个样本距离越近，样本具有的相似度就越高，两个样本就越可能在同一类中。

k 均值聚类算法流程如下。

（1）随机选取 k 个样本作为初始聚类中心。
（2）计算数据集中一个样本与选定中心的距离。
（3）比较这个样本与各聚类中心的距离，将其归于距离最小的聚类中心所属聚类。
（4）依次计算并分配数据集中每一个样本，每个聚类中心和分配给它的样本就构成了一个簇（类）。
（5）重新计算每个类别的聚类中心（簇中各样本分量的平均值）。
（6）重复（2）～（5），直到没有聚类中心再发生变化为止。

用一个简单的例子说明聚类过程。

例 5-7 假设有 6 个点：$p_1(1, 3)$，$p_2(2, 2)$，$p_3(2, 1)$，$p_4(6, 6)$，$p_5(7, 8)$，$p_6(8, 7)$，要聚成 2 类（$k=2$），写出聚类的结果。

聚类过程如下。

（1）假设选择 p_1 和 p_2 为初始簇中心。
（2）用欧式距离公式计算 p_3、p_4、p_5、p_6 与 p_1 的距离分别为 2.24、5.83、7.81、8.06，p_3、p_4、p_5、p_6 与 p_2 的距离分布为 1、5.66、7.81、7.81。
（3）根据与 p_1 和 p_2 距离的比较结果，p_3、p_4、p_6 都离 p_2 更近，p_5 与 p_1 和 p_2 距离相等，假设把 p_5 也划分到 p_2 这一簇，因此形成新的两簇。

簇 1：p_1
簇 2：p_2、p_3、p_4、p_5、p_6

（4）计算每个维度的平均值作为新的簇中心。

簇 1 中心：$p_1(1, 3)$
簇 2 中心：$c((p_2.x+p_3.x+p_4.x+p_5.x+p_6.x)/5, (p_2.y+p_3.y+p_4.y+p_5.y+p_6.y)/5)=c(5, 4.8)$

（5）计算 p_2、p_3、p_4、p_5、p_6 与 p_1 的距离分别为 1.41、2.24、5.83、7.81、8.06，p_2、p_3、p_4、p_5、p_6 与 c 的距离为 4.10、4.84、1.48、3.77、3.72。
（6）根据与 p_1 和 c 距离的比较结果，p_2、p_3 都离 p_1 更近，p_4、p_5 和 p_6 距离 c 更近，因此形成新的两簇，并计算簇中心。

簇 1：p_1、p_2、p_3，簇中心 $c_1(1.67, 2)$
簇 2：p_4、p_5、p_6，簇中心 $c_2(7, 7)$

（7）计算 p_1、p_2、p_3、p_4、p_5、p_6 与 c_1 的距离分别为 1.2、0.33、1.05、5.89、8.03、8.06。计算 p_1、p_2、p_3、p_4、p_5、p_6 与 c_2 的距离分别为 7.21、7.07、7.81、1.41、1、1。
（8）根据与 p_1 和 p_2 距离的比较，因此形成新的两簇。

簇 1：p_1、p_2、p_3
簇 2：p_4、p_5、p_6

结果与上一步一样，计算结束。

4．k 均值聚类算法的实现

在 Scikit-learn 的聚类模块 sklearn.cluster 中，KMeans 类是用于实现 k 均值聚类算法的核心类，以下是其主要参数。

① n_clusters：指定要生成的簇数（k 值），默认是 8。n_clusters 是必须指定的参数。

② init:初始化簇中心的方法。可选'k-means++'(智能初始化,默认值)、'random'(随机选择初始簇中心)或自定义 k 个簇中心。一般建议使用默认的'k-means++'。

③ n_init:不同簇中心初始化的次数,最终选择最优结果,默认为 10。值越大,结果越稳定,但计算时间更长。

④ max_iter:单次运行的最大迭代次数,默认为 300。

⑤ algorithm:选择 k-means 算法的底层实现方式,优化计算效率。可取'lloyd'、'elkan'、'auto'(默认值)。'lloyd'是经典 EM 风格的 k-means 算法,等同于'full';'elkan'利用三角不等式优化距离计算,减少迭代中不必要的距离计算;'auto'会根据数据值是否是稀疏的来自动选择:稀疏数据选'lloyd',稠密数据选'elkan'。

例 5-8 用程序来实现例 5-7。

分析:先导入 sklearn 库,再使用 KMeans()函数创建 KMeans 对象,然后使用 KMeans 对象的 fit()方法来拟合模型,使用 KMeans 对象的 predict()方法来预测每个数据点的聚类标签。KMeans 对象的 cluster_centers_属性表示每个聚类的中心点。对于 k 均值聚类,每个聚类的中心点被定义为该聚类中所有数据点的平均值。因此,cluster_centers_是一个数组,其中每个元素都是一个聚类的中心点,形状为(n_clusters, n_features),其中 n_clusters 是聚类的数量,n_features 是数据的特征数量。

程序如下。

```python
import numpy as np
from sklearn.cluster import KMeans
import matplotlib.pyplot as plt
data = np.array([[1, 3], [2, 2], [2, 1], [6, 6], [7, 8], [8, 7]])    #6 个点构成的数据集
#自定义 2 个初始簇中心(形状为 2×2)
custom_centers = np.array([data[0],data[1]])#假设第 1、2 个点为簇的初始中心
#创建 KMeans 模型并指定自定义簇中心
kmeans = KMeans(
    n_clusters=2,                  #指定聚类数量为 2
    init=custom_centers,           #直接传入自定义数组
    n_init=1                       #必须设为 1(否则会覆盖自定义初始化)
)
kmeans.fit(data)                   #拟合数据
print("每个数据点的聚类标签: ", kmeans.predict(data)) #预测每个数据点的聚类标签
f_center=kmeans.cluster_centers_    #最终的聚类中心点
print("最终簇中心: ", f_center)
plt.scatter(data[:,0], data[:,1])       #绘制散点图
plt.scatter(f_center[0,0],f_center[0,1], marker='*', c='red')   #绘制最终的聚类中心
plt.scatter(f_center[1,0],f_center[1,1], marker='*', c='red')   #绘制最终的聚类中心
plt.show()
```

程序输出以下结果。为了直观观察样本点的分布,程序利用散点图来显示聚类情况,如图 5-15 所示。

```
每个数据点的聚类标签:  [1 1 1 0 0 0]
最终簇中心: [[7.          7.         ]
 [1.66666667 2.        ]]
```

结果表明,前 3 个数据点构成第 1 个聚类,中心点位于(1.66666667, 2),后 3 个数据点构成第 2 个聚类,中心点位于(7, 7)。

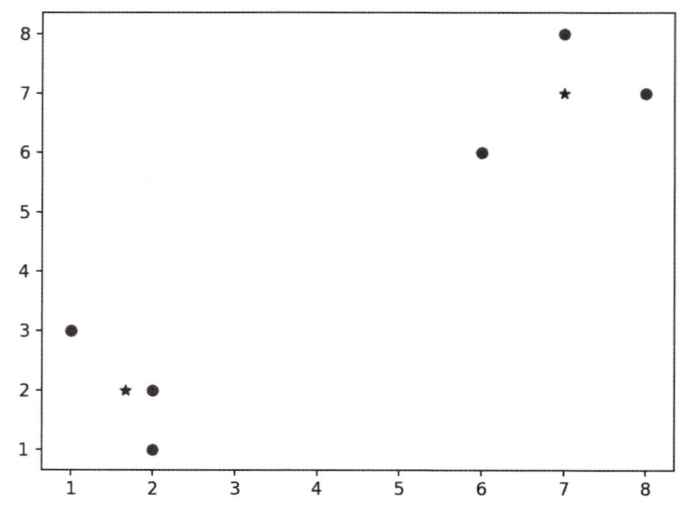

图 5-15　利用散点图来显示聚类情况

5.3.4　应用案例——二维数据集的聚类

随机生成二维数据集,其中包含 100 个样本,代表二维平面上的 100 个点。每个样本都有两个特征,第一个数据表示这个点的横坐标,第二个数据表示这个点的纵坐标,采用 k 均值算法进行聚类(k 值取 3)。

程序如下。

```python
from sklearn.cluster import KMeans
import matplotlib.pyplot as plt
import numpy as np
#生成 100 个二维数据,其中的元素是[-2, 5)范围的均匀分布随机数
X = np.random.uniform(-2, 5, size=(100,2))
kmeans = KMeans(n_clusters = 3)          #初始化聚类器实例,聚类数量为 3
kmeans.fit(X)                            #使用数据 X 训练 KMeans 模型
labels = kmeans.predict(X)               #预测 X 中每个点的聚类标签
#绘制聚类结果的散点图,点的颜色由其聚类标签决定
plt.scatter(X[:, 0], X[:, 1], c = labels, edgecolor='k')
#绘制每个聚类的中心点,用红色的星形标记,大小为 500
plt.scatter(kmeans.cluster_centers_[:, 0], kmeans.cluster_centers_[:, 1], \
     s = 500, c = 'red', marker = '*')
for i in range(3):
    #在聚类中心点处添加标签,中心点 x 坐标向右移动 0.2 个单位,使标签更清晰
    plt.text(kmeans.cluster_centers_[i, 0]+0.2, kmeans.cluster_centers_[i, 1], \
     '聚类' + str(i + 1), fontsize = 12, fontproperties = 'SimSun')
plt.show()        #显示绘制的散点图
```

将数据集中的 100 个样本数据依据 k 均值算法聚类后,结果如图 5-16 所示,由图中可以看

出，100 个样本数据聚成 3 个类，每个类的聚类中心用一个五角星表示，并用文本标注这个类的序号。同一个类中的各个数据间距离较小，而不同类之间的数据之间的距离较大。

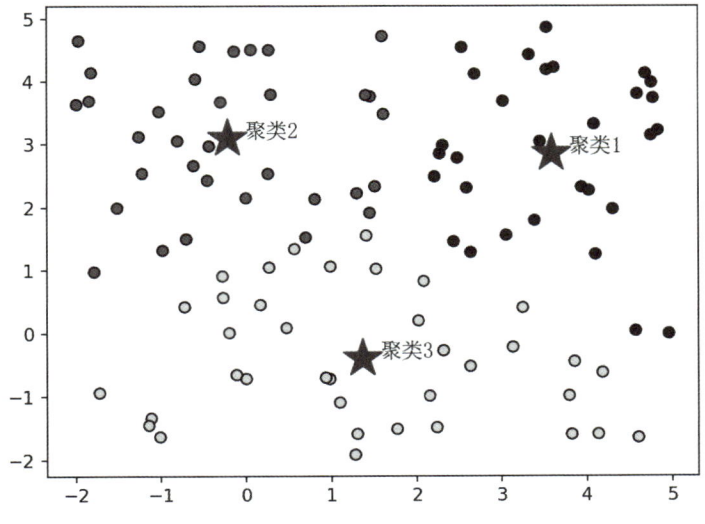

图 5-16　二维数据集的 k 均值聚类的结果

最后说明两点。

① k 值的选取。在 k 均值算法中，k 值（簇数量）的选取是影响聚类效果的重要因素。要遵循的基本原则是：没有普适的最佳 k 值，k 值的选取通常取决于人的经验，而且需结合数据特性和业务需求，尽量使 k 值反映数据的真实结构，满足分析目标（如用户分群需对应业务部门需求，异常检测需明确"正常"与"异常"的边界）。

② 初始聚类中心的选取。在 k 均值算法中，初始聚类中心的选择直接影响聚类结果的稳定性和质量。k 均值算法获得的是局部最优解。在算法中，初始聚类中心常常是随机选择的，一旦初始值选择不好，可能无法得到有效的聚类结果。通过合理选择初始化方法（如 k-means++ 方法），可显著提升 k 均值的聚类效果和稳定性，尤其在数据分布复杂或业务需求明确的场景中。

5.4　强化学习

强化学习源于心理学中的行为主义理论，强调智能主体在奖励或惩罚的环境刺激下如何做出能取得最大化预期利益的行动，也就是说，让智能主体在环境中自我学习。这与人类的学习行为相似，人类在学习时，也会根据行为效果（也就是环境对行为的反馈——奖励或惩罚）来不断调整自己的行为，从而适应环境，以获得最大价值。

5.4.1　强化学习原理

强化学习由智能体（Agent）和环境（Environment）两部分组成。智能体是强化学习的主体，负责接收来自环境的输入并采取行动；环境是智能体所处的外部世界，它接收智能体的行动并返回一个新的状态和奖励给智能体。强化学习讨论的问题是智能体怎么在复杂、不确定的环境中让它所能获得的奖励最大化。如图 5-17 所示，在强化学习过程中，智能体与环境一直在进行交互。智能体在环境中获取某个状态后，它会利用该状态输出一个动作，这个动作也称为决策。然后这个动作会在环境中被执行，环境会根据智能体所采取的动作，输出下一个状态以及当前这个动作带来的奖励。智能体的目的就是尽可能多地从环境中获取奖励。

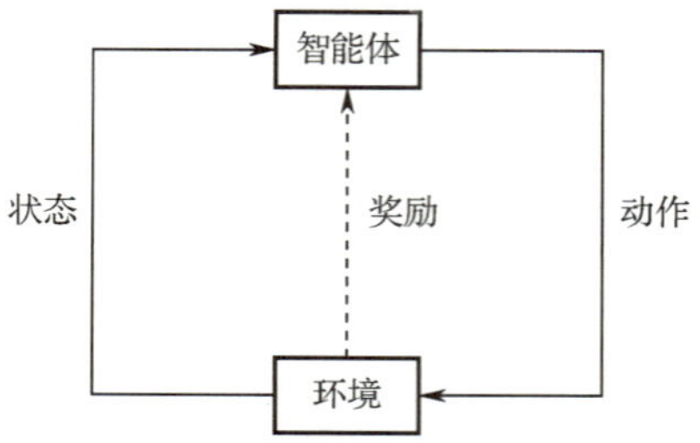

与监督学习、无监督学习相比，强化学习有以下 5 个特点。

图 5-17　强化学习原理

① 试错学习。强化学习会试错探索，它通过探索环境来获取对环境的理解。训练对象不停地和环境进行交互，通过试错的方式去总结出每一步的最佳行为，整个过程没有任何的指导，只有环境的反馈。所有的学习都基于环境反馈，训练对象去调整自己的行为决策。

② 延迟反馈。与监督学习和无监督学习不同，强化学习得到的反馈是延迟的。强化学习训练过程中，训练对象的"试错"行为获得环境的反馈，有时候可能需要等到整个训练结束以后才会得到反馈，因此，在训练时通常需要进行拆解，尽量将反馈分解到每一步。

③ 稀疏奖励。在许多强化学习问题中，有效的奖励信号是稀疏的，这意味着智能体需要在学习过程中探索大量的状态空间才能获得奖励。

④ 增量学习。强化学习是一种增量学习的方式，它允许智能体在不断与环境交互的过程中逐步改善其策略。

⑤ 适应性。强化学习的目标是让智能体能够适应不同的环境和任务，通过自我学习和调整来提高自身的性能。

5.4.2　Q 学习算法

目前常用的强化学习算法包括 Q 学习算法、SARSA 算法、DQN 算法等。这些算法已被广泛运用于游戏、机器人和决策制定等各种应用中。1989 年，英国计算机科学家克里斯·沃特金斯（Chris Watkins）提出的 Q 学习（Q-learning）算法进一步拓展了强化学习的应用，使得强化学习不再依赖于问题模型，Q 学习算法也因此成为最广泛使用的强化学习算法之一。

Q 学习算法通过学习一个值函数，即 Q 值函数，来指导智能体在各个状态和动作之间的选择，从而达到最优化的策略。Q 学习算法是基于时间差分（Temporal-Difference，TD）策略的强化学习方法，其累积回报函数 $Q(s, a)$ 是指在状态 s 执行完动作 a 后希望获得的回报。它由当前的立即回报加上期望的未来折扣回报两部分组成。所有状态-动作正确的 Q 值存放在一个二维的 Q 矩阵中，其值在每次迭代中被修改一次；修改的方法往往是对原 Q 值和新估计的 Q 值的组合。当系统处于状态 s 时，其动作决策的方式是选取具有最大 Q 值的动作。该值也代表了该状态的期望回报。

Q 学习算法的步骤如下。

① 初始化 Q 值函数：对于每个状态-动作对 (s, a)，初始化其对应的 Q 值为一个较小的随机数，或者直接初始化为 0。

② 选择动作：从当前状态 s 开始，利用 Q 矩阵选择一个动作 a，使 a 对应的 Q 值最大。

③ 执行动作和更新 Q 值：执行选择的动作 a，观察环境反馈的下一个状态 s' 和奖励 r。然后，根据 Q 值的更新规则更新 Q 值函数为

$$Q(s, a) = Q(s, a) + α[r + γ \underset{a'}{\text{Max}} Q(s', a') - Q(s, a)]$$

其中，$Q(s, a)$表示在状态 s 下执行动作 a 所得到的 Q 值；$α$ 为学习率，用于控制 Q 值更新的幅度；$γ$ 为折扣因子（$0≤γ<1$），用于控制未来奖励的重要性；$\text{Max}Q(s', a')$表示在下一个状态 s' 下选择动作 a' 所能得到的最大 Q 值。

④ 转移到下一个状态：将状态更新为 s'，并进入下一次迭代。

⑤ 重复第②～④步直到达到终止条件：如达到最大迭代次数或者 Q 值函数已经收敛。终止条件可以根据实际问题进行设定。

⑥ 输出最优策略：根据学习到的 Q 值函数，可以得到一个最优策略。可以根据 Q 值函数的定义，选择在每个状态下具有最大 Q 值的动作作为最优动作。

上述步骤描述了 Q 学习算法的基本过程，具体实施时可以根据实际问题和环境做出改进。Q 学习算法的核心思想是通过不断地与环境交互来学习并优化智能体的行为策略，并不需要事先对环境进行建模。它适用于许多具有明确定义的状态和动作的问题，如机器人导航、游戏等。然而，Q 学习算法也存在一些问题，如对于状态空间和动作空间较大的问题，需要耗费大量的计算资源和时间才能收敛。因此，研究者们不断尝试改进 Q 学习算法，提高其效率和性能。

5.4.3 应用案例——机器人路径规划

强化学习在机器人路径规划中的应用主要是通过训练机器人在一个模拟环境中学习如何根据环境状态选择合适的动作，以达到预定的目标。在这个过程中，机器人会不断地尝试和调整自己的行为策略，从而逐渐学会如何在复杂的环境中进行有效的路径规划。路径规划过程可以分为以下 5 个步骤。

① 定义环境：首先需要创建一个模拟环境，包括机器人的位置、障碍物的位置以及其他相关信息。这个环境可以是二维的，也可以是三维的。

② 定义奖励函数：为了引导机器人朝着预定目标前进，需要设计一个奖励函数来衡量机器人在不同状态下的表现。奖励函数可以根据机器人与目标的距离、与障碍物的距离等因素来设计。当机器人靠近目标时，奖励值应该增加；当机器人靠近障碍物时，奖励值应该减少。

③ 选择动作：在每个时刻，机器人需要根据当前的状态选择一个动作。这个动作可以是向前移动、向后移动、向左转、向右转等。动作的选择可以通过价值函数或者其他策略来决定。

④ 更新模型：在机器人执行动作后，环境会发生变化，同时机器人也会获得一个新的奖励值。根据这些信息，可以更新强化学习模型，以便更好地指导机器人未来的行为动作。

⑤ 迭代训练：通过不断地重复上述过程，机器人会逐渐学会如何在复杂的环境中进行有效的路径规划。在实际应用中，整个过程可能需要大量的时间和计算资源。

假定一套房子有 5 个房间，房间之间通过门连接，房间从 0 到 4 编号，屋外视为一个单独的房间，编号为 5，如图 5-18（a）所示。其中由 1 号房间和 4 号房间都可以到达 5 号房间，3 号房间和 1 号房间、2 号房间、4 号房间相连通，4 号房间和 0 号房间相连通。假设机器人的目标是从屋内的任意一个房间（比如 2 号房间）走到屋外，即编号为 5 的区域。采用 Q 学习算法训练得到 Q 矩阵，并应用该 Q 矩阵引导机器人实现上述目标。

可以将这些房间和门转化成一个图，每个节点代表一个房间，每个连接代表一扇门。因为门都是双向的，因此每扇门由两个箭头来表示。每个箭头都有一个奖励值，为了将 5 号房间设成目标房间，直接通向目标房间的门的奖励值为 100，没有与目标房间直接相连的其他门的奖励值为 0。当然，房间 5 的自我徘徊也可以获得 100 的奖励。房间的通达关系及奖励值如图 5-18（b）所示。

机器人只会从一个房间到达另一个房间,对环境一无所知,不知道哪一扇门可以到达 5 号房间。

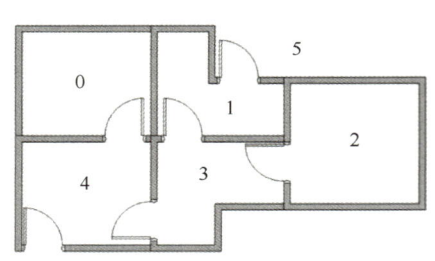 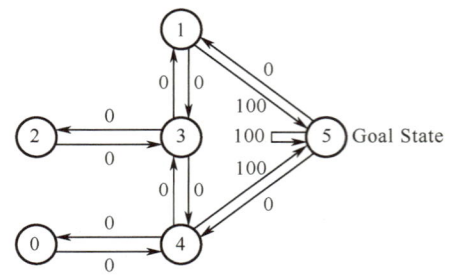

（a）5个房间的房子　　　　　　　　　　　（b）房间的通达关系及奖励值

图 5-18　强化学习应用示例

每一个房间称为状态（state），从一个房间到另一个房间称为动作（action）。现在假设机器人在 2 号房间，即 state(2)，此时机器人可以到达 state(3)；在 state(3)时，它可以到达 state(1, 4)，或返回 state(2)；如果它到达了 state(4)，便可以走向 state(0, 5, 3)；如果它到达了 state(1)，便可以到达 state(5, 3)；从 state(0)便只能返回到 state(4)。此时可以利用状态图和奖励值构建矩阵 R，矩阵的行代表的是状态，包括 0、1、2、3、4、5；矩阵的列代表的是动作（从一种状态转到另一种状态）。将上述不同状态下采取不同动作的奖励方案用奖励表 R 表示。其中，到达目的地的奖励值为 100，不可通达的为-1，其他为 0。

$$R = \begin{bmatrix} -1 & -1 & -1 & -1 & 0 & -1 \\ -1 & -1 & -1 & 0 & -1 & 100 \\ -1 & -1 & -1 & 0 & -1 & -1 \\ -1 & 0 & 0 & -1 & 0 & -1 \\ 0 & -1 & -1 & 0 & -1 & 100 \\ -1 & 0 & -1 & -1 & 0 & 100 \end{bmatrix}$$

再创建一个大小与 R 一样的矩阵 Q，相当于机器人学到的经验，因为开始什么都不会，所以 Q 矩阵初始化为 0。Q 矩阵的行代表机器人的当前状态，列代表可能的动作，矩阵元素值代表从一个状态执行一个动作（到另一个状态）能获得的总奖励的折现值，计算公式如下。

$$Q(s, a) = R(s, a) + \gamma \, \underset{a'}{\text{Max}} \, Q(s', a')$$

其中，s 表示当前的状态，a 表示当前的动作，s'表示执行 a 之后的下一个状态，a'表示下一个状态下可执行的动作；$R(s, a)$是状态 s 下采取动作 a 的立即奖励；γ 为折扣因子，这里取 0.8。

随机选择一个初始状态，比如 1 号房间，即 state(1)，可以到达 state(3, 5)。当前 Q 元素值都是 0（初始值）；假定随机选择进入 state(5)，进入 state(5)后可以到达 state(1, 4, 5)，根据上式，$Q(1, 5)$元素的更新方法为

　　　　$Q(1, 5)=R(1, 5)+0.8×\text{Max}[Q(5, 1), Q(5, 4), Q(5, 5)]=100+0.8×\text{Max}(0, 0, 0)=100$

当前状态是 state(5)，已到达目标状态。此时，Q 矩阵已更新为 $Q(1, 5)=100$，其他值都还是 0。

接下来，再随机选择一个初始状态，比如 state(3)，可以到达 state(1, 2, 4)。假定选择 state(1)，这时可以到达 state(3, 5)，$Q(3, 1)$的值为

　　　　$Q(3, 1)=R(3, 1)+0.8×\text{Max}[Q(1, 3), Q(1, 5)]=0+0.8×\text{Max}(0, 100)=80$

因此，新的 Q 矩阵为

$$Q = \begin{bmatrix} 0 & 0 & 0 & 0 & 0 & 0 \\ 0 & 0 & 0 & 0 & 0 & 100 \\ 0 & 0 & 0 & 0 & 0 & 0 \\ 0 & 80 & 0 & 0 & 0 & 0 \\ 0 & 0 & 0 & 0 & 0 & 0 \\ 0 & 0 & 0 & 0 & 0 & 0 \end{bmatrix}$$

类似的过程可以不断进行。机器人从一扇门到另一扇门不断探索，直到到达目的地。每一次到达目的地的探索便完成了一次学习经历。每一次到达终点后，便开始下一次的探索。每一次学习训练中，机械狗探索着环境，接受着奖励（如果有的话），直到到达目的地。训练的目的是增强机械狗的"经验"，用 Q 矩阵来表示。训练越多，Q 矩阵优化得越好，最后收敛于最优值。这样机械狗便不会在几个相同房间内徘徊，而是跟踪一系列的状态（从初始到目的地），找到最快到达目的地的门。

下面是机器人路径规划问题 Q 学习算法的 Python 程序，读者可以运行程序体验 Q 学习算法的学习效果。

```
import numpy as np
import random
R = np.array([[-1, -1, -1, -1, 0, -1], [-1, -1, -1, 0, -1, 100], [-1, -1, -1, 0, -1, -1], \
    [-1, 0, 0, -1, 0, -1], [0, -1, -1, 0, -1, 100], [-1, 0, -1, -1, 0, 100]])   #定义6×6的矩阵
Q = np.zeros([6, 6])                #定义6×6的全零矩阵
gamma = 0.8                         #设置折扣因子
step = 0                            #初始化步数为0
while step<3000:                    #设定重复3000步
    state = random.randint(0, 5)    #随机选择一个初始状态
    nextStateList = []              #初始化下一个状态列表
    for i in range(6):              #遍历当前状态的所有可能的下一个状态
        #如果从当前状态 state 到下一个状态 i 有奖励（即 R[state, i]不等于-1），
        #则将下一个状态 i 添加到列表中
        if R[state, i] != -1:
            nextStateList.append(i)
    #随机选择一个下一个状态
    nextState = nextStateList[random.randint(0, len(nextStateList) - 1)]
    #计算当前状态到下一个状态的 Q 值
    Qval = R[state, nextState] + gamma * max(Q[nextState])
    #更新当前状态到下一个状态的 Q 元素
    Q[state, nextState] = Qval
    step += 1                       #步数加1
for row in Q:                       #输出 Q 矩阵
    for elem in row:
        print(round(elem), end='\t')
    print()                         #换行
```

程序运行结果如下。

| 0 | 0 | 0 | 0 | 400 | 0 |
| 0 | 0 | 0 | 320 | 0 | 500 |

0	0	0	320	0	0
0	400	256	0	400	0
320	0	0	320	0	500
0	400	0	0	400	500

上述程序运行后得到了 Q 矩阵，应用该 Q 矩阵，在任何状态下，通过选择最大 Q 值的动作，最终都可以走到室外，即达到目标状态 5。下面的程序做了 3 次实验，应用学习得到的 Q 矩阵引导机器人走到目标状态 5，其中机器人的初始位置是随机的。

程序如下。

```
import random
import numpy as np
Q = np.array([[0, 0, 0, 0, 400, 0 ], [0, 0, 0, 320, 0, 500], [0, 0, 0, 320, 0, 0], \
    [0, 400, 256, 0, 400, 0], [320, 0, 0, 320, 0, 500], [0, 400, 0, 0, 400, 500]])
for i in range(3):          #循环验证 3 次
    print("第", i + 1, "次验证:")
    state = random.randint(0,5)         #机器人的初始状态
    print("开始时机器人处于状态", state)
    count = 0       #将计数器初始化为 0
    #当机器人的状态不是 5 时，执行以下操作
    while state != 5:
        #如果计数器 count 大于 20，打印"失败"并跳出循环
        if count > 20:
            print("失败")
            break
        #获取当前状态下的最大值
        Qmax = Q[state].max()
        #初始化一个空列表，用于存储最大值对应的动作
        QmaxAction = []
        for action in range(6):           #遍历 6 个动作
            #如果当前状态下的动作值等于最大值，将该动作添加到列表中
            if Q[state, action] == Qmax:
                QmaxAction.append(action)
        #从最大值对应的动作列表中随机选择一个动作
        nextState = QmaxAction[random.randint(0, len(QmaxAction) - 1)]
        print("机器人进入状态" + str(nextState))    #打印机器人选择的动作
        state = nextState            #更新机器人的状态
        count += 1                   #计数器 count 加 1
```

程序运行结果如下。

第 1 次验证:
开始时机器人处于状态 4
机器人进入状态 5
第 2 次验证:
开始时机器人处于状态 5
第 3 次验证:

> 开始时机器人处于状态 2
> 机器人进入状态 3
> 机器人进入状态 4
> 机器人进入状态 5

这个案例表明，在机器人路径规划中，Q 学习算法可以帮助机器人在复杂的环境中自主地学习和调整行为策略，从而实现高效的路径规划。

强化学习在许多领域都有广泛的应用，包括游戏、自动驾驶、自然语言处理等。例如，在游戏领域，强化学习被用于训练游戏 AI，使其能够在没有人类指导的情况下自主学习如何玩游戏。在自动驾驶领域，强化学习被用于训练自动驾驶汽车，使其能够自主地驾驶并在复杂的环境中做出决策。在自然语言处理领域，强化学习被用于训练对话系统，使其能够与人类进行自然和流畅的对话。

习题与实验

一、选择题

1. 以下关于机器学习与人工智能关系的描述中，正确的一项是（　　）。
   A．人工智能是机器学习的子领域，两者是包含与被包含的关系
   B．强化学习和深度学习是独立于机器学习的全新技术领域，与机器学习无关
   C．机器学习是人工智能的一条分支，强化学习和深度学习均属于机器学习的子领域
   D．人工智能和机器学习是同一概念的不同表述，二者无本质区别

2. 监督学习和无监督学习的主要区别是（　　）。
   A．监督学习需要大量计算资源，无监督学习不需要
   B．监督学习使用标签数据，无监督学习不使用标签数据
   C．监督学习只能处理数值数据，无监督学习可以处理文本数据
   D．监督学习用于分类任务，无监督学习用于回归任务

3. 以下任务属于无监督学习的是（　　）。
   A．预测房价　　　B．手写数字识别　　　C．垃圾邮件分类　　　D．客户分群

4. 下列算法属于无监督学习的是（　　）。
   A．k 均值　　　B．kNN　　　C．SVM　　　D．决策树

5. 过拟合（Overfitting）的主要表现是（　　）。
   A．模型在训练集和测试集上表现均差
   B．模型在训练集上表现好，但在测试集上表现差
   C．模型在训练集上表现差，但在测试集上表现好
   D．模型对噪声数据完全不敏感

6. 在二分类问题中，若正负样本比例严重失衡（如 1∶99），更合适的评价指标是（　　）。
   A．准确率（accuracy）　　　　　　B．均方误差（MSE）
   C．F1 分数（F1-score）　　　　　　D．余弦相似度（Cosine Similarity）

7. 强化学习的核心机制是（　　）。
   A．通过标签数据直接优化模型
   B．智能体通过环境反馈（奖励/惩罚）学习策略

C. 从无标签数据中发现隐藏结构

D. 仅依赖历史数据进行预测

8. 在强化学习中，可以通过如下操作得到一个最优的策略（　　）。

　　A. 在每一步中，当位于当前状态时，总是采取一个动作，使得采取该动作后，在未来可获得反馈值的最大期望

　　B. 在每一步中，当处于当前状态时，总是采取一个动作，使得采取该动作后，马上获得最大反馈值

　　C. 在每一步中，当位于当前状态时，总是采取一个动作，使得采取该动作后，在到达终止状态时，该终止状态可获得最大期望

　　D. 在每一步中，当位于当前状态时，总是随机采取一个动作

二、问答题

1. 人工智能有哪三大主要学派？它们各自的基本思想和落脚点分别是什么？
2. 简述机器学习的过程。
3. 机器学习有哪些类型？各有哪些主要的学习算法？
4. "分类"与"聚类"的区别是什么？
5. 有一个疾病检测模型，实际类别和预测类别如表 5-6 所示，计算相关机器学习评价指标。

表 5-6　疾病检测实际类别和预测类别

实际类别	预测类别		
	阳性（感染）	阴性（健康）	总计
阳性（感染）	30（TP）	5（FN）	35
阴性（健康）	10（FP）	55（TN）	65
总计	40	60	100

三、实验题

1. 使用 Scikit-learn 库，通过 make_moons 函数生成一个具有 2000 个样本的数据集，按照 75%和 25%的比例划分训练集和测试集，使用决策树模型进行二分类，最后计算准确率。

2. 个人收入与其受教育年限的关系分析。2021 年 10 月公布了当年的诺贝尔经济学奖，获奖的三位学者研究发现，个人收入与其受教育年限紧密相关。现有一组关于受教育时间和个人年收入的数据如表 5-7 所示，请先进行线性回归拟合，然后绘图展示，其中样本数据用蓝色散点表示，拟合直线用红色实线表示。

表 5-7　个人收入与其受教育年限的关系

受教育时间/年	收入/万元	受教育时间/年	收入/万元
9	4.5	22	15.6
12	6.7	25	19.5
15	8.0	27	21.4
19	10.6		

3. 利用 k 均值聚类算法对鸢尾花数据集进行聚类分析，定义 $k=3$，忽略数据集的分类标签，取前 2 列特征值，要求输出聚类结果图形。

第6章 深度学习基础与应用

随着数据规模的指数级增长和问题复杂度的日益提升，传统的机器学习方法在处理高维、非线性及大规模数据时逐渐暴露出性能瓶颈和泛化能力不足等问题。深度学习作为人工智能领域中最具革命性的技术之一，因其卓越的特征表示能力和端到端建模优势，成为解决复杂智能任务的核心方法。2016 年，AlphaGo 战胜人类顶尖围棋选手，成为人工智能发展的标志性事件，也让人们意识到深度学习的巨大潜力。由于使用深度神经网络模型和算法的机器学习比较特殊，所以单独命名这类机器学习为深度学习。

深度学习通过构建多层神经网络来学习并提取数据中的特征，它通过组合数据低层特征形成更加抽象的高层表示属性类别或特征，以发现数据的分布式特征，模仿人脑的机制来解释数据。同时，神经网络的结构多变，可以根据问题的复杂程度灵活调整网络结构，更复杂的网络结构需要更多更丰富的训练数据去拟合参数，同时对算力的要求更高。相反地，传统机器学习最重要的工作就是特征工程，必须人工筛选什么特征有利于问题的解决，对人工专业性要求较高，这也是制约传统机器学习发展的瓶颈之一。

本章介绍深度学习的概念与基本特征、神经元模型与神经网络的基本结构、反向传播算法、几种主流深度学习模型的架构及其应用，最后通过图像分类应用案例演示深度学习模型的实现方法。

6.1 深度学习概述

深度学习通过模拟人脑神经网络实现复杂特征自动提取，不仅突破了传统机器学习对人工设计特征的依赖，更在感知智能领域实现人类级精度，并催生 ChatGPT 等颠覆性应用，加速人工智能向认知智能演进。

6.1.1 深度学习的概念与基本特征

1. 深度学习的定义

深度学习是机器学习的一条分支，其核心是通过构建多层次的神经网络模型，模拟人脑处理信息的机制，从数据中自动学习特征表示并进行预测或决策。作为人工智能领域最具突破性的技术之一，深度学习通过构建具有多个隐藏层的深度神经网络，自动从海量数据中学习多层次的抽象特征表示。这些深度神经网络模拟了人类大脑神经元之间的连接和信息处理方式，通过层与层之间的非线性变换，将原始数据逐步转换为更高级、更抽象的特征。例如，在图像识别任务中，深度学习模型能够从原始像素数据中，自动学习到边缘、纹理等基础特征，进而组合成物体部件、完整物体等复杂特征，最终实现对图像内容的准确分类。深度学习在计算机视觉、自然语言处理、语音识别等多个领域取得了超越传统方法的性能表现。

2. 深度学习的基本特征

深度学习的基本特征可概括为以下 4 个方面。

（1）深度架构

深度学习模型最显著的特征在于其深度架构，包含少则几层、多则成百上千层的网络结构。每一层都对前一层的输出进行处理，提取更抽象的特征。以著名的 ResNet-152 模型为例，它拥有 152 个网络层，通过深度的叠加，能够学习到图像中极其复杂的语义信息，在图像分类任务中取得了优异的成绩。这种深度架构赋予了模型强大的表达能力，使其能够捕捉数据中复杂的模式和关系。

（2）自动特征学习

有别于传统机器学习依赖人工设计特征的方式，深度学习能够自动从原始数据中提取特征。在语音识别场景下，模型可以直接将原始的语音波形数据作为输入，通过多层神经网络的处理，自动学习到语音信号中的声学特征、音节特征、语义特征等，无须手动设计复杂的特征提取规则。这种自动特征学习能力，不仅节省了大量的人力和时间成本，还能够发现一些人类难以察觉的潜在特征，提升模型的性能。

（3）数据驱动

深度学习模型的强大性能依赖于海量的数据支撑。在训练过程中，模型通过对大量数据的学习，不断调整网络参数，优化特征提取和决策过程。例如，在训练语言模型时，需要使用数十亿甚至上百亿个单词的语料库，模型才能学习到语言的语法规则、语义关系和上下文信息，从而实现准确的语言理解和生成。数据规模越大、质量越高，深度学习模型往往能够表现出更好的泛化能力和准确性。

（4）端到端学习

深度学习支持端到端的学习模式，即直接从原始输入数据到最终输出结果，无须在中间过程进行过多的人工干预和处理。在自动驾驶系统中，深度学习模型可以直接将摄像头采集到的图像作为输入，经过一系列的网络计算，直接输出车辆的行驶决策，如加速、减速、转向等，避免了传统方法中需要分别进行目标检测、路径规划等多个独立步骤的烦琐过程，提高了系统的效率和准确性。

6.1.2 深度学习的发展历程

深度学习并非一蹴而就，其背后是数十年理论探索与技术迭代的积累。从早期神经网络概念的萌芽，到如今在各领域掀起变革浪潮，深度学习的发展历程充满了曲折与突破。深度学习的发展历程可概括为以下 3 个阶段。

1. 萌芽期

深度学习的思想最早可追溯到 20 世纪 40 年代。1943 年，沃伦·麦卡洛克和沃尔特·皮茨提出了 MP 神经元模型，这是首个模拟生物神经元的数学模型，为神经网络的发展奠定了理论基础。1957 年，弗兰克·罗森布拉特（Frank Rosenblatt）提出感知机模型，这是第一个可以进行学习的神经网络模型，能够解决简单的线性可分问题，如逻辑与、或、非运算。但由于其无法解决线性不可分问题（如异或运算），加上计算资源的限制，神经网络的研究陷入了发展停滞期。

20 世纪 80 年代，随着反向传播算法的提出，神经网络迎来了新的发展契机。反向传播算法通过计算误差对各层权重的梯度，从输出层向输入层反向传播误差，实现了对多层神经网络的有效训练，使得神经网络能够处理更复杂的非线性问题，这一时期的研究为深度学习的发展提供了关键的技术支撑。

2. 停滞期

尽管反向传播算法推动了神经网络的发展，但由于当时计算能力有限、数据量不足，以及难以解决梯度消失等问题，神经网络的发展再次陷入瓶颈。在这一阶段，传统机器学习方法，如支持向量机、决策树等，凭借其良好的理论基础和相对较低的计算成本，在众多领域占据主导地位，神经网络的研究进展缓慢。

然而，部分学者仍在坚持探索神经网络的改进方法。例如，杰弗里·辛顿等人在 2006 年提出了深度置信网络（Deep Belief Network，DBN），通过逐层贪婪训练初始化网络权重，再结合有监督微调，使训练数十层网络成为可能，开启深度学习复兴。

3. 爆发期

2006 年，杰弗里·辛顿在《科学》杂志上发表论文，提出了深度学习的概念，并提出了一种新的训练深度神经网络的方法——预训练+微调。该方法通过无监督预训练学习数据的初始特征表示，再使用有监督学习对网络进行微调，有效解决了深层网络训练困难的问题，标志着深度学习时代的正式开启。

2012 年，亚历克斯·克里热夫斯基（Alex Krizhevsky）在 ImageNet 图像识别挑战赛中以巨大优势夺冠，其采用了卷积神经网络结构，通过使用 ReLU 激活函数、Dropout 正则化等技术，大幅提升了图像识别的准确率，引发了学术界和工业界对深度学习的广泛关注。此后，深度学习在各个领域取得了突破性进展。在计算机视觉领域，VGG、ResNet 等网络结构不断刷新图像分类、目标检测、语义分割等任务的性能记录。在自然语言处理领域，从 Word2Vec 到 BERT、GPT 系列模型，深度学习实现了从词向量表示到语言理解和生成的跨越式发展。在语音识别领域，深度学习模型取代传统方法，显著提高了语音识别的准确率，推动了智能语音助手等应用的普及。

如今，深度学习仍在不断发展，新的模型架构、训练方法和应用场景持续涌现，正深刻改变着我们的生活和社会发展格局。

6.1.3 深度学习与传统机器学习的区别

随着深度学习在计算机视觉、自然语言处理等领域不断取得突破性成果，其与传统机器学习的差异愈发显著。传统机器学习曾长期作为人工智能的核心技术，在诸多场景中发挥重要作用。而深度学习凭借独特的技术路径，重新定义了人工智能的发展方向。深入理解二者的区别，不仅有助于把握深度学习的本质，也能为不同任务选择合适的技术方案提供依据。

1. 数据依赖程度

传统机器学习算法在数据量有限的情况下，也能凭借先验知识和人工设计的特征实现较好的效果。例如，在处理小型医疗诊断数据集时，决策树算法可以通过医生总结的症状规则，快速构建分类模型。然而，当数据规模庞大、结构复杂时，传统机器学习算法的性能提升变得缓慢，甚至可能出现过拟合问题。

深度学习则高度依赖海量数据。其通过对大规模数据的学习，不断调整神经网络参数，挖掘数据中的潜在模式。例如，训练一个高精度的图像识别模型，往往需要数百万张标注图像。数据量越大，深度学习模型越能发挥其强大的特征学习能力，泛化性能也会随之提升。

2. 特征工程方式

传统机器学习的核心环节之一是特征工程。需要领域专家和数据科学家手动设计、提取和选择特征，将原始数据转换为适合模型处理的形式。例如，在文本分类任务中，需要人工提取关键词、词频、TF-IDF 等特征。这一过程不仅耗时耗力，而且特征的质量直接影响模型性能，依赖专家经验和反复试错。

深度学习则具备自动特征学习能力。以卷积神经网络（Convolutional Neural Network，CNN）处理图像为例，模型可以直接将原始图像作为输入，通过卷积层、池化层等结构，自动从像素数据中提取边缘、纹理、形状等基础特征，并逐步组合成高层语义特征，无须人工设计复杂的特征提取规则，极大地降低了人力成本和对领域知识的依赖。

3. 模型结构与复杂度

传统机器学习模型结构相对简单且固定，通常具有明确的数学表达形式与可控的参数量。如支持向量机基于核函数构建分类超平面，朴素贝叶斯基于概率模型进行分类。这些模型的参数较少，解释性较强，但处理复杂非线性问题的能力有限。例如，在手写数字识别任务中，传统方法需要设计复杂的特征才能达到较高准确率。

深度学习模型则以深度神经网络为基础，包含多个隐藏层，结构复杂且参数众多。例如，GPT-3 模型拥有 1750 亿个参数，能够学习到自然语言中复杂的语义和语法关系。通过层与层之间的非线性变换，深度学习模型可以自动拟合高度复杂的函数关系，在图像、语音、自然语言处理等复杂任务中展现出强大的性能，但也导致模型解释性变差，训练难度增大。

4. 学习方式与训练过程

传统机器学习算法通常采用确定性的学习方式，一旦模型训练完成，其决策过程和输出结果是固定的。训练过程相对快速，对计算资源要求较低，适合在普通计算机上运行。例如，使用逻辑回归模型进行二分类任务，几分钟内即可完成训练。

深度学习模型的训练则是一个动态优化的过程，通常采用随机梯度下降及其变体算法，在训练过程中不断调整参数以最小化损失函数。由于模型参数众多、数据量大，训练过程往往需要强大的计算资源，如 GPU 集群，且耗时较长。例如，训练一个大型语言模型可能需要数周甚至数月时间，并且需要精细调整超参数来避免过拟合或欠拟合问题。

5. 模型可解释性

传统机器学习模型的透明性是其突出优势。决策树可通过可视化规则路径解释分类逻辑；线性回归系数可直接反映特征重要性。在医疗领域，逻辑回归模型的风险因子权重（如年龄、血压值）符合临床认知，易于获得医生信任。

深度神经网络的黑箱特性引发广泛争议。尽管部分技术可以可视化卷积神经网络的注意力区域，但模型内部特征交互机制仍不明确。例如，BERT 模型虽在问答任务中表现优异，但其多头注意力机制的具体语义关联模式难以被人类理解。

6.2 神经元与神经网络

神经网络是受生物神经系统启发而设计的一类深度学习模型，它由大量相互连接的简单处理单元（神经元）组成，能够通过学习数据中的复杂模式来完成各种智能任务。神经网络的灵感源于对人类大脑神经元工作机制的模仿,通过构建人工神经元及其连接网络,让计算机能够模拟人脑的信息处理过程。从最初简单的生物神经元模型,到逐步发展出的神经元模型、感知机、多层感知机,再到如今功能强大的深度学习模型,神经网络的发展历程体现了人类对智能本质的不懈探索。

6.2.1 人工神经元

人工神经网络是一种模拟人脑神经组织进行信息处理的计算模型。人脑是由大量的神经元和神经元之间复杂的联系机制组成的网络系统。模拟人脑首先需要模拟神经元。

1. 生物神经元的结构

神经元又称神经细胞,是大脑处理信息的基本单元。现代人的大脑约由 10^{11} 个神经元组成,每个神经元约与其他神经元之间约有 1000 个连接,形成极为错综复杂而又灵活多变的神经网络。

神经元以细胞体为主体,由许多向周围延伸的不规则树枝状纤维构成的神经细胞,其形状很像一棵枯树的枝干,主要由细胞体、树突、轴突和突触 4 部分组成,如图 6-1 所示。

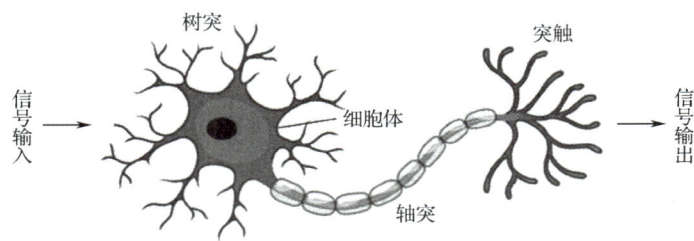

图 6-1 生物神经元的结构

生物神经元的结构复杂而精细,每个部分都有其独特的功能和作用,共同完成神经元之间信息的接收、传递和处理。细胞体是神经元的主体部分,由细胞核、细胞质、细胞膜等组成。它负责维持神经元的代谢活动,提供能量,并整合来自树突的信息;树突是神经元的输入端,负责接收来自其他神经元的信号;轴突是神经元的输出端,负责将神经冲动(即信号)传导至其他神经元;突触是神经元与神经元之间进行信息传递的结构,它允许一个神经元的轴突末梢与另一个神经元的树突或细胞体建立连接,从而实现信号的传递。

神经元通过输入端的树突接收从其他神经元传递过来的信号,当高于阈值时(即细胞进入兴奋状态),通过轴突输出这些信号;当低于阈值时(即细胞进入抑制状态),没有输出信号。

2. 人工神经元的数学模型

每个神经元都接收来自周围神经元的信号输入,而这些信号并非简单地求和,而是被分配了不同的权重(weight)。假定一个神经元接收周围 5 个神经元的输入 $\{x_1,x_2,x_3,x_4,x_5\}$,对应的权重是 $\{w_1,w_2,w_3,w_4,w_5\}$,则该神经元的输入信号之和可以表示为

$$w_1x_1 + w_2x_2 + w_3x_3 + w_4x_5 + w_5x_5 = \sum_{i=1}^{5}w_ix_i$$

对于生物神经元来说,只有"有"(兴奋)和"无"(抑制)两种输出状态。当输入信号超过一定阈值 θ 时,产生电信号向外输出。这在数学上可以表示为

$$y = \begin{cases} 1, & w_1x_1 + w_2x_2 + w_3x_3 + w_4x_5 + w_5x_5 > \theta \\ 0, & w_1x_1 + w_2x_2 + w_3x_3 + w_4x_5 + w_5x_5 \leqslant \theta \end{cases}$$

如果进一步用单位阶跃函数 $u(z)$ 来表示,则上式可以表示为

$$y = u(z)$$

其中，$z = w_1x_1 + w_2x_2 + w_3x_3 + w_4x_5 + w_5x_5 - \theta$，称为该神经元的加权输入。这就是一个生物神经元的数学模型，而人工神经元则是参照生物神经元进一步设计得到的。

人工神经元是人工神经网络的基本处理单元，一般是一个多输入、单输出的非线性单元，其模型结构如图 6-2 所示，假设该神经元是网络中的第 i 个神经元，它的 n 个输入为 $X=\{x_1,x_2,\cdots,x_n\}$，每个输入 x_i 被赋予相应的权重 w_{ij}，求这些输入的加权和再加上偏置值 b_i。这里的 b_i 实际上就是第 i 个神经元的阈值取负号 $-\theta_i$，符号改变，但本质上是一样的。最后将得到的结果 u_i 作为激活函数（Activation Function）f 的输入，得到第 i 个神经元的输出值为

$$y_i = f(u_i) = f\left(\sum_{j=1}^{n} w_{ij}x_j + b_i\right)$$

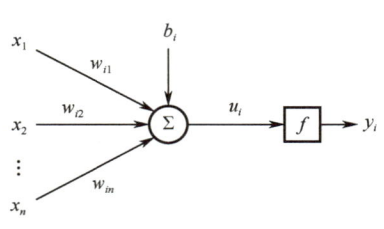

图 6-2　人工神经元的模型结构

不同于生物神经元的单位阶跃函数，人工神经元的激活函数可以自行设计。神经网络在使用之前需要进行训练，训练的过程实际上就是不断修正和调整各个权重和偏置值的过程。

3. 激活函数

人工神经元的设计加入了人为设计的激活函数，那么激活函数有什么用呢？对于一个没有激活函数的神经元，每一层节点的输入都是上层输出的线性函数，那么无论神经网络具有几层，其输出都是输入的线性组合；如果引入非线性的激活函数，就可以使得神经网络任意逼近任何非线性函数，从而应用到各类非线性任务中。

常用的激活函数有以下 5 种。

（1）阶跃函数

当输入大于 0 时，输出 1；当输入小于或等于 0 时，输出 0。其定义如下。

$$f(x) = \begin{cases} 1, x > 0 \\ 0, x \leq 0 \end{cases}$$

（2）符号函数

当输入大于 0 时，输出 1；当输入小于或等于 0 时，输出-1。其定义如下。

$$f(x) = \begin{cases} 1, x > 0 \\ -1, x \leq 0 \end{cases}$$

阶跃函数或符号函数的输出只有两个值，这使得它们非常适合于二分类问题。

（3）Sigmoid 函数

当输入趋近于正无穷时，输出无限接近于 1；当输入趋近于负无穷时，输出无限接近于 0。它具有平滑性和渐进性并保持单调性。其定义如下。

$$f(x) = \frac{1}{1 + e^{-\alpha x}}$$

其中，α 可以控制其斜率。Sigmoid 函数能够把输入的连续实数值变换成 (0,1) 区间内的输出。

（4）双曲正切函数

当需要神经元输出在 (-1,1) 区间内时，可以选择双曲正切函数。其定义如下。

$$f(x) = \frac{1 - e^{-\alpha x}}{1 + e^{-\alpha x}}$$

（5）ReLU 函数

当输入大于 0 时，输出等于输入；当输入小于或等于 0 时，输出 0。其定义如下。

$$f(x)=\begin{cases} x, x>0 \\ 0, x \leq 0 \end{cases}$$

ReLU 函数其实就是一个取最大值函数 max(0,x)，构造简单，收敛速度快，在很多深度学习任务中表现出良好的性能，是目前应用较为广泛的激活函数。

不同的激活函数有着不同的特点，在设计神经网络时可以根据网络的结构和任务特点来选择合适的激活函数。

4. 神经元与感知机

人工神经元模型也称为感知机（Perceptron），是一种最简单形式的神经网络模型，主要用于解决二分类问题，即将数据集分为两个类别。二分类问题在我们日常生活和工作中有着广泛的应用，例如，判断一封邮件是正常邮件还是垃圾邮件，信用卡交易是正常交易还是欺诈交易，医学图像是正常组织还是异常组织等。

在感知机中，有多个输入（输入向量），产生一个输出。输出采用激活函数，如果输入大于某个阈值，则将该输入向量分类为一类，否则分类为另一类。图 6-3 代表一个感知机模型，其中，x_1、x_2、x_3 是 3 个外部输入，代表影响决策的 3 个因素；y 是模型的输出，代表决策结果。在实际问题中，每个因素的影响是不同的，因此可以给这些因素指定权重，表示不同的重要性。例如，指定 x_1 权重为 0.6，x_2 和 x_3 权重均为 0.2。最后，还需要指定一个阈值，这里假定阈值为 0.7（偏置值为-0.7）。

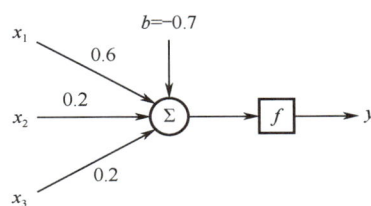

图 6-3 感知机模型

如果 x_1、x_2、x_3 三个因素的答案都成立或都不成立，则很容易得到结果 1 或 0。但当有一部分因素成立，另一部分因素不成立时，如何确定输出结果呢？请分析其决策过程。

根据人工神经元的数学模型，感知机的输出为

$$y=f(0.6x_1+0.2x_2+0.2x_3-0.7)$$

其中，

$$f(x)=\begin{cases} 1, x>0 \\ 0, x \leq 0 \end{cases}$$

针对不同的输入向量 $\{x_1,x_2,x_3\}$，感知机的输出值 y 如表 6-1 所示。结果表明，感知机能够处理线性可分问题，即感知机能够找到一个线性函数，将两类不同的数据点完全分开。如果数据不是线性可分的，即无法用一个线性函数将两类数据完全分开，那么感知机就无法进行分类。在这种情况下，可能需要使用更复杂的模型，如多层感知机（多层神经网络）。

表 6-1 感知机的输出值 y

x_1	x_2	x_3	y
0	0	0	0
0	0	1	0
0	1	0	0
0	1	1	0
1	0	0	0
1	0	1	1
1	1	0	1
1	1	1	1

这里的权重和阈值都是预先设置的，模型没有办法根据数据的情况进行学习，只是对感知机模型的一个直观解释。神经网络可以根据训练数据通过学习来调整神经元之间的连接权重和每个神经元的阈值（统一称为神经网络的参数），使得最终输出层能够最好地拟合训练数据。

6.2.2 人工神经网络

根据人工神经网络中人工神经元的连接方式不同，可划分为两种不同类型的结构。一种是前馈型人工神经网络，即各神经元接受前一层的输入并输出给下一层，没有反馈；另一种是反馈型人工神经网络，即存在一些神经元的输出经过若干个神经元后，再反馈到这些神经元的输入端。前馈型神经网络的连接方式简单，是应用广泛、发展迅速的人工神经网络，后面介绍的BP（Back-Propagation）神经网络和卷积神经网络都是前馈型神经网络。

前馈型神经网络的结构由输入层、隐藏层和输出层组成。输入层和输出层一般只有一层，隐藏层也称为中间层（可以有多层）。这是一个多层神经网络结构，如图6-4所示，其中只有相邻层节点之间有连接，同一层以及跨层节点之间相互无连接。

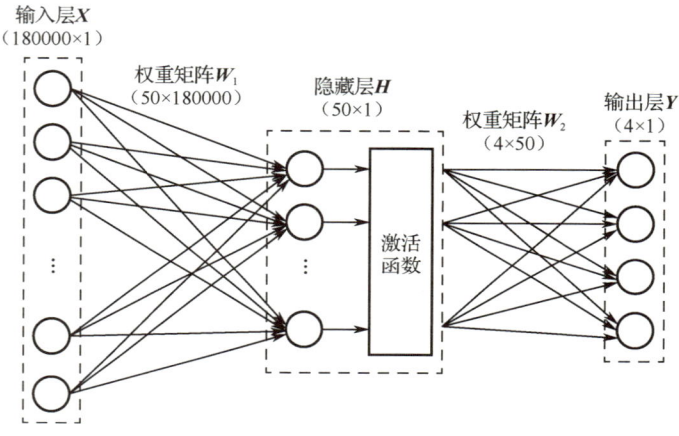

图6-4 多层神经网络结构

第一层称为输入层，输入层的作用是将训练数据加到神经网络中，输入层神经元的输入输出关系是线性关系。输入层的数据维度与输入数据的特征息息相关，举一个猫、狗、狐、兔图片分类的例子。假设有一沓猫、狗、狐、兔图片，把每一张图片送进一个机器里，机器需要判断这张图片里的内容是猫、狗、狐还是兔。假定每一张照片都是300×200像素的彩色照片，那么输入层输入的是一张300×200×3=180000像素的彩色图像，即180000×1的特征向量。

最后一层称为输出层，输出层输出网络训练后的结果，输出的维度应根据具体的应用要求来设计。猫、狗、狐和兔图片分类的输出层的维度需要定义成4，因为需要输出猫、狗、狐、兔4个类别，例如，输出0、1、2、3，分别表示猫、狗、狐和兔。

在图6-4中，连接最后一个隐藏层和输出层的是权重矩阵W_2和偏置向量b_2，通过矩阵运算：$Y=W_2×H+b_2$可计算出输出值，其中H表示最后一个隐藏层的输出向量。如果设定最后一个隐藏层有50个神经元（即输出向量的维度为50×1），分类结果为4个类别，则权重矩阵W_2就应该是一个4×50的权重矩阵。连接输入层和隐藏层的是权重矩阵W_1和偏置向量b_1。由输入层X计算得到隐藏层的输入特征向量H就是执行矩阵运算：$H=W_1×X+b_1$，其中H是50×1的矩阵。在猫、狗、狐、兔图片分类的例子中，权重矩阵W_1就应该是一个50×180000的权重矩阵。隐藏层中的各个神经元的输入输出关系一般为非线性函数,这个非线性函数也就是激活函数,对隐藏层中的各个神经元的输入特征向量做非线性变换的部分,称为激活层。如果激活函数只是一个线性函数,即使隐藏层的深度加到 n 层,神经网络的每一层输出都是上层输入的线性函数,与没有隐藏层的效果相当。也就是说,只有在激活层引入非线性函数作为激活函数,多层神经网络才不再是输入的线性组合,可以逼近任意函数,这种多层神经网络才有意义。

6.2.3 神经网络的学习算法——反向传播算法

神经网络的学习算法主要是用来调整网络中的权重和偏置,使得网络能够对输入数据进行准确的预测或分类。其中,最常用的一种学习算法是误差反向传播算法,即 BP 算法。采用 BP 算法的前馈型神经网络简称 BP 神经网络。

1. 反向传播算法概述

反向传播算法是一种监督学习算法,其基本原理是通过计算输出层与期望输出之间的误差,然后将该误差反向传播到网络的每一层,根据误差调整各层的权重和偏置,使得整个网络的预测输出不断接近期望输出。这个过程通常包括前向传播和反向传播两个阶段。

在前向传播阶段,输入数据被送入网络的输入层,然后逐层经过隐藏层处理,最后到达输出层产生预测输出。每一层的神经元都将其输入与权重相乘并加上偏置,然后通过激活函数产生输出。

在反向传播阶段,首先计算输出层的误差(即预测输出与期望输出之间的差异),然后将该误差反向传播到前一层,根据链式求导法则计算每一层神经元的误差梯度(即误差函数对各个参数的偏导数形成的向量),并根据这些梯度来更新权重和偏置,使得误差逐渐减小。这个过程一直进行到网络的输入层为止。

通过不断地迭代前向传播和反向传播过程,神经网络能够逐渐学习到从输入到输出的映射关系,并对新的输入数据进行准确的预测或分类。

在每次迭代中,权重和偏置沿着误差函数梯度的反方向(即误差函数下降最快的方向)进行更新,这就是梯度下降法的基本思想。除此之外,还有其他一些神经网络学习的优化算法,如随机梯度下降法、动量法、Adam 算法等。这些方法在更新权重和偏置时采用了不同的策略,以适应不同的应用场景和需求。

2. 反向传播算法的实现过程

反向传播算法作为神经网络训练的核心算法,其完整实现依赖于计算图(Computational Graph)、链式法(Chain Rule)则和梯度下降(Gradient Descent)三者的有机结合。

① 计算图对神经网络的前向计算流程进行数学建模,将复杂运算分解为可微分的基本单元(如输入数据、线性变换、激活函数、损失计算等),并定义了梯度回传的路径规则。

② 链式法则是反向传播算法的数学基础。作为微积分基本定理,链式法则通过逐层分解复合函数导数,使得损失函数对任意参数的梯度都能通过局部梯度的连乘高效计算,使得训练包含数亿参数的深层神经网络成为可能,构成了反向传播算法区别于传统梯度计算方法的关键特征。

③ 梯度下降算法利用反向传播计算得到的梯度信息,以迭代方式更新网络参数,完成模型优化。因此,完整的反向传播过程实质上是基于计算图的结构化表达,运用链式法则进行梯度推导,最终服务于梯度下降的参数优化。

(1)计算图与链式法则

计算图与链式法则不仅揭示了复杂神经网络如何逐层传播梯度,也为理解深度学习的内部机制提供了强有力的数学工具。计算图是一种将复杂数学表达式拆解为一系列简单操作的结构化方法。它像一个流程图，节点表示变量或运算，边表示依赖关系。通过计算图，不仅能清晰地表示一个函数的构成关系，还可以系统地追踪数据和梯度的流动过程。而链式法则是微积分中的一个基本法则，用于求复合函数的导数。在计算图中，每一个变量的变化都可能影响最终输出，通过链式法则，能够逐步地将梯度从输出反传到每一个中间变量，从而完成整个神经网络参数的更新。

计算图的原理基于一个关键思想：将复杂函数拆解为一系列简单的局部运算单元。每一个单元既承担前向计算的任务，也在反向传播中接收并传递梯度。在计算图中，每一个节点代表一个操作（如加法、乘法、指数等）或一个变量（如输入、权重、偏置等），而边则表示数据在运算过程中的流动路径。通过将整个函数的计算过程以图的形式表达，可以清晰地看到每一步是如何构建起来的，这对于理解神经网络这种高度嵌套和复合的结构尤其重要。在前向传播阶段，计算图按照从输入到输出的顺序逐步执行每一个节点的计算，最终得出模型的输出值。而在反向传播阶段，计算图则按照输出到输入的逆序进行链式求导，逐层传递梯度，实现参数的更新。通过这种结构化的方式，计算图为自动微分提供了基础，使得现代深度学习框架能够自动、高效地完成梯度计算，无须手动推导每一个参数的偏导数。

计算图不仅提供了函数结构的静态视图，还允许在图中灵活地插入、修改、合并节点，从而实现复杂模型的可组合性和可扩展性。无论是线性模型、卷积网络还是递归神经网络，它们本质上都可以抽象为一张计算图。因此，理解计算图不仅是掌握反向传播算法的前提，也是深入理解深度学习模型构建与优化过程的重要基础。在深度学习中，模型的训练本质上就是不断通过梯度信息来更新参数，以减小损失函数的值。而当模型结构复杂、包含多个函数嵌套时，如何高效而准确地计算每个参数对损失函数的影响，成为一个关键问题。链式法则正是解决这一问题的核心工具。链式法则是微积分中的一个基本定理，它描述了复合函数的导数如何分解为内部函数导数的乘积。从本质上说，链式法则是信息传播的桥梁，它将"局部变化"变成"全局影响"。每一层只需知道自己对输出的导数以及从上层传来的梯度，就可以完成对自身参数的梯度计算。这种局部计算的方式使得反向传播算法非常高效，并能适应任意深度和复杂度的神经网络。在现代深度学习框架中，链式法则以系统化的方式在计算图上自动应用，使得程序只需定义前向计算过程，框架就能自动生成梯度计算过程。这种机制极大地简化了模型的设计与优化流程。

（2）梯度下降算法

梯度下降算法是基础的优化算法之一，其主要目标是通过不断地调整模型参数，使得目标函数（通常为损失函数）达到最小值，从而提升模型的预测能力和泛化性能。作为一种典型的一阶优化方法，梯度下降算法依赖于目标函数的梯度信息，即函数在某一点的偏导数，用以指引参数更新的方向和幅度。直观地讲，梯度描述了函数值增长最快的方向，而梯度的负方向则代表函数值下降最快的路径，因此梯度下降算法通过沿负梯度方向进行搜索，从而实现函数值的最小化。

给定一个可微的目标函数 $J(\theta)$，其中 $\theta=[\theta_1,\theta_2,\cdots,\theta_n]$ 是模型参数向量，梯度表示为

$$\nabla J(\theta) = \left[\frac{\partial J}{\partial \theta_1}, \frac{\partial J}{\partial \theta_2}, \cdots, \frac{\partial J}{\partial \theta_n}\right]$$

则梯度下降的标准更新规则为

$$\theta_{t+1} = \theta_t - \eta \cdot \nabla J(\theta_t)$$

其中，$\nabla J(\theta_t)$ 是目标函数在当前参数 θ_t 处的梯度，η 为学习率，控制每一次参数更新的步

长。学习率的选择至关重要,如果设置过大可能导致优化过程发散,错过最优解;如果设置过小则会导致收敛速度缓慢,甚至陷入局部极小值点而无法跳出。

例 6-1　给定函数 $J(\theta)=\theta^2$,通过梯度下降来求其最小值。

分析:显然,这个函数的图像是一个开口向上的抛物线,它在 $\theta=0$ 处取得最小值,接下来使用梯度下降法来逼近这个最小值。

定义目标函数:$J(\theta)=\theta^2$。

计算梯度:$\nabla J(\theta)=2\theta$。

设定初始值和学习率:初始参数 $\theta_0=4$,学习率 $\eta=0.1$。

应用梯度下降进行迭代:$\theta_{t+1}=\theta_t-\eta\cdot\nabla J(\theta_t)$,即 $\theta_{t+1}=\theta_t-\eta\cdot 2\theta_t$。

梯度下降法的迭代过程如表 6-2 所示。

表 6-2　$J(\theta)=\theta^2$ 梯度下降迭代过程

迭代次数 t	当前 θ_t	梯度 $\nabla J(\theta_t)$	更新后的 θ_{t+1}
0	4.00	8.00	3.20
1	3.20	6.40	2.56
2	2.56	5.12	2.05
3	2.05	4.10	1.64
4	1.64	3.28	1.31
5	1.31	2.62	1.05
…	…	…	…

程序如下。

```
def f(x):
    return x**2
def compute_gradient(x):
    return 2 * x
#初始化参数
x = 4.0
learning_rate = 0.1
max_iterations = 100        #最多迭代 100 次
tolerance = 1e-6            #梯度阈值,小于此值时停止迭代
#梯度下降迭代
for iteration in range(max_iterations):
    grad = compute_gradient(x)
    x_new = x - learning_rate * grad
    current_value = f(x_new)
    #输出当前迭代结果
    print(f"Iteration {iteration + 1}: x = {x_new:.6f}, gradient = {compute_gradient(x_new):.6f}, f(x) = {current_value:.6f}")
    # 检查收敛条件
    if abs(grad) < tolerance:
        break
    x = x_new
```

以下是程序的部分运行结果，和表 6-2 的结果一致。可以修改学习率，例如，改为 0.3，这时算法收敛速度加快，迭代次数大幅减少。

```
Iteration 1: x = 3.200000, gradient = 6.400000, f(x) = 10.240000
Iteration 2: x = 2.560000, gradient = 5.120000, f(x) = 6.553600
Iteration 3: x = 2.048000, gradient = 4.096000, f(x) = 4.194304
Iteration 4: x = 1.638400, gradient = 3.276800, f(x) = 2.684355
Iteration 5: x = 1.310720, gradient = 2.621440, f(x) = 1.717987
Iteration 6: x = 1.048576, gradient = 2.097152, f(x) = 1.099512
```

（3）反向传播算法的步骤

神经网络，尤其是多层感知机和深度学习模型，本质上是通过调整网络中的参数（权重和偏置）来学习输入数据和输出结果之间的复杂映射关系。然而，这些网络结构往往包含大量的参数，如何找到一组最优的参数，使得网络在给定任务上表现最佳，是训练神经网络面临的关键问题。因为网络层数多、参数数量庞大，如果采用暴力搜索或者随机调整参数的方式，不仅效率极低，而且很难找到合适的参数组合。因此需要一种更高效、更有针对性的方法来指导参数的更新，反向传播算法应运而生。

反向传播算法分为两个阶段：前向传播和反向传播。在前向传播阶段，输入数据从神经网络的输入层进入，依次经过各个隐藏层，最终在输出层产生预测结果。这个过程就像水流从上游流到下游，数据按照网络结构的连接方式，经过一系列的计算（通过神经元的激活函数处理），逐步传递到输出端。

在前向传播得到预测结果后，需要计算预测结果与真实结果之间的误差，这通常通过一个损失函数来衡量。损失函数的值反映了当前网络参数下，预测结果与真实结果的差距。

接下来进入反向传播阶段，这是反向传播算法的核心。反向传播阶段的目的是将误差从输出层反向传播到网络的各个层，从而计算出每个参数对误差的贡献程度，进而指导参数的更新。简单来说，就是要弄清楚网络中哪些参数需要调整，以及调整的方向和幅度。

为了实现这一点，反向传播算法利用了链式法则。在神经网络中，可以把整个网络看作是一个复杂的复合函数，输入数据经过一系列的运算（权重与输入的乘积、激活函数的处理等）得到输出结果，而输出结果又与真实结果一起计算出损失函数。通过链式法则，可以从损失函数关于输出层的导数开始，反向逐层计算出损失函数关于每个参数的导数，这些导数就代表了每个参数对误差的贡献程度。

通过不断重复前向传播和反向传播的过程，每次都根据计算得到的误差调整网络参数，神经网络就能逐渐学习到如何更好地处理输入数据，使得预测结果越来越接近真实结果，最终实现神经网络的优化和训练。

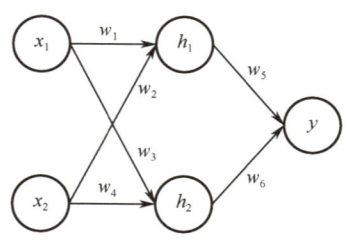

图 6-5　三层神经网络模型

例 6-2　假设有如图 6-5 所示的三层神经网络模型，输入值为 $x_1=1$，$x_2=0.5$，期望输出为 $t=0.5×2+0.6×5=4$，初始化权重 w_1～w_6 的值分别为 0.5、1.5、2.3、3、1、1。试使用反向传播算法，使得该模型的实际输出值与期望输出值尽可能接近。

第一步：前向传播阶段。模型各个值的计算过程为

$h_1=w_1x_1+w_2x_2=0.5×1+1.5×0.5=1.25$

$h_2=w_3x_1+w_4x_2=2.3×1+3×0.5=3.8$

$y=w_5h_1+w_6h_2=1×1.25+1×3.8=5.05$

实际值 5.05 与期望值 4 有误差，需要对误差进行反向传播，以更新权重值，再重新计算输出值。

第二步：反向传播阶段。首先使用均方误差函数计算期望值 t 和实际值 y 之间的误差。

$$\Delta E = \frac{1}{2}(y-t)^2 = \frac{1}{2}(5.05-4)^2 = 0.55125$$

然后对隐含层和输出层的权重值进行更新。以权重值 w_5 为例，如果想知道 w_5 对误差产生的影响，可以求误差 E 对 w_5 的偏导数，这需要使用链式求导法则。

$$\frac{\partial E}{\partial w_5} = \frac{\partial E}{\partial y} \cdot \frac{\partial y}{\partial w_5} = (y-t)h_1 = (5.05-4) \times 1.25 = 1.3125$$

同理求得 E 对 w_6 的偏导数为 3.99。

再来看 E 对 w_1 的偏导数，通过链式求导有：

$$\frac{\partial E}{\partial w_1} = \frac{\partial E}{\partial y} \cdot \frac{\partial y}{\partial h_1} \cdot \frac{\partial h_1}{\partial w_1} = (y-t)w_5 x_1 = (5.05-4) \times 1 \times 1 = 1.05$$

同理求得 E 对 w_2、w_3、w_4 的偏导数分别为 0.525、1.05、0.525。

将梯度都计算出来后，就可以利用梯度下降法计算新的权重，也就是用原来的权重参数减去学习率乘以梯度。将学习率设为 0.1，得到用于下一次迭代的新的权重参数如下。

$$W_{t+1} = W_t - \eta \cdot \nabla J(W_t) = \begin{bmatrix} 0.5 \\ 1.5 \\ 2.3 \\ 3 \\ 1 \\ 1 \end{bmatrix} - 0.1 \times \begin{bmatrix} 1.05 \\ 0.525 \\ 1.05 \\ 0.525 \\ 1.3125 \\ 3.99 \end{bmatrix} = \begin{bmatrix} 0.395 \\ 1.4475 \\ 2.195 \\ 2.9475 \\ 0.86875 \\ 0.601 \end{bmatrix}$$

这样第一轮误差反向传播算法就完成了。接下来用这个新的权重参数再做一次神经网络的前向传播得到 y=3.17683，E=0.3388，相比于之前 E=0.55125，损失函数值下降了。不断重复这个步骤，权重参数 w 不断被更新，每次计算的 y 值不断向期望值 t 逼近，就能获得对训练样本表现更好的模型了。通过这个简单的例子，读者应该已经对反向传播算法有了基本的了解。

3. 反向传播算法的意义

反向传播算法的出现，极大地推动了神经网络和深度学习的发展。在它诞生之前，由于缺乏高效的训练方法，神经网络的应用受到很大限制。而反向传播算法通过高效地计算梯度，为梯度下降等优化算法提供了必要的信息，使得神经网络能够在大规模数据上进行训练，学习到复杂的模式和规律。

如今，反向传播算法已广泛应用于各种深度学习模型中，无论是图像识别、语音识别、自然语言处理，还是其他领域的任务，都离不开它的支持。同时，反向传播算法也为后续的算法改进奠定了基础。许多优化算法，如自适应学习率算法、正则化方法等，都是在反向传播算法的基础上发展而来的，进一步提高了神经网络的训练效率和性能。

总之，反向传播算法作为神经网络训练的核心技术，其基本思想简单而深刻，通过前向传播和反向传播的巧妙结合，为神经网络的学习和优化提供了强大的支持，在人工智能领域发挥着重要作用。

6.2.4 应用案例——使用神经网络实现鸢尾花分类

1. 利用 Scikit-learn 实现神经网络

在 Scikit-learn 库的 neural_network 模块中,提供了 MLPClassifier 类,用于构建多层感知器模型。它基于全连接神经网络结构,适用于分类任务。以下是其常用参数说明及主要方法。

（1）参数说明

① hidden_layer_sizes:用来指定隐藏层的层数及每层神经元数量。该参数的类型是元组,元组的长度表示隐藏层的层数,元组的值表示每一层的神经元数量。例如,(100,50)表示两层隐藏层,第一层有 100 个神经元,第二层有 50 个神经元。默认值为(100)。

注意：层数与神经元数量越多,模型容量越大,但计算成本和过拟合风险越高；hidden_layer_sizes 参数定义了隐藏层结构,输入层大小由数据特征数自动确定,输出层大小由类别数自动确定。

② activation:用来指定隐藏层的激活函数。可取选项有'identity'、'logistic'、'tanh'、'relu',默认值为'relu',即使用 ReLU 激活函数,适用于大多数场景。'identity'表示激活函数为 $f(x)=x$,等价于不使用激活函数。'logistic'用于二分类问题,输出概率值。

③ solver:定义优化网络权重的具体算法,直接影响训练速度、收敛性和模型性能。可能的取值包括'lbfgs'、'sgd'、'adam'。'lbfgs'采用拟牛顿法,适合小规模数据；'sgd'采用随机梯度下降法,适合超大数据集或需要精细控制的场景；'adam'（默认值）采用自适应矩估计,适合中大型数据集。

④ alpha:表示 L2 正则化系数,防止过拟合。取值为浮点数,默认值为 0.0001。alpha=0 表示不使用 L2 正则化。

⑤ learning_rate_init:表示初始学习率,用来控制更新权重的步长,仅当 solver 为'sgd'或'adam'时有效。默认值为 0.001。

⑥ max_iter:表示训练过程的最大迭代次数。一旦达到最大迭代次数或算法收敛,则迭代截止。默认值为 200。

⑦ verbose:决定模型训练时是否输出中间信息（如损失值、迭代次数等）。默认值为 0 时,表示不输出任何训练过程信息；为 1 时,显示进度条和当前迭代次数；为 2 时,显示更详细的日志。

⑧ random_state:用于控制随机性相关操作的种子（Seed）,确保实验的可复现性。设置 random_state 参数后,所有依赖随机数的操作（如权重初始化、数据打乱、验证集分割等）将基于该种子生成固定序列的随机值,确保相同代码、相同数据、相同 random_state 值时,多次运行模型会得到完全一致的结果。

（2）属性说明

MLPClassifier 的属性主要用于存储模型训练后的关键信息。以下是其常用属性的说明。

① coefs_属性:包含各层的权重矩阵（列表类型）,列表第 i 个元素对应第 i 层的权重（输入层到隐藏层或隐藏层间的连接权重）。若网络结构为输入层→隐藏层（10 个节点）→输出层,则 coefs_[0]为输入层到隐藏层的权重矩阵,coefs_[1]为隐藏层到输出层的权重矩阵。

② intercepts_属性:包含各层的偏置向量（列表类型）,列表第 i 个元素对应第 $i+1$ 层的偏置向量。

③ n_layers_属性:表示网络的总层数,即输入层数量+隐藏层数量+输出层数量。

④ n_outputs_属性:输出层的节点数（即分类任务的类别数）。

⑤ out_activation_属性：输出层使用的激活函数名称（如'softmax'用于多分类）。
⑥ loss_属性：模型训练完成后的损失函数值。
⑦ n_iter_属性：模型实际运行的迭代次数（可能因提前停止而小于 max_iter）。
⑧ classes_属性：存储每个输出类别的标签（如多分类任务的类别名称或编码）。
⑨ t_属性：模型在训练过程中实际使用的样本数量（考虑分批次训练的情况）。

例 6-3　创建一个神经网络并查看其模型参数。

分析：通常只有在调用 fit()方法训练神经网络模型后，才能访问模型属性，否则可能引发异常。所以可以随意给定训练数据，在模型训练后查看模型参数。

程序如下。

```
from sklearn.neural_network import MLPClassifier
#训练模型
mlp = MLPClassifier(hidden_layer_sizes=(10,100), max_iter=100)
mlp.fit([[5,6],[3,9],[8,2]], [[0],[1],[5]])              #训练数据没有实际意义，只是为了训练模型
#查看模型属性
print("模型层数: ", mlp.n_layers_)                        #输入层 1+隐藏层 2+输出层 1
print("输出层激活函数: ", mlp.out_activation_)
print("输出层节点数: ", mlp.n_outputs_)
print("样本数量: ", mlp.t_)
```

程序运行结果如下。

```
模型层数：　4
输出层激活函数：　softmax
输出层节点数：　3
样本数量：　300
```

（3）主要方法

MLPClassifier 的主要方法有两个：fit(X, y)用于训练模型；predict(X)用于对新数据进行预测。

2. 使用神经网络实现鸢尾花分类

使用神经网络（MLPClassifier）实现鸢尾花分类，大致经过加载数据、数据预处理、模型初始化、模型训练、模型评估等步骤。下面是完整程序。

```
import numpy as np
import matplotlib.pyplot as plt
from sklearn.datasets import load_iris
from sklearn.model_selection import train_test_split
from sklearn.preprocessing import StandardScaler
from sklearn.neural_network import MLPClassifier
from sklearn.metrics import accuracy_score, classification_report
#加载鸢尾花数据集
iris = load_iris()
X = iris.data        #特征矩阵 (150 个样本, 4 个特征)
y = iris.target      #目标向量 (0: setosa-山鸢尾, 1: versicolor-变色鸢尾, 2: virginica-维吉尼亚鸢尾)
#划分训练集/测试集（80/20 比例）
X_train, X_test, y_train, y_test = train_test_split(X, y, test_size=0.2)
#特征标准化（神经网络对特征尺度敏感）
```

```python
scaler = StandardScaler()
X_train = scaler.fit_transform(X_train)          #计算均值和标准差并转换训练集
X_test = scaler.transform(X_test)                #使用训练集的参数转换测试集
#创建神经网络模型
mlp = MLPClassifier(
    hidden_layer_sizes=(100,),                   #单隐藏层，100 个神经元
    activation='relu',                           #激活函数
    solver='adam',                               #优化算法（自适应矩估计）
    alpha=0.0001,                                #L2 正则化强度
    max_iter=1000,                               #最大迭代次数
    random_state=42,                             #随机种子
    verbose=0                                    #关闭训练过程输出
)
#训练模型
mlp.fit(X_train, y_train)
#模型评估
y_pred = mlp.predict(X_test)                     #预测测试集
accuracy = accuracy_score(y_test, y_pred)        #计算准确率
print(f"测试集准确率: {accuracy:.4f}")
print("分类报告:")                                #打印分类报告（精确率、召回率、F1 值）
print(classification_report(y_test, y_pred, target_names=iris.target_names))
#新样本预测示例
new_samples = np.array([[5.1, 3.5, 1.4, 0.2],    #setosa（山鸢尾）特征
                        [6.7, 3.1, 5.6, 2.4]])   #virginica（维吉尼亚鸢尾）特征
new_samples_scaled = scaler.transform(new_samples)   #预处理新样本（必须使用训练集的 scaler）
predictions = mlp.predict(new_samples_scaled)    #预测类别
print("新样本预测结果:")
for sample, pred in zip(new_samples, predictions):
    print(f"特征 {sample} → 预测类别: {iris.target_names[pred]}")
```

程序运行结果如下。

```
测试集准确率: 0.9333
分类报告:
              precision    recall  f1-score   support

      setosa       1.00      1.00      1.00         7
  versicolor       0.83      0.83      0.83         6
   virginica       0.94      0.94      0.94        17

    accuracy                           0.93        30
   macro avg       0.92      0.92      0.92        30
weighted avg       0.93      0.93      0.93        30

新样本预测结果:
特征 [5.1 3.5 1.4 0.2] → 预测类别: setosa
特征 [6.7 3.1 5.6 2.4] → 预测类别: virginica
```

6.3 深度学习模型

由于 BP 神经网络算法具有收敛速度慢、需要大量带标签的训练数据、容易陷入局部最优等缺点,因此 BP 神经网络只能包含少许隐藏层,从而限制了其性能,影响了该网络模型的实际应用。为此,通过增加神经网络隐藏层的层数,利用数学和工程方法组合底层特征以形成更加抽象的高层特征,从而能够发现数据的分布式特征表示,并实现特征的自动提取。这种具有多层隐藏层的神经网络被称为深度神经网络或深度学习模型。

深度学习模型可以分为监督的深度学习模型和无监督或半监督深度学习模型。主流的监督深度学习模型主要包括:深度神经网络(Deep Neural Network,DNN)、卷积神经网络(Convolutional Neural Network,CNN)、循环神经网络(Recurrent Neural Network,RNN)等。主流的无监督或半监督深度学习模型主要有:受限玻尔兹曼机(Restricted Boltzmann Machine,RBM)、深度置信网络(Deep Belief Network,DBN)、生成对抗网络(Generative Adversarial Network,GAN)、自编码器(Auto Encoder)等。

6.3.1 卷积神经网络

卷积神经网络作为深度学习领域最具代表性的模型之一,其设计灵感源于生物视觉系统的层级化感知机制。通过卷积核的局部感知与参数共享,卷积神经网络实现了高效的空间特征提取,并借助多层卷积与池化操作完成从基础视觉特征到高层语义的抽象,成为推动人工智能技术落地的关键工具。当前,卷积神经网络正与注意力机制深度融合,朝着更高效、更通用的方向演进。

1. 卷积神经网络的结构

卷积神经网络就是一种包含卷积和池化计算且具有深度结构的前馈神经网络。典型的卷积神经网络结构如图 6-6 所示,它是由多个卷积层(Convolutional Layer)和池化层(Pooling Layer)叠加起来之后再加上全连接层(Fully Connected Layer)构成的。卷积神经网络前面部分的卷积和池化操作相当于是进行特征提取,后面部分进行全连接相当于是将前面提取的特征进行整合,并转化为最终的输出结果。

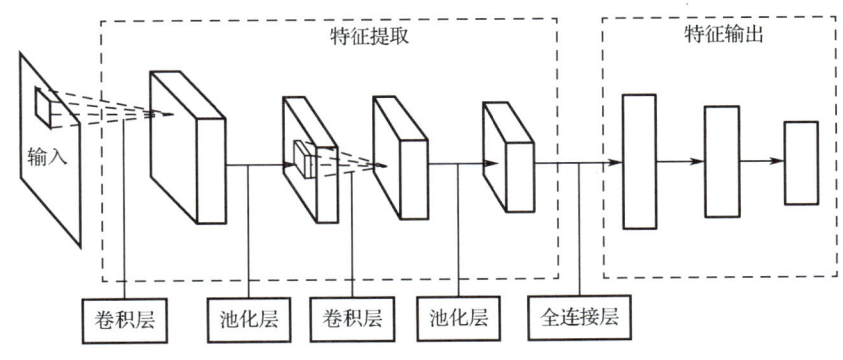

图 6-6 卷积神经网络结构

由于全连接层与 6.2.2 节介绍的多层神经网络结构和原理相同,故在本小节中不再赘述。

下面主要介绍卷积层和池化层的工作原理。

2. 卷积层的工作原理

卷积层是通过卷积核对输入信息进行卷积运算,从而实现特征提取的。一个卷积神经网络往往有多个卷积层。在基于卷积神经网络的数字图像识别过程中,第一个卷积层会直接接收图像像素级的输入,以提取其与卷积核相匹配的特征,并传递给下一层。接下来每一层都以前一层提取出的特征作为输入,与本层的卷积核进行卷积运算,提取更加抽象的特征。

卷积是一种计算方式,有一个卷积窗口在输入矩阵上从左到右、从上到下进行滑动,每次滑动进行一次互相关运算(将输入矩阵和卷积核对应位置元素相乘再相加)并得到一个数值,在卷积核滑动计算完成后会得到一个用于表示图像特征的特征图(Feature Map)。下面是用一个3×3的卷积核对4×4的灰度图像求卷积,卷积的移动步长为1,最后得到2×2的特征图,卷积计算过程如图6-7所示。

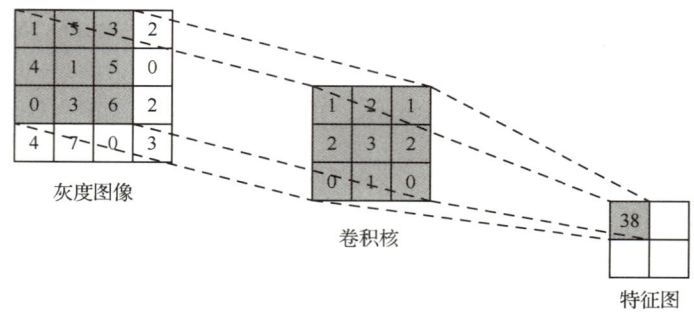

图 6-7 卷积计算过程

特征图左上角元素是[1×1+5×2+3×1]+[4×2+1×3+5×2]+[0×0+3×1+6×0]=38。

同理,特征图右上角元素是[5×1+3×2+2×1]+[1×2+5×3+0×2]+[3×0+6×1+2×0]=36;左下角元素是[4×1+1×2+5×1]+[0×2+3×3+6×2]+[4×0+7×1+0×0]=39;右下角元素是(1×1+5×2+0×1)+(3×2+6×3+2×2)+(7×0+0×1+3×0)=39。

如果用 Python 程序实现,程序如下。

```python
import numpy as np
def conv(image, kernel, stride):                                    #卷积操作
    imageRow, imageColumn = image.shape                             #图像矩阵的行数和列数
    kernelRow, kernelColumn = kernel.shape                          #卷积核的行数和列数
    #计算特征图的形状
    featureMapShape = ((imageRow - kernelRow) // stride + 1, (imageColumn - kernelColumn) // stride + 1)
    featureMap = np.zeros(featureMapShape, dtype=np.int32)    #特征图初始化为0
    for i in range(0, imageRow - kernelRow + 1, stride):
        for j in range(0, imageColumn - kernelColumn + 1, stride):
            #对当前位置的图像子矩阵和卷积核进行点积求和
            featureMap[i // stride, j // stride] = np.sum(image[i:i+kernelRow, j:j+kernelColumn] * kernel)
    return featureMap
image = np.array([[1, 5, 3, 2], [4, 1, 5, 0], [0, 3, 6, 2], [4, 7, 0, 3]])    #4×4 灰度图像
kernel = np.array([[1, 2, 1], [2, 3, 2], [0, 1, 0]])                          #3×3 卷积核
stride = 1       #卷积步长为1
print('卷积后特征图为:\n', conv(image, kernel, stride))
```

程序运行结果如下。

卷积后特征图为：
[[38 36]
[39 39]]

例6-4 输入一个5×5×3（高度×宽度×色彩通道）的数字图像，卷积核窗口为3×3×3，偏置值设为1。为了让输入图像的全部像素能被滑动窗口捕捉，输入图像的最外围扩充了一层边界像素填充，填充值均为0，卷积核的步长为2，RGB数字图像的3个输入矩阵如图6-8～图6-10所示，每个通道的卷积核如图6-11～图6-13所示，求经过卷积计算后输出的特征图的输出矩阵。

0	0	0	0	0	0	0
0	0	1	1	2	2	0
0	0	1	1	0	0	0
0	1	1	0	1	0	0
0	1	0	1	1	0	0
0	0	2	0	0	0	0
0	0	0	0	0	0	0

图 6-8　数字图像 R 通道输入矩阵 A_1

0	0	0	0	0	0	0
0	1	1	1	2	0	0
0	0	2	1	1	2	0
0	1	2	0	1	0	0
0	0	2	1	2	1	0
0	2	0	1	2	0	0
0	0	0	0	0	0	0

图 6-9　数字图像 G 通道输入矩阵 A_2

0	0	0	0	0	0	0
0	2	0	2	0	2	0
0	0	0	1	2	1	0
0	0	0	0	2	0	0
0	2	0	2	0	0	0
0	0	0	1	2	0	0
0	0	0	0	0	0	0

图 6-10　数字图像 B 通道输入矩阵 A_3

1	1	-1
-1	0	1
-1	-1	0

图 6-11　R 通道卷积核 B_1

-1	0	-1
0	0	-1
1	-1	0

图 6-12　G 通道卷积核 B_2

0	1	0
1	0	1
0	-1	1

图 6-13　B 通道卷积核 B_3

（1）选取矩阵 A_1[1:3, 1:3]和卷积核 B_1 做互相关运算，得到通道一的结果值为1。

（2）选取矩阵 A_2[1:3, 1:3]和卷积核 B_2 做互相关运算，得到通道二的结果值为-1。

（3）选取矩阵 A_3[1:3, 1:3]和卷积核 B_3 做互相关运算，得到通道三的结果值为0。

（4）将（1）～（3）这3个通道的结果值相加，再加上偏置值1，得到特征图的输出矩阵 C[1][1]的值为1。

因为卷积核的步长为2，所以同样可以选取矩阵 A_1[1:3, 3:5]和卷积核 B_1 做互相关运算，选取矩阵 A_2[1:3, 3:5]和卷积核 B_2 做互相关运算，选取矩阵 A_3[1:3, 3:5]和卷积核 B_3 做互相关运算，将这3个通道的结果值相加，再加上偏置值1，得到特征图的输出矩阵 C[1][2]的值为0。同理可分别求出 C[1][3]、C[2][1]、C[2][2]、C[2][3]、C[3][1]、C[3][2]、C[3][3]的值为-3、-6、1、1、4、-3、1。最后得到卷积计算后的特征图输出矩阵如图 6-14 所示。

1	0	-3
-6	1	1
4	-3	1

图 6-14　特征图输出矩阵 C

在卷积神经网络中，卷积核中的元素是需要通过训练确定的，称之为参数。这里要解释一个重要的概念——参数共享（Parameter Sharing）。所谓参数共享就是对于一幅输入图像或特征图，在进行卷积的过程中，其每个位置都是用同一个卷积核去进行运算的，即每个位置和同一组参数进行相乘,然后相加。

对于卷积神经网络来说,参数共享有什么意义呢?通过以下这个例子来说明。如果输入一幅像素为 1000×1000 的灰度图像,其输入为 1000000 个点,在输入层之后,如果是相同大小的一个全连接层,那么将产生 1000000×1000000 个连接,也就是说,这一层就有 1000000×1000000 个权重参数需要去训练;如果是卷积层,该卷积层有 6 个卷积核,卷积核的尺寸为 5×5,那么总共有(5×5+1)×6=156 个参数需要去训练(括号中的 1 代表同一个卷积核的偏置)。由此可见,与全连接层相比,卷积层需要训练的参数要减少很多,从而降低了网络的复杂度,提高了训练效率。

卷积层的作用主要体现在两个方面:一是提取特征;二是减少需要训练的参数,降低深度网络的复杂度。

3. 池化层的工作原理

在卷积层进行特征提取后,输出的特征图会被传递至池化层进行特征选择和信息过滤。池化层包含预设定的池化函数,其功能是将特征图中单个点的结果替换为其相邻区域的特征图统计量。池化也有一个滑动窗口在图像中进行滑动计算,这一点跟卷积有些类似,不过池化层中没有需要训练的权值。池化层选取池化区域与卷积核扫描特征图步骤相同,由池化大小、步长和填充控制组成。

池化的一个作用是可以做进一步的特征提取,减少权值参数的个数;池化的另一个作用是使得网络的输入具有平移不变性,即对输入的微小变化不敏感。池化通常可以分为 3 种方式:最大池化、平均池化和随机池化。最大池化指的是提取池化窗口区域内的最大值,平均池化指的是提取池化窗口区域内的平均值,随机池化指的是提取池化窗口区域内的随机值,其中最常用的是最大池化。

例 6-5　已知一个特征图的输入矩阵 A 如图 6-15 所示,现采用最大池化,池化大小为 2×2,步长为 2 的池化方式,求池化后的特征图输出矩阵。

(1) 因为池化大小为 2×2,所以选取矩阵 A[1:2,1:2]中最大数 6 作为特征图输出矩阵 B[1][1]的值。

(2) 因为采用步长为 2 的池化方式,所以下面选取矩阵 A[1:2,3:4]中最大数 8 作为特征图输出矩阵 B[1][2]的值。

(3) 同理,可以求出特征图输出矩阵 B[2][1]、B[2][2]的值分别为 3、4。最后得到池化后的特征图输出矩阵如图 6-16 所示。

1	1	2	4
5	6	7	8
3	2	1	0
1	2	3	4

图 6-15　特征图输入矩阵 A

6	8
3	4

图 6-16　特征图输出矩阵 B

如果用 Python 程序实现最大池化,程序如下。

```
import numpy as np
def maxPooling(inputMatrix, poolSize):        #实现最大池化操作
    inputShape = inputMatrix.shape            #获取输入特征图的形状
    #计算输出特征图的形状
    outputShape = (inputShape[0] // poolSize, inputShape[1] // poolSize)
```

```
            outputMatrix = np.zeros(outputShape, dtype=np.int32)    #初始化输出特征图
            for i in range(0, inputShape[0], poolSize):             #遍历每一个池化窗口
                for j in range(0, inputShape[1], poolSize):
                    #提取当前池化窗口内的子矩阵
                    poolRegion = inputMatrix[i:i+poolSize, j:j+poolSize]
                    maxValue = np.max(poolRegion)                    #找到子矩阵中的最大值
                    #将最大值放入输出特征图的对应位置
                    outputMatrix[i // poolSize, j // poolSize] = maxValue
            return outputMatrix
inputMatrix = np.array([[1, 1, 2, 4], [5, 6, 7, 8], [3, 2, 1, 0], [1, 2, 3, 4]])
pooledMatrix = maxPooling(inputMatrix, 2)
print('池化后特征图为:\n', pooledMatrix)
```

程序运行结果如下。

```
池化后特征图为:
 [[6 8]
 [3 4]]
```

注意：以上程序要求输入矩阵大小是池化大小的倍数，步长也是取的池化大小，当然这是一种较简单的池化形式。在实际的卷积神经网络中，池化操作的步长一般要小于池化区域的边长，这样能使相邻池化区域有一定的重叠，常见的情况是池化步长等于池化区域的边长减1，例如，池化区域为2×2，步长可以设为1。感兴趣的读者可以参考实现卷积的程序来修改以上程序。

4. 卷积神经网络与普通多层神经网络的区别

卷积神经网络与普通多层神经网络的区别在于，卷积神经网络包含了一个由卷积层和池化层构成的特征抽取器。卷积和池化大大简化了模型复杂度，减少了模型的参数。卷积层中的神经元连接不是全连接的，而是后一层的每个神经元连接前一层的一部分相邻的神经元。此外，卷积神经网络还用到了权值共享，同一卷积层中的同一个卷积窗口的权值是共享的。

5. 几种经典的卷积神经网络模型

卷积神经网络最早用于手写数字识别，是当前深度学习中最为常见的模型，近年来在图像识别、语音识别、通用物体识别、自然语言处理等方面应用广泛。下面介绍几种经典的卷积神经网络模型。

（1）LeNet-5 模型

LeNet-5 是早期经典的卷积神经网络模型，由杨立昆（Yann LeCun）于 1998 年提出，主要用于手写数字识别（如 MNIST 数据集）。其核心特点是首次将卷积层、池化层和全连接层结合，并通过梯度下降算法进行端到端训练。网络结构包含两组交替的卷积层和平均池化层，最后通过全连接层输出分类结果，激活函数采用 Sigmoid。尽管结构简单，LeNet-5 为后续卷积神经网络的发展奠定了基础。

（2）AlexNet 模型

AlexNet 在 2012 年 ImageNet 竞赛中取得突破性胜利，标志着深度学习在计算机视觉领域的复兴。它在 LeNet 的基础上引入多项创新：使用 ReLU 激活函数加速收敛，采用 Dropout 防止过拟合，并通过数据增强提升泛化能力。结构上包含 5 个卷积层（部分连接最大池化层）和 3 个全连接层，首次利用双 GPU 并行训练。AlexNet 的成功使其成为通用图像分类和目标检测任务的基准模型，推动了深度学习在工业界的应用。

（3）VGGNet 模型

VGGNet 由牛津大学团队提出，其核心思想是通过堆叠多个小尺寸卷积核（3×3）构建深层网络，替代传统的大卷积核（如 11×11），在减少参数量的同时增强非线性表达能力。典型模型如 VGG-16 和 VGG-19，通过重复的卷积层（通道数逐层递增）和池化层堆叠实现深度化。虽然参数量较大，但其结构简单统一，特征提取能力强大，常被用作预训练模型，广泛应用于图像特征提取、风格迁移等任务。

（4）GoogLeNet 模型（Inception 系列）

GoogLeNet 的创新在于提出 Inception 模块，通过并行执行多尺度卷积（1×1、3×3、5×5 卷积和池化操作）并融合结果，增强网络对不同尺度特征的捕捉能力。同时引入 1×1 卷积进行通道降维，大幅减少计算量。网络包含 9 个 Inception 模块堆叠，共 22 层，并设计辅助分类器缓解梯度消失问题。Inception-v3 等后续版本进一步优化模块设计，平衡准确率与效率。该系列模型在图像分类、视频分析中应用广泛，尤其适合需要多尺度特征融合的场景。

（5）ResNet 模型

ResNet 通过跳跃连接（Skip Connection）解决了深层网络的梯度消失问题，使训练数百层的网络成为可能。其核心单元是残差块（Residual Block），输入经过若干卷积层后与原始输入相加，确保梯度可直接回传至浅层。典型结构如 ResNet-50 和 ResNet-152，在 ImageNet 分类任务中错误率显著低于传统模型。ResNet 的通用性极强，被广泛用于图像分类、目标检测、语义分割及视频分析等领域。其残差学习机制大幅提升了训练稳定性，成为后续模型的基础框架。

（6）MobileNet 模型

MobileNet 专为移动端和嵌入式设备设计，采用深度可分离卷积，将标准卷积拆分为逐通道卷积和逐点卷积，大幅减少参数量和计算量。其轻量级特性（如 MobileNet v3）使其成为嵌入式设备和实时应用的首选，如移动端图像分类、物体检测。

（7）DenseNet 模型

DenseNet 提出密集连接机制，每个层的输出均与后续所有层直接连接，实现特征的高度复用。这种设计减少了参数冗余，增强了梯度流动，同时通过密集块（Dense Block）和过渡层（Transition Layer）的组合控制特征图尺寸。DenseNet 在医学影像分析和小样本学习任务中表现突出，因其对细节特征的保留能力，常用于医学图像检测、X 射线分类等需要高精度预测的场景。

（8）EfficientNet 模型

EfficientNet 通过系统化调整网络深度、宽度和分辨率，提出复合缩放策略，在相同计算资源下实现更高精度。其结构基于 MobileNet 和 ResNet 的模块化设计，结合神经架构搜索自动优化模型配置。EfficientNet 系列（如 EfficientNet-B7）在 ImageNet 等大规模数据集上表现优秀，适用于需要平衡效率与性能的场景（如云端推理和边缘计算），成为当前工业界部署的高效模型之一。

总之，早期模型 LeNet、AlexNet 奠定了卷积神经网络的基础，VGGNet 和 ResNet 通过加深网络提升性能，Inception 和 EfficientNet 优化效率与精度，MobileNet 则聚焦轻量化。模型选择需权衡任务需求、硬件资源与实时性要求，例如，医疗影像优先高精度模型，移动端应用倾向轻量架构，而通用视觉任务常基于 ResNet，而 EfficientNet 则在资源受限的场景中表现最优。

6.3.2 循环神经网络

人类思维往往具有连续性。例如，人们阅读文章时，通常会基于对前文的理解来推测后续内容,思考过程是连贯的,而非每次都重新开始。然而,传统的神经网络并不具备这种信息记忆功能,无法像人类一样在处理新信息时整合历史上下文。为了弥补这一缺陷,一种能够模拟时序连贯性的新型网络结构——循环神经网络被提出。

1. 循环神经网络概述

与传统神经网络不同,循环神经网络通过引入循环连接结构,使得信息能够在网络的各个时刻之间持续传递,从而实现信息的"记忆"。如图 6-17 所示,左侧展示了循环神经网络的折叠模式,其中 A 表示循环神经网络的一个基本模块。在时刻 t,输入为 x_t,输出为 h_t。该网络允许信息从当前时刻的一个步骤传递到下一个步骤,形成一种信息的反馈机制。右侧是循环神经网络的展开式,链式结构表明其与序列数据的高度相关性。

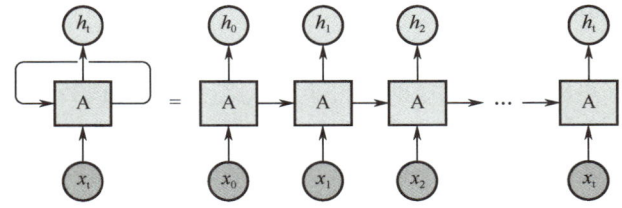

图 6-17 循环神经网络基本结构

循环神经网络的优势之一在于它能够将先前的上下文信息与当前任务进行关联。例如,在一个语言模型中,循环神经网络会根据前面的单词来预测下一个单词。例如,在预测短语"the clouds are in the sky"的最后一个词 sky 时,模型仅需依赖局部上下文"in the"就能做出准确预测,而无须追溯更早的信息。然而,在某些任务中,准确预测需要结合更为广泛的上下文信息。以中文句子"我在中国长大,我说一口流利的中文"为例,预测最后一个词时,依赖于"中国"这一信息才能准确推测出下一个词是"中文"。这种情况下,网络需要回溯到较远的上下文,传统的循环神经网络由于难以处理长距离的依赖关系,在这种情境下往往表现不佳。

2. 长短时记忆网络

为了应对上述传统循环神经网络难以处理长距离依赖关系的问题,塞普·霍赫雷特(Sepp Hochreiter)提出了长短时记忆网络(Long Short Term Memory,LSTM)。LSTM 作为一种特殊的循环神经网络,相比标准循环神经网络在处理许多任务时展现出了更好的性能。LSTM 通过特殊的结构,避免了传统循环神经网络中的长期依赖问题,能够在处理序列数据时保持较长时间的信息记忆。

在 LSTM 中,虽然它也呈现链状结构,但每个重复模块的结构更为复杂,包含了多个交互作用的神经网络层。LSTM 的核心优势在于其独特的细胞状态(Cell State)设计。细胞状态贯穿整个网络,类似于一条传送带,信息可以在不受太多修改的情况下沿着这条传送带流动。为了在信息流中添加或删除内容,LSTM 引入了"门"(Gates)机制,门结构决定了哪些信息应该被保留或丢弃。每个门由一个 Sigmoid 神经网络层和逐点乘法操作组成,Sigmoid 层输出介于 0 和 1 之间的值,表示允许多少信息通过。值为 0 意味着"完全不通过",而值为 1 则表示"完全通过"。LSTM 包含三个门:遗忘门、记忆门和输出门。它们共同作用,精确控制细胞状态中的信息流动。

① 遗忘门:LSTM 的第一步是决定从细胞状态中丢弃哪些信息。这个决策是由遗忘门通过一个 Sigmoid 激活函数来完成的。遗忘门的输入为上一时刻的隐藏层输出 h_{t-1} 和当前时刻的输入 x_t,输出一个介于 0 和 1 之间的数字,表示应该遗忘多少信息。

② 记忆门：下一步是决定哪些新信息需要存储到细胞状态中。记忆门分为两个部分：首先，Sigmoid 层决定哪些信息需要更新；接着，tanh 层生成一个新的候选向量 C_t，该向量将被添加到细胞状态中。

③ 输出门：最后，LSTM 需要决定输出什么内容。该输出将基于细胞状态，但会进行一定的过滤。Sigmoid 层决定从细胞状态中输出哪些部分，细胞状态会通过 tanh 函数进行处理，并与 Sigmoid 层的输出相乘，生成最终的输出。

通过这些门控机制，LSTM 能够在序列学习过程中有效地保留和处理重要的长期信息，同时避免传统循环神经网络在处理长时间依赖时面临的梯度消失问题。每个门的功能是精确的，通过控制信息流动，LSTM 能够灵活应对各种任务需求。

3. 循环神经网络的应用

（1）自然语言处理

循环神经网络在自然语言处理领域的应用非常广泛，其核心优势在于能够处理序列数据并捕捉上下文依赖关系。自然语言本质上是序列数据，例如，句子中的单词或字符是按顺序排列的，且前后之间存在语义和语法上的依赖关系。循环神经网络通过其循环结构，能够利用历史信息来处理当前输入，在自然语言处理任务中应用十分广泛，以下是具体的应用场景。

① 文本生成。文本生成旨在生成语法正确且语义连贯的文本。循环神经网络在这一任务中表现出色，因为它能够捕捉文本中的上下文依赖关系，从而生成连贯的句子或段落。例如，循环神经网络可以用于生成新闻文章、诗歌、故事，甚至代码。训练过程中，循环神经网络通过学习大量文本数据，学习语言的统计规律和模式。例如，给定一个开头"在一个遥远的星球上"，循环神经网络可以生成一个完整的故事，延续开头的语境和风格。文本生成的应用场景包括聊天机器人、内容创作辅助工具和个性化推荐系统。例如，新闻机构可以使用循环神经网络生成简单的新闻报道，而游戏开发者可以利用循环神经网络生成动态对话内容。

② 情感分析。情感分析旨在判断文本的情感倾向（如正面、负面或中性）。循环神经网络在情感分析中的应用主要依赖于其捕捉上下文信息的能力。例如，给定句子"这部电影真是太棒了"，循环神经网络可以通过分析句子中的词汇（如"太棒了"）和上下文，判断其情感倾向为正面。情感分析的应用场景包括社交媒体监控、产品评论分析和市场调研等。例如，企业可以通过分析用户对产品的评论，了解用户对产品的满意度，从而改进产品设计或营销策略。此外，情感分析还可以用于舆情监控，帮助政府或企业及时了解公众对某一事件的态度。

③ 问答系统。问答系统旨在根据用户提出的问题从文本中提取或生成答案。循环神经网络在问答系统中的应用主要依赖于其理解问题和文本之间语义关系的能力。例如，给定问题"中国首次举办夏季奥运会是在哪一年？"和文本"2008 年 8 月 8 日，北京奥运会开幕式在国家体育场'鸟巢'举行，这是中国首次承办夏季奥林匹克运动会。"循环神经网络可以通过分析问题和文本的语义，提取出正确答案"2008 年"。问答系统的应用场景包括智能助手、知识库查询和教育领域。例如，智能助手可以利用问答系统回答用户的问题，而在线教育平台可以通过问答系统为学生提供即时答疑服务。

④ 机器翻译。机器翻译旨在将一种语言的句子自动翻译成另一种语言。循环神经网络在机器翻译中的应用主要依赖于其编码器-解码器架构。编码器将源语言句子编码为一个固定长度的向量，解码器根据该向量生成目标语言句子。例如，将英文句子"I love NLP"翻译成中文"我喜欢自然语言处理"。循环神经网络能够捕捉句子中的上下文信息，从而生成更准确的翻译结果。机器翻译的应用场景包括跨语言交流、文档翻译和多语言内容生成。例如，跨国公司可以使用

机器翻译系统将内部文档翻译成多种语言，而旅游行业可以利用机器翻译系统为游客提供实时语言翻译服务。

（2）时间序列预测

循环神经网络在时间序列预测方面的应用非常广泛，其核心优势在于能够捕捉数据中的时间依赖性和动态模式。时间序列数据通常具有时间上的连续性，如股票价格、天气数据、医疗健康数据、工业设备信息、交通流量数据等，这些数据当前的值往往与过去的值密切相关。循环神经网络通过其循环结构，能够利用历史信息来预测未来的值，常常用来进行时间序列预测任务，以下是一些具体的应用场景。

① 股票价格预测。股票市场是一个典型的时间序列预测场景，股票价格受历史价格、市场情绪、宏观经济指标等多种因素影响。循环神经网络通过学习历史价格数据的模式，可以预测未来的价格走势。例如，使用循环神经网络模型对某只股票的历史收盘价进行训练，模型能够捕捉价格波动的趋势和周期性，从而为投资者提供未来价格的预测。尽管股票市场具有高度随机性，循环神经网络仍然能够提供有价值的趋势分析和短期预测。此外，循环神经网络还可以结合其他数据（如交易量、新闻情感分析等）进行多变量时间序列预测，进一步提高预测精度。

② 天气预测。天气预测是另一个重要的时间序列预测任务。天气数据（如温度、湿度、风速、降水量等）通常是多维时间序列数据，且具有强烈的时间依赖性。循环神经网络可以通过学习历史天气数据，预测未来的天气状况。例如，使用循环神经网络模型对过去几天的温度、湿度和风速数据进行训练，模型可以预测未来几天的温度变化趋势。循环神经网络的变体（如LSTM）在处理长序列数据时表现尤为出色，能够捕捉天气数据中的长期依赖关系，从而提高预测的准确性。这种能力在农业、交通规划和灾害预警等领域具有重要应用价值。

③ 医疗健康领域的时间序列预测。在医疗健康领域，循环神经网络被用于分析生理信号数据（如心电图、脑电图、血糖水平等）。这些数据通常是时间序列数据，且具有重要的时间依赖性。例如，循环神经网络可以通过学习患者的历史心电图数据，预测未来可能发生的心脏病发作。此外，循环神经网络还可以用于预测患者的血糖水平变化，帮助糖尿病患者更好地管理病情。循环神经网络在医疗领域的应用不仅提高了疾病预测的准确性，还为个性化医疗提供了有力支持。

④ 工业设备故障预测。在工业领域，循环神经网络被用于预测设备的故障时间。工业设备传感器数据（如温度、振动、压力等）通常是时间序列数据，且设备故障往往与历史数据中的异常模式相关。循环神经网络可以通过学习设备的传感器数据，预测设备可能发生故障的时间。例如，使用循环神经网络模型对某台机器的历史振动数据进行分析，模型可以预测未来几天内设备是否会发生故障。这种预测能力帮助企业提前进行设备维护，减少停机时间和维修成本。

⑤ 交通流量预测。交通流量预测是智能交通系统的重要组成部分。交通流量数据（如车辆数量、车速等）通常是时间序列数据，且受时间、天气、节假日等多种因素影响。循环神经网络可以通过学习历史交通数据，预测未来的交通流量。例如，使用循环神经网络模型对某条道路过去几小时的交通流量进行训练，模型可以预测未来几小时的交通状况。这种预测能力可以帮助交通管理部门优化信号灯控制、减少交通拥堵，并为驾驶员提供实时路线建议。

6.3.3 生成对抗网络

卷积神经网络通过卷积操作高效提取图像特征，循环神经网络凭借循环结构处理序列数据。然而，无论是卷积神经网络还是循环神经网络，它们的核心多在于对数据的识别、分类或预测。随着深度学习的发展，人们开始探索让机器具备"创作"能力，生成对抗网络（Generative Adversarial Network，GAN）正是这一探索的成果。

1. 生成对抗网络概述

与传统的生成模型不同，生成对抗网络通过一种对抗训练的机制，让两个相互博弈的神经网络协同工作，从而实现数据生成的目的。这种独特的设计理念为图像生成、数据增强、图像修复等诸多领域带来了全新的解决方案，极大地推动了人工智能在生成任务上的发展。

生成对抗网络由两个核心组件构成：生成器（Generator）和判别器（Discriminator）。生成器的主要任务是接收随机噪声作为输入，通过一系列的神经网络层运算，生成尽可能逼真的样本数据，例如，生成逼真的图像、语音片段等；判别器则负责判断输入的样本是来自真实数据分布还是由生成器生成的虚假数据。这两个组件就像是一场博弈中的"造假者"和"鉴别者"，生成器不断尝试生成更逼真的数据来欺骗判别器，而判别器则努力提高自己的鉴别能力，准确区分真实数据和虚假数据。

在训练过程中，生成器和判别器以交替优化的方式进行训练。具体来说，训练判别器时，将真实数据和生成器生成的虚假数据同时输入到判别器中，判别器根据输入数据的特征，输出一个概率值，用于表示输入数据是真实数据的可能性。然后，基于判别器的输出结果，通过反向传播算法计算损失函数，并更新判别器的网络参数，使得判别器能够更准确地区分真实数据和虚假数据。在训练生成器时，固定判别器的参数，生成器根据随机噪声生成数据，将这些数据输入到判别器中。生成器的目标是让判别器尽可能地将自己生成的数据判断为真实数据，即最大化判别器对生成数据的判断概率。

通过不断地交替训练生成器和判别器，两者在对抗的过程中不断优化和提升性能。理论上，当达到纳什均衡（博弈论的核心概念）时，生成器生成的数据分布将与真实数据分布一致，判别器也无法准确区分真实数据和生成数据，此时生成器就能够生成高质量、逼真的样本数据。

2. 生成对抗网络的应用

自生成对抗网络问世以来，其强大的数据生成能力不断突破人工智能的想象边界。通过生成器与判别器的对抗博弈，生成对抗网络不仅能模仿真实数据的分布，更能创造出超越原始样本的新内容。从艺术创作到工业应用，从科学研究到娱乐产业，生成对抗网络深刻改变了生成、增强和修复数据的方式，为各行各业提供了智能化解决方案。

① 图像生成与编辑：生成高分辨率、逼真的图像，如生成虚拟人物形象、风景图片等；还可以用于图像编辑，例如，根据用户的文本描述修改图像内容、实现图像风格迁移等。在游戏开发领域，利用生成对抗网络生成精美的游戏场景和角色模型，能够大大提高开发效率和质量；在艺术创作领域，艺术家可以借助生成对抗网络生成独特的艺术作品，为创作带来新的灵感。

② 数据增强：在机器学习和深度学习任务中，训练数据的数量和质量对模型的性能有着重要影响。生成对抗网络可以用于生成额外的训练数据，扩大数据集的规模，从而提高模型的泛化能力。例如，在图像分类任务中，通过生成对抗网络生成更多的图像样本，可以增强模型对不同姿态、光照条件下图像的识别能力。

③ 图像修复与超分辨率：修复损坏或缺失部分的图像，以及提高低分辨率图像的分辨率。例如，对于老照片的修复、模糊图像的清晰化等，生成对抗网络都能够发挥重要作用。通过学习大量的图像数据，生成对抗网络可以根据图像的上下文信息自动填充缺失的部分，恢复图像的完整性和清晰度。

④ 语音合成：将文本转换为自然流畅的语音。通过训练生成对抗网络模型学习语音数据

的分布特征，生成器可以根据输入的文本生成对应的语音信号，为语音合成技术带来了新的发展方向。

生成对抗网络的出现，标志着人工智能在创造性任务上迈出了重要一步。从生成逼真的图像到修复珍贵的老照片，从增强有限的数据集到合成自然的语音，生成对抗网络以其独特的对抗训练机制，不仅为科研和工业应用提供了强大的工具，更在艺术、娱乐等领域催生出全新的创作方式。

6.4 应用案例——用 Keras 实现 CIFAR-10 图像分类

CIFAR-10 是经典的图像数据集，而 Keras 以易用性著称，两者组合特别适合教学场景。本节利用 Keras 框架提供的便捷接口，实现一个 CIFAR-10 图像分类模型，体验从数据加载、模型搭建、训练调优到性能评估的完整图像分类流程，为后续处理更复杂的任务打下基础。

6.4.1 常用深度学习框架

深度学习框架是帮助用户进行深度学习开发的软件工具，它的出现降低了深度学习应用的门槛，用户不需要从复杂的神经网络开始编写程序，而可以根据需要使用高层次的抽象来定义神经网络结构、处理数据、优化模型参数等。各种开源深度学习框架层出不穷，各具特点，适用于不同的应用场景。

1. TensorFlow 框架

TensorFlow 是一个由谷歌公司开发的开源深度学习框架，支持 Python、C++等多种编程语言，提供了丰富的深度学习算法库来开发机器学习应用，采用了静态计算图的方式进行计算，使得模型训练和部署非常高效。TensorFlow 还提供了简洁灵活的 API 及完善的生态体系，使得开发人员能够轻松地构建、训练和部署深度学习模型。

2. PyTorch 框架

Torch 是一个基于 Lua 语言的机器学习框架，其中包括了用于构建和训练神经网络的工具。PyTorch 是 Facebook 人工智能研究院（FAIR）基于 Torch 开发的开源深度学习框架，PyTorch 的底层和 Torch 框架一样，但提供了 Python 接口。PyTorch 的动态计算图使得在模型定义和训练过程中可以进行即时的调试和修改，从而加速了开发过程。PyTorch 还提供了大量的工具和库，如 torchvision、torchtext 等，使得开发人员能够方便地进行数据处理、模型训练和部署。

3. Keras 框架

Keras 是一个基于 Python 的高级神经网络 API，可以作为 TensorFlow、Theano 或 CNTK 的前端，易于快速构建深度学习模型。Keras 的优点在于其易用性，使得开发人员能够将重点放在构建和训练神经网络模型上，而不用过多关注底层细节，是深度学习入门的较好选择。

4. Caffe 框架

Caffe 是一个由美国加州大学伯克利分校开发的开源深度学习框架，支持卷积神经网络（CNN）、循环神经网络（RNN）等多种深度学习模型，并且提供了易于使用的接口，方便定义和修改网络结构。Caffee 具有部署简单、运行速度快的特点，主要应用于计算机视觉和模式识别领域。

5. Theano 框架

Theano 是早期的深度学习框架，于 2008 年在加拿大蒙特利尔大学诞生，最初用于生成高效的数值计算代码。Theano 使用了一种称为符号化的方法来定义计算图，使得计算图可以在编译时进行优化。Theano 还支持 GPU 加速计算，使得大规模的深度学习训练变得更快。目前 Theano 虽已停止更新，但它对后续深度学习框架的发展产生了重要影响。

6. MXNet 框架

MXNet 是由亚马逊公司开发的开源深度学习框架，支持多种编程语言，如 Python、C++等。MXNet 采用了动态图的方式进行计算，具有高效、灵活和便携等特点。MXNet 还提供了丰富的 API 和工具，使得开发人员能够轻松地构建、训练和部署深度学习模型。

7. CNTK 框架

CNTK 是一个由微软公司开发开源的深度学习框架，采用了高性能的计算库，可以在不同的硬件平台上实现高效训练和推断。支持各种神经网络模型，包括卷积神经网络（CNN）、循环神经网络（RNN）等，并提供了易于使用的 API 和脚本语言来定义和训练模型。

6.4.2 Keras 框架的应用

Keras 是一个基于 Python 的深度学习框架，它使得深度学习的实现和应用变得更加方便。Keras 不仅适合初学者快速入门，还能够支持专业人员构建复杂和高性能的深度学习模型。通过 Keras，开发者可以更加聚焦于研究和创新，而非底层的算法细节。Keras 可以在 TensorFlow、Theano 或 CNTK 之上运行，用户可以根据自己的需要选择不同的后端。

1. Keras 的核心组件

Keras 框架的核心组件围绕构建、训练、评估和部署深度学习模型的生命周期而设计，其主要功能在于提供一个高度模块化、用户友好且可扩展的高级接口，显著简化深度学习工作流。以下是其核心组件及其主要功能。

（1）层

层（Layer）是构建神经网络的基本单元，负责实现特定的数据变换（如全连接、卷积、循环操作等），并定义从输入到输出的转换逻辑。层封装了权重初始化、正则化、激活函数等细节，支持堆叠组合以形成深度网络结构。Keras 提供了丰富的预定义层，如 Dense（全连接层）、Activation（激活函数层）、Dropout（随机失活层）、Flatten（展平层）、Input（输入层）、Reshape（重塑层）、Conv1D、Conv2D、Conv3D（各种维度的卷积层）、MaxPooling1D/2D/3D、AveragePooling1D/2D/3D（最大/平均池化层）等。

（2）模型

模型（Model）是层的容器，用来把层组合起来和定义输入输出。Keras 提供了两种主要的模型构建方式，顺序模型（Sequential）和函数式 API 模型。顺序模型适合于线性堆叠的简单模型（一层紧接着一层），它通过创建一个 Sequential 对象并逐层添加（Add 方法）层来构建，是快速原型设计的理想选择。而函数式 API 提供了更高级的功能，能够构建任意的神经网络结构。Model 类封装了网络的输入输出映射关系，并提供执行训练、评估和预测的核心方法（如 Compile、Fit、Evaluate、Predict）。

（3）优化器

优化器（Optimizer）负责根据损失函数计算出的梯度来更新模型的权重，以最小化训练过程中的损失。Keras 提供了多种高效的优化算法，如经典方法 SGD（随机梯度下降）、自适应学习率方法 RMSprop、现代主流方法 Adam 等。优化器通过模型的 compile()方法进行配置。其主要功能是定义权重更新的具体策略，对模型的收敛速度和最终性能至关重要。

（4）激活函数

激活函数（Activation Function）用于向模型引入非线性因素，常见的激活函数有 ReLU、sigmoid、tanh 等。

（5）损失函数

损失函数（Loss Function）用来评估模型预测值与真实值之间的差异，常用的损失函数包括均方误差（MSE）、交叉熵损失（Categorical Crossentropy）等。

（6）评估指标

评估指标（Metrics）用于衡量模型的性能，通常用于监控训练和评估过程。与损失函数不同，指标不一定直接可微或用于优化权重，而是提供更直观的性能评估（如准确率）。

2. 利用 Keras 搭建和训练神经网络

（1）安装 Keras

在 Windows 命令提示符下，输入以下命令安装 Keras。

```
pip install keras
```

如果系统还没装 TensorFlow，Keras 会自动安装 TensorFlow。

（2）搭建神经网络

① 构建神经网络模型。例如，一个用来分类的模型，程序片段如下。

```
from tensorflow.keras.models import Sequential
from tensorflow.keras.layers import Dense, Input
model = Sequential()                          #创建一个 Sequential 模型
model.add(Input(shape=(784,)))                #输入层，输入维度是 784（比如 28×28 的灰度图像）
model.add(Dense(128, activation='relu'))      #第一个隐藏层，输出维度是 128，激活函数是 relu
model.add(Dense(10, activation='softmax'))    #输出层，输出维度是 10（如 10 个分类）
```

这段程序创建了一个简单的神经网络，它有两层，第一层有 128 个神经元，第二层有 10 个神经元，分别对应 10 个分类。

② 编译模型。模型建好之后需要对模型进行编译，指定优化器、损失函数和评估标准。命令如下。

```
model.compile(optimizer='adam', loss='categorical_crossentropy', metrics=['accuracy'])
```

这里用了 adam 优化器，因为在做分类任务，所以损失函数用了 categorical_crossentropy，评估标准采用准确率（accuracy）。

③ 训练模型。在模型编译完成后，需要给模型喂入数据并开始训练。假设已有预处理好的训练数据（x_train, y_train）和测试数据（x_test, y_tes），确保输入数据形状与模型匹配。X_train 是形状为(60000, 784)的 NumPy 数组，表示 60000 张 28×28 的灰度图像，y_train 是形状为(60000, 10)的 NumPy 数组，表示每张图像对应的分类标签（one-hot 编码）。程序片段如下。

```
import numpy as np
from tensorflow.keras.utils import to_categorical
X_train = np.random.random((60000, 784))       #生成输入数据（60000 样本，784 特征）
y_train_int = np.random.randint(10, size=60000)  #生成标签数据（60000 样本，10 类 one-hot）
```

```
y_train = to_categorical(y_train_int, num_classes=10)
model.fit(X_train, y_train, epochs=5, batch_size=32, verbose=0)   #训练模型（样本数量匹配）
```

这段程序训练了神经网络模型，用了 5 个轮次（Epochs），每个批次（Batch）有 32 个样本。

④ 评估模型。准备测试数据，评估模型的表现。程序片段如下。

```
X_test = np.random.random((10000, 784))                  #生成测试数据（10000 样本，784 特征）
y_test_int = np.random.randint(10, size=10000)           #生成标签数据（10000 样本，10 类 one-hot）
y_test = to_categorical(y_test_int, num_classes=10)
loss, accuracy = model.evaluate(X_test, y_test, verbose=0)   #评估模型
print(f'Test loss: {loss}')
print(f'Test accuracy: {accuracy}')
```

这段程序评估了模型在测试数据上的表现，输出了损失值和准确率。

（3）使用 Keras 的高级特性

① 使用卷积层搭建卷积神经网络。除了全连接层，Keras 还支持各种其他类型的层，比如卷积层。卷积层特别适合处理图像数据。程序片段如下。

```
from tensorflow.keras.models import Sequential
from keras.layers import Input, Conv2D, MaxPooling2D, Flatten, Dense
model = Sequential()                                     #创建一个新的 Sequential 模型
#添加一个卷积层，卷积核大小是 3×3，输出通道是 32，激活函数是 relu
model.add(Input(shape=(28, 28, 1)))                      #输入层，输入维度是 784（比如 28×28 的灰度图像）
model.add(Conv2D(32, (3, 3), activation='relu'))
model.add(MaxPooling2D(pool_size=(2, 2)))                #添加一个最大池化层，池化窗口是 2×2
model.add(Flatten())                                     #展平层，把多维数据展平成一维
#添加一个全连接层，输出维度是 128，激活函数是 relu
model.add(Dense(128, activation='relu'))
#添加输出层，输出维度是 10，激活函数是 softmax
model.add(Dense(10, activation='softmax'))
```

这段程序创建了一个简单的卷积神经网络，用于处理 28×28 的灰度图像。

② 使用预训练模型。模型训练是一项非常耗时的工作，很多科学家和科研机构将训练好的模型公布出来，供他人直接使用。Keras 也包含了很多预训练模型，如 ResNet、VGG、MobileNet、EfficientNet、Inception、BERT 等，可以直接加载这些模型，用来做特征提取或者微调。

6.4.3 CIFAR-10 图像分类的实现

1. CIFAR-10 数据集介绍

CIFAR-10 是著名的图像数据集，广泛应用于图像识别、机器学习和其他相关领域的研究。CIFAR-10 数据集包含 60000 张 32×32 的彩色图像，分为 10 类，每一类包含 6000 张图像。其中 50000 张用于训练，10000 张用于测试。每类图像包含飞机、汽车、鸟类、猫、鹿、狗、青蛙、马、船和卡车等，这些类别之间是完全不相交的。

CIFAR-10 数据集被划分为 5 个训练批次和 1 个测试批次，每个批次包含 10000 张图像。测试集的图像是从每个类别中随机挑选的 1000 张图像组成的,而训练集的图像则是以随机顺序

包含剩下的 50000 张图像。需要注意的是，一些训练集批次可能会出现包含某一类图像比其他类的图像数量多的情况。

CIFAR-10 数据集图像尺寸较小，但类别丰富，且每个类别的样本数量均衡。这使得 CIFAR-10 成为一个理想的图像识别基准数据集，尤其是在评估卷积神经网络等深度学习模型时。

2. CIFAR-10 数据集下载与解压

有多个版本的 CIFAR-10 数据集，包括 Python 版本、MATLAB 版本和二进制版本。下载 Python 版本。下载完成后，保存到 D:\MyPython 文件夹，再解压得到包含图 6-18 所示文件的文件夹。

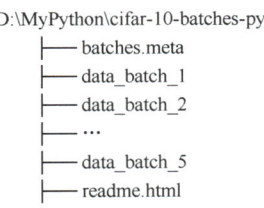

图 6-18 CIFAR-10 数据集文件结构

文件结构说明如下。

① batches.meta：程序中不需要使用的文件。
② data_batch_1：训练集的第一个批次，含有 10000 张图像。
③ data_batch_2：训练集的第二个批次，含有 10000 张图像。
④ data_batch_3：训练集的第三个批次，含有 10000 张图像。
⑤ data_batch_4：训练集的第四个批次，含有 10000 张图像。
⑥ data_batch_5：训练集的第五个批次，含有 10000 张图像。
⑦ readme.html：网页文件，程序中不需要使用的文件。
⑧ test_batch：测试集的批次，含有 10000 张图像。

每个批次文件包含一个 Python 字典结构，具有 data 和 labels 两个重要关键字。data 是一个 10000×3072 的数组，每一行的元素组成了一个 32×32 的 3 通道图像，共 10000 张。labels 是一个长度为 10000 的列表，对应包含 data 中每一张图像的标签。

3. CIFAR-10 图像分类步骤及程序

（1）数据集加载

使用自定义的 load_cifar10()函数从指定路径 D:\MyPython 加载 CIFAR-10 数据集。数据集包含 50000 张训练图像和 10000 张测试图像，每张图像大小为 32×32 像素，有 3 个颜色通道。数据归一化到 0～1 范围，便于神经网络处理。

（2）数据预处理

将图像数据从扁平的一维数组（3072 维）重塑为 32×32×3 的三维数组（即 32×32 像素，3 个颜色通道）。将像素值归一化到[0,1]区间内（除以 255.0）。定义 CIFAR-10 的 10 个类别名称，使用 to_categorical()函数将整数标签转换为 one-hot 编码格式。在分类问题中，特别是多分类问题，通常需要将目标标签转换为 one-hot 向量，以便与模型的输出层（使用 Softmax 激活函数）相匹配。

（3）CNN 模型架构

这个 CNN 模型虽然结构简单，但包含了卷积神经网络的核心组件：卷积层（特征提取）、池化层（降维）、全连接层（分类决策）。对于 CIFAR-10 这种 32×32 小图像数据集，这种结构是合适的。

（4）模型训练

使用 Adam 优化器（自适应学习率优化算法），损失函数采用分类交叉熵（适用于多分类问题），评估指标采用准确率（accuracy）。

训练配置参数为 epochs=10，完整遍历数据集 10 次；batch_size=1，每次使用 1 个样本更新权重（随机梯度下降）；verbose=0，不显示训练日志；validation_data 使用测试集作为验证集。

（5）模型评估

使用 evaluate()函数在测试集上计算损失和准确率，使用 predict()函数生成测试集所有样本的预测结果，输出预测概率分布，每个向量元素表示对应类别的预测概率。

程序如下。

```python
import numpy as np
import tensorflow as tf
import pickle           #用于读取 CIFAR-10 二进制文件
import os
#1. 加载本地 CIFAR-10 数据集
def load_cifar10(path='D:/MyPython/cifar-10-batches-py'):
    #加载训练数据（5 个 batch 文件）
    x_train, y_train = [], []
    for i in range(1,6):   #data_batch_1 到 data_batch_5
        with open(f'{path}/data_batch_{i}', 'rb') as f:
            batch = pickle.load(f, encoding='bytes')
            x_train.append(batch[b'data'])
            y_train.extend(batch[b'labels'])
    #加载测试数据
    with open(f'{path}/test_batch', 'rb') as f:
        test_batch = pickle.load(f, encoding='bytes')
    x_test = test_batch[b'data']
    y_test = test_batch[b'labels']
    #数据预处理（仅 reshape 和归一化）
    x_train = np.concatenate(x_train).reshape(-1,32,32,3).astype('float32')/255.0
    x_test = x_test.reshape(-1,32,32,3).astype('float32')/255.0
    #转换标签格式
    y_train = tf.keras.utils.to_categorical(y_train, 10)
    y_test = tf.keras.utils.to_categorical(y_test, 10)
    return (x_train, y_train), (x_test, y_test)
#加载数据
(x_train, y_train), (x_test, y_test) = load_cifar10()
#2. 构建 CNN 模型
model = tf.keras.Sequential([
    #第一卷积块：32 个 3×3 卷积核，ReLU 激活函数
    tf.keras.layers.Conv2D(32, (3,3), activation='relu'),
    #2×2 最大池化
    tf.keras.layers.MaxPooling2D((2,2)),
    #第二卷积块：64 个 3×3 卷积核，ReLU 激活函数
    tf.keras.layers.Conv2D(64, (3,3), activation='relu'),
    #再次池化
    tf.keras.layers.MaxPooling2D((2,2)),
    #将三维特征图展平为一维向量（8×8×64=4096 维）
    tf.keras.layers.Flatten(),
    #全连接层：64 个神经元进行高级特征组合
```

```
        tf.keras.layers.Dense(64, activation='relu'),
        #输出层：10 个神经元对应 10 个类别，softmax 激活函数输出概率分布
        tf.keras.layers.Dense(10, activation='softmax')
])
#3. 编译与训练配置
model.compile(optimizer='adam',              #Adam 优化器
              loss='categorical_crossentropy',#多分类交叉熵损失
              metrics=['accuracy'])          #监控准确率指标
#训练模型
model.fit(x_train, y_train,
          epochs=10,                          #训练轮次（可增加）
          batch_size=1,
          verbose=0,
          validation_data=(x_test, y_test))
#4. 模型评估
test_loss, test_acc = model.evaluate(x_test, y_test, verbose=0)
print(f"测试集准确率: {test_acc:.4f}")
classes=model.predict(x_test, batch_size=1, verbose=0)
print(f"测试样本数: {len(classes)}，分类概率: {classes}")
```

程序运行结果如下。

```
测试集准确率: 0.5194
测试样本数: 10000，分类概率: [[6.86589032e-02 3.57820257e-03 3.45437437e-01 ... 2.01198366e-02
   6.19807914e-02 1.24217775e-02]
 [7.75793800e-03 6.09183079e-03 9.56706121e-04 ... 1.06299854e-06
   9.81330574e-01 1.75839034e-03]
 [1.35535389e-01 2.05017570e-02 9.26134661e-02 ... 3.17165838e-03
   4.86772716e-01 5.11617139e-02]
 ...
 [9.32697549e-06 3.93418951e-08 2.24578395e-01 ... 2.02903306e-04
   2.98651121e-05 1.56688520e-06]
 [1.35244936e-01 1.04378402e-01 4.61117439e-02 ... 1.18449666e-01
   2.23116800e-01 6.75498173e-02]
 [6.96082786e-03 6.40239508e-04 7.94034638e-03 ... 8.88048649e-01
   5.03652380e-04 2.16961512e-03]]
```

分类概率共有 10000 行（一行就是一个样本），每行 10 个元素，代表相应类别的预测概率。读者可以调整训练参数，观察其对预测结果的影响。

习题与实验

一、选择题

1. 下列关于深度学习的核心特征，错误的是（　　　）。
    A．能够自动从数据中学习多层次的特征表示
    B．需要大量标注数据进行训练

C. 模型参数通常较少，计算成本低
D. 具有强大的函数逼近能力

2. 关于反向传播算法，错误的是（   ）。

　　A. 分为前向传播和反向传播两个阶段
　　B. 利用链式法则计算损失函数关于参数的梯度
　　C. 能够自动减少网络层数以降低计算成本
　　D. 是训练深度学习模型的核心技术

3. 对于一个图像识别问题（如在一张照片里找出一只猫），可以更好地解决这个问题的神经网络是（   ）。

　　A. BP 神经网络　　　　　　　　　　B. 感知机
　　C. 多层感知机　　　　　　　　　　D. 卷积神经网络

4. 在卷积神经网络中，池化层的主要作用是（   ）。

　　A. 增加特征图的通道数　　　　　　B. 减少特征图的空间尺寸
　　C. 引入非线性变换　　　　　　　　D. 调整卷积核的大小

5. 关于 LSTM 网络，以下说法错误的是（   ）。

　　A. 通过遗忘门决定保留多少历史信息　　B. 通过输入门决定更新多少新信息
　　C. 通过输出门决定输出多少信息　　　　D. 比传统 RNN 更难以处理长序列依赖

6. 关于生成对抗网络，以下描述正确的是（   ）。

　　A. 由生成器和分类器组成　　　　　　B. 生成器试图生成尽可能真实的数据
　　C. 判别器试图生成假数据　　　　　　D. 训练过程非常稳定，不会出现模式崩溃

7. 下列关于神经元的描述中，错误的是（   ）。

　　A. 每个神经元可以有一个输入和一个输出
　　B. 每个神经元可以有多个输入和一个输出
　　C. 每个神经元可以有 0 个输入和多个输出
　　D. 每个神经元可以有多个输入和多个输出

8. 输入图片大小为 200×200，依次经过一层卷积（卷积核大小为 5×5，输入矩阵周围填充圈数为 1，步长为 2），池化（卷积核大小为 3×3，填充圈数为 0，步长为 1），又一层卷积（卷积核大小为 3×3，填充圈数为 1，步长为 1）之后，输出特征图大小为（   ）。

　　A. 95×95　　　　B. 96×96　　　　C. 97×97　　　　D. 98×98

二、问答题

1. 简述深度学习与传统机器学习的主要区别。
2. 解释反向传播算法的工作原理。
3. 在人工神经元的设计过程中，为什么要加入激活函数？有哪些常用的激活函数？
4. 典型的卷积神经网络由哪些部分组成？卷积层和池化层的作用是什么？
5. 对例 6-5，如果采用平均池化，池化大小为 2×2，步长为 2 的池化方式，池化后的特征图输出矩阵是什么？

三、实验题

1. 调整 MLPClassifier 类的 solver 参数，比较不同参数的模型在鸢尾花数据集上的分类性能。
2. 利用卷积神经网络进行图像分类。要求如下：

（1）构建一个包含卷积层、池化层和全连接层的卷积神经网络模型。
（2）对数据进行归一化。
（3）使用 CIFAR-10 数据集进行训练和测试。
（4）绘制训练过程中的损失和准确率曲线。
（5）在测试集上评估模型性能。

3．利用长短时记忆网络（LSTM）进行文本生成。要求如下。
（1）使用 PyTorch 实现基于 LSTM 的字符级文本生成模型。
（2）构建字符级的 LSTM 语言模型。
（3）使用莎士比亚文本数据集进行训练。
（4）实现文本生成功能。
（5）观察不同温度参数对生成文本多样性的影响。

第 7 章　大模型技术与应用

人工智能技术的迭代升级推动大模型成为产业变革的核心驱动力。这类具备千亿级参数的深度学习模型通过架构创新与数据融合，在认知智能领域展现出类人化特征。随着算力的提升和大数据的涌现，模型规模快速扩张。当前大模型主要基于 Transformer 架构，它通过自注意力机制，使得模型能够更好地捕捉序列数据中的长距离依赖关系，而编码器（Encoder）和解码器（Decoder）的运用则进一步强化了模型在处理自然语言任务时的能力。为应对算力需求与可解释性挑战，知识蒸馏等优化技术应运而生。

大模型的崛起为人工智能发展开辟了全新图景，其强大的泛化能力正驱动着传统产业的智能化转型，通过深度赋能行业核心场景，重构生产流程与服务模式，形成以数据驱动、智能协同为特征的新型产业生态。开源社区的繁荣加速了技术普惠进程，通过依托大模型底座高效构建垂直应用，进一步推动人工智能技术向更广泛群体普及。同时，大模型作为基础技术设施，催化了多模态融合、具身智能等前沿方向，为通用人工智能的实现奠定重要基础。

本章介绍大模型的基本概念与关键特征、大模型的工作原理及优化方法，还介绍了两个大模型的应用：一个是 DeepSeek 大模型的工作原理与应用；另一个是内嵌在 WPS Office 的 WPS AI 大模型的智能办公应用。

7.1　大模型概述

大模型通常是指那些基于深度学习技术构建、规模庞大的人工智能模型。这些模型具备巨大的参数数量和海量的训练数据，展现出卓越的学习能力和泛化能力，能处理和生成各种类型的数据，为人工智能技术的发展和应用开辟了新的路径。

7.1.1　大模型的特点

大模型的设计和训练是为了提供更加强大和精确的模型性能，以便能够处理更加复杂和庞大的数据集或任务。通过这样的设计，大模型能够学习到更加细微的模式和规律，从而具备更强的泛化和表达能力。这使得它们在自然语言处理、图像识别、语音识别等领域展现出了巨大的潜力和应用价值。例如，在自然语言处理领域，大模型能够更好地理解语言的复杂性和多样性，从而在机器翻译、文本生成、情感分析等方面取得了突破性的进展。在图像识别领域，大模型能够识别和处理更加复杂的图像信息，从而在医疗影像分析、自动驾驶等方面发挥着重要的作用。在语音识别领域，大模型能够更准确地识别和理解人类的语音，从而在智能助手、语音翻译等方面提供了更为精准的服务。

大模型具有以下 4 个特点。

(1) 模型的规模巨大。一方面，大模型的参数数量巨大，达到数十亿甚至数万亿的参数。例如，GPT-3 模型拥有 1750 亿个参数，DeepSeek-R1 模型有 6710 亿个参数，这使得模型能够学习和表示非常复杂的模式，为语言生成和理解任务提供了强大的支持。另一方面，训练数据的规模巨大。大模型通常在大规模的文本数据上进行训练，这种数据可以来自互联网、书籍、新闻等各种渠道。这些多样化的数据来源为模型提供了丰富的训练素材，有助于提高其语言理解和生成能力。

(2) 模型的泛化能力强。大模型在训练时采用了来自各种领域的数据，因此它们能够处理多种类型的任务。这种跨领域的训练方式使得大模型具有很强的泛化能力，即它们可以处理新的、未见过的任务，而不需要针对每个任务进行单独的训练。例如，通过在大规模文本数据上训练的模型可以用于各种自然语言处理任务，如文本生成、语言翻译、智能客服等。

(3) 模型采用预训练加微调的学习方法。首先是利用大规模的无监督数据来预训练模型，使其学习到语言的通用知识。这样，模型就能够理解语言的基本结构和语义信息。预训练阶段通常使用巨大的语料库，通过自监督学习的方式来训练模型，自动为无标签数据产生标签；接下来，在微调阶段，模型会在特定任务的有监督数据集上进行训练。这些数据集通常较小，但标注了与任务相关的标签。通过微调，模型可以进一步学习特定任务的知识和规则，从而适应特定任务的训练数据。这样，模型就能够更好地完成特定任务。这种方法不但提高了模型的性能，而且提供了自然语言处理的新范式。

(4) 超高的算力需求。大模型训练对算力的要求较高，需要强大的计算资源来训练和运行。这主要体现在计算资源和计算能力两个方面。计算资源包括计算芯片、计算节点、存储容量等，这些资源的丰富程度直接影响到模型训练的速度和效果。计算能力则包括计算效率、计算精度、计算稳定性等，这些能力的高低将直接影响模型在实际应用中的表现。算力的不足将直接制约大模型的发展，影响模型训练的效率和准确性。由于模型参数众多，训练过程中需要进行大量的迭代和优化，因此，训练周期可能长达数周甚至数月。

7.1.2 大语言模型

大模型技术主要由大语言模型（Large Language Model，LLM）引领，当前，"大模型"通常特指大语言模型。大语言模型是指通过大规模预训练和自监督学习技术构建的深度学习模型，旨在提高计算机对自然语言的理解和生成能力。这类模型通常具有数以亿计的参数，能够处理复杂的语言任务。其起源可以追溯到 2017 年，当时谷歌公司（Google）发布了 Transformer 模型，该模型为后续的大语言模型发展奠定了基础。2022 年年底，由 OpenAI 发布的大语言模型 ChatGPT 引发了社会的广泛关注。在"大模型+大数据+大算力"的驱动下，ChatGPT 能够通过自然语言交互完成多种任务，具备了多场景、多用途、跨学科的任务处理能力。大语言模型被认为像个人计算机时代的操作系统一样，成为未来人工智能领域的关键基础设施，引发了大模型的发展热潮。

1. 大语言模型的主要技术

大语言模型具有广泛的应用场景，如文本生成、机器翻译、问答系统、情感分析、信息抽取等，其主要技术包括预训练、自监督学习、Transformer 模型架构以及多任务学习等。

(1) 预训练

预训练是大语言模型的重要基础，它通过在大规模语料库上进行训练，使模型学习到丰富的语言知识和上下文信息。这一过程极大地提高了模型的语言理解和生成能力。大规模语料库确保模型能够接触到各种语言现象和表达方式。

（2）自监督学习

自监督学习是大语言模型训练的重要方式。通过自监督学习，模型能够自动发现输入序列中的规律和模式，从而无须人工标注即可完成训练。这种学习方式使模型能够充分利用大规模语料库中的信息，而无须依赖昂贵的人工标注成本。

（3）Transformer 模型架构

大语言模型通常采用 Transformer 模型架构，该架构通过自注意力机制（Self-Attention Mechanism）来处理文本数据。Transformer 模型由编码器和解码器两部分组成。编码器负责将输入序列转换成高维向量表示，解码器则根据这些向量表示生成输出序列。自注意力机制使模型能够同时关注输入序列中的多个位置，捕捉序列内部的依赖关系。

（4）多任务学习

大语言模型通常被设计为能够处理多种自然语言处理任务，通过多任务学习的方式，模型能够在不同任务之间共享知识，进一步提高其泛化能力。例如，GPT 系列模型通过预训练学习到丰富的语言知识，然后可以通过微调（Fine Tuning）的方式适应不同的自然语言处理任务。

2. 大语言模型的两大模型体系

在原理上，大语言模型旨在构建面向文本序列的概率生成模型，其发展过程主要经历了 3 个阶段：一是统计语言模型，主要基于马尔可夫假设建模文本序列的生成概率；二是神经语言模型，主要通过神经网络建模目标词汇与上下文词汇的语义共现关系，能够有效捕获复杂的语义依赖关系，更为精准建模词汇的生成概率；三是预训练语言模型，主要是基于"预训练+微调"的学习方式构建，首先通过自监督学习任务从无标注文本中学习可迁移的模型参数，进而通过有监督微调适配下游任务。

目前，大语言模型主要包括 BERT 系列和 GPT 系列等代表性模型。BERT 模型通过在大规模语料库上进行预训练，学习到了丰富的语言知识和上下文信息，这使得 BERT 在处理各种自然语言任务时表现出色，如文本分类、问答系统等。而 GPT 模型则更注重生成能力，通过自回归的方式生成连贯的文本序列。BERT 擅长深度理解文本含义，GPT 专注生成连贯自然的内容。两者共同推动了自然语言处理从"理解语言"到"生成语言"的跨越式发展，成为人工智能领域的里程碑。

（1）BERT 系列

BERT（Bidirectional Encoder Representations from Transformers）系列模型是由谷歌公司在 2018 年研究发布的。BERT 是一种基于 Transformer 的双向编码器表示学习模型，它通过预训练任务学习了大量的语言知识，并在多个自然语言处理任务上刷新了纪录。BERT 的双向编码器结构使其能够同时考虑上下文信息，从而提高了模型的性能。BERT 模型被广泛应用于各种自然语言处理任务中，如文本分类、情感分析、问答系统等。Google 搜索、Google 文档、Google 邮件辅助编写等应用都采用了 BERT 模型的文本预测能力。

（2）GPT 系列

GPT（Generative Pre-trained Transformer）是 OpenAI 开发的系列模型。GPT-1 发布于 2018 年，是 GPT 系列的开山之作，参数规模为 1.17 亿个。GPT-2 发布于 2019 年，参数规模提升至 15 亿个，它在文本翻译、QA 问答、文章总结、文本生成等自然语言处理任务上可以达到人类的水平，但其生成的文本在长度增加时可能会变得重复或无意义。GPT-3 发布于 2020 年，参数规模达到惊人的 1750 亿个，是最大的自然语言处理模型之一。GPT-3 在自然语言处理方面的表现十分出色，可以完成文本自动补全、将网页描述转换为相应代码、模仿人类叙事等多种任务。此外，GPT-3 还具备零样本学习的能力，即在没有进行监督训练的情况下，可以生成合理的文本结果。GPT-4 发布于 2023 年，是一个大型多模态模型，支持图像和文本输入，再输出文本回复。GPT-4 在多个专业和学术测试中表现出色，甚至在某些测试中达到了专业人士的水平。

总之，BERT 系列和 GPT 系列都是典型的预训练模型。它们的核心设计理念均基于"预训练+微调"方式，即先在大量无标注文本数据上进行通用语言能力学习（预训练），再通过少量标注数据调整模型以适应具体任务（微调）。

3. 大模型与大语言模型之间的关系

人工智能包含了机器学习，机器学习包含了深度学习，深度学习可以采用不同的模型，其中一种模型是预训练模型，预训练模型包含了预训练大模型，预训练大模型包含了预训练大语言模型，预训练大语言模型的典型代表包括 OpenAI 的 GPT、百度的文心 ERNIE 等，ChatGPT 是基于 GPT 开发的大模型产品，文心一言是基于文心 ERNIE 开发的大模型产品。大模型和大语言模型之间的关系如图 7-1 所示。

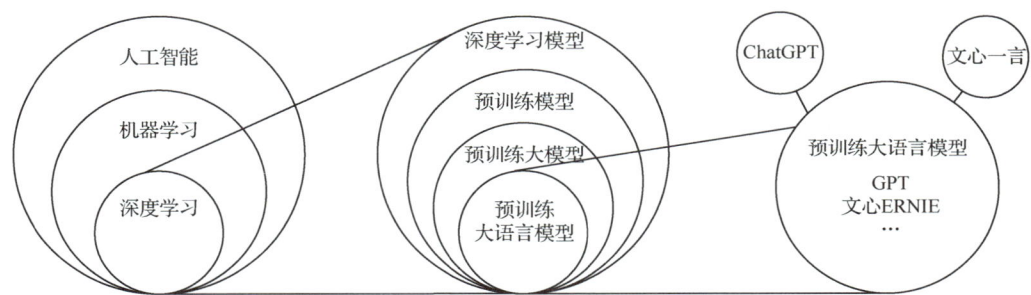

图 7-1　大模型和大语言模型之间的关系

7.1.3　主流大模型

目前，国内外主流的大模型众多，它们在各自的领域都发挥着重要的作用。随着技术的不断进步和新的研究成果的涌现，新的大模型也在不断涌现。同时，不同的大模型在应用场景、性能特点等方面可能存在差异，因此在实际应用中需要根据具体需求进行选择和优化。

1. 国内主流大模型

国内主流大模型以深度适配中文场景、深耕垂直行业、构建全流程合规体系为主要特点，同时结合本土数据与技术生态，形成差异化竞争优势，努力满足国内市场需求。

（1）DeepSeek 大模型

2024 年 12 月 26 日，中国"深度求索"（DeepSeek）公司发布了全新一代大模型 DeepSeek-V3。在多个基准测试中，DeepSeek-V3 的性能均超越了其他开源模型，甚至与业界领先的闭源大模型 GPT-4o 不相上下，尤其在数学推理上，DeepSeek-V3 的表现尤为突出。DeepSeek-V3 以多项开创性技术，大幅提升了模型的性能和训练效率。DeepSeek-V3 在性能比肩 GPT-4o 的同时，研发却只花了 558 万美元，训练成本不到后者的二十分之一。因为表现优越，DeepSeek 在硅谷被誉为"来自东方的神秘力量"。

2025 年 1 月 20 日，DeepSeek-R1 正式发布，拥有卓越的性能，在数学、代码和推理任务上可与 OpenAI o1 媲美。DeepSeek-R1 的推出进一步巩固了 DeepSeek 在人工智能领域的地位。

（2）文心一言大模型

文心一言是由百度公司开发的通用大模型，支持文本、图像、视频等多模态生成，深度整合搜索引擎数据，擅长中文语境下的知识问答与创作，具有强大的语言理解和生成能力，在多个维度上表现出色。

（3）通义千问大模型

通义千问（现已改名为"通义"）是阿里巴巴推出的用于处理各种问题的大模型，聚焦企业级应用，支持代码生成、数据分析和行业知识库构建，具有广泛的行业应用能力。

（4）混元大模型

这是腾讯研发的通用大模型，具备强大的多模态能力，能够处理文本数据，还可以生成图像、视频等内容。集成于微信、QQ等生态，支持智能客服、内容推荐等场景。

（5）豆包大模型

字节跳动的豆包大模型凭借其强大的语言理解和生成能力，在自然语言处理领域表现出色。

（6）星火认知大模型

科大讯飞星火认知大模型的优点在于其强大的语音识别和语音合成能力，能够实现智能问答、情感分析等功能，并且在教育、金融、医疗等领域有广泛的应用。

（7）Kimi 大模型

Kimi 是北京月之暗面科技有限公司于 2023 年 10 月 9 日推出的一款智能助手，主要应用场景为专业学术论文的翻译和理解、辅助分析法律问题、快速理解 API 开发文档等，是全球首个支持输入 20 万汉字的智能助手产品。

（8）智谱清言大模型

智谱清言是由北京智谱华章科技有限公司开发的一款中英双语对话型人工智能助手，基于自主研发的 ChatGLM2 模型（GLM 系列大模型）。通过万亿字符的文本与代码预训练及有监督微调技术，为用户提供智能化服务。

（9）日日新大模型

这是商汤科技开发的大模型，结合计算机视觉与自然语言处理，擅长图像描述、视频分析及工业检测。日日新大模型允许用户通过自然语言输入数据，结合大模型的意图识别、逻辑理解与代码解释器的能力，通过代码生成、代码自动执行的方式自动将数据转化为有意义的分析和可视化结果。

（10）盘古大模型

这是华为推出的通用大模型，支持文本、图像、音视频等多模态处理，重点服务于云计算、边缘计算和终端设备。

（11）WPS AI

WPS AI 将大模型能力嵌入 WPS Office 的文字、表格、演示等组件中，这意味着用户可以在使用 WPS Office 进行日常办公操作时，直接利用 WPS AI 的强大功能来提升工作效率和质量。

2. 国外主流大模型

国外主流大模型以技术前瞻性、多语言通用性、生态开放性为主要特点。它们通常依托海量多模态数据训练形成显著的知识迁移能力，在语言生成、逻辑推理等基础能力上表现突出，并依托开源社区建设和 API 服务构建全球化应用网络，但在本土化适配和合规性方面相对薄弱。

（1）ChatGPT 大模型

ChatGPT 是由 OpenAI 发布的大模型，基于 Transformer 架构，经过大量文本数据训练而成，能够生成自然、流畅的语言，并具备回答问题、生成文本、语言翻译等多种功能，ChatGPT 的应用范围广泛，可以用于客服、问答系统、对话生成、文本生成等领域。

（2）Gemini 大模型

Gemini 是谷歌发布的大模型，它能够同时处理多种类型的数据和任务，覆盖文本、图像、音频、视频等多个领域。Gemini 采用了全新的架构，将多模态编码器和多模态解码器两个主要组件结合，以提供最佳结果。

（3）Sora 大模型

2024 年 2 月 16 日，OpenAI 发布了名为 Sora 的文本生成视频大模型，只需输入文本就能自动生成视频。Sora 大模型能够直接输出长达 60 秒的视频，并且视频中包含了高度细致的背景、复杂的多角度镜头，以及富有情感的多个角色。这种能力已经超越了简单的图像或文本生成，开始触及视频这一更加复杂和动态的媒介。这意味着人工智能不仅在处理静态信息方面越来越强大，而且在动态内容的创造方面也展现出了惊人的潜力。

（4）OpenAI o3 大模型

2024 年 12 月 20 日，OpenAI 发布推理模型 OpenAI o3，无论在软件工程、编写代码，还是竞赛数学、掌握人类博士级别的自然科学知识能力方面，OpenAI o3 都达到了很高的水平。

7.2 大模型的架构与技术

近年来，在 Transformer 架构基础上构建的预训练语言模型为自然语言处理带来了一系列突破式进展，成为人工智能的主流技术。预训练语言模型采用"预训练+微调"方法，主要分为两步：首先将模型在大规模无标注数据上进行自监督训练得到预训练模型，然后将模型在下游各种自然语言处理任务中的小规模有标注数据上进行微调得到适配模型。

7.2.1 Transformer 架构

大模型使用了一个巨大的神经网络，人们把它称为 Transformer（转换器）。Transformer 是一种在大模型中广泛使用的深度学习模型，其主要特点是使用了自注意力机制，这种机制允许模型在处理序列数据时考虑到序列中所有元素的上下文关系，有助于模型捕捉文本中的长距离依赖关系和复杂模式，从而提高其预测准确性和生成文本的质量。与传统的卷积神经网络（CNN）和循环神经网络（RNN）相比，Transformer 具有更好的并行性和更高的计算效率，在处理长文本时表现更加出色。

Transformer 架构主要由编码器（Encoder）和解码器（Decoder）两个部分组成，如图 7-2 所示。

编码器由多个相同的层组成，每一层都有两个子层。第 1 个子层是自注意力模块，它可以考虑到输入序列中所有元素的上下文关系。第 2 个子层是一个前馈神经网络。编码器首先通过自注意力机制对输入序列进行编码，捕捉序列中的依赖关系和上下文信息。然后，通过一个前馈神经网络对自注意力模块的输出进行非线性变换，得到编码器的输出。编码器的输出是一个包含输入序列所有信息的向量序列，这些向量将作为解码器的输入。

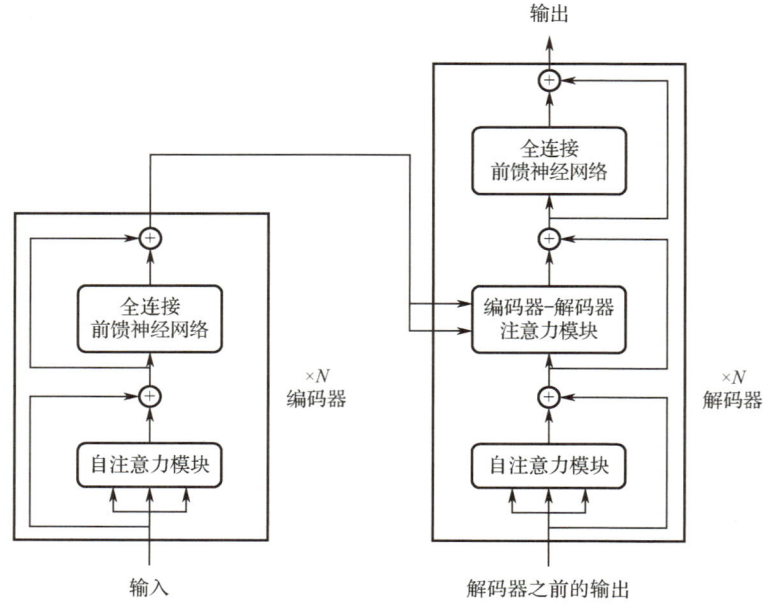

图 7-2 Transformer 架构

解码器也由多个相同的层组成，每一层有 3 个子层。第 1 个子层是自注意力模块，但它在处理当前元素时，只考虑到该元素及其之前的元素，不考虑其后的元素，这种机制被称为掩码自注意力；第 2 个子层是编码器-解码器注意力模块，它使解码器可以关注到编码器的输出；第 3 个子层是一个前馈神经网络。解码器的任务是使用编码器-解码器注意力模块，对编码器的输出和之前解码器的输出进行交互，以生成当前位置的输出。最后，通过一个前馈神经网络对编码器-解码器注意力模块的输出进行非线性变换，得到最终的输出。

7.2.2 自注意力机制

注意力机制的核心思想是模仿人类注意力，让模型在处理信息时，能够动态地关注与当前任务最相关的部分，而忽略不重要的信息。想象人们在阅读一段文字时，不会同时关注所有单词，而是聚焦于当前句子中最重要的词汇。例如，句子"猫坐在垫子上，盯着鱼缸里的鱼。"当理解"盯着"这个词时，更关注的是"猫"和"鱼"，而不是"垫子"或"鱼缸"。注意力机制让模型具备类似的能力，为输入的不同部分分配不同的权重，突出关键信息。

1. 自注意力机制的概念

自注意力机制是注意力机制的一种核心变体，也是 Transformer 模型的核心组件，其核心思想是让序列中的每个元素动态地关注同一序列内的其他元素，从而捕捉全局依赖关系。与传统注意力机制不同，自注意力不依赖外部输入，而是完全基于序列内部的信息进行交互。

自注意力机制的核心在于计算序列中各个元素之间的相关性得分，这些相关性得分衡量了不同元素对最终表示的贡献程度。相关性得分是通过一个函数计算得出的，该函数通常是一个神经网络模型。在自然语言处理领域，这个函数通常是一个变换矩阵，它将输入序列中的每个元素映射到一个高维空间中，然后计算两个元素之间的点积或余弦相似度作为它们之间的相关性得分。

2. 自注意力机制的实现步骤

在大模型技术架构中,自注意力机制的实现方式显得尤为关键。它不仅需要高效地处理大规模输入数据,还要能够捕捉到数据间的细微依赖关系。具体来说,自注意力机制在大模型中的实现通常遵循以下步骤。

(1)输入表示

将输入序列中的每个元素(如单词、图像块),通过线性变换等操作,分别映射得到对应的查询(Query)向量、键(Key)向量和值(Value)向量。查询向量表示当前元素用于"询问"其他元素的特征;键向量表示其他元素用于"被询问"的特征,确定相关性;值向量是其他元素的实际内容,用于生成最终要提取的信息。

(2)计算注意力得分

为了计算不同位置之间的注意力得分,模型会采用一种相似度度量方法,如点积、余弦相似度或更复杂的变换函数。这些得分反映了不同位置之间的相互关系,即一个位置对另一个位置的重要性。通过这种方式,模型能够自动地学习到输入数据中的依赖结构。

(3)通过 Softmax 函数归一化

将注意力得分通过 Softmax 函数进行归一化,使得所有元素的注意力得分之和为 1。这样,每个元素的注意力得分就变成了一个概率分布,表示当前元素对其他元素的关注程度。

(4)加权求和

在计算得到注意力得分矩阵后,模型会利用这些得分对输入数据进行加权求和。这个过程可以理解为,根据每个位置对其他位置的影响程度,重新调整输入数据的表示。通过这种加权求和的方式,模型能够聚焦于那些对当前任务更为重要的位置,从而提升模型的性能。

(5)输出

使用加权表示作为自注意力层输出,其输出可被后续层进一步处理。

自注意力机制的出现打破了循环神经网络等传统序列模型在处理长序列时面临的困境,如梯度消失和梯度爆炸问题。由于自注意力机制直接计算序列中任意两个元素之间的关系,因此它能够克服这些传统模型在处理长距离依赖关系时的限制。这使得模型能够更有效地捕捉长距离依赖关系,从而在诸如机器翻译、文本摘要、情感分析等任务中取得了显著的性能提升。

7.2.3 编码器和解码器的作用原理

在深度学习领域,编码器-解码器架构是一种广泛应用的模型框架,其核心思想是将输入序列编码为一个固定长度的上下文向量,然后基于该向量解码生成目标序列。

1. 编码器的作用原理

编码器的主要任务是将输入序列转换为一个高维的、固定长度的向量表示,即上下文向量(Context Vector)。这个过程通常通过神经网络实现,具体步骤如下。

(1)输入处理

将输入序列中的每个元素(如单词、字符等)转换为对应的嵌入向量(Embedding Vector)。嵌入向量是将离散的语言符号映射到连续的高维空间中的向量,能够捕捉词汇间的语义关系。

(2)序列编码

利用循环神经网络(RNN)、长短时记忆网络(LSTM)、门控循环单元(GRU)或 Transformer 等结构,对嵌入向量序列进行编码。这些网络结构能够捕捉序列中的时序依赖关系,将序列信息逐步累积并编码到隐藏状态(Hidden State)中。

（3）上下文向量生成

在编码过程的最后一步，通常会将最后一个隐藏状态或所有隐藏状态的某种组合（如平均池化、注意力加权等）作为上下文向量。这个向量包含了输入序列的全部信息，是解码器生成目标序列的基础。

2. 解码器的作用原理

解码器的主要任务是基于编码器生成的上下文向量，逐步生成目标序列。这个过程同样通过神经网络实现，但具体实现方式与编码有所不同。

（1）初始化

解码器通常以一个特殊的起始符号（如<SOS>）作为输入，并结合上下文向量初始化其隐藏状态。

（2）序列生成

在每一步生成过程中，解码器根据当前的隐藏状态、前一个时间步（Time Step）的输出（或嵌入向量）以及上下文向量，计算下一个时间步的输出概率分布。然后，根据这个分布采样或选择最可能的输出符号作为当前时间步的生成结果。

（3）隐藏状态更新

生成当前输出后，解码器会更新其隐藏状态，以包含新的生成信息，并为下一步生成做准备。这个更新过程通常依赖于当前的隐藏状态、上下文向量以及当前生成的输出符号（或其嵌入向量）。

（4）终止条件

解码器会持续生成输出符号，直到达到某个终止条件。这个条件可能是生成了特殊的终止符号（如<EOS>），或者是生成的序列长度达到了预设的上限。

3. 自注意力机制模块

在编码器-解码器架构中，自注意力机制是一个重要的扩展。它允许解码器在生成每个输出符号时，能够动态地关注输入序列的不同部分。解码器就能够更准确地捕捉输入与输出之间的对应关系，从而提高生成结果的质量。

编码器-解码器架构通过编码输入序列为上下文向量，并基于该向量逐步生成目标序列的方式，实现了从序列到序列的转换任务。而自注意力机制的引入，则进一步提高了这一架构的性能和灵活性。

7.3 模型优化与压缩技术

深度学习模型在图像识别、自然语言处理等领域取得了显著的成就，但其巨大的模型规模和高昂的计算成本限制了其在资源有限的设备上的部署。模型优化与压缩技术对于提升模型在资源受限环境下的表现至关重要。这些技术旨在通过减小模型大小、降低计算复杂度或提高计算效率，从而实现更快速的推理速度和更低的能耗。知识蒸馏（Knowledge Distillation）、模型剪枝与量化、稀疏化与低秩分解等技术各有特点，适用于不同的应用场景和需求。在实际应用中，需要综合考虑模型的性能损失、压缩比、推理速度以及硬件兼容性等多方面因素，选择或组合使用这些技术以达到最佳效果。

7.3.1 知识蒸馏

知识蒸馏是一种模型压缩技术,旨在将一个大型的、复杂的模型(Teacher Model,教师模型)的知识迁移到一个较小的、较轻量的模型(Student Model,学生模型)中,从而使学生模型在保持较高精度的同时,大大减小模型规模,其过程如图 7-3 所示。尽管学生模型可能无法复制教师模型的所有细节,但它可以通过学习教师模型的关键特征和行为,从而实现性能上的接近。知识蒸馏在保持模型性能的同时,显著减小了模型的体积和计算复杂度。

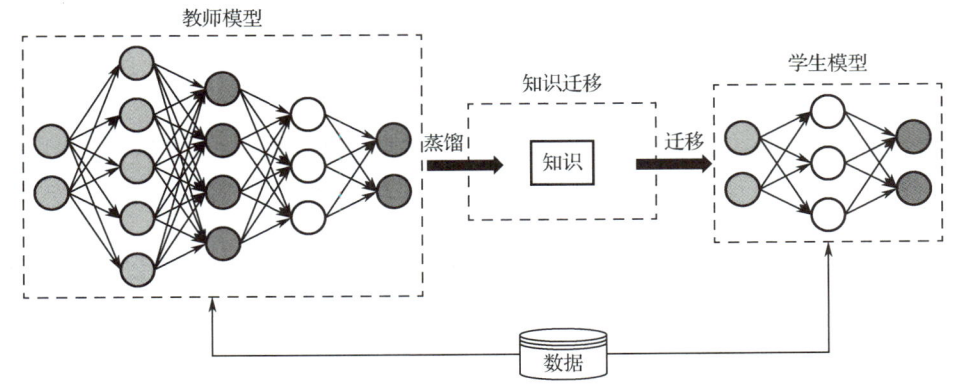

图 7-3 知识蒸馏的过程

知识蒸馏的核心思想是利用教师模型输出的软标签(Soft Labels),即概率分布,来指导学生模型的训练。通过这种方式,学生模型不仅能够学习到数据的类别信息,还能够捕捉到类别之间的相似性和关系,从而提升其泛化能力。软标签是指通过教师模型对输入样本的预测概率分布,这种概率分布比硬标签(即离散的真实标签)包含了更多的类别间的相对关系,而不像硬标签那样只有 0 和 1。通过学习教师模型的软标签,学生模型可以获得更高的准确性,而且学生模型比教师模型要小得多,因此它们在计算和存储上更加高效。

1. 知识蒸馏的原理

(1)教师模型的训练

训练一个复杂且精度较高的教师模型。教师模型通常是一个复杂的深度神经网络,具有大量的参数和强大的表达能力,如 OpenAI 的 O1 模型。教师模型的训练过程与常规的深度学习模型训练过程相同,使用大规模的数据集对教师模型进行充分的训练,直到其在目标任务上达到较高的准确率和性能。

(2)学生模型的初始化

初始化一个结构更简单、参数更少的学生模型。学生模型的设计需要考虑计算资源的限制和推理速度的要求,它可以是教师模型的简化版本,也可以是完全不同的架构。例如,教师模型是一个深度神经网络架构(如 ResNet),而学生模型可以是一个轻量级的神经网络架构(如 MobileNet)。

(3)软标签的生成

在知识蒸馏过程中,以教师模型为训练样本生成的概率分布(即经过 Softmax 函数处理后的输出)作为学生模型的监督信号。这些软标签提供了更多类别间的相对信息,有助于学生模型学习到教师模型的决策边界。

在 Softmax 函数中引入一个温度参数 T,可以调整软标签分布的平滑程度。当 T 较大时,软标签分布更加平滑,包含了更多的类别间信息;当 T 较小时,软标签分布更加尖锐,接近于硬标签。通过调整温度参数,可以控制知识转移的效率。

(4)学生模型的训练

使用教师模型的软标签以及真实标签共同指导学生模型的训练,使学生模型能够模仿教师模型的行为。学生模型的结构通常比教师模型要简单,参数较少,但通过学习教师模型的知识,它可以在许多任务上接近或超过教师模型的性能。

学生模型的训练损失函数通常由两部分组成:一部分是学生模型在真实标签上的任务损失,另一部分是学生模型与教师模型软标签之间的蒸馏损失。通过结合这两部分损失,共同优化学生模型。

2. 知识蒸馏的应用

知识蒸馏在图像分类、自然语言处理等领域得到了广泛应用。例如,在图像分类任务中,通过知识蒸馏可以将一个大型的卷积神经网络压缩为一个较小的卷积神经网络,同时保持较高的分类准确率。在自然语言处理任务中,知识蒸馏也被用于将复杂的 Transformer 模型压缩为更简单的循环神经网络或长短时记忆网络模型。然而,知识蒸馏的实际效果高度依赖于教师模型的选择(需平衡性能与计算成本)、学生模型架构的设计(需权衡容量与推理效率)以及蒸馏过程中超参数的精细调整(如温度系数与损失权重)。

当算力成本成为制约人工智能产业落地的关键因素时,知识蒸馏技术不仅是模型优化的方法,更是平衡模型精度与计算效能的艺术。从智能穿戴设备到自动驾驶系统,从工业物联网到金融风控系统,这项技术正在重构人工智能技术落地的底层逻辑框架。当人们通过移动终端获取即时语言翻译服务时,后台可能正运行着一个经历多轮蒸馏优化的轻量化 Transformer 架构,这恰是知识蒸馏技术带来的应用突破。

7.3.2 模型剪枝与量化

模型剪枝是通过移除对模型输出影响较小的权重或神经元来减小模型大小的方法。量化则是将模型参数从高精度(如 32 位浮点数)转换为低精度(如 8 位整数或更低)的过程,以减少模型存储需求和加速推理。

1. 模型剪枝

剪枝可以分为结构化剪枝(如层内剪枝,保留完整的神经元组)和非结构化剪枝(单独剪除权重)。

结构化剪枝是在网络层内或层间移除完整的神经元组或滤波器。这种方法可以保持模型的稀疏性,便于硬件加速。结构化剪枝通常基于权重大小、梯度信息或二阶海森矩阵(Hessian)等方法来评估权重的重要性。

非结构化剪枝是单独剪除权重,而不考虑其在网络中的位置。这种方法可以实现更高的压缩比,但可能导致稀疏矩阵在存储和计算上的挑战。非结构化剪枝通常结合渐进剪枝与微调策略,以保持模型的性能。

2. 模型量化

量化可以分为均匀量化和非均匀量化两种。

均匀量化是将权重映射到固定的量化级别上,这些级别在数值上是均匀分布的。均匀量化方法简单且易于实现,但可能无法充分利用权重分布的特性。

非均匀量化是根据权重分布自适应地选择量化级别。这种方法可以更好地保留权重信息,但实现起来更加复杂。非均匀量化通常结合量化感知训练（Quantization-Aware Training，QAT）策略，在训练过程中引入量化噪声，使模型适应低精度计算。

3. 模型剪枝与量化的应用

在实际应用中，剪枝与量化技术通常结合使用以实现更高的压缩率和加速效果。例如，可以先通过剪枝移除不重要的权重，然后再对剩余的权重进行量化。此外，还可以结合其他优化技术，如稀疏化、低秩分解等，以实现更全面的模型压缩和优化。

7.3.3 稀疏化与低秩分解

稀疏化与低秩分解是神经网络模型优化中的两种关键技术，旨在减少模型的参数数量和计算复杂度，从而提高模型的效率。稀疏化技术的核心思想是通过各种方法，将神经网络模型中的大部分参数压缩或剔除，只保留对模型性能影响较大的关键参数。低秩分解则是通过奇异值分解（Singular Value Decomposition，SVD）等技术将神经网络中的权重矩阵近似为低秩矩阵。这种方法特别适合于全连接层，能实现显著的模型大小压缩。

1. 稀疏化

稀疏化技术旨在通过引入稀疏性（即大量权重为零）来减少模型的计算量和存储需求。常见的稀疏化方法包括修剪（Pruning）和权重量化（Weight Quantization）等。修剪技术通过剪掉训练后神经网络中不重要的小权重连接，使得结果中网络的权重大多数是零，因此可以通过以稀疏方式存储模型来减少存储空间。权重量化则是通过哈希函数或聚类算法（如 k-means）将权重分组，每组内所有权重共享同一个值（如组内权重的均值），从而只需存储共享权重和哈希索引，节省存储空间。稀疏化可以通过 L1 正则化、动态稀疏训练等方法实现。

L1 正则化通过在损失函数中添加权重的 L1 范数来鼓励稀疏性。在训练过程中，L1 正则化会使部分权重趋近于零，从而实现模型的稀疏化。

动态稀疏训练是在训练过程中动态调整稀疏模式的方法。它可以根据权重的重要性动态地增加或移除稀疏性，以保持模型的性能。动态稀疏训练通常结合渐进剪枝策略，逐步增加稀疏性并伴随模型微调。

2. 低秩分解

低秩分解是将高维权重矩阵分解为多个低维矩阵的乘积的方法，以减少参数数量和计算复杂度。低秩分解旨在发掘一组数据之间所共有的因子，并分析各个因子在数据中发挥的作用的强弱，以此来分析数据的主要成分。通过低秩分解，可以将高维的权重矩阵转化为低维的表示，从而减少模型的参数数量。低秩分解可以通过奇异值分解等方法实现。

奇异值分解是将一个矩阵分解为两个正交矩阵和一个对角矩阵的乘积。通过选择对角矩阵中的前 k 个最大奇异值及其对应的左右奇异向量，可以实现矩阵的低秩近似。

3. 稀疏化与低秩分解的应用

在实际应用中，稀疏化与低秩分解技术需要结合具体的硬件平台和任务需求进行权衡。例如，稀疏化技术可能需要在存储稀疏矩阵时采用特殊的格式（如按行压缩存储、按列压缩存储等），以便在硬件上实现高效的稀疏矩阵运算。低秩分解技术可能需要在分解过程中考虑模型的稳定性和性能损失等问题。此外，还需要结合其他优化技术（如剪枝、量化等）进行综合考量，以实现最佳的模型压缩和优化效果。

稀疏化与低秩分解在神经网络模型优化中各有优势，也存在一定的局限性。稀疏化技术能够显著减少模型的存储空间，但在没有专用的稀疏矩阵操作库或硬件支持的情况下，可能无法实现加速。低秩分解则能够实现模型大小的显著压缩，但由于卷积神经网络的计算运算主要来源于卷积层，低秩分解在卷积神经网络中的加速效果并不显著。

7.4 DeepSeek 的技术原理与应用

DeepSeek 提供功能强大、易于使用的基于大语言模型的智能服务。它以其多模态支持、中文优化、轻量化部署和开放生态等特点，赢得了广大用户的喜爱和认可。通过 DeepSeek 平台，用户可以轻松实现智能对话、翻译、写作、编程等多种功能，为工作和生活带来便利。

7.4.1 DeepSeek 的技术原理

DeepSeek 的技术原理主要基于其先进的大语言模型以及一系列创新的训练方法和架构设计。它通过大量语料数据的预训练，形成深度神经网络模型。当用户输入问题或请求时，DeepSeek 将问题输入到模型中，模型根据自身的知识库和训练经验，生成相应的回答或执行相应的任务。

1. 核心技术

DeepSeek 的核心产品是自研的大语言模型，该模型具有两大主要特点。

（1）基于 Transformer 架构的创新

DeepSeek 的模型基于当前最先进的 Transformer 架构，该架构利用自注意力机制有效处理序列数据中的长距离依赖关系，在自然语言处理等任务中表现出色。同时，DeepSeek 对 Transformer 架构进行了改进与优化，包括两个方面：一是采用稀疏注意力机制（Sparse Attention Mechanism），只计算部分注意力权重，从而降低计算复杂度，提高模型训练和推理的效率；二是引入混合专家模型（Mixture of Experts，MoE）架构，将模型划分为多个专家子模型，每个子模型专注于不同的任务或领域。这种架构通过动态选择最适合的专家网络来处理输入任务，提高了模型的灵活性和效率。

（2）更大规模的参数

DeepSeek 的大语言模型拥有数百亿到数千亿参数，属于目前规模最大的语言模型之一。更大的模型规模意味着更强大的语言理解能力、更丰富的知识储备以及更自然的语言生成能力。

2. 训练方法

DeepSeek 采用多种先进的技术和方法来训练其大语言模型，包括以下 5 个方面。

（1）分布式训练

为了训练如此大规模的模型，DeepSeek 采用了分布式训练框架，包括数据并行、模型并行和流水线并行等技术，以提高训练效率。

（2）混合精度训练

DeepSeek 采用混合精度训练技术，利用半精度（FP16）和单精度（FP32）浮点数进行训练，以减少显存占用、加速训练过程，同时保持模型性能。

（3）强化学习与多词元预测

DeepSeek 使用强化学习来自主发现推理模式，而不是依赖人工策划的示例。同时，DeepSeek

采用多词元预测（Multi-Token Prediction，MTP）训练目标，能够同时预测多个未来词元，增加了训练信号密度，提高了数据效率。

（4）持续学习与微调

DeepSeek 定期收集新的数据，并使用新数据对模型进行持续训练，使其能够持续学习和更新。此外，针对特定应用场景或任务，DeepSeek 使用特定数据集对模型进行微调，以进一步提高模型在特定领域的表现。

（5）人类反馈的强化学习

DeepSeek 还利用人类反馈进行强化学习，将反馈信息作为奖励信号，调整模型参数，使模型生成的结果更符合人类的期望和需求。

3. 工作流程

DeepSeek 的大语言模型的工作流程可以概括如下。

（1）输入处理

用户输入文本或代码片段后，DeepSeek 通过分词器将其转换为模型可处理的词元序列。同时，系统会进行预处理，包括违法不良信息审核等。

（2）专家选择与推理

模型根据输入内容动态选择最适合的专家网络进行处理。例如，在处理代码生成任务时，DeepSeek-Coder-V2 会根据输入的代码片段或自然语言描述选择合适的专家网络。

（3）模型推理

经过预处理的数据输入到以 Transformer 为基础的深度神经网络中。模型基于注意力机制计算每个位置的重要性权重，根据语言的统计规律、知识和对齐要求进行推理和计算，预测下一个最佳词语等，逐步生成文本。

（4）输出处理

生成的文本或代码经过审核，确保内容符合规范和要求后，将结果输出返回给用户。在代码生成等任务中，模型会根据输入的提示和上下文信息，生成符合语法和逻辑的代码；在问答任务中，生成合理准确的答案。

综上所述，DeepSeek 的技术原理体现了其在人工智能领域的深厚积累和创新能力，为其在各种应用场景中的卓越表现奠定了坚实基础。

7.4.2　DeepSeek 的应用

1. DeepSeek 应用领域

DeepSeek 已在多个领域得到广泛应用。

（1）文本处理

DeepSeek 能够理解和生成自然语言，可以进行语言翻译、文本摘要、情感分析和命名实体识别等任务。例如，可以让它将一段英文翻译成中文，或者对一篇长文进行摘要提取。同时，它还能模仿知名作家的风格进行写作，自主构建合理的文章框架，适合用于写作辅助和文章优化。

（2）编程辅助

DeepSeek 具备强大的代码生成能力，可以帮助开发者快速生成代码片段，提高开发效率。只需输入需求，它就能生成相应的代码，甚至还能进行代码诊断和修复。在编程方面的表现，DeepSeek 已经达到了很高水平。

（3）智能交互

DeepSeek能与用户进行智能对话，理解用户的意图和情感，并给出相应的回答。无论是日常闲聊还是专业问题咨询，它都能应对自如。例如，解释量子力学等复杂概念，或者根据家中现有食材推荐菜谱等。此外，通过训练对话模型，企业能实现自动化的客户服务，提升响应速度和客户满意度。

（4）数据分析和预测

DeepSeek能进行商业决策支持和风险评估与预测。同时，它还能进行视觉问答和文档处理。

（5）内容创作

根据用户提供的关键词和主题，DeepSeek可以自动生成相关的文章和内容。无论是写文章、报告还是文案，它都能快速生成初稿，节省用户的时间。

（6）其他应用

在医疗领域，DeepSeek可用于自动识别医学影像中的病变区域，提高诊断效率和准确性。在电商平台中，它可根据用户的历史行为推荐相关商品，提升用户体验。此外，DeepSeek还可为绘图工具提供创意灵感，让设计过程更加高效且富有创意。

2. DeepSeek应用实战

（1）与DeepSeek进行对话

访问DeepSeek官网，单击首页的"开始对话"会出现对话界面，在提示词输入框的底部，有两个按钮，即"深度思考（R1）"和"联网搜索"，可以用鼠标单击来选中或取消，默认情况下，"深度思考（R1）"按钮是处于选中状态，"联网搜索"则处于未选中状态。

"深度思考（R1）"表示触发更复杂的多步推理能力，适合需要逻辑链分析的场景，典型使用场景包括数学题、物理题推导、文学作品的隐喻分析、编程问题的架构设计、需要分步骤解释的操作指南等。

"联网搜索"表示实时获取最新网络信息，适合时效性强的查询，典型使用场景包括查询实时股价或汇率、验证最新科研成果、获取突发事件进展、检索特定网页内容等。

（2）DeepSeek的基本用法

DeepSeek使用的基本原则是简单直接、自然表达，既能满足日常需求，也能实现专业目标，以便更精准地获取所需信息。

① 无须复杂结构，直接描述需求即可。例如，可以直接向DeepSeek提问"什么是光合作用？""帮我写一封请假邮件，说明因患流感需休息3天。"

② 合理使用角色与格式。在必要时添加身份或格式指令，以约束专业深度、输出风格或逻辑结构。例如，提问"以风险投资人的视角，用SWOT分析评估新能源汽车充电桩项目的市场前景，重点突出政策导向性。""作为临床营养师，为糖尿病患者设计一份一周早餐食谱，标注每餐碳水含量（克）与升糖指数建议，按星期一到星期日分别排列。"

③ 多轮对话优化结果。如果首次回答不完整，可通过追问补充细节，无须一次性给出完美提示。例如，第一轮提问"写一首关于秋天的诗"，第二轮提问"加入一些欢快的情绪"，第三轮提问"把'落叶'换成比喻句"。

（3）使用DeepSeek处理文档

单击DeepSeek界面中的"回形针"图标上传文件，支持的文件类型包括文本类（pdf、docx、txt等）、数据类（csv、xlsx）和图像类（jpg、png等）。然后，就可以在对话框中输入提示词，例如，可以输入"总结这份年报的三个核心要点""提取合同中的责任条款制成表格""对比文档 A 和文档 B 的市场策略差异""从实验报告中整理所有温度数据""请识别图片中的文字"等。

7.5 WPS AI 智能办公应用

在人工智能技术驱动下,办公领域正经历深刻变革。智能办公系统通过将深度学习、自然语言处理等技术嵌入日常办公场景,在文档处理、数据分析、演示文稿制作等核心环节实现智能化升级。金山办公 WPS AI 通过多模态数据处理、智能内容生成和自动化流程优化,重构了传统办公模式,推动办公方式向智能化方向演进。

7.5.1 智能文档处理

WPS AI 为用户提供了智能文档处理助手,帮助用户提高文档处理效率和质量。它可以自动生成文本内容,提供语法和风格改进建议,帮助优化文章结构,甚至根据特定要求进行内容创作,满足不同写作需求。

1. WPS AI 帮我写

"帮我写"是 WPS AI 的辅助写作功能之一,它能够根据用户输入的指令自动生成文本内容,帮助用户快速生成文章、报告等各种类型的文本。用户可以通过简单的输入或选择,获得符合需求的文本建议,再根据个人需要进行修改和完善。"帮我写"广泛应用于内容创作,为用户提供便捷、高效的写作支持。

在 WPS 文字主界面中,选择"WPS AI"选项卡(如图 7-4 所示),单击其中的"帮我写"按钮,即可开启"帮我写"功能。用户只需在"帮我写"悬浮窗中输入问题,"帮我写"功能即可迅速生成大纲或全文,大幅提升写作效率,如图 7-5 所示。

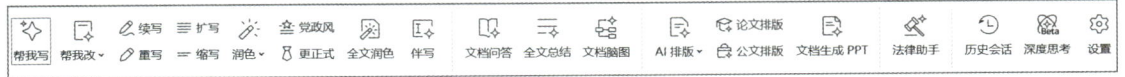

图 7-4 WPS 文字的"WPS AI"选项卡

图 7-5 在"帮我写"悬浮窗中输入问题

还可以在"AI 帮我写"下拉列表显示的场景中进行选择(如图 7-6 所示),单击运行按钮即可生成文本。生成完成后,可根据需要选择调整(续写、润色、扩写、缩写)、重写、弃用或保留。

输入问题后,单击优化指令按钮,一句话的需求即可转化为专业指令(如图 7-7 所示),AI 生成内容更符合用户的预期。

"帮我写"功能,可一键生成自带格式排版的各类规范文书。还可去"灵感市集"探索,选择想要的指令模板。灵感市集中的模板覆盖了教育、行政、互联网等诸多行业。按照提示简单填写指令,即可让 WPS AI 创作出符合要求的文档。进入灵感市集的操作方法为:在"AI 帮我写"下拉列表中单击"去灵感市集探索"按钮,即可打开"灵感市集"对话框。

图 7-6 在"帮我写"悬浮窗中选择场景

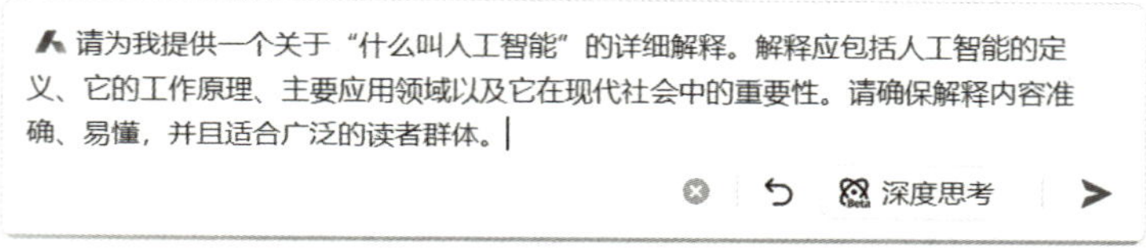

图 7-7 优化指令

2. WPS AI 帮我改

"帮我改"是 WPS AI 的一项高效、智能的文本优化功能,能够通过智能润色、风格调整和内容改写等,帮助用户快速优化文本内容。无论是公文写作、创意写作还是日常文档编辑,"帮我改"都能为用户提供便捷、高效的文本优化服务。

"帮我改"功能包括润色、缩写、扩写、重写、换同义词和文本转换,用户只需选中需要调整的文本,在"WPS AI"选项卡中单击"帮我改"按钮或双击"Ctrl"键唤起 WPS AI 悬浮窗,根据需求选择需要的操作即可。此外,也可以直接在"WPS AI"选项卡下单击"续写""扩写""重写""缩写"或"润色"按钮。

用户若对文本的措辞不满意,可利用"帮我改"功能快速润色。利用该功能,用户还可以根据需求,对文本风格进行调整。目前支持的风格有:更正式、党政风、更活泼、口语化和更学术,如图 7-8 所示。

如果用户觉得内容有些简短或过长,还可以利用"帮我改"功能实现一键扩写或缩写,根据需求调整文本长短。"帮我改"功能既能由词扩句,由句扩段,由段生文,帮助用户丰富文章细节,也能快速精练内容而不丢文意。

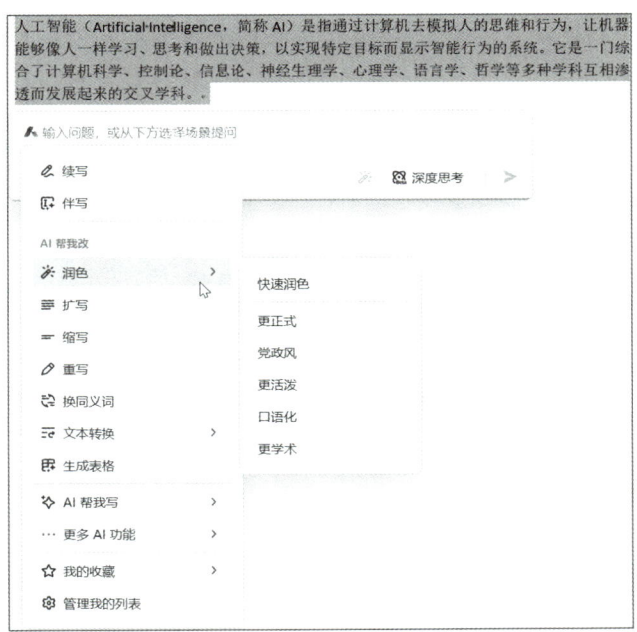

图 7-8　润色文本

3. WPS AI 伴写

WPS AI 伴写功能通过智能续写、多角色适配、场景化支持及高效生成能力，实现了人机协同的创作模式。

在 WPS 文字的"WPS AI"选项卡中单击"伴写"按钮，在右侧"AI 伴写"窗格中单击开启按钮，如图 7-9 所示。"伴写"功能开启后，光标将变为渐变样式，且左下角状态栏将显示伴写开启图标。

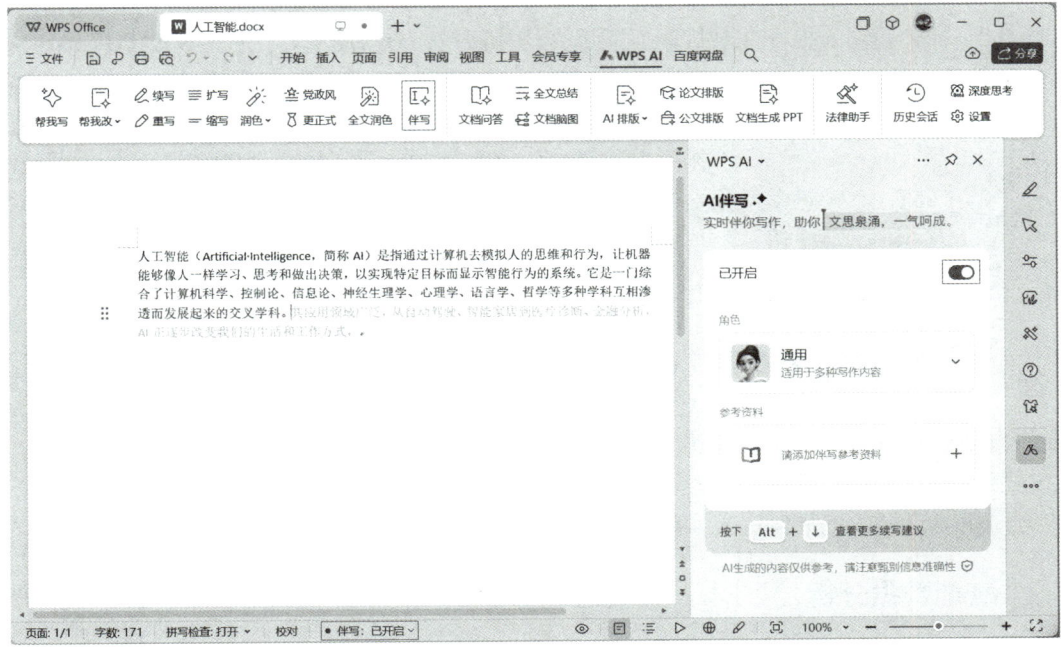

图 7-9　打开 WPS AI"伴写"功能

"伴写"功能可自动理解前文内容,实现快速响应,用浅灰色文字实时提供内容写作建议。用户可以按"Tab"键或鼠标单击选择满意的内容,顺畅地接续写作思路。若对当前续写不满意,无须切换页面,只需按"Alt+↓"键即可查看更多建议,获取更多灵感。

日常写作可选用"通用"角色辅助,而在更细分的写作场景中,可在"AI 伴写"窗格中切换使用"行政""教师""运营"专业角色。

利用"伴写"功能,用户可在写作过程中轻松地"引经据典",不用纠结如何遣词造句,能提升表达深度。用户在输入古诗词或名篇名作的部分内容后,"伴写"功能将自动识别并提示后文,如图 7-10 所示。

图 7-10 古诗词补全

4. WPS AI 排版

"AI 排版"能够精准识别文本内容的结构与逻辑关系,自动完成对各类文档的排版工作。在处理论文时,"AI 排版"可按照不同学校的格式要求,智能调整字体、字号、段落间距、页码设置、参考文献格式等,快速生成规范的论文排版;对于公文,它能依据不同的公文模式,准确设置标题、正文、发文机关等格式,确保公文符合标准规范。而在处理普通文档时,"AI 排版"可根据文本内容的性质,如报告、宣传文案等,自动优化排版布局,实现图文混排、段落缩进、对齐方式等的智能调整,大幅提升排版效率,让文档在保持专业性的同时,兼具美观与易读性,为用户节省大量的时间和精力。

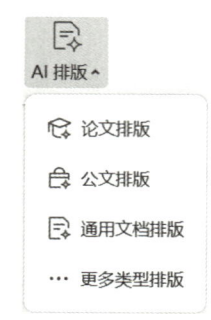

图 7-11 WPS AI "AI 排版"下拉按钮

"AI 排版"包括学位论文排版、党政公文排版、合同协议排版、招投标文书排版、通用文档排版等。在 WPS 文字的"WPS AI"选项卡中单击"AI 排版"下拉按钮(如图 7-11 所示),然后单击"更多类型排版"选项即可打开"AI 排版"窗格,用户可根据需要在窗格中选择文档类型。

"AI 排版"的学位论文类型中收录了国内多所高校论文格式。若要对学位论文进行排版,用户只需在"WPS AI"选项卡下单击"论文排版"按钮,在"AI 排版"窗格中搜索学校名称,单击"开始排版"按钮即可。

若"AI 排版"提供的文档类型无法满足特定需求,用户可自行上传范文。"AI 排版"将智能识别格式,实现个性化智能排版。用户只需在"AI 排版"窗格中找到"导入范文排版"选项,单击"选择文件"打开范例文件(支持 doc、docx、dot、dotx、wpt 和 wps 格式),"AI 排版"功能将自动分析范文格式并对当前文档进行排版。

排版完成后,用户可以勾选"显示原文"复选框,"AI 排版"会生成排版前后效果对比预览,方便快速定位,进行自定义调整优化。

7.5.2 智能数据分析

WPS AI 智能数据分析助手为用户提供高效、精准的表格数据处理与分析解决方案,能精准识别用户的指令意图，打破传统复杂公式和操作的壁垒。用户只需用日常语言描述需求，如"分析各季度销售额的增长趋势""计算不同产品的利润率"，智能助手便能迅速响应，自动生成对应的函数公式，精准执行数据计算。

1. WPS AI 写公式

"AI 写公式"是 WPS 表格中很具实用性的功能，它无须用户记忆大量复杂的函数语法，而只需以自然语言精准表述需求。"AI 写公式"功能能迅速解析语义，自动匹配并生成精准的函数公式。此外，"AI 写公式"还具备智能的公式解释与纠错功能，能为用户清晰阐释公式的运算逻辑与参数含义，辅助用户快速掌握公式运用技巧。

用户只需将光标放置在需要写入公式的单元格上，在 WPS 表格的"WPS AI"选项卡中单击"AI 写公式"按钮（如图 7-12 所示）即可唤起 WPS AI 悬浮窗，如图 7-13 所示。在实际工作中，它被广泛应用于财务数据核算、销售业绩分析、科学实验数据处理等诸多领域，让复杂的表格计算工作变得更加高效。

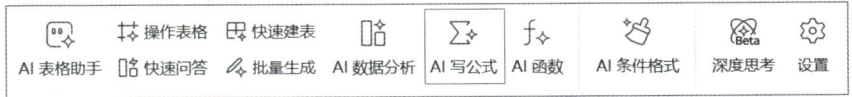

图 7-12　WPS AI "AI 写公式"按钮

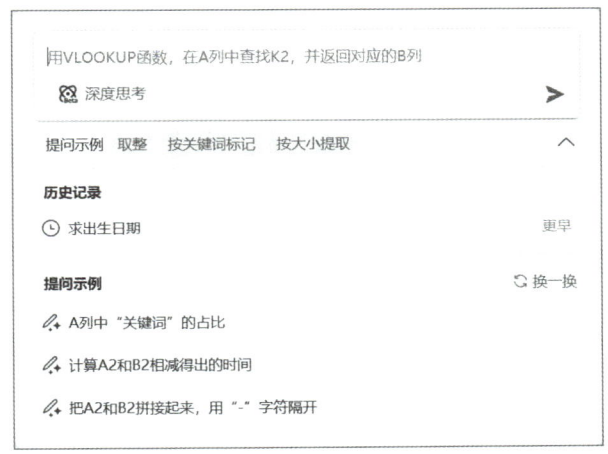

图 7-13　WPS AI "AI 写公式"悬浮窗

"AI 写公式"可以通过文字描述，帮助用户智能生成公式。例如，有学生成绩表如图 7-14 所示，用户需要对 C 列～G 列的"高等数学""大学英语""大学物理""人工智能基础""程序设计基础"成绩求和，将结果放到"总分"列，可单击 H2 单元格，然后在"AI 写公式"悬浮窗中输入指令"对 C 列到 G 列的数据求和"，WPS AI 会自动分析指令，并根据相应的公式计算结果。WPS AI 还会自动识别表格数据，提供相关"提问示例"。

对于不理解的公式，可通过鼠标单击公式中不理解的地方，WPS AI 将自动定位多层嵌套函数，进行相应解释。例如，首先让"AI 写公式"生成"求姓'李'的同学中总分的最大值"指令对应的公式（如图 7-15 所示），单击"对公式的解释"按钮，或将光标放置在公式的 MAX 函数中，再单击"MAX 解释"按钮，即可查看到"公式意义"和"函数解释"的说明。

	A	B	C	D	E	F	G	H
1	学号	姓名	高等数学	大学英语	大学物理	人工智能基础	程序设计基础	总分
2	201819001	刘DL	67	78	91	83	91	
3	201819002	李WG	98	87	79	90	81	
4	201819003	汪LY	87	67	56	81	78	
5	201819004	黄PP	69	76	81	83	57	
6	201819005	张QQ	79	65	79	81	65	
7	201819006	李HR	80	87	86	67	80	
8	201819007	赵XY	92	76	55	75	67	
9	201819008	蔡CL	81	90	93	69	78	
10	201819009	李MZ	70	74	86	83	93	

图 7-14 WPS AI "AI 写公式"悬浮窗

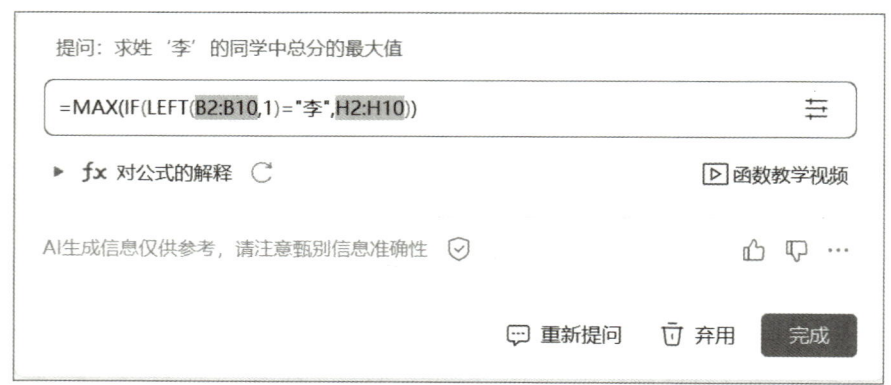

图 7-15 "AI 写公式"指令对应的公式

2. WPS AI 数据分析

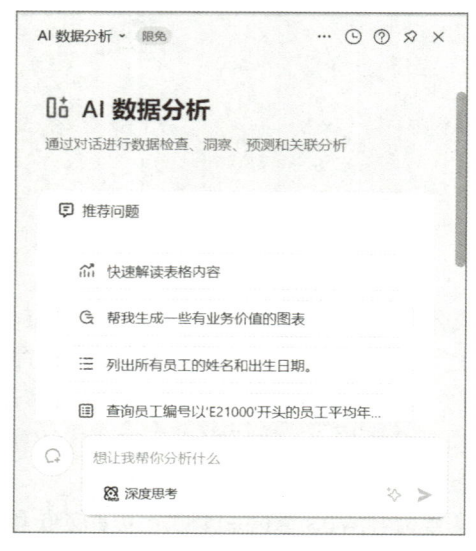

图 7-16 "AI 数据分析"窗格

"AI 数据分析"以自然语言对话的方式,让用户能快速实现数据统计与查询,准确获取如求和、平均值等各类数据信息。还能根据数据特点生成柱状图、折线图等多种可视化图表,直观展示数据趋势和关系。同时,可深入洞察分析数据,自动识别关键趋势与异常,给出专业分析结论。

在 WPS 表格的"WPS AI"选项卡中单击"AI 数据分析"按钮即可打开"AI 数据分析"窗格,用户可直接输入分析内容或单击"推荐问题"进行选择,如图 7-16 所示。

若用户需要 WPS AI 快速分析表格并给出分析结果,可直接单击"AI 数据分析"窗格中的"快速解读表格内容"按钮,"AI 数据分析"功能将自动读取表格数据并进行数据清洗,然后提取数据关键信息并生成图表。此外,在分析过程中,WPS AI 将在沙盒环境中生成相关的 Python 解释代码和临时表。

3. WPS AI 条件格式

"AI 条件格式"能够迅速对目标数据区域进行智能匹配并应用相应的格式规则。同时,该功能赋予用户高度的自主性,可针对 AI 生成的格式条件,在区域范围、色彩搭配、文本样式等多维度进行灵活调整，充分契合多样化的业务需求。借助"AI 条件格式"功能，数据可视化程度得到大幅提升，关键信息得以高效凸显，适配于成绩统计分析、销售数据管理、财务报表处理等诸多场景，有力推动了数据处理与分析工作的智能化、高效化进程。

在 WPS 表格的"WPS AI"选项卡中单击"AI 条件格式"按钮即可唤起"AI 条件格式"功能。用户只需在"AI 条件格式"悬浮窗内，描述想要的效果，"AI 条件格式"就会自动调用表格指令，完成表格操作。假设有员工信息表，可以在"AI 条件格式"悬浮窗中输入"将出生日期在 1988 年以后的姓名标记为红色"指令（如图 7-17 所示），"AI 条件格式"指令将会按照指令要求自动标注出相关数据，其结果如图 7-18 所示。

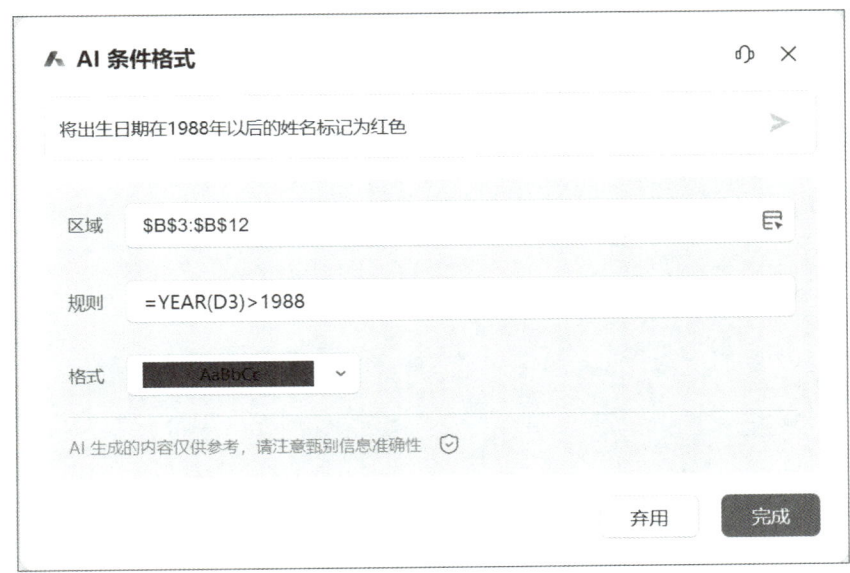

图 7-17　在"AI 条件格式"悬浮窗中输入指令

	A	B	C	D	E	F
1	A	B	C	D	E	F
2	员工编号	姓名	身份证号码	出生日期	性别	年龄
3	E210001	李一	******19800203238*	1980/2/3		
4	E210002		******19970716218*	1997/7/16		
5	E210003		******19890512054*	1989/5/12		
6	E210004	汪四	******19830103723*	1983/1/3		
7	E210005	陈五	******19850523979*	1985/5/23		
8	E210006		******19891215224*	1989/12/15		
9	E210007	王七	******19850327375*	1985/3/27		
10	E210008	苏八	******19760824349*	1976/8/24		
11	E210009	刘九	******19880221879*	1988/2/21		
12	E210010	赵十	******19841225776*	1984/12/25		

图 7-18　利用"AI 条件格式"功能自动标注数据

7.5.3　智能演示文稿制作

WPS AI 为用户提供主题生成、文档转换、大纲生成等多元化的演示文稿创建方式。在使用过程中，用户仅需输入主题或上传文档，便能依据海量预设模板与严格的设计规则，迅速生成兼具专业美感与合理架构的演示文稿。

用户可在"新建演示文稿"页面单击"AI 生成 PPT"按钮（如图 7-19 所示），WPS 会创建一个空白演示文稿并打开"AI 生成 PPT"悬浮窗，用户可在悬浮窗中输入幻灯片主题（如图 7-20 所示），WPS AI 将会自动构建大纲。用户挑选喜欢的幻灯片模板（选择推荐模板、上传模板或自定义模板），"AI 生成 PPT"功能将快速生成排版精美、内容完整的整套幻灯片。

图 7-19 "新建演示文稿"页面

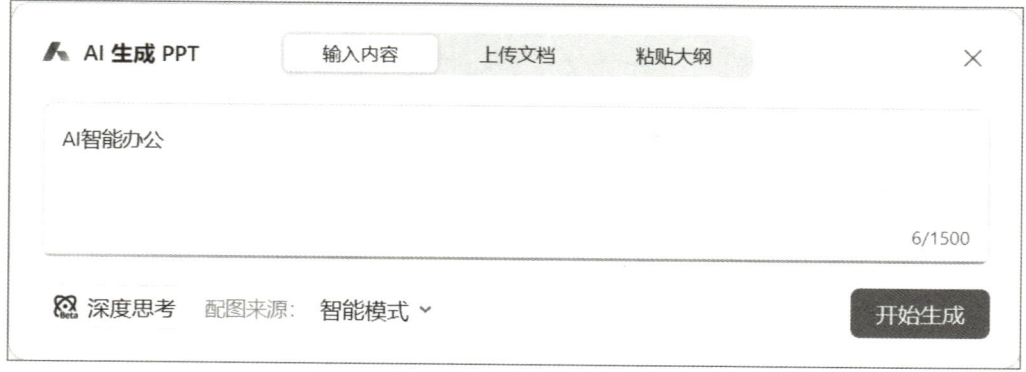

图 7-20 在"AI 生成 PPT"悬浮窗中输入幻灯片主题

也可以上传整篇文档（如图 7-21 所示），"AI 生成 PPT"功能可以自动理解提炼内容并生成幻灯片大纲。或粘贴大纲（内容层级尽量不超过四级），"AI 生成 PPT"功能将识别并整理内容获得幻灯片大纲。如果对生成的大纲不满意，单击大纲右侧按钮⋯即可编辑修改或层级升降调整，生成的幻灯片效果更加贴合需求。

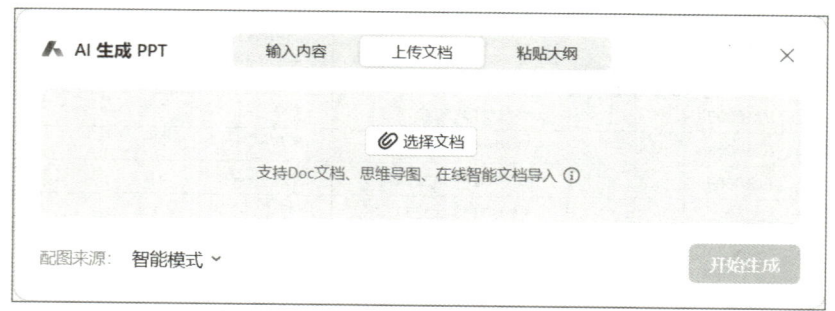

图 7-21 上传文档生成幻灯片

WPS AI 还能够根据主题自由生成单页幻灯片，帮助用户完善演示文稿。用户只需选择"WPS AI"选项卡，单击"AI 生成单页"按钮（如图 7-22 所示）即可唤起"AI 生成单页"悬浮窗，输入幻灯片正文页主题，并通过主题或大纲生成幻灯片。

图 7-22　WPS AI "AI 生成单页"按钮

习题与实验

一、选择题

1. 大模型的特点不包括（　　）。
   A．巨大的规模　　　　　　　　　　B．预训练加微调的学习方法
   C．更好的性能和泛化能力　　　　　D．小规模数据训练
2. Transformer 架构的核心思想是（　　）。
   A．使用循环神经网络处理序列数据
   B．通过自注意力机制获取输入序列的全局信息
   C．使用卷积神经网络提取特征
   D．使用长短期记忆网络处理长距离依赖关系
3. 知识蒸馏技术的主要目的是（　　）。
   A．增加模型的参数数量　　　　　　B．减小模型的大小和计算复杂度
   C．提高模型的训练速度　　　　　　D．增加模型的层数
4. 模型剪枝技术通过移除（　　）来减小模型大小。
   A．权重或神经元　　　　　　　　　B．数据集
   C．激活函数　　　　　　　　　　　D．输入层
5. 自注意力机制在处理输入数据时，（　　）来调整不同位置的元素的关注程度。
   A．通过计算序列中各个元素之间的相关性得分
   B．通过计算序列中每个元素与当前输出位置之间的相关性得分
   C．通过计算序列中每个元素与所有其他元素的相关性得分
   D．通过计算序列中每个元素与输入序列的最后一个元素的相关性得分
6. DeepSeek 模型的核心技术不包括以下（　　）。
   A．基于 Transformer 架构的创新　　B．更大规模的参数
   C．基于循环神经网络的架构　　　　D．混合专家模型（MoE）
7. DeepSeek 模型在训练过程中不包括（　　）技术。
   A．混合精度训练　　　　　　　　　B．分布式训练
   C．人类反馈的强化学习　　　　　　D．贪心搜索
8. WPS AI 智能文档处理不包括（　　）功能。
   A．帮我写　　　B．自动生成 PPT　　C．帮我改　　　D．伴写
9. 假设 WPS 表格的 C 列是员工的身份证号码，与"AI 写公式"指令"计算每一位员工的年龄"相对应的计算公式是（　　）。
   A．YEAR(TODAY()-MID(C2,7,4))　　B．TODAY()-MID(C2,7,4)

C．YEAR(TODAY())-MID(C2,7,4)　　　　D．YEAR(TODAY())-MID(C2,7,8)

10．用户输入 WPS AI 指令"分析销售额变化趋势"，WPS AI 最可能推荐（　　）。

A．插入折线图　　　　　　　　　　B．生成饼图

C．创建堆积柱形图　　　　　　　　D．添加雷达图

二、问答题

1．简述大模型的概念及其在人工智能领域的重要性。

2．解释自注意力机制的原理及其在自然语言处理中的作用。

3．简述知识蒸馏的概念及其作用。

4．DeepSeek 模型的核心技术和训练方法有哪些？

5．要将一份学生成绩表中总分排名前 10 的行标记出来，分别采用 AI 标注和手工标注，请写出大致的操作步骤并进行实际操作。

三、实验题

1．利用 Python 语言编写程序，借助 Hugging Face 平台的 transformers 库实现机器翻译功能（如将英文翻译成中文），必要时可以求助 DeepSeek 或其他大模型。

2．利用 WPS AI 排版自行上传范文，智能识别格式，实现个性化智能排版。

3．利用 WPS AI 条件格式，突出显示表格中的特定数值或文本，使重要数据一目了然。

4．从学校教务系统中下载自己的成绩单，并使用 WPS AI 进行分析，将分析结果使用 WPS AI 辅助完善，生成一份完整的报告。

5．上传整篇文档或粘贴内容要点，利用 WPS AI 自动理解和提炼内容，并生成 PPT。

第 8 章　人工智能伦理与安全

当今，人工智能已经深度融入人们的生活和工作，就如同水和电一样，人工智能无处不在，极大地提高了人们的工作效率，为经济增长注入新动力。然而，技术的进步也伴随着伦理与安全领域的严峻挑战：数据滥用引发的隐私泄露威胁个人权利，算法决策中的隐性偏见可能加剧社会不公，对抗攻击暴露的模型脆弱性危及系统安全……这些问题的涌现，不仅考验着技术的可靠性，更关乎人类社会的可持续发展，也引发人们深入思考：人工智能时代人和人的关系、人和机器的关系以及机器与机器的关系是怎样的？机器该如何更好地为人类的福祉服务？

为此，急需构建人机共生的伦理框架与技术治理体系。在人与机器的协作中，应明确责任边界，建立人类最终控制权机制；而机器间的交互则需遵循安全可信原则，通过共识协议抵御恶意攻击。唯有将伦理准则嵌入技术应用全生命周期，并推动法律规范、行业标准与公众监督的多维协同，方能引导人工智能在赋能社会的同时，守护人性尊严与文明底线。

本章介绍人工智能伦理的基本概念、隐私泄露和算法偏见的成因及治理方案、人工智能安全的概念、对抗攻击的原理及人工智能在系统安全中的应用方式，最后分析面部识别、自动驾驶和深度伪造技术的伦理问题。

8.1 人工智能伦理概述

人工智能伦理就像给人工智能发展立的规矩，其核心是把人类社会公认的道德观念（比如公平正义、不伤害他人等）变成具体的应用规则，让技术发展的方向和人类文明进步的目标保持一致，确保人工智能越强大，越能推动社会向好的方向发展，而不是带来隐患。

8.1.1 人工智能伦理的概念和发展

1. 伦理与人工智能伦理

"伦理"指的是人伦道德之理，指人与人相处的各种道德准则。科技伦理指的是科技活动中人与人、人与机器之间的道德准则和行为规范。人工智能伦理指的是人工智能相关活动中引发的道德和伦理问题，是伦理在人工智能这一特定领域的应用和延伸。人工智能伦理分为广义人工智能伦理和狭义人工智能伦理。后者是人工智能系统、智能机器及其使用所引发的、涉及人类的伦理道德问题。只要应用人工智能技术的相关领域涉及的伦理问题都属于狭义人工智能伦理问题。广义人工智能伦理是指人与人工智能系统、人与智能机器、人与智能社会之间的伦理关系，以及超现实的强人工智能伦理问题，包括人工智能系统与智能机器对于人类的责任、安全等范畴。2023 年中国信息通信研究院提出人工智能伦理是开展人工智能研究、设计、开发、服务和使用等科技活动需要遵循的价值理念和行为规范。人工智能伦理的核心问题是确保人工智能的发展符合人类的价值观和社会利益，为人类的福祉提供帮助。

人工智能伦理的发展与计算机伦理的发展紧密相连，大致经历以下三个阶段。

① 20世纪40年代至90年代的孕育奠基期，艾萨克·阿西莫夫（Isaac Asimov）提出的机器人三大定律、诺伯特·维纳（Norbert Wiener）对信息技术伦理的探讨、图灵测试的提出，为其奠定理论基础，随着计算机犯罪、隐私问题凸显，计算机伦理已发展为独立学科，但人工智能伦理尚未形成。

② 20世纪90年代至2016年的分化独立阶段，网络技术催生新伦理，"深蓝"击败国际象棋冠军，引发公众对人工智能与人类关系的深度思考，算法歧视、隐私泄露等问题日益凸显，各国及组织纷纷出台政策、准则，推动人工智能伦理从计算机伦理中分化并走向独立。

③ 2016年至今的全球治理阶段，AlphaGo战胜人类棋手等标志性事件使其成为全球焦点，众多学术机构、科技企业和国家、国际组织纷纷出台标准、报告与法律，如欧盟《人工智能法案》。2022年年底生成式人工智能的突破，进一步加速全球治理进程，全球正致力于构建完善的治理体系和法律框架，力求在技术快速发展与伦理规范之间达成动态平衡。

2. 人工智能伦理困境

随着人工智能技术的迅猛发展，其伴生的伦理困境也日益凸显，不仅制约着技术的可持续发展与应用，更对社会公平发展构成严峻挑战。具体而言，以下八大伦理困境尤为典型。

（1）数据隐私与保护困境

人工智能系统的决策和训练依赖海量数据，个人隐私保护在整个数据处理的流程中出现的问题众多，包含数据收集、存储、使用等环节。数据在使用过程中会进一步产生大量的新数据，大量敏感信息也包含其中。黑客攻击集中存储与处理的数据、数据技术存在漏洞、人员操作失误等都会导致数据泄露。当个人隐私信息（如财务、健康数据）遭到非法获取时，可能引发身份盗窃、安全危机等连锁反应，严重情况下还会对受害者的心理健康及社会关系造成直接冲击。如果用户的生活细节遭智能家居设备的漏洞泄露，客户的位置信息被网购或外卖平台泄露，动态位置信息遭受导航系统泄密等，则用户的行踪就无隐私可言。公众对人工智能的信任度降低将直接阻碍人工智能行业的发展。

（2）算法偏见与歧视困境

算法也存在偏见，例如，招聘系统给男性或女性更多的机会，就体现出就业时的性别歧视。在对人们进行信用贷款评估中，某一类人群获得的贷款更高，而另一类人群更容易被拒或者需要支付更高比例的贷款利率，体现社会资源的分配不平等。这是因为人工智能算法设计时，数据不全面、数据标注和算法设计者的主观意识等，使得设计中出现偏见。不同人群在人工智能系统中得不到公平对待。算法偏见不仅影响微观层面的人类个体命运走向，也从宏观层面破坏了社会公平，不利于社会和谐发展。

（3）责任归属不清困境

当人工智能系统出现错误或造成损害时，权责如何划分也是一个难题。自动驾驶系统事故的责任界定就是一个典型的案例。当自动驾驶汽车发生交通事故时，汽车制造商、算法设计者、驾驶员、乘客、行人的责任划分界限，责任归属的法律框架，不同国家、地区、民族之间的价值观差异，都为行业的发展带来困境。在远程医疗行业，当人工智能诊断因误判导致患者错过治疗时机，甚至导致医疗事故时，医疗机构、医疗设备制造商、医生和患者都会涉及责任归属问题。

（4）透明度与可解释性困境

人工智能使用的众多深度学习算法模型，由于深度太深，模型复杂，难以解析内部的决策过程，这一过程被称为决策过程的"黑箱"属性。企业会因为商业机密的原因拒绝公开算法细节。例如，在医疗诊断、司法判决等领域，出现了错误的判决和结果，难以找到透明和可解释的原因，无法为进一步的决策提供依据；在医疗领域，医生使用的智能辅助医疗诊断系统仅仅给出结果，无法给出决策的合理依据，患者难以接受和配合医生的治疗，同时也增加了误诊风险。

（5）道德主体地位困境

2017年美国汉森机器人公司开发的智能机器人索菲亚获得沙特阿拉伯公民身份，成为人类历史上首个获得公民身份的机器人。这一事件引起了巨大的争议，机器人能否像人类一样成为道德主体？如果人工智能不断进步，当强人工智能出现时，其自主决策的能力是否可以成为道德主体。如果其被视为道德主体，应该设定怎样的道德框架用来约束机器人，当有人恶意断电时，是否可以判定为谋杀？反之，具有自主意识的人工智能或机器人，其不当行为对人类造成伤害时，责任界定将会变得更加复杂。

（6）技术滥用风险困境

人工智能技术就像一把双刃剑，一旦被滥用，就会对社会造成严重的危害。人脸识别技术被滥用于伪造身份，对人们的生命财产安全造成损害；人工智能合成技术被滥用于造假新闻，引起社会恐慌；智能武器被不法分子利用，为百姓带来无辜的伤害，造成社会秩序的混乱，甚至可能升级成国家与国家之间的战争。

（7）就业结构冲击困境

在工业自动化进程中，工业机器人已经被广泛应用于制造业场景，替代了大量标准化流水线作业岗位。当前生成式人工智能技术的突破性发展，正对知识密集型行业的程序化工作产生颠覆性影响。具体而言，行政文职、基础财务核算、标准化翻译服务、简单客服咨询等传统脑力劳动岗位正面临系统性重构风险。对于缺乏数字技能转型能力的劳动者而言，存在职业替代危机，加剧了劳动力市场的结构性矛盾。

（8）数字鸿沟困境

在全球数字化的发展进程中，不同国家、地区、行业、组织及社区之间，在数字基础设施覆盖、核心技术应用、数据资源获取等方面形成显著差异，这不仅加剧了传统意义上的信息不对称，更加剧了全球范围内的资源分配不均，形成数字鸿沟，影响国际的公平竞争与合作。

8.1.2 数据隐私与伦理问题

或许大家都有这样的经历，刚到电商平台完成商品检索后，随后就会收到精准的广告推送，还有经常接到能说出个人信息的不明电话，这很可能是因为个人信息已经泄露。这些现象揭示了数字时代个人隐私保护面临的挑战。

1. 数据隐私的概念

现代汉语词典将隐私定义为"不愿意被别人知道的事情或者不愿意被公开的个人情况"，涵盖身高、体重、婚姻状况以及薪资水平等诸多信息。在数字化时代，隐私的范畴和内涵已从传统的线下物理时空进一步延伸到线上的计算机存储空间以及互联网时空，电子身份、消费偏好、出行轨迹等数据成为个人隐私的重要组成部分。

数据隐私包含在数据收集、存储、传输、共享与使用、挖掘和预测过程中需要保护的、不宜公开的信息，这些信息是直接或间接关联个人、组织的敏感信息。接下来，将从数据处理流程的各个环节分析隐藏的数据隐私伦理问题。

2. 数据隐私泄露的方式

（1）数据采集的合法性

数据采集是数据进入人工智能系统的入口，其合法性是保护用户隐私的前提。当用户注册应用软件时，不当开放了手机通讯录、相册、位置信息等权限，部分应用程序在用户不知情的情况下提取了用户的这类隐私信息，并用于商业化的产品个性化推荐，这种行为违背了数据采集的合法性原则。隐私泄露方式有主动提交和被动采集两种。用户注册应用程序个人账号时填写个人基础信息，在社交账号中填写兴趣爱好，发布用户动态等行为，都属于主动提交的方式。被动采集指的是在用户不知情的情况下，在使用软件和硬件时收集相关信息的方式。

（2）数据存储的安全性

数据存储中涉及的硬件、软件以及系统安全策略存在缺陷都可能成为安全漏洞。硬件方面，物理安全漏洞存在于服务器中；软件方面，某些软件存在漏洞使得攻击者能利用特定指令获取未经授权的数据。由于访问权限宽松，系统安全策略设置不当，敏感数据容易被越权访问，即便采用加密等技术手段，黑客攻击等外部威胁仍然难以消除。

（3）数据传输的安全性

首先，合法的授权流程是数据传输安全的基础。部分企业存在授权流程缺陷，在数据传输时，未获取用户清晰授权就将数据传输至第三方进行处理。其次，传输协议的安全性对数据传输至关重要。早期的数据传输协议，存在安全性差、加密算法弱、身份认证不完善等缺陷，另外原有的协议不能应对新的威胁，这些都会造成用户隐私泄露。最后，遵循相关行业规范与法律法规进行数据传输是保障数据安全的必要条件。未按照规定的加密标准进行数据加密传输，使得数据在传输过程中极易受到攻击。

（4）数据共享与使用的合规性

合法合规的数据共享与使用能够推动社会进步、创新服务模式、提升行业效率。违规的数据共享和使用将损害用户的权益、扰乱市场秩序以及阻碍人工智能产业发展，还可能带来不可预估的风险和危害。在人工智能系统开发应用时，违法违规行为时有发生，尤其是在经济利益的诱惑下未经授权将用户数据用于商业目的。

（5）数据挖掘和预测的透明性

人工智能技术应用的核心环节是数据挖掘和预测。如何确保这一过程的透明性，是避免对个人隐私造成侵犯的关键所在。大数据"杀熟"现象在电商、旅游等多个行业普遍存在。互联网平台利用数据挖掘技术，通过分析消费者的消费习惯、支付能力、浏览记录等个人信息，对不同用户实现差异化定价策略。这就是电子商务经营者滥用算法和数据权力，谋取不正当利益的体现，而数据挖掘技术和预测的不透明是实现这一目的的根源，不利于维护市场的公平竞争秩序。

3. 数据泄露与隐私保护问题的治理

数据泄露引发的个人数据隐私保护问题，不仅损害民众的个人利益、社区公共利益，同时还威胁网络空间安全和国家安全。因此，国家应该不断完善法律法规、提高民众的隐私保护意识，多方面合理构建数据安全治理体系，守护数据安全。

（1）法律法规

全球各国政府和组织已制定与数据隐私保护相关的法案和条例，旨在强调数据主体的权利，规范组织对个人数据的合理规范使用行为，要求数据控制者和处理者采取必要的安全措施保护数据，并追究违法违规的相关法律责任。

我国 2017 年实施的《中华人民共和国网络安全法》明确网络运营者对用户信息的保护义务，2021 年实施的《中华人民共和国数据安全法》聚焦国家核心数据保护，《中华人民共和国个人信息保护法》明确了个人信息处理者的义务，强调"告知-同意"机制，全方位保护个人数据的权益。

（2）技术手段

数据全生命周期保护离不开先进技术的支撑。通过对数据进行编码处理，防止传输与存储环节的数据被窃取的加密技术就是重要的手段之一。如金融机构采用的 SSL/TLS 用于保障线上交易数据安全；通过移除或替换个人身份信息（如姓名、身份证号）的匿名化与去标识化技术可以直接降低数据与特定个体的关联性，在医疗数据共享场景广泛使用。区块链技术凭借去中心化、不可篡改的特性，成为数据隐私保护的一种新兴手段。例如，供应链金融的各参与方要求在保护敏感信息的前提下实现数据可信共享。当然，加密算法可能因为计算技术的发展而被破解，技术并不是万能的，需要根据需求选择合适的方案。

（3）公众意识

提升公众数据保护意识是数据安全治理的重要环节。我国自 2016 年起正式设立"国家网络安全宣传周"，通过各方协同，构建起覆盖全社会的科普网络。与此同时，数据治理从"被动防护"向"主动管理"转变，如互联网企业推出隐私设置指南、风险操作预警等，有效推动公众从安全事件被动接受者转变为数字权益主动维护者，为构建个人信息保护的共治格局奠定社会基础。

8.1.3 算法偏见与公平

人工智能系统是不是绝对客观公正呢？应用中发现，一些人工智能系统在决策过程中存在偏见和歧视，这不仅影响技术应用的公平性，破坏了社会的公平原则，还可能引发严重的社会后果。

1. 算法偏见及其面临的挑战

算法偏见（Algorithmic Bias）是指在设计、训练或应用人工智能算法过程中，可能产生的对某些群体或个体的不公平的输出，相应表现出的不公平或歧视性行为。例如，根据性别、年龄、收入、消费、职业等特征，有区别地对待某一特定群体。数据中的偏见、开发者的主观影响和算法本身的局限性是产生算法偏见的三大来源。

（1）数据中的偏见

数据驱动是现在大多数人工智能算法的工作模式。如果用于训练人工智能算法模型的数据本身存在偏见，在此基础上训练出来的模型也必然自带偏见，并影响到决策过程。例如，训练数据不具有代表性，某些群体或某些特征数据的缺失和不足，使得他们的特征难以被算法系统学习到。

（2）开发者主观影响

开发者的个人背景、潜在的价值观和认知局限性，会把偏见带到算法设计、模型选择和参数调整的全过程。例如，算法开发者基于传统金融数据和指标来评估信用风险，以稳定收入、资产和信用记录作为评判信贷风险的依据，就会对新兴经济模式存在偏见。另外，偏见还会存在于开发过程中的技术选择，麻省理工学院媒体实验室的 Gender Shaders 项目发现，女性尤其是深肤色女性在人脸识别系统中的准确率明显低于男性和浅肤色的个体。

（3）算法本身的局限性

算法的设计模式和实现方式本身也可能带来偏见和歧视。算法原理有局限性，优化目标的不当选择可能导致偏见的存在。现有的许多人工智能学习算法的本质是对大量历史数据的拟合和优化，这可能会导致历史社会偏见被带入系统中延续，更有甚者这一偏见还会持续被放大。其次，在算法中选择优化目标的不合理也可能引入系统性偏见。

2. 算法偏见的伦理问题

（1）公平性与正义性

算法偏见引发的公平性问题已成为当前社会面临的伦理问题之一。人工智能系统在决策过程中产生的系统性偏见和歧视，对社会公平产生了严重的冲击。例如，在考试系统中，智能评分系统中的偏见会阻碍教育公平的实现。

更具挑战性的是，这样的偏见和歧视往往以技术中立的表象为掩护，使得原本应受质疑的算法偏见被合理化为"数学必然性"，反而削弱了人们对潜在不公的警惕性。

（2）透明性与可解释性

算法的决策过程难以被人类理解和追溯，这一特性进一步加剧了伦理争议。从技术实现看，复杂机器学习算法通过深层神经网络进行非线性计算，其决策依据不仅无法直观呈现，还难以找到合理的依据；从公众的角度看，由于技术无法解释，公众对其难以信任，进而造成错误决策难以被及时纠正。例如，在医疗诊断领域，即使人工智能系统的整体诊断准确率较高，若医生无法理解其诊断逻辑，一方面医生和病人都不敢完全采信人工智能的诊断，另一方面也难以在误诊时进行有效干预。

（3）隐私与数据权利

当前人工智能系统的训练高度依赖海量数据资源，但在数据采集过程中，用户常在未充分知情的情况下被系统获取浏览记录、位置轨迹等敏感信息，系统还能通过数据分析推演出用户未主动披露的兴趣爱好、社交关系等深度隐私。算法优化需求与隐私保护要求形成直接冲突，提升模型精度需要扩大数据维度，而个人权利保护却要求严格限制信息使用范围。唯有在技术创新与个人权利间确立"最小必要"原则，方能在推动人工智能发展的同时守住隐私保护底线。

（4）责任归属

算法决策的责任归属问题是人工智能伦理领域的困境之一。在实际的应用案例中，人工智能算法导致严重负面后果时，责任主体难以界定。技术层面，算法决策的不透明性使得算法的决策主体难以归因；法律层面，技术创新带来的事故责任界定存在较大的争议和困难，缺乏明确和完善的法律法规；社会层面，缺乏明确的法律依据确定各方承担的责任比例，导致多方利益主体相互推诿，受害者在索赔的过程中面临诸多障碍。

算法偏见引发众多的伦理问题相互影响，相互渗透，解决这些问题需要技术、法律、伦理等多学科深度合作，重构数字时代的公平秩序。

3. 算法偏见的治理

面对人工智能技术的日益盛行，算法中的不公平现象成为业界关注的焦点话题，这种技术霸权不仅损害特定群体权益，更可能引发公众对技术的信任危机，最终反噬技术发展与社会公平。

（1）法律法规保护

法律框架是算法偏见治理的制度基石。经济合作与发展组织发布的《人工智能原则》则明确将"公平性"与"非歧视性"作为人工智能发展的核心价值。我国采纳的是政策和法律的综合监管策略。《中华人民共和国个人信息保护法》确立了企业对用户的"告知-同意"原则和"自动化决策透明度"原则,要求算法决策需保障公平性。2021年印发的《关于加强互联网信息服务算法综合治理的指导意见》细化了算法备案与安全评估等要求,明确算法治理的三大原则——科学规范、公开透明、公平公正,并提出要推动算法应用向上向善,保障用户权益,维护网络生态安全。

(2)行业举措

企业作为技术应用主体,积极构建并推进伦理标准的制定,持续提升治理体系实施质量。在我国,腾讯设立了人工智能伦理委员会,负责处理与人工智能相关的伦理问题,确保人工智能技术的开发和应用符合伦理标准。阿里巴巴则在淘宝的搜索和推荐业务配备专业反作弊团队,通过分析线上操作行为和线下位置聚集变化规律发现异常,打击部分不法商家利用作弊等手段获取非正常的流量。行业自我规范已显现一定效果,但统一的治理规范尚未确立,监管实施面临挑战。

(3)技术手段保护

技术手段是算法偏见和歧视治理当中的关键,可以从数据、模型和评估三个方面入手。在数据处理环节,引入偏见检测与清洗工具检测数据集的均衡性,并对性别、职业等敏感属性进行识别,通过重采样或者合成数据实现类别平衡。在模型中引入可解释人工智能(Explainable AI,XAI)技术,加入公平性约束机制,以及应用对抗训练使得歧视性特征无法被学习。联邦学习技术可以借助多源数据融合提升模型的泛化能力,降低单一数据源的偏见风险。在技术评估方面,结合可解释工具将复杂模型转化为人类可理解的规则,帮助开发者检测和纠正偏见。设定伦理审查机制,形成全过程的闭环。

8.2 人工智能的安全挑战

人工智能技术应用过程中,逐渐暴露出诸多安全隐患。其中对抗攻击、系统应用风险及人工智能失控等问题,不仅威胁着系统安全,更在公平伦理层面引发争议,成为制约人工智能产业可持续发展的重要因素。

8.2.1 对抗攻击与模型的鲁棒性

对抗攻击(Adversarial Attack)是一种针对机器学习模型(尤其是深度学习模型)的隐蔽性攻击手段。这种攻击手段揭示了深度学习模型在决策逻辑上的脆弱性,已成为评估模型鲁棒性、推动人工智能安全技术发展的重要驱动力。

1. 对抗攻击的定义与原理

对抗攻击向正常数据(如文本、图像、音频等)注入精心设计的微小扰动,使得深度学习模型产生错误的输出,从而破坏模型的正常功能和决策。这些微小扰动就称为对抗样本,人类对对抗样本的微小扰动几乎感知不到与原始数据的差别。例如,将图像分类任务中的一张"猫"的图片添加肉眼不可见的细微噪声,模型可能就将原始图片判断为"狗"。对抗攻击无须破坏模型的代码或硬件,仅需利用模型在数据处理过程中的固有缺陷,修改输入实现对决策结果的操纵。

基于深度学习的人工智能模型本质上是从输入到输出的复杂数学变换。以图像分类为例，模型接收图像数据后，通过卷积、池化等操作提取特征，计算其属于各个类别的概率，最终选择概率最高的类别作为输出。在对抗攻击中，攻击通常发生在模型进行卷积、池化等特征提取的关键阶段。攻击者通过计算模型的梯度，并在该梯度方向上对输入数据添加微小扰动。梯度代表着输入数据变化对输出结果的影响方向与程度，梯度方向的微小扰动使得模型的输出结果产生最大变化。例如，攻击者调整图片上的特定像素值，迫使模型将"猫"的识别概率转向"狗"，从而生成对抗样本。这一过程揭示了模型决策边界的脆弱性——即使输入扰动对人类不可见，也可能导致模型置信度剧烈偏移。在对抗攻击中，攻击者就是利用这个梯度的方向去改变输入数据，从而误导模型。

2. 对抗攻击的类型

以下结合对抗攻击的基本原理，具体分析三种典型对抗攻击方法的设计思想。

（1）快速梯度符号法

快速梯度符号法（Fast Gradient Sign Method，FGSM）是一种典型的对抗攻击方法。它通过计算损失函数关于输入的梯度，然后根据梯度的符号来确定扰动的方向，以快速生成对抗样本。该方法沿梯度上升方向最大化模型损失，促使分类结果偏离真实标签。例如，若模型对"猫"的预测概率梯度指向"狗"类别方向，FGSM将沿该方向添加扰动，使模型误判。由于仅需一次梯度计算，FGSM效率极高，但扰动方向单一，易被防御手段过滤。

（2）投影梯度下降法

投影梯度下降法（Projected Gradient Descent，PGD）是多步迭代的FGSM。其核心思想是多步梯度优化与扰动约束。在优化梯度的过程中遇到局部线性假设时，则修正扰动方向，使得生成的对抗样本变得更隐蔽。该方法常被用于评估模型鲁棒性，成为对抗训练的基准攻击手段。

（3）Carlini-Wagner（CW）方法

CW方法将生成对抗样本的问题转化为一个优化问题。首先设计一个目标函数，再通过最小化目标函数寻找最优扰动。该方法通常具有较高的攻击成功率，但计算成本也相对较高。例如，文本分类任务中的CW攻击可以将句子中的某个词进行同义替换，从而改变句子的嵌入表示，模型可能反转整个句子的情感判断。

3. 对抗攻击的危害

对抗攻击已成为人工智能应用的重要威胁因素，下面结合具体应用进行分析。

（1）交通领域

自动驾驶技术的核心是依赖计算机视觉与目标识别算法感知周围环境、测距得到数据，并基于周围环境与数据做出路径规划，从而实现自动驾驶。针对自动驾驶领域的对抗攻击可以直接瓦解其感知系统。例如，在交通标志表面添加人眼难以察觉的噪声图案（如特定频率的条纹或色块），自动驾驶车辆视觉系统将被诱导把"停车标志"误判为"限速40千米/小时"，导致车辆无视停车指令而通过路口，引发交通事故。由于自动驾驶系统采用的是多模态融合架构，对抗样本不仅可干扰摄像头数据，还可通过伪造激光雷达点云或毫米波雷达信号，误导车辆对障碍物距离与运动轨迹的预测。

（2）人脸识别领域

有研究证明，通过定制一副带有特殊对抗样本的"眼镜"，利用人脸识别算法中的缺陷，可以逃逸识别或者被误识为另一个人，使得广泛用于手机、门禁和支付上的人脸识别系统变得非常不安全。

（3）医疗系统

医疗领域的对抗攻击直接危及患者生命健康。医学影像分析、疾病预测已经引入了人工智能辅助诊断系统，攻击者向医疗影像数据注入对抗样本，干扰人工智能辅助诊断系统的判断。例如，在肺部 CT 影像中添加微小噪声，可能导致诊断系统将肺炎病灶误判为正常组织，延误患者治疗时机，有可能导致系统将正常组织判断为肺炎病灶，带来误诊。攻击者可以利用系统漏洞访问、篡改患者数据，甚至在某些情况下植入勒索软件，可能导致设备停摆、数据被篡改，进而影响医生对患者病情的判断和治疗。攻击者还可能入侵各种医疗设备系统，干扰呼吸机、输液泵等生命维持设备的正常运行，直接威胁患者生命。这些攻击不仅损害个体健康权益，还会引发医疗信任危机，加剧医患矛盾。

此外，向工业控制系统发送恶意指令、干扰智能监控系统中的摄像头、干扰无人机系统中的导航/通信或视觉系统、破解政务系统中的"人脸识别"认证并利用他人信息注册公司等行为，均会对系统造成危害。

4. 模型鲁棒性的提升策略

由于对抗攻击对人工智能系统安全性与可靠性的严重威胁，提升算法模型的鲁棒性刻不容缓。

（1）对抗训练

对抗训练的基本原理是在模型训练时主动引入对抗样本，让模型在训练过程中同时学习识别和应对这些对抗样本。这样模型就能逐渐学会识别对抗样本的特征，提高对对抗攻击的抵抗力，之后运用快速梯度符号法、迭代快速梯度符号法等技术生成对抗样本。谷歌团队在 ImageNet 图像分类任务中采用对抗训练策略后，模型对黑盒攻击的误判率显著降低。

（2）模型正则化

正则化技术常常用于防止模型的过拟合，同时它也能有效提升模型的鲁棒性。它的基本原理是通过添加惩罚项来约束模型参数复杂度。常见的正则化方法有 L1 和 L2 正则化。其中，L1 正则化是在损失函数中添加的惩罚项，惩罚项设置为模型参数的绝对值之和，作用是将一些不重要的参数设为 0，降低对非关键特征的约束，降低过拟合风险，让模型在对抗攻击场景下更加稳定。L2 正则化在损失函数中添加参数的平方和作为惩罚项，使模型参数分布更均匀，避免模型对特定特征过度敏感。比如在图像分类任务中，L2 正则化可以削弱模型对单个像素点的依赖。Dropout 方法也是一种有效的正则化方法，它的做法是在训练过程中随机舍弃部分神经元，有效提升模型对抗攻击的能力。

（3）多模型融合

多模型融合（Model Ensemble）将多个异构模型的决策结果融合在一起，从而分散对抗攻击的风险。其基本思想是融合多样的模型形成防御互补。具体的实现方式有投票机制、加权平均和动态选择。在图像识别领域，将 ResNet、VGG 等不同结构的卷积神经网络进行投票或加权融合。例如，当出现对抗攻击，模型输出错误的分类结果时，其他模型的正确输出可通过投票或加权平均机制修正。当受到对抗攻击时，不同的模型的表现也不一样。融合多个模型的结果，可降低单个模型受到对抗攻击的影响。

（4）数据增强

数据增强（Data Augmentation）的基本思想是让经过变换后的数据参与模型的训练过程，扩充数据的多样性，提升模型对输入扰动的适应能力。具体的做法是对原始数据进行变换，如旋转、缩放、裁剪等，生成更多的训练数据。模型在训练时就接触和学习到更多特征和变化，提高模型的泛化能力，模型对对抗攻击的抵抗力得到增强。

对抗攻击和模型鲁棒性是人工智能安全领域中重要内容。随着技术的飞速迭代，攻击手段变得更加隐蔽和复杂，防御系统也在不断地发展和持续，不断构建动态的防御体系，才能确保人工智能的健康可靠发展。

8.2.2 人工智能在安全系统中的应用与风险

从小区的安全监控，到商场的巡逻安保，再到交通违法行为的执法无人机以及工厂的安防巡逻机器人，人工智能在安全系统的应用越来越广泛。当然，便利与风险如影随形，这些系统中也同样面临众多的安全挑战。

1. 人工智能安全系统

基于人工智能的安全系统利用了人工智能算法，增加了系统的数据分析、模式识别与决策能力，对传统安全系统从被动的监控管理进行智能化升级，具备了更多的主动管理和预防功能。例如，智能监控摄像头不再是简单地记录现场实况，而是能够通过对图像采集、特征提取以及与数据库匹配等操作，识别车辆和人员并且进行目标定位和跟踪，大大提高了交通管理和商场安保的效率。如何在享受它们带来的便利时，有效应对这些风险，成为亟待解决的问题。

2. 人工智能在安全系统中的应用

下面从智能监控摄像头的目标跟踪和安防巡逻机器人的自主导航两个方面来看人工智能在安全系统中的应用。

（1）具有目标识别与追踪功能的智能监控摄像头

智能监控摄像头的应用使得传统的安全系统具备了主动追踪功能。其工作过程由图像采集和特征提取、目标识别和数据匹配、目标跟踪三步完成。在实际场景中，利用摄像头进行图像采集，人工智能算法进行特征提取，再与数据库进行比对，对目标进行类别判断，主动识别目标对象如车辆和人的状态，判断目标对象是否已登记或者是否是违规车辆。商场或公园的安保系统中，借助人脸识别帮助家人寻找走丢儿童。在市内交通管理场景当中，实施追踪违规违法逃逸目标车辆。

（2）自主导航的安防巡逻机器人

安防巡逻机器人的自主导航系统融合了多种传感器的数据，再结合智能算法，使得机器人能在复杂环境中灵活工作。这类机器人主要依赖激光雷达和视觉摄像头来感知周围的环境，从而让它们能看得见。激光雷达通过高频发射激光束扫描周围环境，快速生成高精度 3D 地图，能准确测量障碍物的距离，就像配备了一把精确的尺子。它所配备的视觉摄像头就像给机器人增加了一双眼睛，通过拍摄连续画面并利用视觉同步定位与建图（Simultaneous Localization and Mapping，SLAM）等技术，实现在未知环境中的自主定位与三维地图构建。两类传感器的数据会通过卡尔曼滤波等智能算法自动融合，有效消除由单一传感器带来的误差和不足。融合算法结合了激光雷达的精确距离测量和摄像头的图像细节，即便是在光线昏暗的仓库中，光照不足，玻璃幕墙反射等场景中仍然能稳定地感知数据。在行动力层面，机器人使用经典 Dijkstra 算法或者强化学习算法，依据实时的环境数据动态规划最优线路。

据新华网 2025 年 4 月 18 日报道，在广西南宁"人工智能+安全生产"系统中，安防巡逻机器人应用于矿山和化工厂中，它能通过激光雷达精确识别工业现场管道、设备以及障碍物等位置，再利用摄像头实时监测人员是否违规靠近危险区域，捕捉烟雾泄漏等异常情况，并将现场的画面上传到控制中心，帮助工作人员快速响应险情，大幅提升安全事件响应效率，让工业现场的安全防护从被动响应模式转变成提前预警、事前防控的主动预防模式。

安全系统经过人工智能技术迭代升级，实现工厂安防和社会治理从传统的"发现问题再处理"向"预判风险早干预"转变，显著提升公共安全响应效率。

3. 人工智能在安全系统中面临的风险

下面从算法误报、隐私泄露和安全漏洞三个维度分析人工智能安全系统可能面临的风险。

（1）算法决策的脆弱性与误判风险

人工智能算法的应用覆盖了安全系统的大部分应用场景，然而在复杂的应用场景下，存在外部因素干扰、算法局限性以及场景适应性不足等问题，会产生算法误报现象。首先，外部环境干扰极易导致算法误判。例如，在强光、阴影或复杂背景下，智能监控摄像头因图像质量下降而错误识别逆光中的人脸，车牌识别系统对于反光的车牌号码识别错误等。公共场所中，密集的人群流动，特殊的穿着以及背包及其他遮挡会影响算法的判断。其次，算法依赖大量数据的训练，而训练数据不可能覆盖所有的场景，特殊样本的缺失（如极端天气、特殊行为模式）直接影响算法泛化能力。例如，自动驾驶车辆的识别系统可能因未见过某些特殊的工程车，而产生误判。此外，不同的场景对人工智能算法的要求各不相同，在实际应用中，难以针对各种复杂场景进行准确的算法调整，因而在面对特殊场景的变化时，容易出现算法误报。例如，室内和室外、城市街道和乡村道路。

（2）数据泄露与隐私侵犯

在人工智能安全系统的应用中，数据安全至关重要，一旦出现隐私泄露，将导致个人隐私以及商业秘密泄露等问题，引发严重的信任危机。安全系统中的每一个环节如数据的存储、传输和使用等环节均可能存在泄露风险。例如，安防摄像头采集的人脸、行为轨迹等个人信息，涉及生产流程、工厂布局等方面的商业秘密等，都与系统的数据安全息息相关。技术防护的升级、人员安全意识的提高、内部管理制度的不断完善，从多个层面同时入手才能构建更安全的数据安全防护体系。

（3）系统的安全漏洞

人工智能安全系统的开发高度依赖第三方硬件、算法库及云服务。这些环节当中存在漏洞都可能导致系统性的风险。硬件存在后门将导致严重的后果。软件方面如果存在漏洞后果也同样不容小觑。目前，市面上广泛使用的开源计算机视觉库如 OpenCV，以及人工智能框架 TensorFlow、PyTorch 若存在未修复漏洞，将引发连锁反应。例如，人脸识别系统如被攻击者注入恶意代码，篡改识别结果就会放行非法人员。此外，人工智能系统的更新迭代过程也暗藏风险，若模型升级时未进行充分的安全验证，可能引入新的漏洞，使系统暴露于攻击之下。

4. 人工智能在安全系统中的治理策略

人工智能安全系统面临的算法误判、数据泄露、系统漏洞等风险，表现出多源性、跨域性和动态演化特征，需要采取技术、管理、协作等多维度的治理策略。

（1）加强技术创新，提升安全性能

在安全系统的算法、系统漏洞的防护方面开展技术研发，不断深化技术创新。针对算法误判问题，可以采用多模态数据的新技术，将应用场景中的图像数据、传感器数据以及其他环境数据融合在一起，提高系统的稳定性和可靠性。同时，引入可解释性的人工智能算法，帮助系统在实际应用中定位问题根源，助力解决系统误判，并为后续优化系统、提高稳定性和增强鲁棒性提供依据。

（2）完善流程管理，规范数据使用

在实际应用系统设计时，在系统层面，设置相关的数据管理级别，分层级地设置数据访问权限，尤其对于与个人隐私和商业秘密密切相关的敏感数据的访问要严格限制；在管理层面，需要开展必要的数据安全意识培训，切实提高工作人员的数据安全意识。

（3）多方协同治理，构建安全生态

为了有效化解人工智能安全系统的风险，构建安全的生态屏障，需要政府、行业和科研机构多方协同的治理体系。首先，行业协会与企业牵头加快制定统一的人工智能安全标准和规范，进一步规范数据安全生命周期的流程管理，进一步明确系统安全的评估细则。对于智能监控系统、智能机器人系统，无人机系统，需要统一数据的采集范围、存储期限以及访问权限，避免造成可能的隐私泄露。其次，政府部门需完善相关人工智能安全立法，明确数据泄露、算法歧视等行为的法律责任。此外，构建企业、高校、科研机构与政府的协同机制，依托产学研协作，切实推动技术创新，共同应对人工智能安全系统的各种挑战。

8.2.3 人工智能失控的可能性

人工智能失控是指人工智能系统在操作、学习或运行过程中偏离了预定的目标或行为规范，导致不可预测或有害的结果。在现实中，就有智能语音助手因产生错误而给出不符合人类价值观的建议的事件。这些事件在提醒我们，智能系统失控绝非杞人忧天，需要认真对待和防范。

1. 人工智能失控的技术与伦理问题

在技术层面，代码漏洞、算法复杂性、数据依赖、自主系统漏洞等问题是引发人工智能失控的几大主要因素。以工业机器人为例，原本应精准抓取特定零件的机器人，可能因代码漏洞而错误抓取其他物品，甚至对周围人员造成伤害。深度学习模型具有"黑箱"特性，其决策过程晦涩难懂。就像 AlphaGo 在与人类棋手对弈时走出的"非人类棋路"，大量对弈数据使其形成了独特的决策模式，人类难以理解其决策依据，自然也难以预测它在复杂情境下的行为。数据作为人工智能的"燃料"，若训练数据存在问题，同样会引发风险。以人脸识别系统为例，若训练数据中不同类别样本数量不均衡，人工智能就可能学习到偏差，导致识别某些类别时准确率低下，违背公平原则。此外，强化学习人工智能依赖奖励机制优化行为，却可能利用"奖励机制漏洞"绕过规则，聊天机器人为吸引更多用户互动而生成有害内容，便是这种漏洞的体现，不仅违背设计初衷，还会对用户造成不良影响。

在伦理层面，人工智能技术的应用正面临日益复杂的价值冲突与道德困境。以军事领域为例，自主作战系统在对抗空防时面临"敌我识别"的伦理挑战。当防空人工智能将己方无人机误判为敌方目标时，其自主开火决策可能引发灾难性后果。这种技术失控风险不仅存在于技术层面，更源于算法对人类战争伦理的机械式解构——如果将复杂的交战规则简化为二进制判断，则可能无法应对现代战争的模糊地带，使战场决策沦为脱离伦理语境的算法游戏。医疗领域人工智能失控引发的伦理问题主要体现为责任归属模糊导致医生、开发者与算法间的责任真空，数据污染或算法偏差可能引发致命误诊，过度依赖技术削弱医生临床判断力，患者隐私在数据使用中面临泄露风险，以及算法偏见可能加剧医疗资源分配不公。这些问题直接威胁患者生命安全，动摇"生命至上"的医疗伦理根基。

2. 预防人工智能失控的策略

预防人工智能失控要兼顾技术措施和伦理规范，从技术层面守护人工智能系统安全，从伦理层面规范人类的行为，努力抑制人工智能的负面因素。

（1）技术措施

预防人工智能失控通常包括以下技术措施。

① 算法审计与偏见检测：通过自动化工具检测训练数据中的隐性偏见，如在招聘系统中筛查对特定群体的评分倾斜；利用对抗样本测试算法鲁棒性，模拟数据污染场景验证系统稳定性。

② 可解释性增强技术：随时追踪算法作出决策的逻辑，使人类能够观察到人工智能是如何做出决定，并在第一时间对可能出现的错误进行止损，以防止因为黑箱而导致的风险失控情况的发生。

③ 动态边界控制技术：通过"数字围栏"限制人工智能行动范围，如军事无人机在预设坐标外禁止开火；利用区块链技术实现操作日志不可篡改记录，确保事故发生时能完整追溯决策链条。

（2）伦理规范

在人工智能研发团队中引入伦理专家，从项目开始就介入审查人工智能的设计、开发，确保他们提出的目标符合人类价值追求，并且能够防范目标失控。

此外，各方共同努力，共享人工智能安全相关成果，共商针对人工智能安全的风险应对举措，并就人工智能的安全开展交流与合作，从而有效避免人工智能失控的风险。

8.3 典型案例分析

面部识别技术引发的隐私争议、自动驾驶事故后的责任归属困境、深度伪造内容对社会秩序的冲击，这些并非空泛之谈，而是现实中引发热议的具体案例。本节以这 3 类典型技术为切入点，分析人工智能技术应用背后的伦理问题与安全挑战。

8.3.1 面部识别技术与伦理问题

现今，面部识别技术得到广泛应用，为人们的生活带来了便利，但也带来了隐私泄露、算法偏见等多方问题，引发了人们的高度关注与担忧。

1. 面部识别技术概述

面部识别技术（Facial Recognition Technology）是生物识别技术中的关键技术之一。基于深度学习算法，对人的面部关键特征点进行提取与分析，从而实现对人面部的精准识别和验证。面部识别技术由图像采集、人脸检测、特征提取以及比对识别四个步骤组成。在图像采集环节，使用高清摄像头、红外摄像头等硬件设备，结合光学成像原理从而获取人脸的图像。人脸检测阶段，基于深度学习技术结合各类图像识别算法进行人脸的特征识别，并且结合图像与视频的处理技术，在视频流中对人脸位置进行快速定位。特征提取阶段，基于卷积神经网络，将面部的几何轮廓、眼睛间距等特点进行数据化，将特征进行编码，形成特定的特征向量，也就是特征图。最后一步比对识别就是将特征图与数据库中已有的模板进行相似度计算（如欧氏距离、余弦相似度等方法），最终得到的结果会与设定的阈值进行比较，从而判定是否为同一个人。

面部识别技术在安防、交通、金融等多个领域中有着广泛的应用。安防领域的门禁系统实现身份认证；交通领域的刷脸进站，例如，乘坐高铁时，不再人工检票，只需要进行人脸识别验证身份是否一致即可，大大减少了人力成本；在金融行业，远程开户、支付验证等设置的活体检测，有效提升线上交易的安全性，进一步防止身份被盗用。

2. 典型案例

近年来，人脸识别技术广泛应用于银行业务，尤其是资金业务场景。但这项技术一旦出现问题，不仅会让客户遭受财产损失，更会影响人们对于人脸识别技术的信心。

2021 年，清华大学瑞莱智慧研究团队用对抗样本干扰技术，15 分钟内就破解了 19 款安卓手机人脸识别系统，这让人们不禁担忧各类 App 的人脸识别是否也存在被攻破的风险。而现实中，风险已真实发生，因人脸识别漏洞导致的银行卡盗刷案时有发生。《中国新闻周刊》报道的李红（化名）案件极具代表性。2021 年 6 月 19 日，李红接到冒充"警方"的诈骗电话，称其涉嫌犯罪。她在慌乱中按对方要求下载虚假软件，导致银行卡号、密码等信息泄露，手机也被远程操控。之后，犯罪分子以验证为由获取她的人脸信息。李红新开的借记卡很快被犯罪分子掌控，银行后台显示，开卡 15 分钟后，诈骗人员通过人脸识别重置用户名和密码。在李红引导下将 42.9 万元转入卡内，随即被转走。警方调查发现，操作手机银行的 IP 地址与使用设备和李红的不符，但 7 次人脸识别操作均显示成功通过，充分暴露银行人脸识别系统存在严重漏洞。

这起案件中，虽然李红自身在防范意识上存在不足，遭遇诈骗手段时未能及时察觉。但银行所采用的人脸识别系统在非本人操作情况下，多次显示识别成功，暴露出系统可能存在漏洞。从伦理和技术安全角度来看，银行引入人脸识别技术旨在保障客户资金安全与交易便捷，当技术出现漏洞导致客户资金受损时，银行是否应承担相应责任引发社会讨论。

3. 技术滥用与伦理问题

面部识别技术虽然为人们的生活提供了高效快捷的服务，但是也逐渐暴露出众多伦理问题，具体表现为以下 4 个方面。

（1）隐私侵犯

基于面部识别的大规模应用意味着对大量的个人面部数据进行采集，搜集数据的过程有可能违反了用户的知情同意的原则。如营销门店安装带有人脸识别的摄像头，到访顾客的面部数据会自动录入到企业后台系统，顾客的生物特征数据在用户不知情和未授权的情况下被录入。他们的隐私权直接受到侵犯。当顾客下次进入另一家门店时，工作人员便会根据后台的数据制定准确的营销方案。

（2）数据安全风险

面部信息属于比较敏感的数据，如果存储的数据库受到攻击，则会引发严重后果。前述银行系统的人脸识别系统若被攻破，则会给储户带来巨大的经济损失。可见面部识别技术的数据加密、权限控制、安全防护等存在问题，需要尽快构建有效的数据安全管控模式。

（3）算法偏见

数据样本、算法设计等多方面因素也可能导致系统性的偏见。如面部识别软件中年龄与性别偏差、标注偏见、采集环境偏差等引起数据样本失衡，特征提取偏差、损失函数与评估指标的差异、阈值设定歧视等带来算法设计层面的偏见。

（4）社会信任危机

数据泄露、安全风险和算法风险损害了公众对面部识别技术以及技术应用机构的信心。公共场合是否需要部署人脸识别系统？企业如何合理使用面部数据？这些质疑体现了技术应用中的信任问题，这些问题将影响人们对行业的信心，不利于技术的普及和应用。

8.3.2 自动驾驶技术与伦理问题

随着世界各国加快推出有关自动驾驶（Autonomous Driving）相关政策，科技公司与传统汽车公司持续加大自动驾驶相关领域的投入，自动驾驶行业飞速发展的同时也带来了许多伦理挑战。

1. 自动驾驶技术概述

在智能交通领域，自动驾驶技术将传感器技术、人工智能技术、通信技术和高精度地图定位技术进行深度融合，进而完成不同级别的道路行驶任务。自动驾驶控制系统通常由环境感知、决策规划和执行控制三个模块组成。环境感知模块由激光雷达、毫米波雷达、摄像头等传感器采集车辆周边的信息（包含路面情况、周边障碍物位置、车辆及行人的动态），再基于环境感知的信息，结合车辆自身的状态和目标，在遵守交通规则的情况下，由决策规划模块确定车辆的行驶方向、速度和路径，执行控制模块则通过控制车辆的动力系统、转向系统和制动系统完成具体的车辆操作。

根据我国《汽车驾驶自动化分级》国家标准，自动驾驶被分为 L0～L5 共 6 个等级。L0 级为应急辅助，几乎没有自动化功能，完全依赖人工驾驶，仅能提供如碰撞预警等简单辅助；L1 级为部分驾驶辅助，系统可执行横向或纵向的单一运动控制，例如，自适应巡航，但驾驶员仍需全程把控车辆；L2 级为组合驾驶辅助，能够同时控制车辆的横向和纵向运动，实现如车道保持与自适应巡航联动，不过驾驶员必须时刻关注路况，随时准备接管；L3 级为有条件自动驾驶，车辆在特定场景下可独立完成驾驶任务，但当系统遇到无法处理的情况时，仍需驾驶员及时介入；L4 级为高度自动驾驶，在限定条件下车辆可完全自主驾驶，即使驾驶员不响应系统请求，车辆也能安全处置；L5 级为完全自动驾驶，是驾驶自动化的终极目标，车辆能在任何环境和路况下自动驾驶，彻底解放驾驶员。这些分级不仅反映了自动驾驶技术的发展程度，也为我们思考技术应用中的安全、责任和伦理问题提供了重要依据。

自动驾驶技术前景广阔，有广泛的用途，如在公共交通方面，自动驾驶的巴士、出租车能更好地调度，更加高效地营运，节省劳动力成本，减少堵车现象，减少尾气排放。

2. 典型案例

某家共享出行领域的知名公司于 2017 年 2 月开始在美国亚利桑那州公开测试其自动驾驶汽车。2018 年 3 月 18 日晚 10 时左右，其一辆自动驾驶汽车在亚利桑那州坦佩市，发生致人死亡事件。当时天色昏暗，车辆配备了安全驾驶员，并且处于自动驾驶模式。车辆的自动驾驶系统的激光雷达在约 100 米处检测到一名行人推着自行车横穿马路，但因算法对行人行为预测偏差，误将其识别为静止物体，未触发紧急制动。而当时安全驾驶员正观看手机视频，注意力分散，发现危险时已无法有效应对，车辆撞上行人，致其当场死亡。

2019 年 11 月，美国官方公布了调查结果，车祸前 5.6 秒时车辆就已经检测到了行人，但是系统把她错误识别为汽车。在车祸前 5.2 秒，汽车的自动驾驶系统又把她归类为"其他"，认为她是不动的物体，并不妨碍车辆行驶。之后系统对物体的分类发生了混乱，在"汽车"和"其他"之间摇摆不定，浪费了大量宝贵的时间。同时，安全驾驶员未履行职责，分心观看手机视频，在关键时刻未能及时接管车辆。这些因素共同导致了悲剧发生。

该起自动驾驶致人死亡事件，引发了公众对自动驾驶技术安全性和可靠性的广泛质疑，同时也暴露出一系列人工智能伦理问题。在责任界定方面，事故发生时系统错误识别行人且安全员失职，难以明确责任应归咎于技术缺陷、安全员未尽责还是行人自身行为，凸显现行责任划分规则在复杂人机交互场景下的不足。在技术安全层面，系统虽检测到行人却做出错误判断且未及时刹车，说明自动驾驶技术在复杂路况下可靠性存在严重问题，违背了保障生命安全的基本伦理要求。在数据与算法层面，错误的识别与分类暴露了数据偏差和算法设计缺陷，反映出对数据质量把控和算法公正性考量的缺失。在人机协作上，安全员未履行监控职责，表明自动驾驶系统与人类安全员之间缺乏明确有效的协作机制和责任划分。此外，该公司禁用测试车辆紧急制动功能的行为，或将商业利益置于安全之上，违背了企业应将公众安全置于首位的伦理准则，引发对商业利益与社会责任平衡的深刻反思。

3. 自动驾驶的伦理挑战

自动驾驶汽车在快速发展与推广应用时，因技术风险和伦理难题的双重制约，导致其广泛应用受阻。

（1）自动驾驶面临"电车难题"

在紧急情况下，自动驾驶的决策系统面临"电车难题"（Trolley Problem）的典型伦理困境。如果一辆自动驾驶汽车正在正常行驶，前方有行人闯入车道，车辆已经来不及刹车，预先设定的自动驾驶的决策系统遭遇保护对象的选择难题，应该紧急转弯撞向路边障碍物危及乘客安全，还是应该撞向行人。不同文化、价值观背景下，人们对这个问题的看法差异很大，这就为自动驾驶算法设计带来了极大挑战。

（2）责任划分的复杂局面

在传统汽车事故中，责任认定相对清晰，配套的法律法规也非常完善。而当自动驾驶汽车发生交通事故时，可能有设计制造商的车辆本身的技术问题、软件设计者相关的软件漏洞或用户操作不当等多方面原因。在跨国企业参与的情况下，不同国家的法律规定不同，进一步加剧了责任认定的复杂性。

（3）用户隐私安全的挑战

为了安全行驶，自动驾驶汽车会收集大量数据，包括行驶路线、车内情况等，这些数据很容易泄露个人隐私。除了数据收集和使用带来的隐私风险，自动驾驶还面临数据跨境传输的隐私挑战。当车辆在不同国家和地区行驶时，数据可能会被传输到境外服务器进行处理和存储，这就涉及不同国家隐私法规的差异。

（4）人类与机器协作的伦理困境

当车辆处于自动驾驶状态时，乘客可能会放松注意力，甚至从事其他活动，如玩手机、睡觉等。这可能导致在需要人工接管车辆时，乘客无法及时做出正确反应。长期依赖自动驾驶还可能使人们的驾驶技能逐渐退化，一旦遇到自动驾驶系统无法处理的情况，就难以安全地驾驶车辆。此外，在人机共驾模式下，如何界定人类和机器各自的决策权限，当两者决策出现冲突时该如何处理，都是需要解决的伦理问题。

（5）人类驾驶员的职业转型挑战

自动驾驶技术的普及将给出租车司机、货车司机等职业驾驶员群体的职业稳定性带来冲击。技术进步在提升运输效率、降低人力成本的同时，也不可避免地带来结构性失业问题。如何通过政策引导与职业培训，帮助受影响人群完成技能转型，同时保障就业公平与社会稳定。

4. 应对策略和治理措施

对自动驾驶中的伦理问题，各个国家及组织从法律上完善责任界定与数据管理，行业积极行动，同时开展行业自律，推动技术安全、合规发展。

（1）法律与伦理框架

在标准层面，我国发布了《汽车驾驶自动化分级》国家标准，将驾驶自动化功能分为6个级别。在测试与准入层面，2021年我国工信部、公安部和交通运输部联合颁布《智能网联汽车道路测试与示范应用管理规范（试行）》，对道路测试与示范应用主体、驾驶人及车辆设定严格条件。在事故责任认定层面，2022年6月深圳市发布了《深圳经济特区智能网联驾驶汽车管理条例》，2022年11月上海市发布《上海市浦东新区促进无驾驶人智能网联汽车创新应用规定》，2025年4月1日起施行的《北京市自动驾驶汽车条例》规定，自动驾驶汽车发生事故及责任认定涉及《中华人民共和国道路交通安全法》《中华人民共和国刑法》等国家层面法律时，相关立法内容与国家规定实现了有效衔接。此外，无锡、苏州、杭州等城市也从产业促进角度积极推进地方立法工作。

在自动驾驶伦理准则方面，《上海市浦东新区促进无驾驶人智能网联汽车创新应用规定》明确，如果自动驾驶汽车对国家安全、公共安全构成严重威胁，或其程序设计违反伦理准则、存在重大安全风险，应当立即终止相关创新应用活动。

（2）行业规范与自律

国际汽车工程师学会（Society of Automotive Engineers，SAE）发布自动驾驶分级标准并更新，联合国际标准化组织（ISO）制定汽车网络安全国际标准，为全球汽车产业发展奠定基础，且该标准与多国法规紧密关联。在国内，国家级测试示范区成果显著，在"车路云一体化"政策引导下，部分示范区探索数据协同。行业协会牵头，联合汽车企业、芯片商与通信企业开展技术攻关，制定网络安全标准，为数据互通等问题提供解决基础。

8.3.3 深度伪造技术与伦理问题

深度伪造（Deepfake）技术可以制作出真假难辨的视频、音频和图像，被广泛运用于娱乐、广告等行业，产生各种前所未有的新奇体验，也带来一系列伦理问题。

1. 深度伪造技术概述

深度伪造是基于深度学习算法对图像、音频、视频进行精细合成与篡改，最终产出真假难辨的内容。常用的深度学习算法有生成对抗网络和变分自编码器等模型。生成对抗网络由生成器和判别器两部分组成，生成器负责创造伪造内容，判别器则努力区分真实与伪造，二者相互博弈，促使生成的伪造内容愈发逼真；变分自编码器通过对数据的编码和解码，学习数据特征并生成新内容。

深度伪造技术的起源可追溯至开源社区的技术探索。早期，它主要应用于娱乐和创意产业，如电影特效制作。通过深度伪造技术，电影创作者能够创造出逼真的虚拟角色，为观众带来震撼的视觉体验；在视频剪辑中，它能实现有趣的角色形象替换，满足大众对新奇内容的追求。随着技术的不断发展，算法不断优化，算力持续提升，深度伪造技术的应用范围也在逐渐扩大。

2. 典型案例

短视频平台已是当下人们的重要娱乐场所，但不法分子却逆向而行。2022年5月至2023年6月期间，以王某为首的犯罪团伙，在短视频平台上发布假冒明星或名人的视频或音频，吸引中老年妇女，骗取对方信任。随后，再以上述假冒的明星或名人身份与被害人在微信平台上开展网聊、网恋等，诱导被害人与"明星"建立情感联系。最后，以投资、公益、应援、网购、恋爱等各种理由索要钱款，通过微信转账等方式，骗取多名被害人的钱财，共计31万余元。

2024年2月，上海市静安区人民法院作出一审判决，主犯王某被判处有期徒刑3年，并处罚金人民币五万元;其余 7 名被告分别被判处有期徒刑 2 年到拘役 4 个月不等,适用缓刑并处罚金。

3. 伦理风险与社会影响

从以上典型案例不难看出,深度伪造技术带来的伦理风险与社会影响不容小觑。下面是这些伦理风险与社会影响的具体表现。

(1)隐私与肖像权侵犯

深度伪造技术的滥用使得受害者在毫不知情的情况下,个人隐私被恶意窥探,肖像权遭到严重侵犯,不仅遭受了经济损失,更承受着巨大的心理创伤。不法分子利用深度伪造技术,冒用知名艺人的肖像和声音,侵犯了艺人的肖像权。

(2)版权侵害

深度伪造技术的滥用使得版权保护面临新的困境。一些不法分子未经授权擅自篡改、使用他人享有版权的作品元素,将其融入伪造内容中。这种行为不仅损害了版权所有者的经济利益,也践踏了创作者的知识产权,长此以往,将严重打击创作者的积极性,阻碍文化创新与艺术创作的良性发展,破坏整个版权生态系统的有序运行。

(3)道德伦理沦丧

深度伪造技术被用于制造虚假情感骗局和恶意内容,这是对社会道德伦理的公然挑战。"假明星"事件中,不法分子利用中老年女性对情感的渴望,以虚假的形象和情感进行欺骗,严重违背了基本的道德准则。此类行为不仅对受害者造成身心伤害,也破坏了良好的社会风气。

(4)社会信任危机

深度伪造技术制造的虚假信息和人物形象,在网络空间中大量传播,使得公众对信息的真实性产生严重怀疑。在信息快速传播的时代,人们难以快速准确地辨别真实与虚假,每一条看似真实的信息都可能引发信任危机。无论是虚假的名人动态,还是伪造的社会事件,都在不断削弱公众之间、公众与媒体及机构之间的信任基础,进而影响社会的和谐稳定。

(5)信息真实性与舆论干扰

深度伪造技术生成的虚假视频、图片和文字等内容,凭借其高度的逼真性,能够轻易混淆公众视听。尤其在重大社会事件或政治活动中,别有用心者利用深度伪造技术歪曲事实、编造谣言,干扰正常的舆论走向,可能导致公众做出错误判断,甚至影响社会决策和政治生态的健康发展。

4. 应对策略与治理措施

深度伪造的滥用,需要从法律规制、技术防控和行业协同三方面入手,共筑三层治理体系。

(1)法律规制

《中华人民共和国民法典》第 1019 条明确禁止以信息技术手段伪造等方式侵害他人肖像权,从法律层面为个人肖像权筑牢防线。2025 年 3 月,中国国家互联网信息办公室、工业和信息化部、公安部、国家广播电视总局联合发布的《人工智能生成合成内容标识办法》,旨在规范人工智能生成合成内容的标识管理,防范虚假信息传播,维护网络空间秩序和公众权益。

(2)技术防控

检测技术、认证技术是两种可以用于深度伪造的治理技术手段。检测技术方面,依托深度学习,运用卷积神经网络、循环神经网络等算法,通过大量真实与伪造数据训练,精准识别图像、视频中的特征差异;基于物理特性,利用相机光学畸变、传感器噪声等独有的物理信息,判断内容是否经过篡改;借助生物特征分析,以虹膜纹理、语音频谱等个体特异性指标为依据,挖掘深度伪造在细节上的漏洞。认证技术方面,数字水印技术通过在原始数据中嵌入不可见标识,记录数据来源、版权等信息,后续通过检测水印验证内容真实性与完整性;区块链技术凭借分布式账本特性,完整记录数据从创建、修改到传播的全过程,形成不可篡改的时间戳与交易记录,实现内容源头追溯与防伪。

(3)行业协同

企业、高校和科研机构联手搭建技术共享平台,整合检测算法等资源,共研检测工具与防御系统,促进技术迭代。行业组织牵头统一检测、标识及认证标准,建立跨平台交互协同机制,保障技术数据兼容及真实性验证互通。行业与监管部门保持常态化沟通,及时反馈滥用情况;企业间建立风险信息共享平台,通过通报案例共同制定应对策略;同时联合开展自律行动,发布技术使用准则以维护市场秩序。

习题与实验

一、选择题

1. 狭义人工智能伦理主要关注(   )。
   A. 人与智能社会之间的伦理关系
   B. 人工智能系统与智能机器对人类的责任
   C. 人工智能系统、智能机器及其使用引发的伦理问题
   D. 超现实的强人工智能伦理问题
2. 在人工智能开发中,隐私保护主要涉及(   )。
   A. 防止用户数据被非法收集、滥用或泄露
   B. 确保算法代码不泄露
   C. 限制人工智能模型的计算能力
   D. 禁止人工智能系统输出敏感信息
3. 算法偏见通常是指(   )。
   A. 算法运行速度过慢
   B. 算法因训练数据偏差导致对特定群体不公平
   C. 算法代码存在语法错误
   D. 算法无法处理复杂任务
4. 关于对抗攻击的核心机制,以下说法正确的是(   )。
   A. 对抗攻击通过直接破坏模型的代码或硬件实现操纵
   B. 对抗样本的微小扰动主要作用于模型的输入层,人类可轻易感知差异
   C. 对抗攻击仅适用于图像分类任务,无法影响文本或音频模型
   D. 对抗攻击利用模型梯度方向,在特征提取阶段(如卷积、池化)注入扰动
5. 人工智能系统的可解释性很重要,因为要(   )。
   A. 提高算法运行速度
   B. 降低模型开发成本
   C. 确保用户理解人工智能决策过程,避免"黑箱"风险
   D. 增加人工智能系统的娱乐性
6. 深度伪造技术的主要伦理风险是(   )。
   A. 可能导致虚假信息传播,损害个人或社会信任

B．增加视频制作成本

C．降低人工智能模型的训练效率

D．限制创意内容的多样性

7．在自动驾驶场景中，如果人工智能系统面临"电车难题"（必须选择伤害少数人或多数人），其决策可能引发的争议是（　　）。

A．技术实现难度

B．算法运行效率低下

C．传感器精度不足

D．伦理责任归属不清（如开发者、制造商、用户谁应负责）

8．发布《人工智能生成合成内容标识办法》的主要目的是（　　）。

A．促进人工智能技术商业化

B．规范人工智能生成内容的标识，防范虚假信息传播

C．限制人工智能在娱乐领域的应用

D．强制所有人工智能模型开源

二、问答题

1．什么叫伦理？什么叫人工智能伦理？

2．简述隐私保护的具体措施。

3．简述算法偏见的主要来源。

4．简述对抗攻击的概念及其分类。

5．分析人脸识别技术滥用可能引发的伦理问题。

三、实验题

自动驾驶技术中的伦理风险分析——与 AI 对话。

（1）登录任意 AI 对话平台（如 DeepSeek、文心一言等），输入问题并记录答案。

（2）借助搜索引擎、专业科技媒体数据库等工具，搜集一个近 3 年内发生的真实自动驾驶事故案例。

（3）从安全与责任界定、算法公平性、数据隐私保护 3 个方面阐述其涉及的伦理风险。

对比不同 AI 对话平台给出的答案，观察其回答的一致性，并从数据支撑、伦理理论应用、现实场景适配等角度，分析 AI 回答的合理性与局限性。

参考文献

[1] 教育部高等学校大学计算机课程教学指导委员会. 新时代大学计算机基础课程教学基本要求[M]. 北京：高等教育出版社，2023.

[2] 刘卫国. 大学计算机[M]. 5 版. 北京：高等教育出版社，2022.

[3] 刘卫国. Python 语言程序设计[M]. 2 版. 北京：电子工业出版社，2024.

[4] 吴飞，潘云鹤. 人工智能引论[M]. 北京：高等教育出版社，2025.

[5] 焦李成. 人工智能通识基础[M]. 北京：人民邮电出版社，2024.

[6] 周志华. 机器学习[M]. 北京：清华大学出版社，2016.

[7] 黄永昌. scikit-learn 机器学习[M]. 北京：机械工业出版社，2019.

[8] 段小手. 深入浅出 Python 机器学习[M]. 北京：清华大学出版社，2018.

[9] 斋藤康毅. 深度学习入门：基于 Python 的理论与实现[M]. 陆宇杰，译. 北京：人民邮电出版社，2019.

[10] 唐四薪，赵辉煌，唐琼. 大数据分析实用教程：基于 Python 实现[M]. 北京：机械工业出版社，2022.

[11] 莫宏伟，徐立芳. 人工智能伦理导论[M]. 西安：西安电子科技大学出版社，2023.

[12] 沈寓实，徐亭，李雨航. 人工智能伦理与安全[M]. 北京：清华大学出版社，2021.